普通高等教育"十一五"国家级规划教材

应用文写作

主　　编　陈子典　胡欣育

编写人员　陈子典　胡欣育　林培明

　　　　　郑　露　邓志华　杨健敏

　　　　　杨定明　汤　浪　吴小敏

公共素质教育

北京师范大学出版集团
BEIJING NORMAL UNIVERSITY PUBLISHING GROUP

北京师范大学出版社

图书在版编目(CIP)数据

应用文写作/陈子典,胡欣育编.—北京:北京师范大学出版社,
2011.8(2023.2重印)

(普通高等教育"十一五"国家级规划教材)
ISBN 978-7-303-13091-7

Ⅰ.①应… Ⅱ.①陈…②胡… Ⅲ.①汉语-应用文-写作-高等
职业教育-教材 Ⅳ.①H152.3

中国版本图书馆 CIP 数据核字(2011)第 149641 号

图书意见反馈:gaozhifk@bnupg.com 010-58805079
营销中心电话:010-58802755 58800035

出版发行:北京师范大学出版社 www.bnupg.com
　　　　　北京市西城区新街口外大街 12-3 号
　　　　　邮政编码:100088
印　　刷:天津中印联印务有限公司
经　　销:全国新华书店
开　　本:787 mm×1092 mm 1/16
印　　张:22.75
字　　数:475 千字
版　　次:2011 年 8 月第 1 版
印　　次:2023 年 2 月第 17 次印刷
定　　价:38.00 元

策划编辑:周光明　　　　　责任编辑:周光明
美术编辑:高　霞　　　　　装帧设计:高　霞
责任校对:李　菡　　　　　责任印制:马　洁

前　言

　　本教材针对学生的特点，以适度掌握基本理论为前提，以培养写作能力为重心，以追求体例创新为目标进行编写。

　　在内容上，紧跟形势，追求新意，吸取学科研究新成果，选用新例文，让学生能够真正体会到应用文写作的规律的同时又感受到时代的脉搏，并将理论知识、例文评析、能力训练三部分内容融为一体，强化实践教学环节，突出能力培养。在体例上，按照应用文写作概述、行政公文、事务文书、规章文书、经济文书、司法文书、生活文书、传播文书、礼仪文书的顺序进行安排。在教学方法上，特别注意引用正、反事例进行分析，让学生不仅知道该怎样写，而且知道不该怎样写，给学生留下更深刻的印象。

　　每章节都有学习要求、文种概述、结构与写法、写作要求、例文评析、思考练习等内容。"思考与练习"的题目多种多样，如解释概念、填空、选择、改错、判断、分析、问答、拟写等题型，既方便老师讲授，又方便学生联系实际，培养解决问题的能力。

　　本书配套开发了电子课件，课件中每节有题引、教学目的、范文博览、行文指引、病文诊断、实训演练、知识看台等栏目，以助教助学。

编　者

2014 年 7 月

目　录

绪　　论

应用文是人际交往必不可少的重要文体。美国著名学者约翰·奈斯比特在《大趋势——改变我们生活的十个新方法》一书中指出：在工业社会向信息社会过渡中，有五件"最重要"的事情应该记住，而其中之一就是，在这个文字密集的社会里，我们比以往任何时候都需要具备最基本的读写技能。这里所说的"读写技能"，就是指应用文的阅读与写作能力。这种能力已成为现代人必备的能力。正因为如此，从 20 世纪 80 年代以来，就出现了许多应用文写作教材，高等院校几乎所有的专业都开设了这门课程。但这些教材有些内容过于繁杂，有些论述性过多而操作性不强，有些侧重某一专业而缺少共性，有些例文陈旧而跟不上形势发展的需要，为此，我们决定重新编写这本适应当代高等院校特别是高职高专需要的应用文写作教程。

▶第一节　应用文书的概述

[学习要求]

了解应用文写作的性质、特点、作用与分类，对应用文有个初步认识，并注意加强自身的思想修养和能力素养，提高学习应用文写作的自觉性。

一、应用文的概念和种类

应用文书，又称文书，是机关、团体、企事业单位和个人，在日常工作、学习和生活中，为办理公私事务而形成并使用的、具有实用价值和一定惯用文章体式的文字信息载体。它是人们交流思想、互通情况、解决问题、处理事务的工具。

应用文书的种类繁多。由于标准不同，它的分类也不尽相同。

按照文书的性质分，可分为党内文书、政府文书、企事业文书、群众团体文书和个人文书。

按照文书的特点作用分，可分为指挥性文书、法令性文书、规范性文书、报请性文书、知照性文书、交际性文书、记录性文书等。

按照文书的使用范围分，可分为通用文书与专用文书。

按照文书的记载方式分，可分为文字文书、电讯文书、电脑文书、声像文书和图形文书。

按照文书的来源分，可分为对外文书(发文)、收来文书(收文)、内部文书。

按照文书的行文关系或行文方向分，可分为上行文、平行文、下行文、泛行文。

按照文书的处理要求分，又可作多种划分。如：从内容处理要求分，有需办件、参阅件；从时间处理要求分，有特急件、急件、平件；从保密处理要求分，有机密件、普通件等。应用文书分类对及时、准确、安全地处理和保管文书有着重要作用。

二、应用文的特点

大学文科的写作教学，一般由基础写作、文学创作和应用写作三部分组成。基础写作，主要讲授写作一般的知识；文学创作，主要讲授文学创作的理论和方法；应用写作，主要讲授应用文体的写作规律。它们三者都属写作教学，最终目的都在于提高学生的写作能力

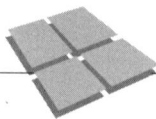

与写作水平，但又有各自的特点。

应用写作的目的在于"应用"。应用，就是处理与解决各种实际问题。因此，应用写作的特点，可归纳为下面几点：

（一）在内容上，真实可靠，言必有证

文学作品反映生活所要求的真实是指艺术的真实，作者可以运用形象思维进行想象、虚构，对生活素材进行再创作。应用写作则不然，它所用的材料必须真实可靠，符合实际，不允许有任何夸张，所交代的时间、地点、人物、事件和原因、结果，都必须真实，不允许虚构。我国在"大跃进"年代发表的"卫星新闻"，说"广西环江县粮食亩产 13 万斤"，"文化大革命"期间"四人帮"及其"御用"文人为迫害老干部和知识分子而杜撰的调查报告，都是与应用写作的特点和写作要求格格不入的。

（二）在结构上，遵循常规，有惯用程式

文学作品要求构思巧妙，形式新颖，最忌公式化、模式化。应用文则不同，大多数的文体，都有相对稳定的格式。这种格式不是谁创造出来的，而是在长期的使用过程中逐步形成的。按照惯用的程式去办，有利于阅读和处理。例如行政公文类写作，国务院就规定了 13 种公文，各有规范的格式，任何机关单位不得另出花样，自行其是。再如书信类文书写作，要求开头有称呼，结尾署名；称谓和祝颂，均有通用词；信封的书写也有规范的样式，否则，信也寄不出去。

（三）在语言上，准确、简练、平实

文艺作品的语言，讲究形象性、生动性、趣味性和含蓄性，大量地运用比喻、夸张、拟人、象征等修辞方法。而应用文的语言，则讲究实用性，即着眼于明确表情达意和加快交流速度。这样就决定了应用文的语言必须写得准确、简练、平实。公文的语言更为讲究，像"似乎""好像""大概""可能""也许""差不多"等模棱两可的字眼，就不宜运用。那些没有信息量的空话、套话，也必须杜绝。

（四）在使用上，讲究时效，直接作用于现实

文学作品可以写历史题材，可以写现实题材，也可以幻想未来的世界，反映生活不受时间限制。作品的发表，快一些与迟一点影响不大。作品的审美价值，一般不受时间限制。而应用文则不然，它必须及时地为现实生活服务，今天要发的文书必须今天发出，不能等到明天；明天才发布的情报必须等到明天，不能提前泄露机密。例如某地出现灾情，就必须及时向上级或有关部门报告，以便及时处理，越快越好，如果延误时间，不能及时处理，就可能造成更大的损失。

从上面的分析中，我们可以看出应用文的特点，主要在于它的实用性、真实性、时效性与规范性。

三、应用文的作用

应用文的作用，主要表现在以下几个方面：

（一）规范人们行为

社会是由人组成的，为了社会的安定与进步，必须要对人的行为进行规范，否则，人们就不可能团结，社会就不可能安定。应用文中的许多文种，就是规范人们的思想与行为的。如法律、法令和法规，就是要人们遵照执行的。章程、准则、守则等，规定更为具体，对人们的行为起到准绳的作用。

（二）沟通公共关系

语言是交流思想、传达信息的工具。在社会生活中，有着各种公共关系。例如省与省之间、市与市之间、县与县之间、上级机关与下级机关之间、政府与管辖下的居民之间、企业与职工之间、供应商与消费者之间等，都有着密切的关系。诸方面的公共关系，要以各种方式和手段互相沟通。而沟通这些关系的重要方式和手段，就是应用文书。

（三）传递各种信息

当今时代，是一个信息时代。信息的获得，信息的创造，信息的存储，信息的识别，信息的处理，信息的表达，信息的传递，无不依靠书面语言。如今，世界传播信息的报纸杂志不计其数。随着科学技术的迅猛发展，通讯手段的现代化，记载人们思想和各种信息的应用文，不仅通过报刊，还可以通过电话、广播、电视，传递到世界各个角落，输入人们的大脑。人们通过分析综合，进一步认识世界、改造世界。

（四）存储知识，提供资料

应用文反映单位和个人的种种活动，记载着各个历史时期政治、经济、文化、科技等方面的情况，如北宋的沈括，通天文、历算、方志、音乐、医药，他的许多科学成果均写在《梦溪笔谈》之中。当代科学家竺可桢、苏步青、钱学森、钱伟长、华罗庚、茅以升、陈景润等的杰出科研成果，都记载在他们的科技论著中。总之，无论是公务文书还是私人文书，留存下来，就可以为国家积累和提供大量历史资料，作为有关部门或个人研究问题的参考。

（五）教育群众，增强修养

改革开放与社会主义经济建设，需要千百万群众参加，而千百万群众只有用先进的思想理论武装头脑，才有自觉的行动。许多应用文书，都体现了当今社会对公民的要求，有利于对公民进行有理想、有道德、有文化、有纪律的教育。例如法律文书以及司法部门编写的有关知识讲座稿，对于增强公民的法制观念，提高公民执法的自觉性，就起着重要的作用。有些个人写的笔记、书信、见闻录等，情调高雅，知识丰富，也能给人以美的享受，增强人们各方面的修养。

▶第二节 应用文的写作要求

［学习要求］

掌握应用文写作在主题、题材、结构、语言上的要求，能写出主题明确、材料充实、结构严谨、语言简洁，合乎应用文体要求的各种文书。

一、应用文主题的要求

应用文的主题，又称主旨、题旨、立意等。具体地说，应用文的主题就是通过文章的具体材料所表达的中心思想、基本观点或要说明的主要问题，是作者对有关事务的见解、评价和态度。主题决定着应用文质量的高低、价值的大小、作用的强弱和影响的好坏。

应用文的主题，一般来自三个途径，即单位领导、工作实践和党政机关。应用文对主题的要求与这些途径有关，这就要求做到：

（一）符合党和国家的政策、法令

主题是应用文的灵魂，必须与党和国家的法律、法令、方针、政策相符合。否则，就不可能在公务活动中发挥有效的、积极的作用。

（二）符合领导意图

领导意图，就是领导对公务活动的基本目的、基本要求和基本主张。不符合领导意图的文稿，领导理所当然不会签发。

（三）明确而有针对性

每篇文书都有一个主旨，肯定什么，否定什么，赞扬什么，批评什么，提倡什么，都十分明确，绝不能含糊不清、模棱两可。文书还有强烈的针对性，即文书包含的意见、主张、办法、措施，是为什么人，对什么事和什么问题而提出的，要写得清清楚楚。

具备了这些要求的文书主旨，才能使人们理解把握，贯彻执行，才有利于人们提高按文办事的效率。

二、应用文材料的要求

应用文书的材料，是指为了写作文书而采取的，用于提炼、确立、表现写作主旨的事实和观念。材料是写作的前提，是形成主题的基础，是说明主题的支柱。应用文选用的材料要求做到：

（一）确凿

确凿即真实、准确，是指写进文书里的材料必须做到真实、准确，确凿无误，不能道听途说。这是文书选择材料必须坚持的一条基本原则。

（二）切题

切题是指写进文书里的材料必须有针对性，能紧扣写作主旨，能具体显示或说明观点。材料是否切题的实质是观点和材料是否统一的问题，我们应当做到观点统率材料、材料表现观点。

（三）典型

典型指写进文书里的材料应该是深刻地揭示活动的本质，又具有代表性与说服力的材料。典型的材料能以一当十，令人瞩目，具有支撑观点的基础作用。

（四）新颖

新颖是指写进文书里的材料必须有强烈而鲜明的时代感。为此，写作者要跟上时代步伐，以科学思维，用新的眼光考察各种现象，选出新颖的写作材料来。

三、应用文结构的要求

结构是文章内容的组织和衔接，是文章内部联系和外部形式的统一。应用文的结构和基本内容与其他文种相比，具有自己独特的特点。认识应用文的结构和基本内容，有利于提高应用文的阅读和写作能力。应用文结构的要求主要有以下五个方面。

（一）完整性

首先，公文要做到开头、主体、结尾三部分齐备，不可无故残缺，也就是人们所说的"有头有尾有中段"。

其次，各个部分要相对饱满，不能干瘪、空洞，给人局部残损的感觉。

最后，脉络畅通，贯穿首尾。如果行文不连贯，形成脱节断气，也会影响文章的圆满。

在艺术创作中，讲究点到为止，留下一些空白由欣赏者来填补，更好地调动读者进行审美再创造的积极性。但在公文写作中不宜采用，因为公文的内容要求明确、实在，不能采用虚实相生、意到笔不到的写法。否则，将会给落实处理带来许多不便。

（二）连贯性

应用文的各个部分之间，在内容上要相互连贯，井然有序，在语言形式上要有紧密的衔接和合理的过渡。

一篇公文，不会是一个混沌的整体，必然是由若干层次构成的。开头、主体、结尾，就是公文的三大层次。其中主体部分，通常也不会只有一个层次，而是由既互有区别，又互有联系的几个部分组成。这些层次之间，不管是在内容上还是在文气上，都要有内在的联系。在外部的语言形式上，不管采用序号衔接还是采用自然过渡，也都必须自然流畅。

（三）严密性

严密性是指文章的各个部分之间有严密的逻辑联系，既不能出现前后内容互不相干，也不能出现前后内容相互矛盾的现象。有人说，文章的"不通"有多种，最厉害的是上气不接下气，上段上句的意思没有交代清楚就搁起来，下段下句的意思没有伏笔就突然出现，在上文已说过的话到下文再重复说一遍……这些问题都属于逻辑混乱，结构不严密。

文章的部分与部分之间，或呈现因果关系，或呈现主次关系，或呈现并列关系，或呈现表里关系，各部分应互相弥补、互相协助，而不能互相矛盾、互相拆台。

（四）本质性

文章表现的对象是客观事物，其结构形式应取决于内容，体现客观事物本身的内在本质联系。应用文写作也是如此。如写通报，无论是用于传达重要情况，还是用于表彰或批评，都必须把事情叙述清楚。因此，应用文作者就要依据事件发展的过程、事物的特征来安排正文结构，以反映通报对象的内在本质及规律。应用文写作中，还要特别注意根据主旨的需要安排好层次段落，如写事件，一般就有发生、发展、结局的过程，写问题就有暴露、认识和解决的过程，而这些都要求作者循着"开端－发展－结局"或"发现问题－分析问题－解决问题"的逻辑顺序安排层次。

（五）体式性

凡文种都有相对稳定的结构体式，应用文书一般都具有严格的体式规范。应用文书的结构安排需适应体式的规范要求。这就要注意研究、把握公文和其他应用文书文体样式的规范。如写工作"通知"要写通知的目的依据、通知的事项和执行的要求；写"经济活动分析报告"，就要写基本情况、分析评价和建议；写法规、规章，则一般要以总则、分则和附则作总体布局。

四、应用文语言的要求

语言是思想的直接现实。公文的语言是规范性语言，是炉火纯青的语言。古人曾说过："一字入公文，九牛拽不出"，公文语言一旦出差错，就会给工作带来不可弥补的损失。那么，应用文的语言有什么特征呢？

（一）实用性

有人把人类的语言分为两大基本类型：实用语言和文学语言。实用语言和文学语言虽然在词汇、语法上没有太大区别，但它们实际上是功能完全不同的两种语言。实用语言只传达词语的词典意义，而文学语言不限于传达词语的词典意义，它是对实用语言进行"扭曲""变形""施加暴力"后"反常化"了的语言。作者之所以要采取反常化的手段，就是为了消除读者的习惯性，使读者不得不专心致志、流连忘返地去感受语言本身，从而延长读者对事物的感知过程。如果说文学语言是表现感觉的语言，那么实用语言就是表达认知的语言。必须分清这两种语言，写作中才不会出现用文学语言写公文的荒唐现象。

（二）规范性

文书语言可以说是一种循规蹈矩的语言。它必须符合应用语体的特点和风格，常用叙述、议论、说明的表达方式，特别是公文，在词汇上，严格遵照其词典意义；在造句上，严格遵循语法规则；在修辞上，对夸张、通感、暗示等可使事物有较大变形的或曲折达意的修辞格一般不用。这样可以保证公文的不同读者在理解上能够趋向一致，不会因个人的创造性发挥而"仁者见仁，智者见智"。可以说，规范性是公文能够得到有效贯彻落实的

保障。

(三)模式性

在文书写作中，沿用一些固定的模式化语句和语词的现象比较常见，有些公文语甚至在关键之处必须使用。模式化语言对于别的文体来说是不受欢迎的，而对于公文来说却是一种必需。每一种体式在写作中都有固定的套路，在套路的实施过程中自然而然地形成了一些适宜这些套路的语言，沿用它们，方便、简洁、有效。如"特此函复"这一说法，如果换用别的语言来表达，无论怎样努力都不可能这样简练明白。

上面说的是应用文语言的特征，那么，应用文语言又有什么要求呢？概括起来，可用三个词概括：准确、简练、朴实。

1. 准确

应用文书用词必须准确。在汉语中，有大量意义相同或相近的词汇，称为同义词或近义词。即使是同义词，细细分辨起来还是有些微妙的差异，如"优异""优秀""优良"，这三个词粗看相近，细看则有程度的区别。"鼓舞""鼓动""煽动"，从动作的方向看并无差异，但感情色彩却很不相同。写作公文时，必须在词语的细微差别和感情色彩上仔细斟酌。

2. 简练

汉语写作，短句较多，这是我们民族的传统。有些作者借鉴欧化的句子来写文章，句子写得很长，读起来不顺畅，这在应用文写作中是不可取的。文言文中有生命力的词汇仍需保留下来，为我们的现代写作所常用。譬如"来函收悉"四个字，要换成"来信收到，内容尽知"，文字多了一倍，意思却一点也没增加。而且这还不是真正的白话，要换成"你们的来信我们收到了，其中的内容经过阅读都已明白了"，才是真正的白话，那岂不是大煞风景？当然，运用文言词语，要注意不得生吞活剥，食古不化，要适当、活用、自然、流畅。

3. 朴实

要做到朴实，首先就要做到不做作，不生造。庄重、朴实，是公文语言的基本风格。公文语言忌讳华丽、造作、卖弄。在当前的公文写作实践中，这种毛病还没有完全杜绝。出现这种毛病的原因有两个：一个是虚荣心导致的错觉，以为语言越新异越能显示作者的才华；另一个原因是对词语的含义还不能准确辨析。只有端正文风，刻苦学习，这些毛病才能克服。

要做到朴实，还要做到不溢美，不虚饰。例如，说某人工作刻苦，动不动就说他废寝忘食，甚至说他连续几天几夜不合眼坚守在工作岗位上。这些溢美之词既不真实，也不感人，效果往往适得其反。

▶第三节　本教程的内容与安排体例

[学习要求]

粗略了解本教程的内容与安排体例，做到学习时心中有数，提高效率。

应用文的种类，是在实践中产生的。不同部门、不同行业都有其常用的应用文体。不同应用文体有不同的特点、作用，有不同的写作要求与写作方法。应用文的种类不但繁多，而且还在不断发展变化。随着社会的前进，新的应用文格式会被创造出来，而一些过时的、陈旧的文种，也会因其无需要而被废弃。

本教程的编写，不可能对所有的应用写作体式都作具体的介绍与说明，我们编写的宗旨，主要是满足高等院校文科类专业教学的需要，同时，也兼顾到理、工、农、医类常用的文书。在教材中，我们尽可能把在生活、学习、工作等方面常用到的应用文书都有所介绍，但又注意到突出那些使用频率高的文种。在教学过程中，可根据本专业的需要来选择内容。

根据上面的考虑，本教材分为十大块（包括绪论和一～九章）。

绪论。概述应用写作的性质、特点、分类、作用和本教程的内容、体例，让读者对本书有个基本的了解，并提高学习的自觉性与积极性。

第一章，公文概述。介绍与说明公文的性质、特点、构成、种类、行文规则和办理程序等，让读者对公文有一个总体的认识。公文是教程的重点，只有了解、掌握公文的基本知识，才便于具体文种写作的学习，在实践中才能提高办文效率。

第二章，行政公文。这是本教程的又一重点。行政公文是各行各业都需要使用的。这一章分别对命令（令）、议案、决定、公告、通告、通知、通报、报告、请示、批复、意见、函、会议纪要 13 种行政公文的特点、使用范围、结构与写法、写作要求等进行分析与说明。

第三章，事务文书。介绍与说明计划、总结、调查报告、讲话稿、述职报告、简报、会议记录、大事记等的性质、特点、结构和写法。

第四章，规章文书。介绍与说明条例、规定、办法、细则、章程、规则、守则、制度、公约、承诺等规章文书的性质、特点、结构和写法。这些文书，有别于第二章——行政公文，所以单独列为一章。

第五章，经济文书。介绍与说明在经济活动中经常用到的意向书、协议书、经济合同、经济广告、商品说明书、招标书、投标书、经济活动分析报告等的性质、特点、结构和写法。

第六章，司法文书。在日常生活和经济建设中，单位之间、人与人之间有时会出现摩擦，需要诉诸法律。本章为了适应这个需要，介绍与说明起诉状、上诉状、申诉状、答辩状等在引起法律纠纷时所使用的文书。

第七章，生活文书。介绍与说明一般书信和各种特殊书信如感谢信、慰问信、邀请函、请柬、倡议书、申请书、求职信、启事、海报等的性质、特点、结构和写法。

第八章，传播文书。介绍与说明信息、消息、通讯、新闻评论、广播新闻、新闻发布稿等常用新闻体裁的性质、特点、结构与写作方法。这类文章，也是各行各业经常使用的。

第九章，礼仪文书。介绍与说明贺词、贺电、欢迎词、欢送词、答谢词、开幕词、闭幕词、讣告、唁电、题词、对联等文书的性质、特点与写法。

上述各章，除绪论和公文概述外，基本上都按文种分节进行讲解与说明。各节开头都先交代学习本节的目的要求，让读者对本节的学习做到心中有数。

介绍文体的各节，一般都用简明的语言，说明该文种的含义、特点与分类，然后着重说明该文种的结构内容、写作方法与写作要求。这一层是重点，一般结合正、反例文来分析说明。

每节的后面，都有“思考与练习”，这是各节内容不可分割的组成部分，让读者在掌握基础知识的基础上，思考一些问题，以巩固本节所学的知识，特别是通过一些基本训练，使知识转化为能力。训练的形式多种多样，有思考题、选择题、填空题、改错题、分析题、撰写题等。在使用时，教师可根据学生的实际情况灵活采用。这是巩固知识、学会运用、提高教学效果的不可缺少的环节，不能视为硬接上去的尾巴，可要可不要，随便把它砍掉。

最后，还附了《国家行政机关公文处理办法》和《国家行政机关公文格式》（GB/T9-1999）规定的行政公文版面样式，方便读者查阅、参照。

>>> 思考与练习

一、解释概念

应用文　　　　应用文主题　　　　应用文材料　　　　应用文结构

主题鲜明　　材料典型

二、问答题

1. 应用文有什么特点？

2. 应用文有什么作用？

3. 应用文的主题有什么要求？

4. 应用文的材料有什么要求？

5. 应用文的结构有什么要求？

6. 应用文的语言有什么要求？

7. 你准备怎样学好应用文？

三、填空题

1. 主题是_____的统帅，是_____的依据，它决定着应用文_____的高低、_____的大小、_____的强弱和_____的好坏。

2. 材料是写作的_____，是形成主题的_____，是说明主题的_____。

3. 应用文的语言要求做到_____、_____、_____。

4. 应用文必须及时地为现实服务，今天要发的文书必须_____，不能等到明天；明天才发布的情报必须_____，不能提前泄露情报。

四、选择题

1. 应用文的主题，一般来自(　　　)。

　　A. 单位领导　　　B. 工作实践　　　C. 上级文件　　　D. 心灵闪念

2. 按照应用文作者的性质分，可分为(　　　)。

　　A. 公务文书　　　B. 个人文书　　　C. 电讯文书　　　D. 声像文书

3. 公文语言具有(　　　)几大特征。

　　A. 实用性　　　B. 规范性　　　C. 模式性　　　D. 生动性

五、判断题

1. 文学作品要求构思巧妙，形式新颖，公文虽有相对稳定的格式，但也要有所创新。

　　　　　　　　　　　　　　　　　　　　　　　　　　　　　　　(　　)

2. 语言是思想的直接现实。　　　　　　　　　　　　　　　　　　(　　)

3. 公文中的"来函收悉"四字，可换成"来信收到，内容尽知"。　　(　　)

4. 按照文书使用的范围分，可分为通用文书和专用文书。　　　　(　　)

5. 模式化语言，对于别的文体来说可能不受欢迎，但对于公文来说却是一种必需。

　　　　　　　　　　　　　　　　　　　　　　　　　　　　　　　(　　)

六、修改题

指出下文在语言方面存在的问题，并进行修改。

中共××县委、县政府关于严禁
在公务活动中接受礼金礼品的通知

中共县委、县政府对党政机关及其工作人员在公务活动中不得接受赠送礼金礼品问题曾多次作过规定。但是，一些不执行，一些部门我行我素，一些单位违反规定的现象仍时有发生。这种行为损人利己，不仅违反国家管理制度和财经纪律，而且诱发行贿受贿、搞

权钱交易、不给好处不办事等腐败行为。滋生不良作风，损害自身形象，影响改革开放和经济建设的健康发展。为此，特作如下通知：

一、各级党政机关及其工作人员（包括离休、退休干部和受党政机关委托、聘任从事公务的人员），特别是领导机关和领导干部，在公务活动包括礼仪庆典、新闻发布会和经济活动中，不得以任何名义和变相形式接受礼金和有价证券。凡违反规定接受礼金和有价证券者，要坚决追究，根据数额多少和情节轻重，给予党纪、政纪处分。对索要或暗示对方赠送礼金和有价证券的，要从重处分。触犯刑律的，要依法惩处。

二、各地区、各部门、各单位（包括企业、事业单位）尽可能不要以业务会、招待会、定货展销会等各种会议和庆典、纪念、商务等各种活动及其他的形式，向党政机关及其工作人员赠送礼金礼品。凡违反规定的，要追究有关领导的责任。

三、各级党政机关及其工作人员在涉外活动中，由于难以谢绝而接受的礼金和礼品，尽可能在一个月左右全部上缴。凡不按期交出的，以贪污论处。

四、各级领导干部要切实负起责任，严以律己，带头贯彻执行，并对本地区、本部门、本单位的工作人员加强教育管理，对执行本通知的情况加强监督检查，绝不允许敷衍了事。

第一章　公文概述

公文，也称公务文书，是机关单位、团体组织用来处理公务的应用文体。历史以来，公文成为国家实施行政管理的重要工具。不管是国家公务员，还是企业、社会团体和管理人员，掌握公文的有关知识，熟悉公文写作是相当必要的。学习掌握公文写作是时代的需要，是社会发展的需要，是各行各业管理人员必备和起码的职责和技能。本章分为四节对公文作总体的介绍：第一节，公文性质、特点、种类及作用；第二节，公文格式；第三节，公文行文规则；第四节，公文办理程序。

▶第一节　公文性质、特点、种类及作用

[学习要求]

了解公文的性质、特点、种类及作用等，对公文作总体认识，为后面的学习打下基础。

一、公文的性质、特点

公文是一个国家实行行政管理的基础，是一个国家权力的象征，是实行各种行政行为最根本的凭证和依据，是治理社会、管理国家、办理公务的重要工具。作为一种特殊的应用文，它具有如下特点：

（一）内容的策令性

公文是传达贯彻党和国家的方针、政策，发布各种法律、法令、法规、规章，施行各种各样的管理措施、请示和答复问题，指导、布置和商洽工作，报告情况、交流经验的重要工具，是党政机关的喉舌和典型的"遵命文章"。现代公文代表的是党政机关、人民团体、企事业单位的意见和主张，反映的是最广大人民群众的根本利益，是为社会主义现代化建设和党的基本路线服务的重要工具。公文的内容是党的路线、方针和政策，是各级机关组织开展工作的依据，颁布后是要立即贯彻执行，具有法定的权威性和行政约束力。

（二）程式的规范性

公文在办理事务过程中形成了自身特有的办理程序和写作格式，具有规范的程式。中共中央办公厅和国务院办公厅对公文的种类、用途、文面、制发、管理等都作了统一的规定。坚持公文程式标准化和规范化，可以维护公文的权威和庄严，保证公文处理及时、准确、安全，提高办事效率和质量。

（三）作者、读者的专任性

公文的作者是法定的，读者是特定的，并非任何人都可以随意制作和随意阅读。公文的作者是指依据宪法、法律、章程等规定的具有法定职权和行文资格的机关单位、社会组织及其领导人；其读者是法定机关及其相关人员，其他人一般没有权力和资格阅读公文。

（四）行文的庄重性

公文的庄重性是公文的重要特性，主要体现在：一是要用庄重、严肃的态度对待、处理公文，维护公文的法定权威和庄严，保证公文效用得以实现。如：要严格按照公文制发程序、规定处理公文，正确根据行文关系确定行文方式等。二是公文表达效果要庄重。如：公文表达方式以叙述、说明、议论为主，不用描写、抒情，要注意使用准确、简朴、平实、得体的语体风格等。

二、公文的种类

为了方便公文的撰制、处理和管理，可根据不同的标准，从不同角度，对公文进行分类。目前比较常见的分类方法有：

(一)根据公文制发机关的性质，公文可分为国家行政机关公文、党的机关公文和其他机关公文

国家行政机关公文(简称行政公文)主要是指国家行政机关在公务活动中所形成和使用的公文。《国家行政机关公文处理办法》(国务院2000年8月24日颁布，2001年1月1日正式实施，以下简称《办法》)明确指出："行政机关的公文(包括电报)，是行政机关在行政管理过程中形成的具有法定效力和规范体式的文书，是依法行政和进行公务活动的重要工具。"《办法》规定行政公文文种有13种，包括：命令(令)、决定、公告、通告、通知、通报、议案、报告、请示、批复、意见、函、会议纪要。

党的机关公文是指由中国共产党的机关、组织形成和使用的公文，反映党的领导工作和建设活动。《中国共产党机关公文处理条例》(中共中央办公厅1996年5月3日印发，以下简称《条例》)规定："党的机关的公文是党的机关实施领导、处理公务的具有特定效力和规范格式的文书，是传达贯彻党的路线、方针、政策，指导、布置和商洽工作，请示和答复问题，报告和交流情况的工具。"《条例》规定党的机关公文有14种，包括：决议、决定、指示、意见、通知、通报、公报、报告、请示、批复、条例、规定、函、会议纪要。

国家行政机关公文和党的机关公文有9种相同文种，即决定、通知、通报、报告、请示、批复、意见、函、会议纪要。不同的公文中，党的机关公文专有的文种有5种：决议、指示、公报、条例、规定，行政机关公文专有的文种有4种：命令(令)、议案、公告、通告。

其他机关公文是指除党政机关以外的其他机关在长期的公务实践中形成和使用的公文，包括法规文件、外交文件、司法文件、计划文件、军事文件等。法规文件，即由国家权力机关和行政机关制定和颁布的法律、法令和行政法规，如条例、规定、办法、细则、制度、守则、规则等。外交文件，即外事活动中专门使用的文件，如照会、备忘录、护照、签约等。司法文件，即公安、检察、法院等机关部门，依法处理各类案件中产生、使用的文字材料，如起诉状、上诉状、申诉状、答辩状、判决书等。军事文件，亦称军用文件，是军队内部以及军外单位往来使用的文字材料，主要有命令、指示、通知、布告、请示、报告等。

(二)按照公文的行文关系和行文方式，公文可分为上行文、平行文、下行文和泛行文

上行文是下级机关向所属的上级机关呈送的公文，主要有请示和报告等。

平行文是指同级机关或不相隶属机关之间的一种行文，主要有函等。

下行文是指上级机关向下级机关发送的公文，主要有命令(令)、决定、通报、通知、批复、指示性意见等。

泛行文是指面向全社会，没有特定的主送机关、行文方向的行文，主要有公告、公报等。

(三)按照公文的来源，公文可分为外发公文、收进公文和内部公文

外发公文简称发文，是指本机关拟制的向外单位发出的公文。收进公文简称收文，即本机关收到的外单位发来的公文。内部公文是指本机关制作并在内部使用的公文。

(四)按照公文的秘密程度，公文可分为绝密公文、机密公文和秘密公文

秘密文件是内容涉及党和国家的秘密，需要控制知密范围和知密对象的公文。《中华人

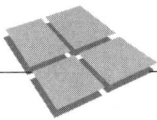

民共和国保守国家秘密法》和《国家行政机关公文处理办法》将文件密级分为"绝密""机密""秘密"三级，其中明确规定，秘密公文应当分别标明"绝密""机密""秘密"。绝密公文是涉及党和国家最重要秘密的公文，泄露会使国家安全和利益遭受特别严重的损害。机密公文是涉及党和国家重要秘密的公文，泄露会使国家的安全和利益遭受严重的损害。秘密公文是涉及党和国家一般秘密的公文，泄露会使国家的安全和利益遭受损害。

（五）按照公文的紧急程度，公文可分为特急公文、急办公文和常规公文，其中电报应当分别标明"特提""特急""加急""平急"

特急公文是指事情特别重大，情况特别紧急，内容特别重要，需要迅速传递办理的公文。特急件是发文机关对受文机关处理时限要求紧迫的公文，它要求在安全、保密的前提下，把承办时间压缩到最低限度。急办公文指内容重要、情况紧急，需要马上传递办理的公文，如公文中的"急件"、电报中的"加急""平急"件等。急办公文在紧急程度上仅次于特急公文，受文机关在处理中也要求争分夺秒，以免延误时间。常规公文，也称为平件公文，指的是内容重要程度一般，没有特别时间限定、需按工作常规依次处理的普通文件，这类公文一般没有标注紧急程度。

（六）根据公文内容、性质及作用，公文可分为通用公文、专用公文和技术公文

通用公文是各级各类机关单位经常、普遍、共同使用的公文，也可称为常用公文，可以包括：法定公文，分为行政公文和党的机关公文；普通公文，如计划、总结等；法规性公文，分为宪法、法律和规章，如条例、规定、办法、章程等。专用公文是指在一定的工作部门和一定的业务范围内根据特殊公务需要而专门使用的公文，它涵盖教育、国防、司法、商业等社会生活的各个领域，如外交文书中的照会、条约、备忘录等，经济领域中的经济合同、市场预测报告、招标书、投标书、商品广告等，司法部门使用的起诉状、答辩状、判决书等，科教领域的科研论文、学位毕业论文等。技术公文是在教学、科研、生产、基建等领域，根据公务办理的需要使用的公文，如说明书、图纸、图表等。

此外，根据公文的作用，还可以将公文分为指挥性公文、规范性公文、报请性公文、知照性公文、记录性公文等。指挥性公文包括命令、指示、决定、意见、批复和政策性通知等；规范性公文包括条例、规定、办法、守则、章程、规则等；报请性公文主要是报告、请示；知照性公文包括公报、公告、知照性通知、通报、函；记录性公文包括会议记录、会议纪要、大事记等。

三、公文的作用

公文是国家实施行政管理的重要工具，它有着明确的现实目的和效用。归结起来，主要有以下几点作用：

1. 领导指导作用。上级领导机关通过公文传达、贯彻党和国家的方针、政策和各项指令，在公务活动中发挥领导与指导作用，实现对下级的领导、指导和管理，有效维护政令统一，保证工作顺利进行。

2. 法规约束作用。公文是法定作者制发的，并在法定的范围内行使职权，其内容具有法定的权威性和行政约束力。党和国家的方针、政策及法规、指令，均以公文为载体而产生效力。公文的制发就是为了规范人们的行动，约束人们的行为，以此管理国家和维护社会的正常秩序。因此，公文具有法规性和约束力。

3. 知照联系作用。公文是机关之间协商与联系工作，协调行动的重要手段。不同机关通过公文互相沟通情况，商洽工作，交流思想，互通信息。上级机关的通知、批复，下级机关的请示、报告，平级机关或不相隶属机关之间的函及会议纪要，还有通告、公告、通报等公布类文种均起到知照联系作用。

4. 依据凭证作用。上级发布的下行文是下级机关开展工作的依据；下级上报的公文是上级决策的依据；公文完成其现行作用后，将立卷归档，成为机关单位履行职能、开展工作的真实记录和凭证，以供日后查考。

5. 宣传教育作用。发布公文可以使下级机关及时了解党和国家的方针政策，了解上级机关新的奋斗目标和新的工作举措，可以宣传机关单位工作中的新典型、新经验，以供有关方面学习、借鉴，最终取得"统一思想、提高认识、掌握政策、协调行动"的宣传教育效果。

▶第二节　公文格式

[学习要求]

了解公文的文面构成要素的内容、作用和格式要求，掌握公文各要素的标注方法，明确纸张大小和印装要求，能辨别出工作实践中运行的公文规范与否。

公文格式是指公文的表现形式，也可说是公文的外部组织形式。它包括公文文面结构、公文用纸与排版装订等方面的内容。公文格式具有规范化的特点，这是在公文的长期实践活动中形成的。公文格式的规范化、标准化是适应现代办公自动化的必然要求，是保证公文质量的需要，有利于提高机关办事效率，有利于鲜明体现公文的权威性和约束力。

1999 年 12 月 27 日，国家质量技术监督局批准发布了《国家行政机关公文格式》(GB/T9704—1999)，该文件代替了 1988 年 9 月 15 日批准试行的《国家机关公文格式》，作为新的国家标准自 2000 年 1 月 1 日起开始施行。该标准对国家行政机关公文的纸张规格、印装要求、文面格式等方面作了详细规定，适用于国家各级行政机关制发的公文，也是其他机关公文参照执行的蓝本。

一、公文的一般格式

(一)用纸格式

公文用纸采用国际标准 A4 型(210mm×297mm)，张贴的公文用纸大小，根据实际需要确定。公文用纸天头(上白边)为：37mm±1mm，公文用纸订口(左白边)为：28mm±1mm，版心尺寸为：156mm×225mm。

(二)印装格式

文字符号一律从左到右横写、横排。在少数民族自治地方，可以并用汉字和通用的少数民族文字。公文要双面印制，左侧装订。

(三)文面格式

公文的文面格式，是指构成公文的结构要素及其在文面上所处的位置和书写要求。1999《国标》将组成公文的各要素划分为眉首、主体、版记三大部分，分为公文份数序号、秘密等级和保密期限、紧急程度、发文机关标识、发文字号、签发人、公文标题、主送机关、公文正文、附件说明、成文日期、印章、附注、主题词、抄送机关、印发机关和印发日期 16 项要素。

1. 眉首

眉首也称为文头部分，置于公文首页红色反线(宽度同版心，即 156mm)以上的各要素

统称为眉首。眉首主要包括：公文份数序号、秘密等级和保密期限、紧急程度、发文机关标识、发文字号和签发人。

(1)公文份数序号

公文份数序号指将同一文稿印制若干份时每份公文的顺序编号。密级公文必须标识公文份数序号，其他公文根据需要标识。标注方法为用阿拉伯数字顶格标识在版心左上角第1行，编码不得少于两位数，如：000001。

(2)秘密等级和保密期限

秘密等级简称密级，分为秘密、机密、绝密三级。密级不同，文件发放、传达、阅读的范围也就不同。除特殊规定外，保密期限根据《国家秘密保密期限的规定》，按"绝密级事项三十年，机密级事项二十年，秘密级事项十年认定"。秘密等级和保密期限，用3号黑体字，顶格标识在版心右上角第一行，两者之间用"★"隔开。标注方法如："秘密★10年"。

(3)紧急程度

紧急程度简称急度。紧急公文应该根据紧急程度分别标明"特急""急件"，用3号黑体字，顶格标识在版心右上角第一行，两字之间空1字。紧急电报分别标明"特提""特急""加急""平急"。如果需同时标识秘密等级与紧急程度，秘密等级顶格标识在版心右上角第1行，紧急程度顶格标识在版心右上角第2行。

(4)发文机关标识

发文机关标识也称为"文件名"，由发文机关全称或规范化简称后面加"文件"组成，如"国务院办公厅文件""××省人民政府文件"。联合行文时，主办机关名称排列在前，协办机关排列在后，"文件"置于发文机关右侧，上下居中排布。发文机关标识上边缘至版心上边缘为25mm(上报公文为80mm)。发文机关标识使用小标宋体字，用红色标识，字体大小一般应小于22mm×15mm(高×宽)。

(5)发文字号

发文字号简称文号，是发文机关公文编排顺序的代号，由发文机关代字、年份和序号组成，如"国发〔2006〕1号"。机关代字是机关名称最具特征、最精练的概括，一般不超过3个汉字，年份、序号用阿拉伯数字标识，年份使用全称并用六角括号"〔〕"括入，序号不编虚位(即1不编为001)，不加"第"字。几个机关联合行文，只标明主办机关发文字号。发文字号位于发文机关标识下空2行，用3号仿宋体字标识，居中排布，发文字号之下4mm处印一条与版心等宽的红色反线。上报公文的发文字号位置略有变化，在下面"签发人"中另作详细说明。

(6)签发人

签发人是批准发出公文的机关领导人。上报的公文需标识签发人姓名，平行排列于发文字号右侧，发文字号居左空1字，签发人姓名居右空1字，"签发人"三字用3号仿宋体标识，后标全角冒号，冒号后用3号楷体字标识签发人姓名。如有多个签发人，主办单位签发人姓名置于第1行，其他签发人姓名依次排列在下一行，应使发文字号与最后一个签发人姓名同处一行，并位于红色反线之上。

2. 主体

主体是公文的实体部分，也称为主文部分，包括红色反线(不含)之下至主题词(不含)之上的各要素，即由公文标题、主送机关、正文、附件说明、成文日期、印章、附注等部分组成。

(1)公文标题

标题即公文的名称，标题要准确、简明，概括公文的主要内容。公文标题一般由发文机关名称、事由、文种三部分组成，有的也可省略发文机关或事由。发文机关要用全称或规范化简称，发文事由用"关于……的"介词结构，表达公文的基本内容，并修饰和限制中心词文种。除法规、规章和规范性公文名称加书名号外，一般不加标点符号。公文标题位于红色反线下空2行，用2号小标宋体字标识，可分一行或多行居中排布。

（2）主送机关

主送机关即负责处理、执行公文的机关，要使用全称、规范化简称或同类型机关的统称，位于公文标题下空1行，左侧顶格用3号仿宋字标识，回行时仍顶格，多个主送机关之间用逗号或顿号隔开，最后一个主送机关后标全角冒号，如："各省、自治区、直辖市人民政府，国务院各部委、各直属机构："。如果主送机关过多而使公文首面不能显示正文时，应将主送机关名称移至版记中的主题词之下、抄送之上，标识方法同抄送。上行文只有一个主送机关，下行文的多个主送机关按主次顺序排列，公开发布的普发性公文通常不写主送机关。

（3）正文

正文是公文的核心部分，位于主送机关下一行，每自然段开头均要左空2字书写，回行顶格，数字、年份不能回行。用3号仿宋体字，每行28字，每页22行。正文结构通常包括缘由、事项、结语三部分。缘由主要说明发文原因、依据和目的；事项是公文的主体部分，主要围绕行文的基本意向展开内容、叙述情况、分析问题、布置工作、说明做法、提出要求等；结语是正文结尾的收束语，有的公文也省略。正文可采用并列法（段落层次之间为平等、并列关系）、递进法（按事情发展过程的先后次序或按事理层次）逐层深入展开文章内容）、合式法（并列法、递进法相结合）安排结构。段落层次的序数，第一层为"一、"，第二层为"（一）"，第三层为"1."，第四层为"（1）"。

（4）附件说明

附件是随公文发送的附属文件或材料。公文如有附件，应在公文正文下空一行左空2字用3号仿宋体字标识"附件"，后标全角冒号和附件名称。附件如有序号使用阿拉伯数字，附件名称后不加标点符号（如："附件：1.××××"）。附件材料应与正文一起装订，并在左上角第1行用3号仿宋体字顶格标识"附件"两字，有序号时标识序号（如：附件1），附件的序号和名称前后标识应一致；如附件与正文不能一起装订，应在附件左上角第1行顶格标识公文的发文字号并在其后标识附件（或带序号）。

（5）成文日期

成文日期是公文生效的法定时间。成文日期以发文机关的负责人签发的日期为准，联合行文以最后签发机关负责人签发日期为准，电报以发出日期为准。成文日期应用汉字将年、月、日标全，"零"应写为"〇"，如"二〇〇六年一月一日"。成文日期的位置确定需考虑加盖印章的情况。

（6）印章

印章即公文最后生效标识。公文除会议纪要和印制有特定版头的普发性公文外，应当加盖印章。联合上报的公文，由主办机关加盖印章；联合下发的公文，联合发文机关都应加盖印章。

单一机关制发的公文在落款处不署发文机关名称，只标识成文日期。成文日期右空4字，加盖发文机关印章。印章距正文2～4mm，端正、居中，下压成文日期，印章用红色。当印章下弧无文字时，采用下套方式，即印章中心线压在成文日期下。当印章下弧有文字

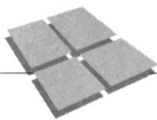

时，采用中套方式，即印章中心线压在成文日期上。

联合行文需加盖两个印章时，应将成文时间拉开，左右各空 7 个字，主办机关印章在前，两个印章均压成文时间，印章用红色。两印章互不相交或相切，相距不超过 3mm。

联合行文需加盖 3 个以上印章时，为防止空白印章出现，应将各发文机关名称（或用简称）按序排在发文日期和正文之间。主办机关印章在前，每排最多排 3 个印章，两端不得超出版心；最后一排如余一个或两个印章，均居中排布；印章之间互不相交或相切，在最后一排印章之下右空 2 字标识成文时间。

当公文排版后所余空间不能容下印章位置时，应采取调整行距、字距等方法加以解决，务必使印章与正文同处一页，不得采取标识"此页无正文"的方法解决。

（7）附注

附注主要用于说明公文的传达范围，说明有关引文出处，解释有关名词术语等内容。《办法》规定，"请示"应当注明联系人的姓名和电话。公文如有附注，用 3 号仿宋体字，居左空 2 字加圆括号标识在成文日期下一行。

3. 版记

版记是体现公文管理的要素部分，也称为文尾部分，主要包括主题词、抄送、印发机关和印发时间等要素。版记应置于公文最后一面，版记的最后一个要素置于最后一行。版记各要素之下均加一条反线，宽度同版心。

（1）主题词

主题词是经过规范化处理用来标引公文主题内容的词语，其作用在于方便工作电脑存储和检索文件。主题词位于在抄送机关上方，"主题词"三字用 3 号黑体字居左顶格标识，后加全角冒号，词目用 3 号小标宋体字，词目之间空 1 字，如"主题词：农业　水土保持　通知""主题词：财政　审计　报告"。

公文主题词一般不超过 5 个，标引的顺序是先标类别词，再标类属词；标类属词时，先标反映公文内容的词，最后标反映公文形式的词。主题词标引要按照《国务院公文主题词表》（国务院办公厅秘书局 1997 年 7 月修订）。词表共有 15 类 1049 个主题词，分主表和附表两大部分，有三个层次：第一层是对主题词区域的分类，第二类是类别词，第三类是类属词。主题词的标引要准确规范。

（2）抄送机关

抄送机关是主送机关外需要执行或知晓公文的其他机关。公文如有抄送，在主题词下一行，左右各空 1 字用 3 号仿宋体字标识，"抄送"两字后标全角冒号；抄送机关间用逗号隔开，回行时与冒号后的抄送机关对齐；在最后一个抄送机关后标句号，如："省委各部门，省人大常委会办公厅，省政协办公厅，省法院，省检察院，济南军区，省军区"。

如主送机关移至主题词之下，标识方法同抄送机关，抄送机关下移。

（3）印发机关和印发日期

印发机关和印发日期位于"抄送"之下（无抄送机关时在主题词之下），占 1 行位置；用 3 号仿宋体字标识，印发机关左空 1 字，印发日期右空 1 字。印发日期以公文付印的日期为准，用阿拉伯数字标识。

此外，公文还要加上页码标识。用 4 号阿拉伯数字，置于版心下边缘之下一行，数字左右各放一条 4 号一字线，一字线距版心下边缘 7 毫米。单页码居右空一字，双页码居左空一字。"信函格式"首页和空白页不标识页码。

附：公文格式简图

```
000001                              机密★×年
                                    特  急

              □□□□文件
              ×××〔2006〕××号

         关于××××工作的通知
  ××××(主送机关):
     (正文)×××××××××××××××××
  ××××××××××××××××××××××
  ××××××××××××××××××××××
  ×××××××××××××。
         附件:1.××××   ×份
              2.××××   ×份


                    ×××××××
                    二〇〇六年一月一日
                           (印章)

     (附注:×××××)
  主题词:××  ××  ××   通知
  抄送:×××××
  ×××××(印发单位)      ××××年×月×日印发
                          (共印××份)
```

文头部分 | 主文部分 | 文尾部分 ｜ 正文

二、公文的特定格式

命令、函、会议纪要及公布类公文(如公告、通告等文种)另有特定格式。在这里主要介绍命令、函、会议纪要格式,公告、通告在具体文种中再作讲述。

1. 命令格式。命令标识由发文机关名称和"命令"或"令"组成,用红色小标宋体字,命令标识上边缘距版心上边缘20mm;命令标识下空两行居中用仿宋字标识令号;令号下空两行标识正文;正文下一行右空4字标识签发人签名章,签名章左空2字标识领导人职务;签名章下空一行右空2字标识成文日期(见附录二—图7)。命令的版记与其他公文相比,主要区别在:命令没有"主送""抄送",而用"分送"这一特定格式。

2. 信函格式。信函式公文往往用于处理日常事务的平行文或下行文。发文机关名称上边缘距上页边的距离为30mm,用红色小标宋体字标识,在发文机关全称下4mm处印一条上粗下细的红色武文线,距下页边20mm处印一条上细下粗的文武线,线长均为170mm,此页不显示页码。发文字号置于武文线下一行右边顶格标识,发文字号下空一行标识公文标题(见附录二—图8)。

3. 会议纪要格式。会议纪要格式主要用于国家行政机关的办公会议纪要。会议纪要发文机关标识由发文机关名称和"会议纪要"组成,用红色小标宋体字在距版心上边缘25mm处标识,下空两行用3号仿宋体字居中标识发文字号,下空一行用3号仿宋体字标识发文机关和成文时间,发文机关和成文时间下4mm处印一条与版心等宽的红色反线。发文机关置于横线上左侧,成文时间置于横线上右侧。红色反线下空两行用2号小标宋体字居中标识会议纪要标题。标题下空一行写正文,一般采用3号仿宋体字。会议纪要不加盖印章(见附录二—图9)。

▶第三节 公文行文规则

[学习要求]

明确公文行文规则的重要意义，熟悉行文规则的具体内容，在实践中严格遵守行文规则，按规范要求写作、行文。

行文规则是公文在运行传递中应遵循的规矩法则。遵守行文规则、按章办文才能使公文在发文机关和受文机关之间正常运行，使之得到及时、有效的处理，发挥公文应有的作用。《国家行政机关公文处理办法》《中国共产党机关公文处理条例》和《国务院办公厅关于实施〈国家行政机关公文处理办法〉涉及的几个具体问题的处理意见》（2001年1月1日发布，以下简称《处理意见》）均对公文行文规则作了特别的规定，现将其主要内容概述如下：

一、"必要"和"效用"规则

《办法》第十三条规定："行文应当确有必要，注重效用。"这是公文行文前应首先考虑的因素。"必要"就是在办理公务时确实需要行文，"效用"则是行文具有实质性意义，在办理公务中能发挥其现实效用，并取得实际成效。不需要的公文不能制发，可要可不要的公文也不能制发。如滥用公文制发权，滥发公文，就会造成文件泛滥，导致官僚主义，严重影响机关单位的办事效率。

二、行文根据规则

《办法》第十四条规定："行文关系根据隶属关系和职权范围确定。"《办法》第二十五条第三款也强调："公文的文种应当根据行文目的、发文机关的职权与主送机关的行文关系确定。"

行文关系是发文机关与主送机关之间的组织关系在行文中的体现。行文关系根据隶属关系和职权范围确定。

1. 隶属关系

隶属关系归属情况主要包括：（1）领导与被领导关系。即在同一组织系统中的上下级机关之间的领导与被领导的关系，如：国务院和各省、自治区、直辖市人民政府之间的关系；各省、自治区、直辖市人民政府与所属的各市、州、区（县）人民政府之间的关系。（2）指导与被指导关系。即在同一业务系统中的上级业务主管部门与下级业务部门之间的指导与被指导的关系，如：国家财政部与各省、自治区、直辖市财政厅（局）之间的关系。（3）平级关系。即在同一组织系统中的同级机关之间的平行关系，如：国务院各部、委、行、署之间的关系；教育部直属的各高等院校之间的关系。（4）非隶属关系。即不在同一组织系统又不在同一业务系统的机关之间的关系，如：省教育厅与市农业局之间的关系；省军区与县人民政府之间的关系。

第（1）、（2）种情况统称为"上下级关系"，行文时上级对下级用下行文，下级向上级用上行文。第（3）、（4）种情况统称为"不相隶属关系"，行文时一般用函，或用通知以及联合行文的方式处理问题。

2. 职权范围

政府的权力机构和业务部门各有不同的职权范围，只有在职权范围内行文才有效。因此，行文必须做到：一是党政分开，党和政府各有不同的职权范围，党务和政务要分别行文。二是各司其职，各级政府、政府机关各个部门，都有明确的职权范围。《办法》第十七条规定：

"属于主管部门职权范围内的事务，应当由部门自行行文或联合行文。"《办法》第十八条规定："属于职权范围内的具体问题，应当直接报送主管部门处理。"

三、部门行文规则

《办法》第十五条规定："政府各部门依据部门职权可以相互行文和向下一级政府的相关业务部门行文；除以函的形式商洽工作、询问和答复问题、审批事项外，一般不得向下一级政府正式行文。部门内设机构除办公厅（室）外不得对外正式行文。"这主要包括以下几方面内容：（1）各职能部门之间在各自权限内可以相互行文，如省农业厅与省林业厅之间可以相互行文（属于平行文）。（2）政府各部门可以向下一级政府的相关业务部门行文，如省林业厅可以向市林业局行文（属于下行文）。（3）上级政府的职能部门一般不得向下一级政府正式行文。《处理意见》指出："如需行文，应报请本级政府批转或由本级政府办公厅（室）转发。因特殊情况确需向下一级政府正式行文的，应当报经本级政府批准。并在文中注明经政府同意。"（4）部门内设机构除办公厅（室）外不得对外正式行文。对此，国务院办公厅在《处理意见》中有这样的解释："不得对外正式行文的含义是：部门内设机构不得向本部门机关以外的其他机关（包括本系统）制发政策性和规范性文件，不得代替部门审批下达应当由部门审批的事项；与相应的其他机关进行工作联系确需行文时，只能以函的形式行文。"

四、协商一致规则

《办法》第十九条规定："部门之间对有关问题未协商一致，不得各自向下行文，如擅自行文，上级机关有权责令纠正或撤销。"这就要求各部门应从全局或整体利益出发，经过充分协商，达成一致意见后再行文。如果多次协商仍无法弥合分歧，可请示上级机关协调定夺后再行文，绝不能擅自行文，否则可能造成矛盾和严重后果。

五、联合行文规则

《办法》第十六条规定："同级政府、同级政府各部门、上级政府部门与下级政府可以联合行文；政府与同级党委和军队机关可以联合行文；政府部门与相应的党组织和军队机关可以联合行文；政府部门与同级人民团体和具有行政职能的事业单位也可以联合行文。"第十七条规定："联合行文应当明确主办部门。"联合行文的前提是机关级别同等，上下级之间、不同级别的机关单位之间不能联合行文。联合行文的目的在于增强公文的权威性和约束力，避免多方发文可能造成内容上的矛盾，提高办理公务的效率。联合行文应当确有必要，且单位不宜太多。

六、抄送规则

《办法》第二十条规定："向下级机关或本系统的重要行文，应当同时抄送直接上级机关。"所谓重要行文指的是涉及人事机构变动、审批大型建设项目、进行重要涉外活动等重要内容的公文。这一规则有利于上级机关及时掌握下级机关的有关情况，统管全局，防止各自为政。

《办法》第二十三条还规定："受双重领导的机关向上级机关行文，应写明主送机关和抄送机关。上级机关向受双重领导的下级机关行文，必要时应当抄送其另一上级机关。"这有利于增进了解，协调工作，避免重复行文，以免因不通气而产生误会和矛盾。

七、上行文规则

上行文规则主要包括请示规则和报告规则。

(一)请示规则

《办法》第二十一条规定："'请示'应当一文一事；一般只写一个主送机关，需要同时送其他机关的，应当用抄送形式，但不得抄送其下级机关。"《办法》第二十二条还规定："除上级机关负责人直接交办的事项外，不得以机关名义向上级机关负责人报送'请示''意见'和'报告'。"根据以上规定及《条例》第十四条的有关规定，请示规则主要包含以下五方面内容：

1. 一文一事。请示内容单一明确，便于上级审批。如果请示事项过多，可能超出主送机关的权限而得不到批复。

2. 只写一个主送机关。一份请示写一个主送机关，可以使请示事项得到及时、有效的批复。如果有两个以上的主送机关，会造成上级机关责任不清，使请示得不到批复，或批复意见矛盾不便执行。

3. 不越级请示。请示一般不能越级请示，而要逐级请示，以维护正常的公务办理程序，保证各级机关职能作用的正常发挥。"不得越级请示"并非绝对的，如果遇到重大紧急事项或上级不能处理的事项等特殊情况时，也可以越级请示，但必须抄送被越过的上级机关。

4. 不得抄送下级机关。请示事项在上级机关没有答复之前，不能抄送下级机关，以免造成工作上的被动和混乱。

5. 不直接送领导个人。请示应该送交主送机关的有关部门，由他们按照职权范围的分工交给有关领导人处理，以免越权行为或其他不正之风，维护正常的工作程序。

(二)报告规则

《办法》第二十一条规定："'报告'不得夹带请示事项。"报告是用来汇报工作、反映情况的公文文种，上级机关对下级机关的报告，一般是不作批复的。如果"报告"中夹带了请示事项，既会增加上级机关的工作负担，又不能使请示得到批复，可能延误工作。

▶ 第四节　公文办理程序

[学习要求]

了解公文办理的具体程序、步骤及要求，能在实践中熟练处理公文，提高写作效率和公务办理效率。

公文办理是指公文从起草、创制、传递、办理到立卷、归档、保管的一个完整的公文运转流程，分为收文、发文两个阶段。

一、收文办理程序

凡是外单位送给本机关的材料统称为收文。收文办理程序是对来自机关外的各种公文进行处置和管理的活动过程，主要包括以下环节：

(一)签收、拆封和登记

签收。收件人员在对方的传递单或送交簿上签字，以表示文件收到并明确责任。

拆封。文书人员对写明由本机关或本部门收启的封件进行拆封。

登记。来文由文书(或专人)统一登记，其办法一般按照主送件、抄送件，分别以本机关收文顺序统一编号，登入《收文登记簿》。抄送件可直接送往有关部门。

(二)分办和传阅

即对公文进行筛选后，由指定的有关人员根据公文的重要程度、各部门的职责分工，及时将公文分送有关领导、部门阅知办理。每份传阅的公文在其首页附上"文件传阅单"。文件阅毕后，阅件人员要签注姓名和日期。

(三)拟办和批办

拟办。办文人员对来文处理提出初步处理意见，供领导人批办时参考。

批办。机关领导人签批具体承办意见，包括指定谁（部门或人）负责办理，办理到什么程度，以及时限等；然后文书根据上级领导的指示，把文件分别送交有关人员和部门办理。

(四)承办、催办和注办

承办。机关有关部门或人员按照来文的要求进行具体工作或办理复文。

催办。对必须办理答复的文件，根据其承办时限的要求，及时地对文件承办的情况进行督促和检查。

注办，也称为办复。经办人员对公文承办的情况在文书处理单上简要注明。

(五)清退、归档和销毁

清退。经过清理将有关办毕的收文按期归还原发机关或有关单位。

归档也叫立卷。公文办理完毕，把具有保存价值的单份文件，要按照一定原则和方法，整理成一组有联系的案卷，以便查找利用，定期归档。

销毁。将没有存档价值和存查必要的公文，经过鉴别和主管部门领导的批准后，进行销毁。

二、发文办理程序

以本机关名义制发公文的过程，统称发文。发文办理程序是机关内部进行制文、处置和管理的活动过程，主要包括以下环节：

(一)草拟、会商、审核、签发和复核

草拟即起草公文，一般由谁主管的事情谁拟稿，重要公文由领导人亲自拟稿。草拟后在"发文稿纸"有关栏目内填写清楚。

拟稿前首先要明确发文的方式、主要问题、具体目的；初稿完成后，还要反复修改，使文稿准确规范。

审核。公文送负责人签发前，应当由办公厅（室）进行审核。审核的重点是：是否确需行文，行文方式是否妥当，是否符合行文规则和拟制公文的有关要求，公文格式是否符合规定等。

会商。若公文内容涉及其他部门职权范围内的事项，主办部门应当主动与有关部门协商，取得一致意见后方可行文。

签发。以本机关名义制发的上行文，由主要负责人或主持工作的负责人签发；以本机关名义制发的下行文或平行文，由主要负责人或授权其他负责人签发。签发人要署姓名和时间。

复核。公文正式印制之前，文秘部门应当进行复核。复核的重点是：审批、签发手续是否完备，附件材料是否齐全，格式是否统一、规范等。经复核需要对文稿进行实质性修改的，应按程序复审。

(二)缮印和校对

缮印。签发的公文，要按规定的公文格式打印，做到清楚、整洁、美观。打印后的公文，要认真细致校对，负责打印、校对的人，都要在"发文稿纸"上签名。

校对。对文件的誊写稿、打印稿等按定稿的要求进行全面的核对、校正，确保准确无误。

(三)用印、登记和封发

用印。对发出的公文加盖上机关印章，盖章要端正、清楚。

登记。对发出的文件要进行编号、登记，以便对文件的管理和查找。

封发。对准备发出的文件进行分装，并通过适当方式(邮寄、传真、电报、专人专递)传送收文单位。

附：发文稿纸图文区样式

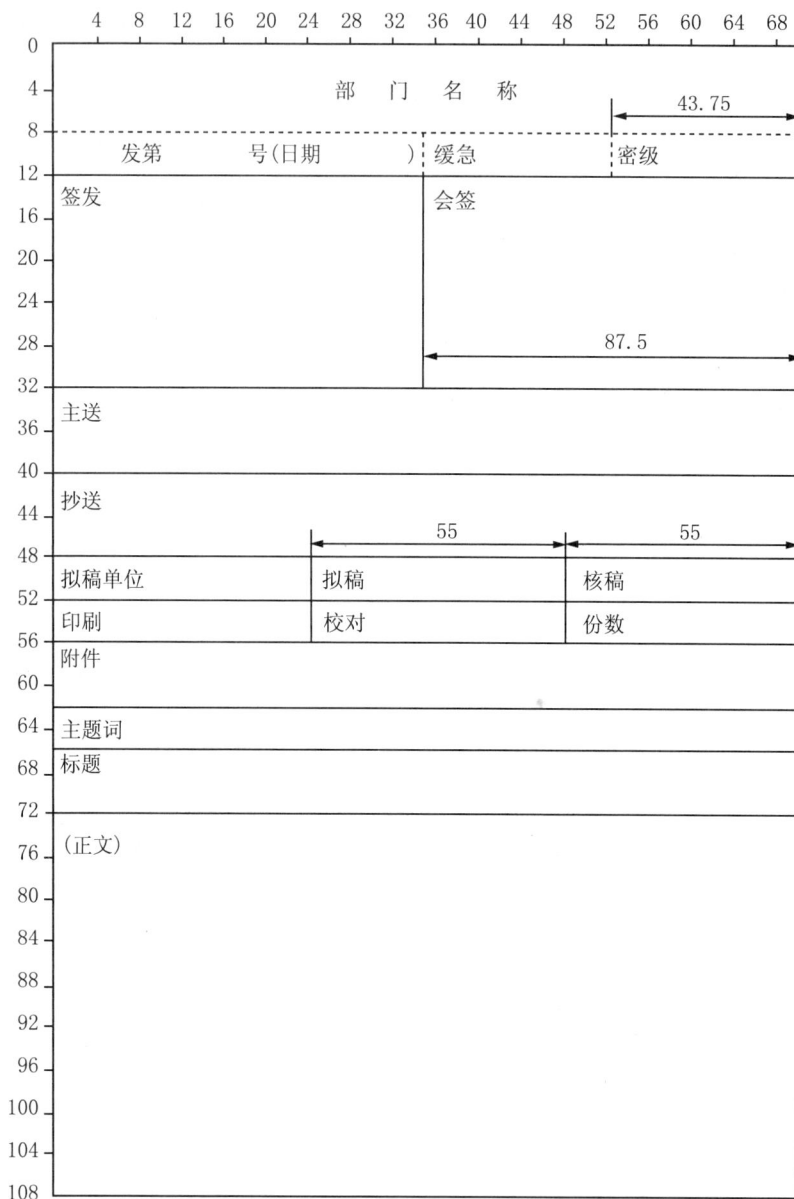

部 门 名 称		
		43.75
发第 号(日期)	缓急	密级
签发	会签	
	87.5	
主送		
抄送		
	55	55
拟稿单位	拟稿	核稿
印刷	校对	份数
附件		
主题词		
标题		
(正文)		

>>> **思考与练习**

一、填空题

1. 最新修订的《国家行政机关公文处理办法》是 _____(时间)发布的，规定从 _____(时间)起施行。

2. 行政公文是行政机关在行政管理过程中形成的具有 _____的公文。

3. 《办法》规定，标准公文用纸的大小规格是 _____。

4. 公文的作者(发文机关)，是依法成立或产生的 _____及其 _____。

5. 按行文方向，公文可分为_____、_____、_____和_____，函属_____。

6. 公文眉首部分由文件名称、_____、_____、_____、_____等项目组成。

7. 公文的紧急程度有_____、_____两类。紧急电报分别标注_____、_____、_____、_____。

8. 公文层次安排的方法主要有_____、_____、_____。

9. 各级行政机关的办公厅（室）是公文的_____的_____。

10. 秘密公文应当分别标明_____、_____、_____，机密公文应当标明_____。

11. 公文标题中除_____、_____名称加_____外，一般不加_____。

12. 公文如有附件，应当在_____后、_____前注明_____和_____。

13. 成文时间，以_____为准，联合行文，以_____为准。

14. 发文字号由_____、_____、_____三部分组成。广东省人民政府办公厅2006年10号函，文号应写为_____。

15. 标注主题词应先_____再_____。

16. 各级行政机关的行文关系，应当根据各自的_____确定。

17. 政府各部门_____，可以向下一级人民政府相关业务部门行文。

18. 向下级机关的_____应当同时抄送直接上级机关。

19. 主题词中类属词的标注，先标_____的词，最后标_____的词。

20. 公文办理程序分为_____、_____两个阶段。

二、判断题

1. 政府各部门可以根据本级政府授权和有关规定，对下一级人民政府直接行文。（　　）

2. 党的机关不可直接向政府机关行文。（　　）

3. 各级行政机关一般不得越级请示。因特殊情况必须越级请示时，可不抄送被越过的机关。（　　）

4. 政府各部门在本部门职权范围内，可互相行文。（　　）

5. 政府各部门在本部门职权范围内可向下一级人民政府的有关业务部门行文。（　　）

6. 受上级机关双重领导的下级机关行文，必要时应抄送其另一上级机关。（　　）

7. 部门之间对有关问题未协调一致时，可视需要各自向下行文。（　　）

8. 上级政府各部门与下级政府可联合行文。（　　）

9. 政府部门与同级人民团体、行使行政职能的事业单位不可联合行文。（　　）

10. 政府及其部门不得与同级党委、军队机关及其部门联合行文。（　　）

三、简答题

1. 公文具有哪些特点、作用？应如何分类？

2. 讲究公文格式规范化有何意义？包括哪些具体内容？

3. 公文行文规则包括哪些具体内容？

4. 联合行文规则有哪些具体内容？

5. 请示的规则有哪些？

6. 公文的办理收文、发文各包括哪些具体环节？

四、给下面文字加上标点，并按公文的格式排列

国务院办公厅关于公司名称冠以中国等字样问题的通知各省自治区直辖市人民政府国务院各部委各直属机构为了规范公司名称加强对公司名称的管理根据国务院决定通知如下今后除国务院决定设立的公司外其他新设立的公司包括其他各类经济实体一律不得在名称中冠以中国中华全国国家国际等字样

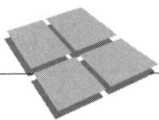

第二章　党政公文

党政公文是目前我国党政机关公文执行中共中央办公厅、国务院办公厅于2012年4月12日联合发布的自2012年7月1日起施行的《党政机关公文处理工作条例》(中办〔2012年〕14号)，现行的中共中央办公厅于1996年5月3日发布的《中国共产党机关公文处理条例》和国务院于2000年8月24日发布的《国家行政机关公文处理办法》同时废止。《党政机关公文处理工作条例》规定，党政机关公文种类有15种：决议、决定、命令(令)、公报、公告、通告、意见、通知、通报、报告、请示、批复、议案、函、纪要。党政公文具有特殊的制发要求和写作方法，本章以《办法》为依据，分别对其中13种法定行政公文的概念、特点、适用范围及写作格式等作重点介绍，对相近文种进行比较、区别，并结合例文分析党政公文的写作方法，揭示党政公文的一般写作规律。

▶第一节　命令(令)与决定

[学习要求]

了解命令(令)和决定的概念、特点、种类以及两者的区别，学习、掌握它们各自的写作结构、写作方法和写作要求。

一、命令(令)

(一)命令概述

1. 概念

命令(令)是依照有关法律公布行政法规和规章，宣布施行重大强制性行政措施，嘉奖有关单位及人员的下行公文。命令(令)是国家行政机关依据宪法、法律、法令、规定等法规所发布的文件。

2. 特点

(1)强制性。"军令如山倒""有令必从"，命令一旦发布，下级机关必须无条件、不折不扣地执行，即令出必行，令行禁止。若违命或抗命，就要受到严厉的惩处。

(2)严肃性。命令以法律和法令为依据，有相当的尊严，一旦下达就必须遵守，不得随意更改。

(3)权威性。命令必须由宪法规定的权力机关发布，而且其内容重大，权威性极高。

3. 种类

按内容和性质的不同，命令(令)可以分为发布令、行政令、嘉奖令和任免令等。

(二)结构和写法

命令(令)的结构一般由标题、发文字号、主送机关、正文和落款组成。

1. 标题

命令(令)的标题有三种形式：一种是由发布者、事由和文种"命令"构成；一种是由发布者和文种"令"构成，如《中华人民共和国主席令》；一种是发布内容和文种"命令"构成，如《向全国进军的命令》。

2. 发文字号

命令(令)的发文字号有两种：一是文件式，即由机关代字、年份、序号构成，如"国发

〔2006〕3号"；一是序号式，如"第387号"。

3. 正文

不同命令(令)其正文的写法有所不同。

(1)发布令。用于依照有关法律规定发布行政法规和规章。发布令的正文由"令"和附件两部分组成。"令"一般包括三项内容：一是发布内容，即行政法规或规章的名称；二是发布行政法规、规章的依据；三是行政法规、规章通过或批准的时间和施行起始日期。发布令带有附件(公布的行政法规、规章)，它和命令(令)同时发布，且起着公文主体的作用。

(2)行政令。用来宣布施行重大强制性行政措施，包括戒严令、特赦令、动员令等。行政令的正文一般包括三项内容：一是发布命令的原因、目的、依据，二是内容要求，三是执行办法。

(3)嘉奖令。用于嘉奖有突出成就和重大贡献的单位及人员。嘉奖令的内容丰富，篇幅较长。正文的结构一般包括：嘉奖对象情况、嘉奖决定、嘉奖的目的与希望。

(4)任免令。用于任免国家高级干部和其他重要工作人员，如国务院总理、各部部长、各委员会主任、驻外国全权代表等。任免令正文内容较简单，一般先简要说明任免依据，后重点写明任免事项。

4. 落款

命令(令)的落款一般由发令机关(或发令者职务和姓名)、成文时间构成。发令机关要加盖公章，若成文时间已经在标题之下，这里可不再写。

(三)范文评析

[范例一]

中华人民共和国主席令

第 三十五 号

《中华人民共和国公务员法》已由中华人民共和国第十届全国人民代表大会常务委员会第十五次会议于2005年4月27日通过，现予公布，自2006年1月1日起施行。

中华人民共和国主席　胡锦涛

二〇〇五年四月二十九日

[评析]

这是一篇发布令，由"发布对象""发布依据""发布决定事项"三部分构成，语言简练有力，是发布令的范式写作。

[范例二]

国务院、中央军委关于授予武警江西省总队吉安市支队井冈山市中队"井冈山爱民模范中队"荣誉称号的命令

国函〔2006〕36号

公安部、中国人民武装警察部队：

长期以来，武警江西省总队吉安市支队井冈山市中队牢记我军根本职能和宗旨，忠实履行职责，大力弘扬井冈山精神，始终与人民群众同呼吸、共命运、心连心，树立了文明之师的良好形象，被誉为"井冈山精神的传播者、井冈山建设的生力军、井冈山平安的守护神"，为促进井冈山地区经济发展和社会稳定作出了突出贡献。该中队近10年来共看押人犯1.2万多人次，围捕抓获罪犯210多人，抢救遇险群众190多人，执行警卫党和国家领导人视察井冈山等重大任务80多次，在维护驻地社会稳定和处置突发事件中发挥了重要作用。他们把驻地当故乡，视群众为亲人，积极为当地群众办实事、解难事、做好事，累计义务献血4万毫升，植树3万余株，清理河渠淤泥2000多立方米，帮助军训学生和地方员

工2.5万多人次，义务为旅游参观团上传统教育课300多场，常年照顾14名孤寡老人和残疾人的生活起居，赢得了当地人民群众的广泛赞誉。他们坚持把思想政治建设摆在首位，认真实践"三个代表"重要思想，经受住了特殊环境和急难险重任务的考验，连续15年被评为先进中队，党支部先后被评为"全国先进基层党组织"和"全军先进基层党组织"，2次荣立集体二等功，10次荣立集体三等功。为表彰先进，弘扬正气，国务院、中央军委决定，授予武警江西省总队吉安市支队井冈山市中队"井冈山爱民模范中队"荣誉称号。

国务院、中央军委号召全体公安民警、武警官兵和全军指战员向该中队学习。学习他们视祖国和人民利益高于一切，为维护社会稳定和人民安宁甘愿牺牲奉献的崇高精神；学习他们坚持以人为本，自觉实践党的宗旨，学习他们忠实履行职责，不怕艰难困苦、坚决完成任务的战斗队作风。全体公安民警、武警官兵和全军指战员要以井冈山市中队为榜样，认真学习邓小平理论和"三个代表"重要思想，牢固树立和落实科学发展观，深入开展平安建设，为构建社会主义和谐社会、促进经济社会协调发展，更好地履行新世纪新阶段我军历史使命而不懈奋斗！

> 国务院总理　温家宝
> 中央军委主席　胡锦涛
> 二〇〇六年五月十七日

[评析]

这是一篇嘉奖令。这篇嘉奖令由嘉奖对象情况、表彰决定、希望要求三部分构成，嘉奖对象情况是嘉奖令的重点，文中作了大篇幅的叙说，语言高度概括，用一句话说明嘉奖决定，最后提出希望和要求。本文逐层递进，逻辑性强，语言精炼，富于感召力。

(四)写作要求与病例评析

1. 写作要求

(1)目的明确，要求具体。命令要使人们明白命令事项的目标、意义，涉及的时间、地点、数量等要写得具体、明白，以便有关人员付诸行动和领导机关监督检查。

(2)措辞准确，语气严肃。无论交代发令的目的，还是陈述命令事项，都力求措辞准确，语气坚定、严肃，不得用商量、委婉的语气，不留余地。

(3)篇幅简短，文字简练。命令要求开门见山，交代发令缘由与目的，不绕弯子，少发议论，陈述事项直截了当，不作解释、分析，篇幅短小、凝练，文字精简而有力。

2. 病例评析

[病例]

××市防汛指挥部通令嘉奖××乡

××乡防汛指挥部在二〇××年八月八日上午，坚决地贯彻执行了市防汛指挥部抢修××大坝的紧急指示，战胜了××河突然到来的洪峰，使处在危急的××区××河堤化险为夷。特此通令嘉奖。望再接再厉，为取得防汛斗争的彻底胜利而奋斗。

> 总指挥××
> 政治委员××
> 二〇××年×月×日

[评析]

这篇嘉奖令写得简明扼要，但表述上存在不少问题：其一，标题不当。应改成"××市防汛指挥部嘉奖令"为妥。其二，语序不当。应将时间"在二〇××年八月八日上午"调到"坚决地贯彻执行了市防汛指挥部抢修××大坝的紧急指示"之后，否则容易理解为"仅八月八日上午"才"贯彻执行……"之意。其三，语法不当。"……使处在危急的××区××河堤化险为夷"句中的介词结构成分残缺，语意不通，应改为"处在危急中的××区××河堤化险为夷"。其四，不合事理。按第一句意思是"××乡防汛指挥部战胜了××河突然到来的洪峰"，不可思议，应是"××乡防汛指挥部带领群众战胜了××河突然到来的洪峰"。

二、决定

(一)决定概述

1. 概念

决定是对重要事项或者重大行动作出安排，奖惩有关单位及人员，变更或者撤销下级机关不适当的决定事项的公文。

2. 特点

(1)制约性。决定是下行文，一般由党政机关部门制发，要求下级机关无条件贯彻执行。决定是对下级机关工作的领导和指挥，其强制力虽不如"命令"高，但行政约束力很强，对于党政领导机关的决定，下级机关必须认真贯彻执行。

(2)指导性。决定比较集中地体现了上级领导机关对重要事项或重大行动的决策，具有较强的理论性、政策性，是指导下级机关的工作准则。

(3)稳定性

决定所传达的上级安排及有关决策事项，要求在相当长时间贯彻执行，并在相当长时间内发挥效用。

3. 种类

(1)政策性决定。这类决定主要对政治、经济、科技、教育方面重大性事项作出战略性决策安排，以统筹、协调、指导有关方面的工作。这类决定带有纲领性、法规性和指导性，不仅要求下级机关了解决定内容，而且要求下级机关遵照执行，容量很大，一般篇幅较长。

(2)事项性决定。这类决定主要用于对重大事项或重大行动作出安排，包括设置或撤销机构，变更或者撤销下级机关不适当的决定，安排处理人事问题，决定召开重要会议，处理某项具体工作等。

(3)奖惩性决定。这类决定主要用于表彰有突出贡献的先进人物或处理犯有重大错误的人员，以树立先进典型，惩戒不良行为。

4. 决定与命令、决议的区别

(1)决定与命令的区别

①制文级别不同

命令的发布机关级别高，一般县级以上的机关才能发布，是具有最高权威的下行文。而决定的发布机关极为广泛，企事业单位、群众团体和基层单位都可作出决定。

②制约性强弱不同

命令的制约性强，正所谓"军令如山"，理解要执行，不理解也要执行。决定的制约性不如命令，它对于上级作出的决定当然也要执行，但不理解的地方可请求上级解释，有特殊的情况可向上级请示。

③适用的范围不同

命令和决定虽然都可用来发布重要行政措施，安排重要行动，奖惩有关人员，撤销下级不当的决定，但命令可以用来发布行政法规和规章，而决定则不具备这一功能。

(2)决定与决议的区别

①产生过程不同

决议须由有关法定会议正式表决通过方能成文，并以会议名义发布。

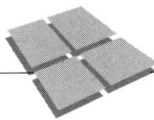

决定既可在会议通过后由权力机关发布，亦可由领导机关直接制定发布。

②行文用语不同

决议常用"会议认为""会议号召""会议指出"等领起下文。

决定常用"为此，特作以下决定"带出决定事项。

(二)结构和写法

决定一般由标题、主送机关、正文、落款四部分构成，也可采用无主送机关形式，仅由标题、题注、正文构成。

1. 标题

一般由发文机关、事由、文种构成，如《中共××市委员会、××市人民政府关于表彰2002年度维护稳定及社会治安综合治理工作先进单位、先进工作者的决定》。

2. 主送机关

决定一般要写主送机关，但制发对象明确的，可省略主送机关。

3. 正文

(1)开头。简要说明发文缘由、根据、目的，通常用"特作出如下决定"或"特决定如下"过渡下文。

(2)主体。具体说明决定的事项。内容较多的，可采用条文式写法。

(3)结尾。提出执行的要求，发出号召或说明有关事项。

4. 落款

落款由成文时间和发文机关，加盖印章构成。会议通过的决定，时间通常采用题注形式，直接标注在标题之下，用圆括号括入。

(三)范文评析

[范例一]

全国人大常委会关于维护互联网安全的决定

（二〇〇〇年十二月二十八日第九届全国人民代表大会

常务委员会第十九次会议通过）

我国的互联网，在国家大力倡导和积极推动下，在经济建设和各项事业中得到日益广泛的应用，使人们的生产、工作、学习和生活方式已经开始并将继续发生深刻的变化，对于加快我国国民经济、科学技术的发展和社会服务信息化进程具有重要作用。同时，如何保障互联网的运行安全和信息安全问题已经引起全社会的普遍关注。为了兴利除弊，促进我国互联网的健康发展，维护国家安全和社会公共利益，保护个人、法人和其他组织的合法权益，特作如下决定：

一、为了保障互联网的运行安全，对有下列行为之一，构成犯罪的，依照刑法有关规定追究刑事责任：

(一)侵入国家事务、国防建设、尖端科学技术领域的计算机信息系统；

(二)故意制作、传播计算机病毒等破坏性程序，攻击计算机系统及通信网络，致使计算机系统及通信网络遭受损害；

(三)违反国家规定，擅自中断计算机网络或者通信服务，造成计算机网络或者通信系统不能正常运行。

二、为了维护国家安全和社会稳定，对有下列行为之一，构成犯罪的，依照刑法有关规定追究刑事责任：

(一)利用互联网造谣、诽谤或者发表、传播其他有害信息，煽动颠覆国家政权、推翻社会主义制度，或者煽动分裂国家、破坏国家统一；

（二）通过互联网窃取、泄露国家秘密、情报或者军事秘密；

（三）利用互联网煽动民族仇恨、民族歧视，破坏民族团结；

（四）利用互联网组织邪教组织、联络邪教组织成员，破坏国家法律、行政法规实施。

三、为了维护社会主义市场经济秩序和社会管理秩序，对有下列行为之一，构成犯罪的，依照刑法有关规定追究刑事责任：（略）

四、为了保护个人、法人和其他组织的人身、财产等合法权利，对有下列行为之一，构成犯罪的，依照刑法有关规定追究刑事责任：（略）

五、利用互联网实施本决定第一条、第二条、第三条、第四条所列行为以外的其他行为，构成犯罪的，依照刑法有关规定追究刑事责任。

六、利用互联网实施违法行为，违反社会治安管理，尚不构成犯罪的，由公安机关依照《治安管理处罚条例》予以处罚；违反其他法律、行政法规，尚不构成犯罪的，由有关行政管理部门依法给予行政处罚；对直接负责的主管人员和其他直接责任人员，依法给予行政处分或者纪律处分。

利用互联网侵犯他人合法权益，构成民事侵权的，依法承担民事责任。

七、各级人民政府及有关部门要采取积极措施，在促进互联网的应用和网络技术的普及过程中，重视和支持对网络安全技术的研究和开发，增强网络的安全防护能力……要动员全社会的力量，依靠社会的共同努力，保障互联网的运行安全与信息安全，促进社会主义精神文明和物质文明建设。

［评析］

这是一份是由全国人大常委会作出的、明显具有法规性质的政策性决定。它先简要概述原由，后分条列项写明决定事项，事项具体清楚，层层递进，语言坚决而果断，体现了法规的尊严性。

［范例二］

关于表彰我省第二届优秀民营企业
和优秀民营企业家的决定

各地级以上市人民政府，各县（市、区）人民政府，省政府各部门、各直属机构：

中共广东省委、广东省人民政府《关于加快民营经济发展的决定》（粤发〔2003〕4号）出台以来，我省民营经济快速发展，成为全省经济的重要组成部分，涌现出一批创新能力强、管理水平高、企业信用好、社会贡献大的优秀民营企业和勤奋创业、诚信守法、与时俱进、真诚奉献的优秀民营企业家。为表彰先进，省人民政府决定，对美的集团有限公司等60家优秀民营企业和黄华明等40名优秀民营企业家予以表彰。

受表彰的企业和企业家要再接再厉，抓住机遇，迎接挑战，加快自主创新步伐，创造和谐企业文化，为实现全省加快发展、率先发展、全面协调可持续发展作出新的贡献。各地、各有关部门要继续鼓励、支持和引导民营经济加快发展，共同促进我省民营经济发展迈上新台阶。

附件：广东省第二届优秀民营企业和优秀民营企业家名单

广东省人民政府（印章）

二〇〇六年一月二十七日

［评析］

这是一篇表彰性决定。标题省去了发文单位，正文主体先概述民营企业的发展状况和优秀企业、企业家的良好表现，因表彰的对象是许许多多的先进集体和个人，只能概说，

不能分说，并把对他们的评价融进去，接着，用一句话写出对他们"表扬"的决定，最后，对受表彰单位、个人以及政府的有关部门提出希望。层次清晰，主题明确，语言极其简洁凝练，是一篇规范的例文。

(四)写作要求与病例评析

1.写作要求

(1)依据合理，缘由准确。决定内容必须符合党和国家的方针政策，同时又能结合实际，上有所依，下有所系。决定缘由要注意交代清楚，简明扼要，有理有据，令人信服。泛泛而谈，根据不足，说理不清的缘由没有说服力，不可取。

(2)事项明确，要求具体。决定事项、决策事宜、处理办法、规定要求等内容须明确清楚，让下级有所适从，以便贯彻落实，但也不宜作过多的阐述和解释。

(3)结构严谨，语言决断。决定条文要合乎逻辑，层次分明，结构要严谨。内容含量多的决定，分条列项，由主到次排列。决定语言要坚决、肯定，作出决定、提出要求时，注意使用"必须""要""不准"一类词语，增强威严性。

2.病例评析

[病例]

××市人大常委会关于在城区内禁止燃放烟花爆竹的决定

(二〇××年十二月二十八日××市第十一届人大常委会
第十四次会议通过)

××市第十一届人大常委会第十四次会议听取审议了市人民政府关于在城市城区禁止燃放烟花爆竹议案办理情况的报告，对此作出如下决定：

一、禁止燃放烟花爆竹，对于移风易俗，减少环境污染，防止火灾和人身伤害事故，维护社会秩序，建设现代化文明城市，具有重要作用。禁放工作是利国利民之举，势在必行。

二、自20××年1月31日起，城区内所有党政军机关、社会团体和企事业单位不得燃放烟花爆竹；20××年4月1日起，城区范围内一律禁放烟花爆竹。但是，经市政府批准的举行重大庆祝活动所燃放的烟花焰火除外。

三、市人民政府要根据本决定制定具体实施办法，认真组织实施。全市各级党政机关、社会团体和企事业单位，要坚决执行本决定，为人民群众作出表率。公安、工商行政管理、城市管理、环境保护及新闻等部门要齐抓共管真正负起责任。广大市民要响应号召，移风易俗，自觉遵守有关规定，保证城区禁放烟花爆竹工作的顺利进行。

[评析]

这是一份政策性决定。这类决定正文部分通常分为缘由、事项和执行要求三个部分，内容具体、篇幅较长，采用分条列项的形式。这份决定表面看起来比较规范，但仔细分析起来，存在两处明显的毛病：

一、结构不合理。发文的缘由是人大常委会听取审议了市人民政府的报告，接下来的三条是因这个缘由而作出的具体指示事项。但第一节讲的是禁止燃放烟花爆竹的益处、作用，称不上是决定的事项，或者说不能是决定的一项。

二、内容不合逻辑。第二条是基本的指示事项前后矛盾，前面说"一律禁放"，后面紧接着又来个"除……外"。显然发文机关的本意不是"禁止"而是"限制"，或者说是"禁止随便燃放"。同时文中对"烟花爆竹"和"烟花焰火"两个概念也没有搞清楚。

▶第二节　公告与通告

[学习要求]

　　了解公告、通告的概念、特点和适用范围，明确公告的发布权限，分辨这两种文种的区别，能熟练写出简明、合乎规范的通告。

一、公告

(一)公告概述

1. 概念

　　公告是向国内外宣布重要事项或者法定事项的公文，属于公开宣布的知照性泛行文。

2. 特点

(1)发布内容重要

　　公告发布内容必须是重要事项或法定事项。所谓"重要事项"是事关全局、在国内外有重大影响、国内外应该周知的事项，如选出国家领导人、公布宪法、公布重要的驻外使节等；所谓"法定事项"，是指国内外有关单位或人员均需遵守的法规事项，如公布宪法、公布全国人民代表大会人数和名单以及公布国家重要领导人名单等。一些企事业单位向社会宣布与企业、广大民众甚至国际社会有关的事项，如发售股票、派发股息、公布公证业务知识和程序等，由于这些事项涉及面广、影响重大，一般也使用公告。

(2)发文机关级别高

　　公告的发文机关级别高，一般限于国家最高行政机关及其工作部门，各省、自治区、直辖市行政机关等。

(3)发布范围广泛

　　公告既向国内发布有关事项，也可向国外发布重要事项，发布范围相当广泛。新华社是根据授权向国外发布公告的重要职能部门。

(4)发布形式独特

　　公告一般通过电视、广播等形式发布。相对于其他公文，其发布形式较特别。

3. 种类

(1)发布性公告。这类公告主要用于对法律、法令、法规和其他重要司法文件的发布。

(2)知照性公告。这类公告主要用于公布重大事项，主要起知照作用。

(3)事项性公告。这类公告主要用于公布需要社会和群众广为周知的公务事项，并提出规定和要求需要有关人员照此执行。

(二)结构和写法

　　公告一般由标题、编号、正文、落款构成。

1. 标题

　　公告的标题一般由发文机关名称、事由、文种构成，有的只由发文机关和文种构成，也可以只写文种。

2. 编号

　　公告单独编号的通常用"第×号"或"××××年第×号"标于标题正下方，外加圆括号。还有些公告的编号用标准的发文字号。

3. 正文

　　公告正文的内容比较单一，一般由缘由、事项、结语三部分构成。首先开头简明扼要

写明发布公告事项的依据或缘由，其次写明发布公告事项的内容，根据内容详略程度不一，可采用条款式和段落式结构，缘由与事项之间常用"现将有关事项公告如下"过渡。最后常用"特此公告""现予公告"做结语。

4. 落款

公告落款由发文机关加盖印章和成文时间构成，标注正文的右下方。如果公告见报或张贴时略去编号，成文时间也可写在标题下面。重要的公告还标明发布地点。

(三)范文评析

[范例一]

中华人民共和国全国人民代表大会公告

中华人民共和国宪法修正案已由中华人民共和国第十届人民代表大会第二次会议于2004年3月14日通过，现予公布施行。

中华人民共和国第十届全国人民代表大会第二会议主席团

二〇〇四年三月十四日

[评析]

这是一篇发布性公告，正文将发布依据和发布内容用一句话说明，内容简洁、单一，但结构完整。

[范例二]

中国人民银行关于完善人民币汇率形成机制改革的公告

为建立和完善我国社会主义市场经济体制，充分发挥市场在资源配置中的基础性作用，建立健全以市场供求为基础的、有管理的浮动汇率制度，经国务院批准，现就完善人民币汇率形成机制改革的有关事宜公告如下：

一、自2005年7月21日起，我国开始实行以市场供求为基础、参考一篮子货币进行调节、有管理的浮动汇率制度。人民币汇率不再盯住单一美元，形成更富弹性的人民币汇率机制。

二、中国人民银行于每个工作日闭市后公布当日银行间外汇市场美元等交易货币对人民币汇率的收盘价，作为下一个工作日该货币对人民币交易的中间价格。

三、2005年7月21日19:00时，美元对人民币交易价格调整为1美元兑8.11元人民币，作为次日银行间外汇市场上外汇指定银行之间交易的中间价，外汇指定银行可自此时起调整对客户的挂牌汇价。

四、现阶段，每日银行间外汇市场美元对人民币的交易价仍在人民银行公布的美元交易中间价上下千分之三的幅度内浮动，非美元货币对人民币的交易价在人民银行公布的该货币交易中间价上下一定幅度内浮动。

中国人民银行将根据市场发育状况和经济金融形势，适时调整汇率浮动区间。同时，中国人民银行负责根据国内外经济金融形势，以市场供求为基础，参考一篮子货币汇率变动，对人民币汇率进行管理和调节，维护人民币汇率的正常浮动，保持人民币汇率在合理、均衡水平上的基本稳定，促进国际收支基本平衡，维护宏观经济和金融市场的稳定。

(印章)

二〇〇五年七月二十一日

[评析]

这是一篇知照性公告。公告先简要交代发布的目的和依据，后采用分条列项写明公告事项，语言简明庄重。

(四)写作要求与病例评析

1. 写作要求

(1)把握发布权限，慎重选用公告。公告使用要十分慎重，地方行政机关不得使用公告，一般性事项不宜用公告发布，不得随意将它与广告、启事等同使用。

(2)内容要求单一，篇幅注重简短。公告重在说明事项，不必展开论述，内容单一，篇幅要简短。

(3)语气郑重严肃，语言简洁明快。公告涉及政治影响，语气得郑重严肃，体现权威性，语言表达要直截了当、通俗明白，简洁明快。

2. 病例评析

[病例]

"人间得晚晴，情系×××"
大型健康知识讲座公告

老年朋友：

您们好！

×××集团是国家医药行业的重点骨干企业，主要从事医药实业投资开发和医药产品的制造、销售和技术咨询服务。公司生产的植物药前列康牌普乐安片(前列腺疾病治疗药)、天保宁牌银杏叶片(心脑血管疾病治疗药)因其独特的疗效、优秀的品质自上市以来就得到了广大医务工作者和老年患者的接受和好评。

为了感受谢广大老年朋友对×××集团的支持和厚爱，在新世纪重阳节到来之际，我公司特举办"人间重晚晴，情系×××"大型健康知识讲座，在讲座同时安排重阳电影招待会，欢迎各位老年朋友参加。请各位老朋友参加。

请各位老年朋友于10月22、23日携带本人身份证到剧院售票处领取入场券。具体安排如下：

讲座内容：心脑血管疾病预防与治疗时间：2001年10月25日上午8:30～11:30

主讲人：心血管教授

电影：《留住心中的月亮》

地点：西北影城三楼大厅

[评析]

这则公告，存在以下几点不妥：其一，文种不应用"公告"。其发布的事项并非重大，不必向地区外发布；其内容有宣传企业、问候客户的话语，有信息、要求，所以可以用通知、启事、广告海报等文体。其二，本文单位是一般企业，越权行事。其三，"您们好"应改为"您好"或"你们好"。其四，落款应署发文单位、日期。

二、通告

(一)通告概述

1. 概念

通告是在一定范围内公布应当遵守或者周知的事项的公文，也是属于公开发布的知照性下行文。

2. 特点

(1)内容具体，业务性强。通告的内容一般属于业务方面的问题，而且多为局部的、具体的问题。

(2)发文机关广泛。任何级别的党政机关、企事业单位、人民团体等社会组织都可以发

布通告，其发布机关相当广泛。

(3)发布范围有限。通告只适用于一定范围公布，让一定范围的相关人员周知。

(4)发布方式特别。通告一般不用文件的形式发布，而是以登报或张贴的形式发布。

3. 种类

(1)知照性通告。这类通告主要用于向一定范围的单位或个人发布应当周知的事项，也称为事项性通告。

(2)法规性通告。这类通告主要用于向机关单位或个人公布应该在特定范围内严格遵守执行的规定和要求，它具有较强的法规性和行政约束力，强制要求有关单位或个人遵守。

(二)结构和写法

通告的结构一般由标题、发文字号、正文、落款构成，通常省略主送机关。

1. 标题

通告的标题一般由发文机关、事由、文种三部分构成，有时可省略发文机关和事由，有的只写文种。

2. 发文字号

通告的发文字号，常用文件式编号，如范例一。

3. 正文

通告的正文一般由缘由、告知事项和结尾构成。缘由部分简明扼要地写明发布通告的目的、意义或依据，后用"现通告如下""特通告如下"等惯用语过渡到下文。事项部分具体写明应当遵守或周知的事项，内容较多的一般分条款来写。结尾部分主要写明执行通告事项的要求或发出号召。有的通告没有结尾，用"特此通告"结束全文。

4. 落款

通告落款由发文机关加盖印章和成文时间构成，标注正文的右下方。如果发文机关在标题中已经出现，此处可以省略。

(三)范文评析

[范例一]

××市人民政府关于严厉禁止传销行为的通告

×政告〔2006〕13 号

为保护消费者的合法权益，促进公平竞争，维护市场经济秩序和社会稳定，根据《禁止传销条例》(国务院令第 444 号)的有关规定，现就严厉禁止传销行为有关事项通告如下：

一、传销是组织者或者经营者发展人员，通过对被发展人员以其直接或间接发展的人员数量或销售业绩为依据计算和给付报酬，或者要求被发展人员以交纳一定费用为条件取得加入资格等方式牟取非法利益，扰乱经济秩序，影响社会稳定的行为。

二、严厉禁止传销行为。有下列行为之一者，由各级工商行政管理、公安等部门依法予以严厉打击：

(一)组织者或者经营者通过发展人员，要求被发展人员发展其他人员加入，对发展的人员以其直接或者间接滚动发展的人员数量为依据计算和给付报酬，牟取非法利益的；

(二)组织者或者经营者通过发展人员，要求发展人员交纳费用或者以认购商品等方式变相交纳费用，取得加入或者发展其他人员加入的资格，牟取非法利益的；

(三)组织者或者经营者通过发展人员，要求被发展人员发展其他人员加入，形成上下线关系，并以下线的销售业绩为依据计算给付上线报酬，牟取非法利益的。

三、违反本通告规定，组织策划传销的，由工商行政管理部门没收非法财物，没收非法所得，处 50 万元以上 200 万元以下罚款；构成犯罪的，依法追究刑事责任……参加传销的，由工商行政管理部门责令停止违法行为，并可处 2000 元以下罚款。

四、任何单位和个人不得向传销人员出租仓储、办公、培训和住宿场所，不得向传销组织提供任何方便，发现传销行为，应积极向工商行政管理、公安机关举报。

五、各县、市、区要加强对打击传销工作的组织和领导，政府各职能部门要全力支持、配合当地工商行政管理、公安机关对传销行为的惩治工作。

六、本通告自印发之日起施行。

（印章）

二〇〇六年九月二十八日

［评析］

这是一篇法规性通告，采用完全式标题，加注编号，正文先简明扼要交代发文目的和依据，后分条列项写明通告事项，条款清楚，结构完整，语言通俗、简洁。

［范例二］

北京市人大常委会关于对《北京市信访条例(修订草案)》征求意见的通告

市人大常委会将在 5 月 25 日召开的第二十七次会议上，对《北京市信访条例(修订草案)》进行第一次审议。为了更加充分地听取各方面意见，提高立法质量，定于 2006 年 5 月 17 日至 5 月 23 日通过市人大常委会门户网站(http://www.bjrd.gov.cn)，对《北京市信访条例(修订草案)》进行公示。请积极参与发表意见。

北京市人大常委会法制办公室(印章)

二〇〇六年五月十六日

［评析］

这是一篇知照性通告，简短的篇幅将通告缘由、目的和事项、要求交代清楚，结构完整，语言精练。

（四）写作要求与病例评析

1. 写作要求

(1)符合国家政策、规定。通告事项是党的方针、政策和国家法律、法规的具体体现，任何违背国家政策规定的内容不能写入通告。

(2)发文目的明确。通告先简明扼要交代发文目的或依据，通告目的让人一目了然。

(3)语言通俗、简洁。通告是面向公众的告知性文种，写作时要注意运用浅显易懂的语言。通告的篇幅不宜过长，以便张贴和阅读。

2. 病例评析

［病例］

关于加强市区犬类管理的通告

×府告〔2003〕5 号

为了预防和控制狂犬病，保障人民群众人身安全，维护社会秩序，保证市区清洁卫生，根据创建省卫生城市的标准要求和《××省犬类管理规定》(×府〔1992〕111 号)，经市政府研究，现就加强市区犬类管理工作通告如下：一、从 2002 年 12 月 19 日起，严禁一切犬类在市区内大街小巷、公共场所走动，应依规办理有关手续后，在室内圈(栓)养。二、严格犬类的粪便管理，禁止犬类在室外拉粪便。三、犬类咬人致死、致伤，除责令立即捕杀外，犬主要按有关规定承担相关责任。四、要加强对饲养的管理，凡发现犬类上街、到公共场所走动或乱拉犬粪的，公安等有关部门应按有关规定没收该犬或对犬主予以处罚。

××市人民政府(印章)

二〇〇三年二月二十五日

[评析]

这篇通告文种选用是正确的，但从内容和形式方面看，存在以下几点问题：其一，这篇通告篇段合一的结构，不利于层次清楚、中心突出，缘由和事项应分段，事项各点内容应分段。其二，缘由部分"根据创建省卫生城市的标准要求和《××省犬类管理规定》(×府〔1992〕111号)""创建省卫生城市的标准要求"应明确清楚交代由哪个机关提出的。其三，第一条中"严禁一切犬类在市区内大街小巷、公共场所走动"，"公共场所"已包括"市区内大街小巷"，它们是从属概念，不能并列表述。第二条中"禁止犬类在室外拉粪便"，"室外"的概念过于宽泛，且同前面所讲犬类不得在公共场所活动的规定不尽一致。公共场所有室内外之分，私人宅院也有室内外之分，因此，"禁止在室外拉粪便"不易做到。这些应从粪便的管理方面去作出规定。

▶ 第三节　通知与通报

[学习要求]

了解通知的适用范围和使用特点，熟练掌握不同类型通知的写法；了解通报的性质、特点、用途，熟练掌握表彰、批评和情况通报的不同写法，尤其能写出叙事简明、分析中肯、教育性好和政策性强的通报；了解通知和通报的区别。

一、通知

(一)通知概述

1. 概念

通知是批转下级机关的公文、转发上级机关和不相隶属机关的公文，传达要求下级机关办理和需要有关单位周知或者共同执行的事项，以及任免人员时使用的公文。

2. 特点

(1)使用范围广。通知是机关使用最频繁的公文文种，适用范围非常广泛，任何级别的党政机关、企事业单位都可使用，上至全国性重大事项和发布重要法规、规章，小至单位内部告知一般事项，都可用通知行文。

(2)告知及时性。通知传达信息、告知事项，或要求办理、遵照执行事项，要求在规定时间内执行，不容拖延。

(3)指导性强。无论告知事项、布置工作还是发布文件，通知都得明确阐明处理问题的原则、要求及具体措施、方法，让受文机关明确做什么，怎么做，达到什么要求，以便贯彻执行。

(4)行文方向不确定。通知一般作下行文使用，具有指挥、指导作用，但也可作平行文，用在平级单位之间和不相隶属单位之间，主要起知照作用。

3. 种类

(1)发布性通知。主要用于发布行政领导机关制定的行政法规和规章，具有很强的政策性，如范例一。

(2)批转(转发)性通知。主要包括批转性通知和转发性通知两类。批转性通知主要用于上级机关批转下级机关的公文给所属有关人员周知或执行。批转下级公文，主要有请示、报告、会议纪要、意见等，如《国务院批转证监会关于提高上市公司质量意见的通知》。转发性通知主要用于各下级机关或部门转发上级机关或不相隶属机关的公文给所属机关人员周知或执行，如范例二。

（3）事项性通知。主要用于传达要求下级机关办理和需要有关部门周知或执行的事项，如布置工作、安排活动，告知机构设立或变动、印章启用或废除、单位更名事项等。

（4）会议通知。主要用于组织召开会议，向参加会议的机关单位或有关人员告知会议内容、时间、地点及注意事项等。会议通知可以归为事项性通知一类，但因其使用十分广泛普遍，故将其从事项性通知独立出来，单独列为一类。

（5）任免通知。主要用于任免、聘用干部。按干部管理权限，由上级机关决定任免人员，再把任免决定用通知行文在指定范围公布。

（二）结构和写法

通知的结构一般由标题、主送机关、正文、落款四部分组成。

1. 标题

（1）全称式标题

一般由发文机关名称、事由、文种构成，如《国务院关于贯彻实施〈行政许可法〉的通知》。发布性通知、批转（转发）性通知的标题由"发文机关＋发布（批转或转发）＋被发布（批转或转发）文件名称＋通知"构成，如果被发布（批转或转发）的文件是法规或规章，一般要加上书名号。多层转发的通知，要省略一切过渡机关直至始发机关，将一切过渡的"关于""通知"删去，保留最后一个"关于"和最后一个"通知"。如《××县人民政府关于转发〈××市人民政府关于转发〈××省政府关于转发〈人事部关于××同志恢复名誉后享受××级待遇的通知〉的通知〉的通知》，该"通知"经三层转发，用了三个"转发"和四个"的通知"，显得十分啰嗦，读起来很不顺口，应改为《××县人民政府转发人事部关于××同志恢复名誉后享受××级待遇的通知》。

（2）省略式标题

为了使标题显得简洁、清晰，一般过长的标题可省略发文机关，如《转发国务院关于贯彻实施〈中华人民共和国行政许可法〉的通知》，省略了"××省人民政府"。但如果两个单位以上联合发文，一般不省略发文机关，如《××省国土资源厅、××省国家保密局转发国家测绘局、国家保密局〈关于开展全国测绘成果保密检查工作〉的通知》。

2. 主送机关

主送机关也称为受文对象，根据实际情况，可以是一个或几个甚至所有的相关单位。普发性通知可省去主送单位。主送机关须用全称或规范化简称。

3. 正文

通知正文通常由缘由、事项和结尾三部分组成。通知类型多，不同种类的通知，其正文结构、写法也不尽相同。

（1）发布性通知

这类通知正文较简单，一般先写明发布文件的名称和发布意义，后表明对这一文件的态度并提出实施要求。

（2）批转（转发）性通知

这类通知正文类似于发布性通知，先写明被批转（转发）的文件，后提出实施意见和执行要求，常用"现将……批转（转发）给你们，请参照（遵照）执行"惯用语。

（3）事项性通知

这类通知的写法比较复杂，一般由缘由、事项和要求三部分构成。缘由部分主要交代发文的依据、目的和意义等，须简明扼要；事项部分是主体内容，要把布置工作、周知事项的目的、要求、措施及办法等内容阐述清楚，事项内容多的常分条列项，由主到次排列。结尾常用"特此通知""请遵照执行"等结语，也可省略。

（4）会议通知

作为事项性通知的一种，其正文也包括缘由、事项和结语三部分。缘由部分一般说明召开会议的目的和意义；事项部分一般包括会议名称、时间、地点、内容、参加人员、报到时间和地点、费用、准备材料和其他注意事项等，这部分内容须写得具体明白、准确无误，常用分条列项式写法。

（5）任免通知

这类通知写法较简单，一般先写明任免依据，后写明任免人员的姓名和职务，有的还写上任期和待遇等。

4. 落款

署上发文单位（加盖印章）和发文日期。

（三）范文评析

[范例一]

国务院办公厅关于印发《省级政府耕地保护责任目标考核办法》的通知

各省、自治区、直辖市人民政府，国务院各部委、各直属机构：

《省级政府耕地保护责任目标考核办法》已经国务院同意，现印发给你们，请遵照执行。

附件：省级政府耕地保护责任目标考核办法

国务院办公厅（印章）

二〇〇五年十月二十八日

[评析]

这是一份发布性通知。主送机关由主至次排列，同类用顿号隔开，不同类用逗号隔开。正文主要交代发布文件名称和发布依据，后提出施行要求，全文简洁明了。

[范例二]

转发教育部办公厅关于通报表彰全国县级教师培训机构的通知

各设区市教育局，南安、福清市教师进修学校：

为适应开展新一轮中小学教师全员培训，提升师资特别是农村师资水平的需要，加快推进县级教师培训机构的改革与建设，构建多功能的区域性教师学习与资源中心，教育部决定对全国部分县级教师培训机构予以通报表彰。在我厅组织评估推荐的基础上，经教育部师范司复审评估认定，我省南安市教师进修学校、福清市教师进修学校2所县级教师培训机构获得教育部首批表彰。现将《教育部办公厅关于通报表彰全国县级教师培训机构的通知》（教师厅〔2006〕1号）转发给你们。

希望南安、福清教师进修学校再接再厉，开拓创新，在县级教师培训机构改革与建设特别是教师远程培训基地建设中发挥示范作用，为我省中小学教师队伍建设和基础教育改革发展作出新的更大贡献。希望各地高度重视和切实加强县级教师培训机构建设，"以评促建"，不断改善办学条件，提高办学水平，推进新一轮中小学教师全员培训的深入开展，全面提高中小学教师整体素质。

附件：（略）

福建省教育厅办公室（印章）

二〇〇六年六月五日

[评析]

这是一份转发性通知。本文采用省略式标题，正文先阐明发文缘由，后提出希望、要求，结构完整，语言简洁，重点突出。

[范例三]

国务院办公厅关于加强饮用水安全保障工作的通知

国办发〔2005〕45 号

各省、自治区、直辖市人民政府，国务院各部委、各直属机构：

饮用水是人类生存的基本需求。党中央、国务院对饮用水安全保障工作高度重视，胡锦涛总书记、温家宝总理多次作出重要批示。近年来，中央和地方加大了城乡饮用水安全保障工作的力度，采取了一系列工程和管理措施，解决了一些城乡居民的饮水安全问题。但是，饮用水安全形势仍十分严峻，不少地区水源短缺，有的城市饮用水水源污染加重，一些农村地区饮用水存在苦咸或含有高氟、高砷及血吸虫病原体等问题，对人民群众身体健康构成严重威胁。为进一步加强饮用水安全保障工作，经国务院同意，现就有关问题通知如下：

一、充分认识保障饮用水安全的重要性和紧迫性

饮用水安全问题，直接关系到广大人民群众的健康。切实做好饮用水安全保障工作，是维护最广大人民群众根本利益、落实科学发展观的基本要求，是实现全面建设小康社会目标、构建社会主义和谐社会的重要内容，是把以人为本真正落到实处的一项紧迫任务。各地区、各部门要从实践"三个代表"重要思想和执政为民的高度，充分认识保障饮用水安全的重要性和紧迫性。地方各级人民政府要加强领导，把这项工作纳入重要议事日程，建立领导责任制，切实抓好各项措施的落实。各有关部门要各司其职，密切配合，加大工作力度，共同做好饮用水安全保障工作。

二、认真组织规划编制工作

国务院有关部门要按照城乡统筹、合理布局、防治并重、综合治理、因地制宜加大投入力度。东部较发达地区要率先解决农村饮用水安全问题，有条件的地方尽早实现城乡统筹区域供水。要强化农村饮用水工程项目管理，切实做好前期工作，并严格按照规划要求和建设程序实施。要建立良性循环的供水管理体制和运行机制，确保工程项目充分发挥效益。

……

五、加快城市供水设施建设和改造

各地区要加快城市供水设施的建设和技术改造，提高供水能力，扩大供水范围。要按照多库串联、水系联网、地表水与地下水联调、优化配置水资源的原则，加快城市供水水源的建设，提高城市供水安全的保障水平。凡饮用水水源水质不符合标准的，应当提出强制性的技术措施，制订水厂技术改造规划，采用先进适用技术，改进水处理工艺。要把城市供水管网改造作为重点，优先改造漏损严重和对供水安全影响较大的管网，改善供水水质。各地区要加快城市污水处理设施的建设，加强污水处理厂的运行管理，逐步实现污水深度处理，不断提高再生水利用率。

六、加强饮用水安全监督管理

各地区要加强对饮用水水源、水厂供水和用水点的水质监测，对取水、制水、供水实施全过程管理，及时掌握城乡饮用水水源环境、供水水质状况，并定期检查。对检查不合格的供水单位，要严格按照有关规定进行查处，并督促限期整改。各供水单位要建立以水质为核心的质量管理体系，建立严格的取样、检测和化验制度，按国家有关标准和操作规程检测供水水质，并完善检测数据的统计分析和报表制度。国务院有关部门要尽快制定既符合我国国情，又与国际先进水平接轨的饮用水水质国家标准，积极开展相关检测方法和

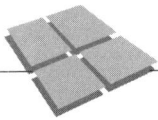

标准的制(修)订工作。

七、建立储备体系和应急机制

各省、自治区、直辖市要建立健全水资源战略储备体系，各大中城市要建立特枯年或连续干旱年的供水安全储备，规划建设城市备用水源，制订特殊情况下的区域水资源配置和供水联合调度方案。地方各级人民政府应根据水资源条件，制订城乡饮用水安全保障的应急预案。要成立应急指挥机构，建立技术、物资和人员保障系统，落实重大事件的值班、报告、处理制度，形成有效的预警和应急救援机制。当原水、供水水质发生重大变化或供水水量严重不足时，供水单位必须立即采取措施并报请当地人民政府及时启动应急预案。

国务院办公厅(印章)
二〇〇五年八月十七日

[评析]

这是一份事项性通知，从行文关系看，该通知属于平行性质，主要起告知作用。正文先阐明"饮用水"的重要性和"加强饮用水安全保障工作"的重要性，后从提高思想认识、加强规划编制、基础设施建设、监督管理及建立应急预案等方面，由主到次分条写明通知事项。全文结构完整，格式规范，语言精炼。

[范例四]

关于举办广东省首届大学生动漫设计和摄影比赛的通知

粤教体〔2006〕47号

各高等学校：

为全面贯彻教育方针，落实教育部《学校艺术教育工作规程》的要求，推动我省高校课外艺术教育活动的开展和校园文化建设，展示当代大学生的精神风貌和艺术风采，丰富大学生课余文化艺术生活，努力提高我省高校艺术教育整体水平，促进大学生德智体美全面发展，经研究，决定在2006年举办我省首届大学生动漫设计和摄影比赛活动。

本届活动的主题是："秀出青春创意、秀出校园风采"。通过动漫设计和摄影创作，挖掘大学生的艺术潜质，激发其对艺术创作的积极性，鼓励对个性表达的创意，从而促进我省高校艺术教育的发展，提高我省大学生的艺术素养。

各高校要按《广东省首届大学生动漫设计和摄影比赛活动方案》要求，认真宣传发动，积极组织广大学生参与，并配合本次活动开展相关的艺术鉴赏讲座与展览等活动。通过活动，进一步推动学校艺术教育的改革与发展，引导学生向真、向善、向美，提高审美修养，建设健康向上的校园文化环境，为培养和谐发展的高素质人才营造良好的育人氛围。

附件：广东省首届大学生动漫设计和摄影比赛活动方案

广东省教育厅(印章)
二〇〇六年四月七日

[评析]

这是一份组织比赛活动的事项性通知，该通知本来容量很大，但本文重点对提高组织比赛活动的思想认识作出指示，并提出原则性要求，具体的比赛事项则通过《方案》附件另行告知，结构精炼，重点突出。

(四)写作要求与病例评析

1. 写作要求

(1)明确目的，分清种类。通知种类较多，行文各有区别。行文前要先弄清通知目的，后选用正确的种类，才能写出合意的通知。

(2)事项明确，切实可行。通知无论发布文件、布置工作还是周知事项，旨在要求有关单位或人员执行、办理，其事项、要求、措施、办法等除切实可行之外，还要写得清楚、明白、有条理，以便领会精神、付诸行动。

(3)用语得体，讲究时效。通知主要是下行，但也可平行。下行时要突出权威性、指令性；平行时要体现协调性、尊重性。同时要注意行文迅速，以免延误工作。

2. 病例评析

[病例]

××县水电局关于召开局
系统 2003 年上半年生产会议的通知

××局办发字(2003)第 18 号

局属各单位：

为了及时总结我局系统半年来的生产情况，更好地完成和超额完成下半年生产任务，经 2003 年 7 月 15 日第 19 次局务会议研究决定，定于七月二十六日召开局系统上半年生产会议。现将会议有关事项通知于后：

(一)参加会议人员：各单位主要负责人。

(二)会议时间：七月二十六日一天。

(三)会议地点：局本部会议室。

(四)准备下列内容的材料：

1. 今年 1～6 月份生产进度数字及存在的主要问题。

2. 下半年生产进度安排意见及完成任务各项具体措施。

3. 安全生产情况及存在的主要问题和解决办法。

4. 职工思想状况及需要解决的主要问题。

局办公室

2003 年 7 月 16 日

[评析]

这则通知存在如下几个问题：其一，标题发文机关与落款不一致，要改为"××县水电局办公室"；其二，发文字号不规范，"字第"纯属多余，还有"( )"应为"〔 〕"，故发文字号应改为"××局办发〔2006〕18 号"；其三，语义表达不清、重复啰嗦或前后矛盾。"各单位主要负责人"应注明"几名"；"会议地点"不够清晰，应注明"哪一间会议室"；"更好地完成和超额完成下半年生产任务"不合逻辑，最好去掉"超额完成"；"经 2003 年 7 月 15 日第 19 次局务会议研究决定，定于七月二十六日召开局系统上半年生产会议"，没必要交代会议召开时间，而且与通知事项第(二)点重复，可改为"经局务会议研究，决定召开局系统上半年生产会议"即可；"现将会议有关事项通知于后"最好改为"现将有关事项通知如下"；"生产进度数字""生产进度安排意见"提法不妥，应分别改为"生产进度情况""生产指标"或"生产安排意见"，"完成任务各项具体措施"可去掉"各项"；"安全生产情况及存在的主要问题""职工思想状况及需要解决的主要问题"两句均犯了属种概念并列的错误，两句都可将后面的"主要问题"去掉。最后落款时间应改为汉字。

二、通报

(一)通报概述

1. 概念

通报是表彰先进、批评错误、传达重要精神或者情况的公文，是一种有较强教育作用

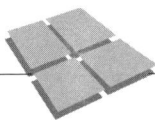

和指导作用的周知性下行文。

2．特点

(1)典型性。无论表彰先进、批评错误，还是传达重要精神或情况，都要求是典型人物、事件或情况，且具有典型意义，而非一般性的人、事、情况。

(2)教育性。通报通过表彰先进典型，弘扬正气，鼓励人们学习先进；通过反面事例批评错误，让人们认识错误、吸取教训、引以为戒，并改正错误；通过传达带有倾向性的情况和信息，让人们了解好的苗头和不良的倾向，以教育人们引起重视。

(3)真实性。通报中所表扬、批评和传达的情况，要求准确无误，不允许有任何虚假成分，否则将失去正面教育意义，从而达不到教育目的。

(4)时效性。通报具有极强的时间性，写作时须抓住有利时机，及时制作，及时通报，才能达到教育、宣传的目的，取得良好的教育效果。

3．种类

(1)表彰性通报。这类通报主要用于表扬和宣传先进集体、先进个人典型事迹，从中总结出成功经验，号召人们向先进学习。

(2)批评性通报。主要用于批评处理重大事故、事件、违法违纪案件等，告诫人们吸取教训，防止类似错误再次发生。

(3)情况性通报。主要用于上级领导机关向所属下级机关传达有关重要情况、发布重要信息，以便上情下达，统一认识，协调并推动工作。

4．通报与通知的区别

通报与通知具有以下几点不同：

(1)内容范围不同

通报与通知都有告知的作用，但通知告知的主要是工作的情况，以及共同遵守执行的事项；通报则是告知正反面典型，或有关重要情况。通知主要用于发布行政法规和规章，批转和转发公文，告知需办理和周知的事项；通报主要用于表扬先进，批评错误，传达交流重要情况和信息。

(2)目的要求不同

通知的目的是告知事项，布置工作，部署行动，要求受文机关遵照执行。而通报的目的不是贯彻执行，而是通过正反面的典型去教育人们，宣传先进的思想和事迹，提高人们的认识，引起人们的重视。

(3)表现方法不同

通知的表达方式以叙述为主，语言具体明白；而通报的表达方式常常兼用叙述、说明和议论，陈述事实，说明问题，分析评价，具有较强的感情色彩，以达到宣传教育的目的。

(二)结构和写法

通报一般由标题、主送机关、正文、落款几部分构成。

1．标题

通报标题一般由发文机关、事由和文种构成，如范例二。根据实际需要，有的也可省略发文机关，只由文种和事由构成，如范例一。

2．主送机关

通报的主送机关是发文机关的下属单位。

3．正文

不同类型的通报，其正文结构和写法有所不同。

(1)表彰性通报和批评性通报。这两类通报正文结构基本一致，一般由事由、分析评价、决定事项和希望要求四部分构成。"事由"主要概述事项的时间、地点、人物、原因等；"分析评价"主要是分析事情的积极或消极意义以及所带来的正面或负面影响，表明发文单位肯定或否定态度；"决定事项"主要是宣布对有关人员或团体进行奖励或处分的决定；"希望要求"一般是号召人们向表彰的人物和事迹学习或要求大家从错误事实中吸取教训，引以为戒。

(2)情况性通报。正文结构一般由三部分内容组成：第一部分先概述情况，用具体的事实、翔实的数据等说明；第二部分主要总结经验教训，说明处理结果，指出存在的问题；第三部分是提出改进工作的希望和要求(有的也省略这部分内容)。

4. 落款

署上发文机关名称(加盖印章)和发文日期。如果标题已注明发文机关，且成文时间在标题下注明，则可不再落款。

此外，普发性通报可不写主送机关。非普发性通报得写主送机关，相应发文机关和成文时间则在落款处写。

(三)范文评析

[范例一]

关于表彰全国城市园林绿化先进集体先进个人的通报

各省、自治区建设厅，直辖市、计划单列市园林局，新疆生产建设兵团建设局，解放军总后勤部营房部：

自 2001 年国务院召开全国城市绿化工作会议以来，全国城市园林绿化主管部门及广大园林绿化工作者，以邓小平理论和"三个代表"重要思想为指导，以科学发展观统领各项工作，在各地党委、政府的领导下，认真贯彻《国务院关于加强城市绿化建设的通知》(国发〔2001〕20 号)精神，为促进城市园林绿化事业健康发展、城市生态环境建设作出了积极的贡献，涌现出了一批先进集体和先进个人。为总结经验，表彰先进，进一步调动全民参与城市园林绿化工作的积极性，我部决定授予北京市东城区园林局等 104 个单位"全国城市园林绿化先进集体"荣誉称号，授予牛有成等 50 名同志"全国园林绿化优秀市长"荣誉称号，授予郑贵云等 10 名同志"全国园林绿化十大标兵"荣誉称号，授予郝建国等 220 名同志"全国园林绿化先进工作者"荣誉称号。

希望受到表彰的先进集体和先进个人珍惜荣誉、发扬成绩、再接再厉，在城市园林绿化事业和社会主义现代化建设中发挥表率作用，取得新的成绩。希望各地城市园林绿化部门和广大园林绿化工作者以先进集体和先进个人为榜样，全面贯彻落实科学发展观，与时俱进，开拓创新，不断开创城市园林绿化事业新局面，为全面建设小康社会和构建社会主义和谐社会作出新的更大贡献。

附：全国城市园林绿化先进集体和先进个人名单

中华人民共和国建设部(印章)

二〇〇六年三月三十日

[评析]

这是一篇表彰性通报。这篇表彰性通报较有特色，先用总括的手法，概括了全国城市园林绿化主管部门及广大园林绿化工作者在园林绿化工作所取得的成效，并以此为据引出以下表现突出的单位和个人，并在此基础上作出表彰决定，提出希望和要求。全文结构层次清晰，环环相扣，结构严密。

［范例二］

××市食品酿造公司关于

××食品厂司机×××私自开车到北戴河游玩的通报

公司所属各单位：

今年8月8日晚，××食品厂司机×××以磨合汽车为借口，擅自驾驶"630"食品防尘车并带上五人从××分厂去北戴河游玩。10日8点抵达北戴河，至12日夜间12点才返回公司。行程六百多公里。

×××的行为，违反组织纪律，错误实属严重。车队负责人在问题发生后未及时向公司汇报，这种做法也是错误的。为了严肃纪律，维护公司利益，同时教育×××本人，经公司研究决定：对司机×××予以通报批评，扣发三个月奖金，并责令其上交全程所用汽油费。

望各单位接此通报后，组织员工们及时学习、讨论，从中吸取教训，把各项工作提高到一个新水平。

××市食品酿造公司

二〇〇五年八月十八日

［评析］

这是一篇批评性通报。正文先写当事人的错误事实和经过，具体交代了时间和地点，接着对当事人的错误进行了分析评价，同时作出了处理，最后对各单位提出了希望和要求。全文层次分明，语言明晰，分析评价到位，行文思路清晰。标题中的"私自"改为"擅自"较好。

［范例三］

湖南省第一届大学生艺术展演活动组委会

关于湖南省第一届大学生艺术展演活动前阶段工作情况通报

为全面贯彻党的教育方针，大力推进素质教育，展示高校艺术教育改革和发展的成果，丰富高校校园精神文化生活，促进高校学生审美素质的提高，确保《学校艺术教育工作规程》得到落实，根据《教育部关于举办全国第一届大学生艺术展演活动的通知》（教体艺函〔2004〕6号）精神和有关工作安排，我省于2004年9月17日和11月17日分别下发了《关于举办湖南省第一届大学生艺术展演活动的通知》（湘教艺通〔2004〕274号）和《关于征集全国第一届大学生艺术展演活动科学论文报告会论文的通知》（湘教艺通〔2004〕7号），2005年3月2日又下发了《关于举办湖南省第一届大学生艺术展演活动的补充通知》（湘教艺通〔2005〕1号），组织发动全省各高校积极参与到本次活动中来，截止到目前，各项工作正在有条不紊地进行。现将前阶段工作情况通报如下：

一、各级领导高度重视，思想统一

根据教育部要求，我省成立了以×××厅长、××副厅长为领导的组织委员会，教育厅体卫艺处、高教处、职成处、省高校工委宣传部的负责人和多名艺术教育专家为组委会成员，并设立了专门的办公室，配备了专职工作人员负责日常工作。各高校相继成立了以学校领导挂帅的活动领导小组，制订了详细的实施方案，明确职责，密切协调，保证了本次活动各项工作的落实。

二、周密筹划组织，各项工作有条不紊

根据组委会的整体部署，通过各高校的共同努力，本次活动的各项工作正在有条不紊地进行。其中，艺术教育科报论文的评选与报送工作已经基本完成，全省共有36所高校报来论文250余篇，经过专家的评审，评出一等奖论文25篇、二等奖论文50篇、三等奖论文100篇，并请专家对其中的120篇论文提出了具体的修改意见，反馈给作者进行整理后统一于近日报送教育部参加全国评选。截至4月10日，组委会收到全省42所高校报来的艺术表演类节目125个，45所高校报来的艺术类作品450件。经专家对艺术表演类节目录像带进行评审，有20所高校的30个节目入围参加5月11～12日的现场汇演与评审，以确定最后报送教育部的20个节目。

三、学校活动丰富多彩，特色突出，效果明显

从前阶段报送论文、节目和作品的情况来看，省内大部分高校都认真开展了群体性的艺术展演活动，大多数学生都关注、参与到此次活动中来。整个活动内容丰富多彩、各有特色，有以学生为原型创作的实验短剧，有反映学生学习生活的曲艺或小品，有自编自导的大型舞蹈，有形式新颖的器乐表演，真正起到了丰富校园文化生活、推动学校精神文明建设的作用。

附件：1. 湖南省第一届大学生艺术展演活动科报论文报送及获奖情况一览表
      2. 湖南省第一届大学生艺术展演活动艺术表演类节目报送及入围现场汇演决赛
         情况一览表
      3. 湖南省第一届大学生艺术展演活动艺术作品报送情况一览表

二○○五年×月×日

[评析]

这是一篇情况性通报，采用全称式标题，作为普发性公文，省去了主送机关，正文从开展活动的精神依据出发，先概述通报的总体情况，后由主到次分条说明具体情况，点面结合，让人一目了然。作为仅用于告知情况、沟通信息的通报，省去希望和要求部分，显得十分简洁而重点鲜明。

(四)写作要求与病例评析

1. 写作要求

(1)情况要真实。通报事项要真实可靠，叙述评价要实事求是、客观中肯，不能随意夸大或缩小，更不能凭空捏造，以免发文后给主办机关造成被动、失信的局面。

(2)事例要典型。写作通报要站在全局高度，着眼于正确导向，选取有代表性、针对性和普遍教育意义的典型事例，让人们受到教育和启示。

(3)行文要及时。通报贵在及时，过时的通报不能取得良好的教育效果。

2. 病例评析

[病例]

热血筑警魂
——关于××县公安局民警见义勇为事迹的通报

今年2月13日下午1点多，××县民警××正和儿子××在儿童公园游玩，忽然从不远处的明月湖畔传来救命声，××飞奔到明月湖畔，原来有一男孩不慎落水，××来不及多想，只想到他是一名警察，他脱掉大衣，跃入水中。二月的东北，水凉得扎骨，但他没有想到个人安危，他心中只有一个念头：救孩子。××一次、两次、三次潜入水中，终于把落水儿童救到岸上，孩子得救了，而××昏迷了三天三夜。目前，经过抢救，××已经脱离了生命危险。××真是新时期最可爱的人，他的精神是多么值得人们学习呀！

××在生与死的关键时刻，为抢救落水儿童，不顾个人安危，临危不惧，不怕牺牲，表现了人民警察热爱人民的高尚情操和献身精神。

希望各单位职工向××学习，发扬见义勇为、不怕牺牲的精神，为搞好各项工作作出

更大的贡献。

××县人民政府
二〇〇三年三月一日

[评析]

这篇通报存在如下几个毛病：一是标题不恰当。通报的标题要注意与通讯、报道的标题区分开来，它只由发文机关、事由、文种三部分构成，在此改为"××县人民政府关于表彰民警××抢救落水儿童的通报"为好。二是缺主送机关。从内容上看，这篇通报是下发到有关单位的，在此最好写上主送机关"××县人民政府所属各单位"。三是正文内容不合理。先进事迹部分没有概述主要事实，显得啰嗦，还缺少表彰决定的内容。四是语体风格不恰当。首段用了描写和抒情，这与平实、朴素的公文事务语体风格相违背。这段可改为"2003年2月13日13时左右，我县民警××和儿子在儿童公园游玩，忽然发现有一男童不慎落入儿童公园的明月湖，××一边跑一边脱掉大衣，飞奔到湖边，跃入刺骨的水中。××一次、两次、三次潜入水底，终于将落水男童救到岸上，而××昏迷了三昼夜。经过医务人员的奋力抢救，××目前已经脱离了生命危险。"

▶ 第四节 报告与请示

[学习要求]

了解报告与请示的概念、特点、种类以及两个文种之间的区别，熟练掌握报告与请示的写作方法，能写出合乎规范的报告与请示。

一、报告

(一)报告概述

1. 概念

报告是向上级机关汇报工作、反映情况、答复上级机关询问的公文。报告属于陈述性上行文，行文的目的是为领导机关了解情况、制定政策和指导工作提供依据。

2. 特点

(1)汇报性。报告是下级机关向上级汇报工作、反映情况、答复问题的重要途径，是下情上达的主要工具，报告的目的是让上级机关掌握基本情况并及时对自己的工作进行指导。

(2)陈述性。报告在汇报工作、反映情况、答复询问时均以陈述事实为主，大都采用叙述说明的表达方式，把事情的来龙去脉(时间、地点、人物、经过、原因、结果等情况)交代清楚，使上级机关能迅速地、全面地、准确地掌握有关情况。

(3)客观性。报告反映的情况、提供的信息，必须是实事求是的真实信息，既报喜又报忧，不允许任何弄虚作假。

3. 种类

按照性质、内容，报告可分为下面四种类型。

(1)工作报告

工作报告是指向上级机关汇报工作情况的报告，包括综合性工作报告和专题性工作报告。前者是综合汇报某阶段的工作，对某阶段内各方面的工作作一个总的回顾，总结经验教训，提出今后的设想等。专题性报告是就某一项工作向上级机关进行汇报。

(2)情况报告

情况报告是向上级机关汇报出现的新情况、新问题，特别是突发事件、特殊情况、意外事故及处理情况的报告。

（3）答复报告

答复报告就是答复上级机关询问事项的报告。这种报告是被动行文，必须有针对性地实事求是地回答，不可避而不答或答非所问，也不要旁及无关的问题，答复前要作深入的调查。

（4）报送报告

报送报告是向上级报送文件、物件时使用的报告，正文通常非常简略，只需写明"现将××××报上，请指正（请查收）"即可。真正有意义的内容都在报送的文件里。

（二）结构和写法

报告的结构包括标题、主送机关、正文、落款四部分。

1. 标题

报告的标题一般由发文机关、事由和文种构成，如范例一；也可根据需要省略发文机关，但不可省略事由和文种，如范例二。

2. 主送机关

主送机关只能有一个，需其他上级机关了解时，以抄送的方式处理。

3. 正文

报告的正文由缘由、主体和结语组成。

缘由部分通常是写明报告的目的、根据或原因，概述报告的基本内容或基本情况。

主体部分主要是报告具体情况、存在的问题和今后的意见。内容较多的报告，可分条列项，由主到次排列，有的分成不同部分构成。不同类型的报告，其主体部分有简有繁，写法不尽相同。

结束语用简明的文字概括全文，或使用惯用语结束全文，常用的有："特此报告""专此报告""请审阅""请核查备案"等。报告不要求上级答复，所以它的结束语不宜写"以上报告，请指示（批示）"等语句。

4. 落款

落款由发文机关（加盖印章）和成文时间组成。

（三）范文评析

[范例一]

××县人民政府办公室

关于进一步清理兑现农民工工资工作情况的报告

市政府办公室：

根据你办 2005 年 1 月 16 日《关于进一步加大清欠工作力度确保农民工工资按时兑现的紧急通知》（×府办发〔2005〕1 号）精神，现将我县近期进一步清理兑现农民工工资的有关情况报告如下：

一、我县高度重视农民工工资按时兑现工作……

二、进一步排查农民工资和工程款拖欠底数……

三、落实清欠责任，抓好专项督办……

四、突出清欠重点，优先支付农民工工资。县政府把解决 2003 年底前拖欠农民工工资问题作为清欠工作的重中之重，明确要求业主单位支付的工程款必须优先用于解决拖欠的农民工工资，并落实四项措施：一是进一步明确农民工工资支付责任。按照"谁承包，谁负责"的原则，总承包企业对所承包工程的农民工工资支付全面负责，分包单位确实无力支付的，总承包单位要先行垫付，并在分包工程款中扣除；二是采取每周一报的倒计时方式，

每周通报全县各建筑施工企业偿付农民工工资进度情况，对未完成清欠任务的企业禁止参加新的工程款项目投标，严重的企业还要作不良记录，并对企业项目经理予以处罚；三是完善欠薪举报投诉制度，公布了投诉举报电话，建立起解决拖欠农民工工资问题的"快速通道"和处置突发事件预案，对来人、来电、来信案件进行认真调查处理；四是县建设局和有关部门密切配合加大执法力度，先后派出执法人员50余人次对施工用人单位进行专项检查，通过监察执法和协调处理，为1000多名农民工追讨工资200余万元。通过以上四项措施，农民工工资兑现工作取得较好成效，截至1月25日，全县2003年底前拖欠的农民工工资598万元已全部偿还，有力地维护了农民的合法权益，维护了社会稳定。

五、政府带头清欠，清欠工作取得较大进展。我县工程款拖欠中，政府投资项目拖欠工程款3361万元，占总拖欠款的66％，三年清欠能否如期完成，政府投资项目既是重点，也是难点。为此，××县人民政府按照"老账要还，新账不欠，制订计划，健全制度，明确责任，分类解决"的指导思想带头清欠，其中应由县级财政予以安排解决的拖欠工程款，县政府积极通过预算内资金、土地出让收入、经营城市、城市基础设施配套费等多渠道筹集资金予以偿还。截至目前，全县建设单位已偿还工程款1819万元，已完成市政府下达给我县的全年目标任务数，其中市政工程拖欠款已偿还958万元，超额完成全年任务的62％，清欠工作取得较好成效。

六、进一步建立和完善长效机制防止新的拖欠……

（印章）

二〇〇五年一月二十七日

[评析]

这是一篇总结性的专题工作报告，开头交代了报告依据，简明扼要；主体部分"六点工作"从"指导思想""具体工作"和"今后做法"三部分逐层深入汇报"清理兑现农民工工资"的工作情况，文中列举具体事实、数据加以说明，点面结合，令人信服。该报告常采用简缩、比喻等修辞手法，语言简洁、形象，句式灵活，增强了可读性。不过开头"你办"有失尊重，最好改为"市府办公室"。

[范例二]

关于张××同志职称评定问题的答复报告

××市人民政府办公室：

接市办5月20日查询我单位张××同志有关职称评定情况的通知后，我们立即进行了调查。现将有关情况报告如下：

张××同志是我集团公司二分厂工程师。该同志1962年起曾在××工学院接受过四年函授教育，学习了有关课程。由于"文革"而未能取得学历证明。因缺乏学历证明，在今年上半年职称评定时，根据上级有关文件精神，我单位职称评委会决定暂缓向上一级职称评委会推荐评定他的高级工程师职称，待取得学历证明后补办。该同志认为这是刁难，因而向市政府提出了申诉。

接到市政府办公厅查询通知后，我们专程派人去××工程学院查核有关材料，得到××工学院的支持，正式出具了该同志的学历证明。现在，我集团公司职称评委会已为张××同志专门补办了有关评定高级工程师的推荐手续，并向该同志说明了情况。对此，他本人已表示满意。

特此报告

××集团公司（印章）

二〇〇五年五月三十日

[评析]

这篇答复报告开门见山交代报告的依据,后以惯用语导出主体,主体部分针对上级的询问简明扼要写明对张××评定职称的情况调查、处理经过及结果,有理有据,可令上级满意。

(四)写作要求与病例评析

1. 写作要求

(1)主题要新颖

撰写报告要善于发现新的有价值的材料,并以新的视觉分析取舍材料,提炼反映本质性和规律性的新观点、新主题。

(2)内容要真实

报告的内容必须真实,任何未经实践和调查的内容均不能写进报告,同时汇报务必实事求是,既不夸大成绩,也不掩盖存在的缺点和问题。

(3)重点要突出

撰写报告必须抓住重点,突出中心,安排结构要分清主次、详略得当,材料处理也要注意点面结合,做到概括材料和典型材料相统一,以增强说服力。

(4)报告不要夹带请示事项

《办法》明确规定报告"不得夹带请示事项"。上级机关一般不对"报告"作答复,夹带请示事项的报告,给上级机关带来办理的不便,容易贻误工作。

2. 病例评析

[病例]

××乡关于当前植树造林工作的报告

××镇政府:

我乡根据镇政府今春造林计划提出的要求,开展了造林工作。截至4月5日,已种下杉树158亩,松树70亩,油茶30亩,油桐40亩,毛竹60亩,共358亩,超额完成计划5%,经过检查,生长情况良好。现将我乡植树造林工作的具体情况汇报如下:

一、首先认真学习有关植树造林的文件和各项政策,使大家深刻认识到植树造林对社会主义建设的重要作用。在提高认识的基础上,大家积极性很高,许多有经验的老农都踊跃参加造林工作,起了很好的推动作用。

二、充分做好准备工作。由于造林季节性强,需要抢险救灾时间争速度。我们在去年秋收后就已布置各村,选好林地,进行整理,全面检修了工具,合理组织劳工,乡苗圃场按计划提供了各种树苗,做到苗木随起、随运、随栽,保证了这项工作的顺利进行。

三、及时进行技术指导和检查。造林期间,林业干部和老农对树苗作了严格选择,分片把关。李村还组织了五名技术员到各造林点去指导、检查、验收,保证栽一株,活一株,造一片,活一片。

目前,群众的造林积极性仍很高,估计还可以多种40亩,但我乡苗圃场已无树苗,林业站也没有,急需镇政府帮我们解决,调拨三万株杉树苗给我们,以便更好地完成这次造林任务。

以上报告,如无不当,请批示。

(印章)

××××年×月×日

[评析]

该"报告"存在的主要问题有:其一,把"报告"和"请示"两种文体糅在一起:从开头至

"造一片，活一片"，是该乡植树造林情况的工作汇报，属于报告；从"目前"至结尾的内容，行文又是请示。"报告"中不能有"请示"事项，因此，调拨杉苗之事只能写成"请示"另外行文。其二，结尾用语不当，报告一般用"专此报告""特此报告"等，不能用"以上报告……请批示"。

二、请示

(一)请示概述

1.概念

请示是向上级机关请求指示、批准的公文，属于呈请性的上行文。

2.特点

与报告相比，请示具有如下几个特点：

(1)呈请性。请示是向上级机关请求指示和批准的公文，行文内容具有请求性。而报告是向上级机关汇报工作、反映情况、答复上级机关询问或者要求的公文，具有陈述性质。

(2)求复性。请示的行文目的是请求上级批准，解决某人具体问题，要求作出明确的答复，因此请示具有求复性。而报告的目的是告知，使上级掌握某方面或阶段的情况，不要求上级一定答复。

(3)超前性。请示行文时间具有超前性，必须在事前行文，等上级机关作出答复后才能付诸实施，没有上级的答复，就不能自作主张行事，不能"先斩后奏"。而报告则可在事后行文，也可在工作进行中行文，一般不在事前行文。

(4)单一性。请示事项具有单一性，要求一文一事。而报告可以一文一事，也可一文数事。

3.种类

(1)政策性的请示。这类请示主要用于下级机关对某一法规、政策不太理解，或对重大原则问题无法自行处理，请求上级机关答复、指导事项，如范例一。

(2)事项性的请示。这类请示主要用于本机关无权决定(或无力解决)的、需要上级批准、支持或帮助的事项，如人员编制、机构设置、外事活动、换届选举、重要决定、重大决策、大型项目以及人力、物力、财力求助等方面的事项，如范例二。

(二)结构和写法

1.标题

标题一般由发文机关名称、事由、文种构成，也有的只写事由和文种，但不可只写文种。

2.主送机关

请示的主送机关只有一个，即直接的上级主管机关，不能多头请示。

3.正文

一般由缘由、事项、结语三部分构成。

(1)缘由。这是正文的开头，主要说明请示的原因，要突出请示的必要性和迫切性。缘由是请示的重点，要写得充分，有理有据。写明缘由后，常用"现将……问题请示如下""特请示如下"等惯用语过渡到下文。

(2)事项。这是请示的主体，主要说明请求上级机关批准或指示的具体事项。这部分说明的事项须明确，条理要清楚，若请示内容多，可采用条款式安排结构。

(3)结语。这是请示的结尾，具体明确地提出批复请求，常用"以上请示，请批复(审批)""以上请示如无不妥，请批复"等惯用语。

4．落款

落款署上发文机关(加盖印章)和成文时间。

(三)范文分析

[范例一]

关于交通肇事是否给予被害家属抚恤问题的请示

最高人民法院：

据我省××县法院请示，他们对交通肇事致被害人死亡是否给予被害者抚恤的问题，有不同意见。一种意见认为，被害者若是有劳动能力的人，并遗有家属要抚恤的，就给予抚恤；被害者若是没有劳动能力的老人或儿童，就不给予抚恤。另一种意见认为，只要不是由被害者自己的过失所引起的死亡事故，不管被害者有无劳动能力，都应酌情给予抚恤。我们同意后一种意见，几年来实践经验证明，这样做有利于安抚死亡家属。是否妥当，请批复。

××省高级人民法院(印章)

二〇〇×年×月×日

[评析]

这是一篇简洁明了的政策性请示。下级机关针对工作中存在的问题提请上级作出指示，文中先摆明不同的"处理意见"，后表明自己的态度，并请求指示。篇幅虽短小，但结构完整，事项明确。

[范例二]

关于暂缓调高旅游专项资金在交通建设附加费中分配比例的请示

市人民政府：

今年4月7日，××市委、市政府《关于加快发展旅游业的决定》(×字〔××××〕8号)，同意建立旅游建设发展专项资金，其部分资金来源于交通建设附加费的分配，并将此分配比例从原来的5%调高到10%。对此，我委认为该措施无疑有利于筹集资金，促进旅游业发展。但当初决定征收旅游业交通建设附加费的目的，主要是筹集地铁资金，现要提高旅游专项资金在交通建设附加费中的分配比例，必然减少地铁资金的来源。地铁工程建设年度投资高达30亿元，筹资任务十分艰巨，而今年地铁资金缺口更大，需开拓更多的资金来源。因此，任何减少筹集地铁资金的做法都会导致工期拖长和投资增大，不利于工程建设。鉴此，我委建议在地铁建设期内，暂缓调高旅游专项资金在交通建设附加费中的分配比例，仍执行旅游专项资金在交通建设附加费中占5%的分配比例不变。

专此请示，请批复。

××市计委(印章)

××××年×月×日

[评析]

这是一篇"针对上级的决定提出不同的意见"的事项性请示。在肯定上级的举措后，权衡"调高旅游专项资金在交通建设附加费中分配比例"的利弊，让上级进一步明确目前"地铁资金"和"旅游业资金"孰轻孰重，以此作为请示缘由，有据有力。全篇先抑后扬，语言委婉得体，得到上级的同意也是情理之中。

(四)写作要求与病例评析

1．写作要求

(1)行文严格遵守"六不"。一是"不多头请示"，即要单头请示，只能有一个主送机关；二是"不事后请示"，即必须事前行文，绝不能"先斩后奏"；三是"不越级请示"，即要逐级

请示，因特殊情况需越级行文时，一般应抄送其直接上级机关；四是"不要一文多事"，即不得将不同性质的问题、事项写在同一份请示中，而要一文一事、专文专请；五是"不直接送领导个人"，除领导直接交办事项外，一般不得直接送领导个人；六是"不得抄送下级机关"，请示在上级机关答复之前，不得抄送给下级机关。

（2）缘由充分，要求合理。请示理由充分，才有说服力，并充分体现请示事项的必要性，要求合理，方便上级机关批复，促使问题及时解决。

（3）语言简明，语气得体。请示语言应简明扼要，以便突出重点引起重视；语气谦恭、委婉，措辞恰当而有分寸才容易为上级接受并得到及时批复。

2.病例评析

[病例]

××研究所关于增加办公室编制、经费和解决办公用车的请示

××××：

我所办公室自××××年×月成立以来，在有关部门的大力支持下，工作开展顺利，但目前仍存在一些较为实际而又急需解决的困难。

第一，我所在办公室编制甚少，现编制4人，除两名正、副主任外，只有两名工作人员，又因本部门工作需经常外出调查，故工作不能很好地开展。

第二，经济严重不足。由于我所辖地目前有5个肿瘤高发区现场，需要我们组织人、财、物力调查发病原因及有关数字，但包干的经费远远不够所需开支的资金。有些工作，由于经济不足，已陷入瘫痪状态。

第三，出车难问题。由于交通工具不便，人少经费紧，我们需要批给一辆卧车和司机。以上请示报告，请批复。

（印章）

二○○五年×月×日

[评析]

该文有以下几个主要问题：①违背"一文一事"原则。本文同时请示编制、经费、车辆"三事"。②要求不具体、欠明确：要增加几人，作何用？需增加多少经费？用在哪里？"批给一辆卧车"是要上级批指标还是钱？③请示理由有矛盾，如前面说"开展顺利"，后面却说"已陷入瘫痪状态"，用车请示中的司机应列入编制之内。④用语不够谦和、准确。如"需要批给"宜改为"请求批给"；"经济不足"应是"经费不足"。⑤语句不通顺。

▶ 第五节　议案与意见

[学习要求]

了解议案、意见的性质、特点、适用范围及议案写作程序、要求，弄清议案与提案的区别，掌握意见的写作方法，能写常用的意见。

一、议案

（一）议案概述

1.概念

议案是各级人民政府按照法律程序向同级人民代表大会或人民代表大会常务委员会提请审议事项时使用的一种公文。

议案有广义和狭义之分。广义的议案包括全国人民代表大会主席团、全国人大常委会、

全国人大各专门委员会、国务院、中央军委、最高人民法院、最高人民检察院向全国人民代表大会提出的议案，包括代表团30名以上代表向全国人大提出的议案，还包括地方各级人代会提出的议案，范围较广。狭义的议案是行政公文种类之一。本节讲述的议案，即指狭义的议案，是政府机关与人大常委会之间联系工作时使用的公文，政府的各职能部门和党群机关不使用这一文种。

2. 特点

(1)作者的法定性。根据《办法》规定，议案的制发者只能是各级人民政府，政府的职能部门无权制发。

(2)内容的特定性。议案的内容必须是属于人民代表大会及常委会职权范围之内的，一般涉及国家主权、权力和利益、重要法律法规、主要领导人任免等政策性和法规性较强的事项。

(3)行文的定向性。议案只能用于政府向同级人民代表大会或人大常委会行文，行文方向固定、单一。

(4)提出的时限性。各级人民政府的议案，必须在同级人民代表大会或其常务委员会举行会议期间规定的时限内提出，否则不能列为议案。

3. 种类

议案按性质、内容可分为：

(1)立法议案。用于提请审议国家或地区重大法律、法规草案的议案。

(2)决策议案。用于提请审议某项重大事件并请求作出决定的议案。

(3)任免议案。用于提请任免国家机关的主要负责人、国家驻外机构主要负责人的议案。

4. 议案与提案的区别

议案是国务院和地方各级人民政府依照法律程序向同级人民代表大会及其常委会提请审议事项的专用公文文种。其他机关、单位是不能使用的。提案，按照《全国政协工作试行条例(草案)》的规定，是政协委员向政府部门提出书面意见和建议的专用文种。

(二)结构和写法

议案的结构一般由以下几部分构成：

1. 标题

议案常采用全称式标题，即由发文机关、事由和文种构成。

2. 主送机关

主送机关只能是本级人民代表大会或常委会，要写全称或规范化简称。

3. 正文

议案正文由案由、方案、结语三部分组成。

(1)案由，即议案的缘由，主要对提出议案的原因和必要性及酝酿形成过程作简要的说明。重大事项决策议案要比其他类型议案的案由写得详尽、充分。

(2)方案，即提请审议事项，是正文的核心内容。一般是明确议案名称及形成过程，提出议案中所提问题的解决措施、方案。建议批准采取有关行政手段的议案，要提出符合实际、切实可行的解决问题的方案，以便于审议。

(3)结语。提出审议要求或建议。一般常用"现提请审议""请审议批准"或"请审议决定"等惯用语。

4. 附件

这是指议案正文需要附加的材料或需审议的法律、法规条文，政策、规定的文字材料。

附件是议案的重要组成部分，附件中的法律、法规及规定则是审议的重点。

5. 落款

包括签署和成文时间两项内容。按规定，议案应由政府行政首长签署，首长署名要盖签名章，以示负责。成文时间以行政首长签发的日期为准。

（三）范文评析

[范例一]

××市人民政府关于提请
审议《××市环境保护条例（草案）》的议案

市人大常委会：

为了维护和改善本市的生活环境，防治污染和其他公害，保障人民群众身体健康，促进社会主义现代化建设，根据《中华人民共和国国家环境保护法》和其他法律、法规，结合本市情况，市环保局起草了《××市环境保护条例（草案）》。该草案已经 2005 年 8 月 2 日第 23 次市政府常务会议讨论通过，现提请审议。

附件：《关于市环境保护条例（草案）》的说明（略）

市长 ×××（签名章）
二〇〇五年八月七日

[评析]

这是一份申请制定地方法规的议案，采用全称式标题。正文部分的写法比较固定单一，先扼要交代提请审议事项的目的和意义，以此作为行文依据，接着陈述要求审议的事项，最后表明提请审议的要求。这份议案内容齐备，格式规范，层次清晰。

[范例二]

××省人民政府关于××同志任职的议案

省人大常委会：

根据《中华人民共和国地方各级人民代表大会和地方各级人民政府组织法》的有关规定，现提请任命×××为省经济贸易委员会主任。

请予审议。

省长 ×××（签名章）
二〇〇四年×月×日

[评析]

这是一篇任免议案，由案据、事项、结语构成，内容齐备，行文简洁明了。

（四）写作要求与病例评析

1. 写作要求

（1）材料准确，方案合理。议案政策性较强，在提交审议前必须进行认真的调查研究，广泛听取人民群众的意见和要求，多方收集材料（包括政策、法规和事实材料），结合实际提出切实可行的方案、措施，以保证议案的准确性和合理性。

（2）事项单一，注意权限。议案要坚持"一事一案"的原则，不同问题应各自成案，以便审议处理和提高工作效率。议案的内容必须在规定权限范围之内，否则无法审议。

（3）结构严谨，表达准确。议案要简明扼要概述案由，言简意赅地说明方案和意见，做到结构严谨，事实准确，引据合理，建议具体，措施有力。

2. 病例评析

[病例]

××省人民政府关于《××省建设工程勘察设计管理条例》修正案(草案)的议案

省人大常委会：

根据国务院统一部署，省人民政府对由本省自行设立的行政审批项目进行了清理，拟取消依据《××省建设工程勘察设计管理条例》设置的有关行政审批项目，以进一步深化行政审批制度改革。为此，省人民政府拟订了《××省建设工程勘察设计管理条例》修正案(草案)。现提请审议。

省长 ×××(签名章)
20××年×月×日

[评析]

这篇议案正文内容层次清晰，结构比较完整，但还存在以下几个问题：一是标题不准确，应在"关于"后加上"提请审议"，"修正案(草案)"应置于书名号内，以免完整法规的名称被隔裂；其二，语序欠妥。议案要开宗明义提出行文的目的、依据，故应把"以(应改为'为'字)进一步深化行政审批制度改革"一语置于全文的开端；三是成文时间不规范。议案成文时间应用汉字小写，不宜用阿拉伯数字。

二、意见

(一)意见概述

1. 概念

意见是对重要问题提出见解和处理办法时使用的公文。意见是新《办法》增加的新行政公文。意见可作上行文，也可作下行文、平行文。

2. 特点

(1)灵活性。意见可由上级机关对下级机关提出指导性、规定性意见，此为下行文；它还可用于下级机关对上级机关提出建设性的意见，此为上行文；也可用于平级机关相互行文，此为平行文。由此可见，它的行文方式、具体用途很灵活。意见的灵活性还体现在：一是发文机关和主送机关的数量不受限制，二是可与其他文种搭配行文(如可被批转和转发)。

(2)针对性。意见往往就工作中亟需解决的问题或必须克服的倾向而制发，所以它提出的问题要及时，分析问题要结合实际，提出的见解、办法要对症下药，有的放矢，具有可操作性。

3. 种类

(1)建议性意见。就某一具体工作或问题向上级机关或相关部门提出自己的看法或建设性意见，为决策或改进工作提供参考。

(2)规定性意见。上级机关印发的意见，用于对所属机关、组织和人员提出规范性要求和措施，具有较强的规定性和强制性。

(3)指导性意见。上级机关依据职权向下级机关传达指示、布置工作，阐明指导思想、基本原则，提出工作思路和措施办法，此类意见具有很强的指导性而非强制性。

(二)结构和写法

1. 标题

一般由发文机关、事由和文种构成，有的可省略发文机关。

2. 主送机关

意见一般要写明主送机关，但涉及面较广的意见，可以不写主送机关。

3. 正文

(1)开头。主要概述发文缘由，说明发文依据。缘由写作要做到目的明确，有针对性，理由充分。

(2)主体。主要阐明见解和处理办法，包括指导思想和工作原则、具体措施、办法和要求等。主体部分事项多，常采用条款式写法。

(3)结尾。常用"以上意见供领导决策参考""以上意见供参考""以上意见如无不妥，请批转各地执行""以上意见，请结合实际情况贯彻执行"等语作结。有的也可省去结语。

4. 落款

可按照一般公文落款的形式，即写上成文时间并加盖发文机关印章；也可将成文时间标注在标题的正下方，加圆括号括入。

(三)范文评析

[范例一]

关于进一步做好职业培训工作的意见

劳社部发〔2005〕28 号

各省、自治区、直辖市劳动和社会保障厅(局)：

近日，国务院颁发了《关于大力发展职业教育的决定》(国发〔2005〕35 号，以下简称《决定》)，明确了今后一个时期职业教育改革发展的目标任务和政策措施。为深入贯彻落实《决定》精神，进一步做好"十一五"期间职业培训工作，现提出如下意见：

一、认真学习和宣传《决定》精神，进一步明确职业培训为提高劳动者就业能力和培养技能人才服务的方向。各级劳动保障部门要认真组织学习《决定》内容，深刻领会《决定》精神，进一步认识新形势下做好职业培训工作的重要性和紧迫性，明确职业培训为提高劳动者就业能力服务、为培养技能人才服务的发展方向，围绕加快培养一大批专业化高技能人才和数以千万计高素质技能劳动者的任务目标，精心部署安排，抓好贯彻落实……

二、规划"十一五"职业培训工作，加强部门协作，实现职业培训新发展。各地要结合地区经济社会发展需求和就业再就业工作需要，制定"十一五"职业培训发展规划，并纳入地区经济社会发展规划，采取有力措施予以推动。要以提高劳动者的就业创业能力、岗位工作能力和职业转换能力为目标，进一步明确工作重点，规划指导各类职业培训的发展。要在各级党委政府统一领导下，依托职业教育工作部门联席会议制度平台，进一步加大对职业培训工作的政策支持和经费投入，加强部门协作联动，动员社会积极参与，实现职业培训新发展。

三、实施"新技师培养带动计划"，加快高技能人才培养，带动技能劳动者队伍素质整体提高……

四、实施"下岗失业人员技能再就业计划"，深入推动再就业培训，以培训促就业……

五、实施"能力促创业计划"，广泛开展创业培训，发挥促进就业的倍增效应……

六、实施"农村劳动力技能就业计划"，积极开展农村劳动力转移培训，提高转移就业效果……

七、实施"国家职业资格证书技能导航计划"，全面推进职业技能鉴定工作，促进劳动者技能就业和技能成才。围绕《决定》提出的四项培训工程，针对劳动者就业和职业生涯发展的需要，全面开展职业技能鉴定工作，发挥职业资格证书在劳动者技能就业和技能成才过程中的导向作用……加强职业院校学生职业资格认证工作，结合技能操作考核，帮助学生获得相应的职业资格证书。结合开发就业岗位和农村劳动力转移就业、下岗失业人员再就业需要，开展专项职业能力考核试点工作。进一步加强职业技能鉴定质量管理，规范业务流程，提高鉴定工作质量。

八、继续实施"技能岗位对接行动"，完善就业服务，为技能劳动者培训后就业提供有效支持……

劳动和社会保障部(印章)
二○○五年十一月二十四日

[评析]

这是一篇指导性意见。开头结合"国家大力发展职业教育"的形势，言简意赅概说发文缘由，主体部分先阐明指导思想，后结合实际布置工作，并提出原则性要求，层层递进。全篇普遍运用无主句、成分共用句和简缩语等公文句式，语言简洁有力。

[范例二]

关于进行联合办学的意见

×职院函〔2002〕13 号

××省××学校：

贵校《关于洽商联合办学的函》(××校字〔2002〕4 号)已于 2002 年 3 月 15 日收悉。经我院院长办公会议研究，拟定以下几点意见：

一、原则同意与贵校联合办学，贵校可以我院××分院的名义，参与本省高考招生学校序列，并在《××招生报》上刊登简章。

二、职业技术教育已逐渐摆脱困境，我院目前招生形势相当乐观，同时考生及家长也对学校的软、硬件提出进一步的要求。鉴于此，贵校应全面改善教学环境，增加适应技术发展的教学设备，力争在正式招生前(2003 年秋季新生入学前)进行考察验收。

三、贵校所设专业应仍以企业管理为主，专业设置力避与我院重复。确定开设的专业，请于 2003 年 3 月底前告知我院，以便统筹考虑。

四、在学费收入方面，我院已拟定初步条款，请贵校于近日派员来我院具体协商，以便最终签订正式协议书。

专此复文

××职业技术学院(印章)
二○○二年五月十日

[评析]

这是一篇介于"建议性意见"和"规定性意见"之间的平行文"意见"。从行文意向看，××省××学校与××职业技术学院存在潜在的隶属关系，但在确立之前，仍为不相隶属关系，这就决定该文须是平行文，但又要具有下行文的特点，这便增加了语体、语气把握的难度。但这篇意见却作了十分恰当的表述，既有"贵校""专此复文"纯属平行的称呼及结尾用语，又有"应""力争""力避"等显示明确要求的说法。行文流畅而不板滞，严谨而不松散，简明而不拖沓，堪称佳作。

(四)写作要求与病例评析

1. 写作要求

(1)目的明确，理由充分。意见应针对具体问题，有的放矢阐明目的、意义，摆明政策、法律依据，使人们充分认识其重要性和必要性。

(2)内容切实，行文及时。提出意见要具体明确、恰如其分，处理问题的办法、措施和建议要结合实际、切实可行，并找准时机，及时提出。不顾现实条件、时机提出的意见是

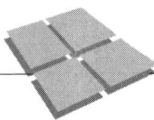

毫无意义的。

(3)结构严谨,措辞得体。意见各部分内容要环环相扣、层层深入,结构力求严谨、凝练,以增强说服力。不同类型的意见,语体风格要求不同,措辞也应相应变化,上行意见要谦敬,平行意见要谦和,下行意见要严肃。

2. 病例评析

[病例]

××县关于处理山体滑坡事故的意见

××市人民政府:

由于我县近期连续遭受暴雨袭击,6 月 20 日上午,位于巴亚山西侧的山体出现大面积滑坡。除毁林近百亩外,还使位于山下的永乐村 5 组的 11 户农房被毁,7 头牲畜死亡,幸好山体滑坡发生在白天,故无人员伤亡。为处理好这一事故,特提出如下意见:

一、巴亚山体仍有滑坡的可能,加之永乐村地处山区,远未脱贫,建议干脆将该村的全部 250 户村民迁往市外安置,请国家按三峡移民迁建政策,给这 250 户村民予以一次性补贴。

二、请上级速派有关专家来现场排除滑坡险情,若排险成功,我县可酌情给有关专家作点小小的表示。

三、请上级顺便给我县拨 20 万元排险救灾款。

××县人民政府办公室(印章)
2002 年 6 月 27 日

[评析]

这份意见存在如下几点毛病:一是标题不规范。发文机关应写全称"××县人民政府"。二权限关系不清。"请国家按三峡移民迁建政策补贴"的建议超越上级机关的权限,不符合现行政策。三是措辞不得体。"小小的表示""顺便"等纯属口语,不严肃、庄重;还有"速派"是命令上级的口气。四是一文多事,要求拨救灾款一项应另文专门请示。五是落款不对。落款发文机关与标题中的不一致,应为"××县人民政府",成文日期不应用阿拉伯数字,应为"二○○二年六月二十七日"。此外,最好补上"以上意见供领导决策参考"之类的结束语。

▶第六节 函与批复

[学习要求]

了解函和批复的概念、特点和写作要求,弄清请批函和请示、复函和批复的区别,熟练掌握常用函的写作技巧,能针对请示撰写合乎规范的批复。

一、函

(一)函的概述

1. 概念

函适用于不相隶属单位之间商洽工作、询问或答复问题,也是向有关主管部门请求批准和答复审批事项时使用的公文。

2. 特点

(1)适用范围广。函既可用于相互商洽工作,询问答复问题,又可以用于向主管部门请示批准事项,任何级别的机关、企事业单位都可用,使用频率高。

(2)灵活简便。函篇幅往往很短小，内容单一，语言简洁，而且制作程序简易，被称为公文的"轻骑兵"。

(3)行文多向性。函属于平行文，但也适用于上下级单位、部门之间相互行文，兼有上行、下行方向。

3.种类

(1)按性质、格式，可分为公函和便函

公函。属于正式公文，用于处理郑重的事项或问题，从标题、发文字号到成文时间都应严格按公文的格式制发。

便函。用于处理一般事务，没有完整的公文格式，可不加标题，不编发文字号，也可不盖章。

(2)按行文方向，可分为发函和复函

发函。发函也称去函，是发文机关主动制发的函。

复函。复函也称回函，是答复对方有关事项的函。

(3)按行文目的、内容，可分为商洽函、问答函、请批函和告知函

商洽函用于机关单位之间相互商洽事项、联系工作。

问答函用于机关单位之间相互询问问题、征求意见和答复询问事项。

请批函，也称为申请函，用于向有关主管部门请求批准事项。

告知函用于告知不相隶属机关有关事项。

4.请批函与请示的区别

请批函和请示都有请求批准的功用，但请批函是向不相隶属的机关或有关主管部门请求批准事项；请示则是用于有隶属关系的上下级之间，下级向上级请求批准事项。

(二)结构和写法

公函的结构由标题、主送机关、正文、落款等部分组成。

1.标题

一般由发文机关、事由、文种构成，有的省略发文机关。复函的标题中要标明"复函"。

2.主送机关

即收函机关，一般只有一个。复函的主送机关就是来函的发文机关。

3.正文

(1)缘由。函的开头简要写明发文原因和目的。复函则用一句话引述来函的标题(或主要内容)、发文字号(或日期)，并说明函已收悉。

(2)主体。要具体写明所商洽、询问、告知或请求批准的事项，内容较多的可以分条款写。复函要针对来函事项给予明确的答复。

(3)结尾。常用惯用语作结。去函常用"特此函达""即请复函""敬请回复""务希见复""请研究后函复"等，复函常用"特此函复""特此函告""此复"等。有的只提要求，没有结语。

4.落款

署上成文时间加盖发文机关印章。

(三)范文评析

[范例一]

××省人民政府关于要求免税进口物资的函

海关总署：

今年我省遭受特大干旱，大批农作物枯死，养殖水产品因缺淡水成批死亡。八月三十一日至九月二日又遭受了十六号强台风暴及特大海潮的袭击。仅××、××、××三市就冲毁盐田

7.9万亩，虾池22万亩，冲跑对虾650万公斤，损坏渔船1400多条；果树受灾140万亩，农业遭灾面积达250多万亩，粮食减产4亿多公斤，直接经济损失达20多亿元。

　　灾情发生后，我省各级领导、各有关部门以及全省人民积极行动，全力开展抗灾自救。为了保护出口货源，帮助企业尽快恢复生产，我省经贸委安排进口钢材×万吨，胶合板××××立方米，木材×万立方米，柴油×万吨，以发展灾后出口商品生产，确保完成今年出口××亿美元创汇任务。为此，特请海关总署减免我省经贸委统一安排进口的上述救灾物资的海关关税、产品增值税等。

　　当否，请审批。

××省人民政府（印章）

二〇〇×年九月二十五日

[评析]

　　这是一份请批函。开头叙说要求免税的缘由、背景，引用翔实的数据加以说明，紧接着从"抗灾自救、恢复生产"角度阐明免税具体事项，在占有充分理据基础上进而提出免税要求，令人信服。

[范例二]

××市汽车运输公司关于要求赔偿损失的函

××省汽车贸易中心：

　　本公司2005年8月8日向贵中心购买了附有商检合格者××FC型6吨卡车18辆，同年9月10日提货，10月10日投入营运。这批车经使用后，发现前后轮内侧外胎呈不规则锯齿形磨损，一侧内边缘最为严重。经市质量安全局第七检测站检验，初步认定这批车有严重质量问题，与原货标准不符。为此，本公司特向贵中心提出如下赔偿要求：

　　一、请贵中心于本月20日前派人来我公司察看车辆损坏情况和质量鉴定结果原件；

　　二、重新按质论价，赔偿经济损失或退货。

　　希望贵中心本着信用原则按国家有关法律规定同我公司协商解决。

　　特此函达，盼即复。

　　　　附件：1.购车发票两张（复印件）

　　　　　　　2.××市质量安全局第七检测站检验书

（印章）

二〇〇六年一月六日

[评析]

　　这是一份用于商务沟通的商洽函，文中先开门见山概叙发函的依据和目的，接着用"为此……"一句话承接，自然引出赔偿要求事项，并附上相关文件复印件，最后提出希望和要求，层层递进，理据充分。多用"贵""请……""希望……""盼即复"等语句，语言平和，有礼有节。

　　（四）写作要求与病例评析

　　1.写作要求

　　(1)内容单一，事项明确。函要坚持"一事一函"的原则，不将无关或不同类事情写入同一份函。无论询问、请批、商洽、告知或答复什么，都要明确具体、一目了然，切忌含糊不清。

　　(2)行文简洁，语言得体。函叙事要直接，简洁明了，不转弯抹角、兜圈子，切忌空话、套话和空发议论。语言表达须做到平和尊重、有礼得体，切忌口气生硬。

2. 病例评析

[病例]

关于请求恢复××同志的工作及工资待遇的报告

县人事局：

2004年，×××同志担任×××乡计生办主任，该乡2004年度被评为计划生育三类乡，于2005年2月，×××同志受到停职停薪一年的处分，现处分已到期。经我局党组领导研究，同意解除对该同志的处分，按期恢复他的工作及工资等福利待遇。特请求县人事局按期解除×××的处分，恢复×××的工作及待遇。

特此报告

××县人口和计划生育局(印章)

二〇〇六年二月十日

[评析]

这是一份搞错行文关系而误用成"报告"的公函。除文种错用外，还存在如下问题：一是内容欠缺。"处分已到期"和"经我局党组领导研究"不能成为×××同志"解除处分和恢复工资及待遇"的充分理由，应补充其表现情况等内容，比如："我局人事股在××××年×月份对该同志进行了考察，认为该同志在接受处分期间，能认真反思工作中存在的不足，正确对待所受处分，而且积极学习业务知识，追求进步，迫切希望早日恢复工作。"二是表达不准确。开头对该同志的身份介绍不准确，因何处分也欠清晰，不如改为"×××同志，男，原任×××乡计生办主任，2005年2月，因××乡计划生育工作在全县综合考核评估中定为三类乡，受停职停薪一年处分"；"经党组领导研究"会被误认为是个别领导的意图，应改为"经党组研究"或"经党组全体领导集体研究"；结语改为"特此函达，顺致敬意"或"特此函达，请研究后函复"均可。

二、批复

(一)批复概述

1. 概念

批复是上级机关答复下级机关请示事项的公文。批复是与请示相对应的下行文。

2. 特点

(1)被动性。批复的写作必须以下级机关的请示为前提的，先有请示后有批复，行文具有被动性。

(2)针对性。批复内容应针对请示内容，请示什么就批复什么。批复对象也要针对请示机关，谁请示就给谁批复。

(3)权威性。批复传达的是上级机关的结论性意见，具有法定的权威性，下级机关必须严格贯彻执行，不得违背。

3. 种类

(1)指示性批复。在审批某一问题的同时，进一步提出指示性意见要求下级机关执行，一般篇幅较长。

(2)表态性批复。用于回答请求批准类的请示，主要表明上级机关对下级机关请示内容的同意或不同意。这类批复内容单一，不涉及其他问题。

4. 批复与复函的区别

批复和复函两者都有答复有关事项的功用，都属于被动行文，有请示才有批复，有来函才有复函。但批复用于批准答复下级机关的请示事项；复函则用于回复平级单位或不相

隶属机关单位之间的来函。

(二)结构和写法

批复的结构一般由标题、主送机关、正文和落款组成。

1. 标题

标题一般由发文机关名称、事由、文种构成，有的还加上回复对象，也有的只写事由和文种。持肯定或否定态度的批复，直接在标题中标明"同意"或"不同意"的字眼。如《国务院关于同意蚌埠市城镇住房制度改革试行方案给安徽省人民政府的批复》。也可由发文机关、请示标题和文种组成，如《××公司对〈关于制作 2007 年公司台历、挂历的请示〉的批复》。

2. 主送机关

批复的主送机关即请示的发文机关。

3. 正文

批复的正文一般由导语、主体和结语三部分构成。

(1)导语。通常用一句话引述来文的标题(发文字号)或标题及日期，并说明"收悉"。常用惯用语"经研究，现批复如下"过渡下文。

(2)主体。要根据有关方针、政策规定和实际情况，表明同意或不同意的态度，并提出具体处理意见、希望或要求。内容多的要分条款写。

(3)结语。一般用"此复""特此批复""此复，希执行"等，也有的不用惯用语结尾。

(三)范文评析

[范例一]

国务院关于福建省海洋功能区划的批复

国函〔2006〕117 号

福建省人民政府：

你省《关于报请审批福建省海洋功能区划的请示》(闽政文〔2005〕53 号)收悉。现批复如下：

一、原则同意《福建省海洋功能区划》(以下简称《区划》)。

二、福建省东临台湾海峡，海岸线较长，海岛和港湾众多，海洋经济总量较大，丰富的海洋资源是发展海峡西岸经济的重要载体之一。要按照全面落实科学发展观、构建社会主义和谐社会的要求，始终坚持在保护中开发、在开发中保护的方针，严格执行海洋功能区划制度，优化海洋产业结构，促进海域资源的节约利用和优化配置，有效保护海岛和海洋生态环境，保障海洋经济的可持续发展。

三、《区划》是科学使用和管理海域的重要依据。要依据《区划》审批海域使用项目，合理安排交通运输、渔业、旅游用海，严格控制不合理的资源开发利用活动。要采取有力措施，严格控制在海湾、海岛地区的填海、围海及开采海砂等用海活动，防止对海岸、海湾和海岛的破坏性利用。涉及使用海域的工程建设项目，海洋行政主管部门要依据《区划》对项目用海加强预审……

四、严格海洋环境保护措施。要依据《区划》，加强对各类涉海自然保护区的管理；严格审批海岸和海洋工程等的环境影响报告书，确保沿海新建、扩建和改建工程的选址符合《区划》要求；加强海洋环境监测和监督管理，对陆源污染物严格实行处理达标后排放，并根据《区划》要求选择排污口位置，逐步实行深海离岸排放。

五、依据《区划》，尽快完成沿海市、县(市)海洋功能区划的修编工作。修编《区划》要依照法定程序，经过科学论证，做到切实可行。

你省要根据本批复精神，认真组织落实《区划》提出的各项任务和措施，确保区划目标的实现。国家海洋局要加强对《区划》实施的指导、监督和检查。

国 务 院（印章）

二〇〇六年十一月六日

[评析]

这是一份指示性批复。文中引叙来文后，紧接用"现批复如下"惯用语承接引出批复事项，主体部分先表明态度，进而提出指示性意见和要求。条款清晰，语言简洁，行文规范。

[范例二]

××针织总公司关于不同意提高产品价格的批复

××针织二厂：

你厂二〇〇四年×月×日关于提高产品价格的请示收悉。经研究，不同意你们用提高产品价格扭亏增盈的做法。你厂应加强市场调查和加速技术改造，开发新的产品，提高产品的竞争能力，以适应国内外市场需要，这才是扭亏增盈的根本途径。

此复

××针织总公司（印章）

二〇〇四年×月×日

[评析]

这是一份不同意请求的表态性批复，文中针对问题，结合实际，就重驾轻，阐明道理，令人信服。

（四）写作要求与病例评析

1. 写作要求

（1）掌握请示，逐一答复

批复前要认真分析请示内容，充分考虑其是否符合政策法规和工作实际，全面掌握请示内容后围绕请示事项逐一答复，切忌离开请示发表空泛的意见或另作指示。

（2）态度鲜明，意见具体

答复下级机关的请示事项，态度要鲜明，要么肯定，要么否定，不能含糊其辞，模棱两可。而且意见要明确具体，以便下级机关贯彻执行。

（3）批复及时，用语准确

对请示来文，应尽早答复，不能拖延，以免影响工作。语言表达须准确无误、简洁明了，慎防歧义和长篇大论。

2. 病例评析

[病例]

关于几个问题的答复

××边防检查站：

对你站的多次请示，作如下答复：

一、原则批准你站建立××××××……

二、你站提出试行"关于违反××××规定的惩罚办法"最好不执行，因为这个办法违反上级有关文件精神。

三、今年你站要盖礼堂一座，并准备开辟对外营业的影剧院，有利于活跃当地军民的文化生活，批准你们的请示。

四、同意你站"关于开展学习技术攻坚能手×××同志活动"的请求。×××同志恪尽职守，事迹感人，应大力宣传。

×××边防局（印章）

二〇〇四年×月×日

［评析］

这则批复主要存在如下几点问题：一是工作效率低，批复不迅速。请示是一文一事，批复也力争一文一批，而这份批复将下级的多次请示集中在一份批复中，极容易造成下级机关良好工作时机的丧失，不利于下级机关开展工作。二是态度暧昧，语言模糊；依据不明，政策性不强。批复中"你站提出试行'关于违反××××规定的惩罚办法'最好不执行"一句，"最好"两字用得极不恰当，让下级接到批复后不知到底该不该执行，而且虽然下级做了违背上级的有关文件的精神的工作，但批复中却不列举相关的政策依据。三是主观臆断，没有针对性。第四点中某站提出请示，很显然，该同志的突出事迹主要体现在技术攻坚方面，而不是所谓的"恪尽职守"，批复在表明意见后所提出的希望与要求不具有针对性。此外，标题中"答复"也应改为"批复"。

▶ 第七节　会议纪要

［学习要求］

了解会议纪要的概念、特点、种类；掌握会议纪要和会议记录的区别；熟悉会议纪要的几种不同写法，能写出合乎要求的会议纪要。

一、会议纪要概述

(一)概念

会议纪要是记载和传达会议情况及议定事项的公文。会议纪要向上汇报，让上级了解情况，同时要向下传达，以便下级机关遵照执行，因此它的行文方向较为灵活，可上行、下行和平行。

(二)特点

1. 纪实性。会议纪要要全面、真实反映会议内容、议定事项，如实传达会议精神，不能随意更改和增删。

2. 概括性。会议纪要将会议主要内容和会议主体精神进行归纳整理，并综合概括写出来。它不涉及会议的全过程，不是把会议的全部情况一一反映出来，而是有条理地陈述事实，反映精神。

3. 约束性。会议纪要将会议主体精神和主要问题反映出来，一经下发，对有关单位和人员有行政约束力和指导作用，这些单位和人员必须遵守和执行。

4. 依附性。会议纪要不能独立行文，上报需用"报告"形式呈递，下发需用"通知"印发。

(三)种类

根据会议的性质划分，会议纪要可分为：

1. 办公会议纪要。这是机关或企业、事业单位召开的定期或不定期的工作会议形成的纪要，是反映机关、单位领导活动、主要决策和处理日常工作的内部文件，包括例行办公会议纪要(定期)和现场办公会议纪要(不定期)。用于传达会议所研究的工作、议定的事项和布置的任务，要求有关单位遵照执行。

2. 专题会议纪要。这是为研究专项问题而召开的会议所形成的纪要，包括研讨会议纪要和各类座谈会纪要。主要用于协调关系、传递信息、指导工作以及反映会议对问题的研究情况和处事结果。

二、结构和写法

(一)标题

会议纪要的标题一般由会议名称和文种构成。也有的是由正、副标题组成,如《抓住机遇,扩大开放——沿长江五市对外开放研讨会议纪要》。

(二)正文

1. 前言。即会议纪要的开头部分,用来概括介绍会议的基本概况。如召开会议的依据、目的、时间、地点、主持人、参加会议的单位或人员情况,会议的主要议题,以及对会议成果的总评价等。

2. 主体。这是会议纪要的核心部分,主要介绍会议讨论的主要情况、主要精神和议定的事项。写法上形式多样,主要有:

分项式。即把会议的主要内容和议定事项分成不同几个问题,然后加上小标号或小标题,分项写出。这类纪要内容相对全面,问题分析较细,需要基层全面领会、深入贯彻的大中型会议或经验交流会议常采用这种形式。

综述式。综述式也叫概述式,就是将会议内容用概括叙述的方法,进行整体的阐述和说明,一般分段(层)逐一写出。这种形式适用于会议规模较小、意见比较集中的专题会议。

摘要式。即把与会者的发言摘录其要点,按会议发言顺序或内容性质将其写出,除写出发言者的真实姓名外,还需说明他们的职务、职称。

3. 结尾。正文的收束,一般提出希望、号召,要求与会者或有关单位认真贯彻会议精神。有的也省去。

(三)落款

会议纪要的成文时间一般写在标题正下方,并加圆括号括入;也可在正文右下角署上成文时间,不需要加盖印章。

三、范文评析

[范例一]

辅导员在职攻读硕士学位工作协调会会议纪要

教育部思想政治工作司

(二〇〇六年十一月七日)

为深入贯彻落实中央 16 号文件精神,根据《普通高等学校辅导员队伍建设规定》和《2006—2010 年普通高等学校辅导员培训计划》有关要求,教育部从今年开始启动选拔优秀专职辅导员在职攻读思想政治教育专业硕士学位工作。为确保此项工作顺利进行,教育部思想政治工作司和学位管理与研究生教育司(国务院学位办)于 10 月 26 日在京联合召开辅导员在职攻读硕士学位工作协调会。思政司司长杨振斌、副司长冯刚同志,学位办副主任李军同志分别作了讲话,介绍了辅导员队伍建设有关政策精神和辅导员继续攻读学位计划有关工作要求。参与 2007 年培养工作的有关高校主管研究生招生负责同志和思想政治教育学科负责人出席了会议,并就辅导员在职攻读硕士学位的录取与培养工作进行了研讨。

会议代表认真学习了全国高校辅导员队伍建设工作会议的有关领导讲话和文件,提高了对加强辅导员队伍建设重要意义的认识。会议代表一致认为,加强辅导员队伍建设,是贯彻落实中央 16 号文件,加强大学生思想政治教育的必然要求……

会议要求,各培养单位要高度重视,精心组织,周密部署,切实做好辅导员在职攻读硕士学位工作,既要保证培养质量,又要体现对辅导员的政策倾斜。要加强对辅导员报考

资格的审核，高校从事一线学生工作满 2 年的专职辅导员，国民教育序列大学本科毕业，经所在单位学生工作部门会同人事部门推荐，方可报考，其资格审查表须由所在单位学生工作部门和人事部门共同填写推荐意见并加盖两部门公章。在录取工作中，培养单位在考核辅导员考试成绩的基础上，要注重考察实际工作能力……

会议研讨认为，要尽快出台统一的辅导员在职攻读硕士学位的培养方案和教学大纲，以利于各培养单位的操作；在课程设置上，要……在培养方式上，要……在学位论文的要求上，要……

会议最后强调，实施辅导员继续攻读学位计划是加强高校辅导员队伍建设的重要举措，意义重大。今年是高校辅导员在职攻读硕士学位工作开展的第一年，辅导员在职攻读博士学位工作也即将启动。教育部将根据各校开展工作的具体实施情况，结合辅导员培训和研修基地的建设，适当对部分培养学校予以调整。各培养单位要切实按照这次会议的要求，以高度的责任感和使命感做好有关工作，同时，及时总结好经验、好做法，报教育部思政司和学位办。

[评析]

这是一份专题性的会议纪要。前言先概述会议情况(包括目的、参与单位、发言人、会议中心议题等)，给人总体印象；主体部分采用综述式写法，分别从"思想意义""原则要求""具体做法"阐明了会议对"辅导员在职攻读硕士学位"工作达成的共识，结尾再次强调"加强辅导员在职攻读硕士学位工作"的重大意义，回应前文，深化主题。本文概括准确，中心突出，讲究条理，语言精炼。

[范例二]

企业伦理与企业文化研讨会会议纪要

（二〇〇五年四月十六日）

2005 年 4 月 16 日，"企业伦理与企业文化研讨会"在广州珠江啤酒集团有限公司举行，会议由省伦理学学会主办，珠啤集团协办。出席会议的有学会常务副会长、省委党校哲学部主任吴灿新教授，副会长、省社科院副院长刘小敏研究员，副会长冯益谦教授，秘书长陈创生教授等十余名省伦理学界知名学者、专家以及珠啤集团有关部门的负责人。会议规模不大却别开生面，学者们不仅就企业伦理的一些理论问题展开热烈的讨论交流，更着重围绕珠啤集团企业文化与企业伦理建设实践总结经验、提升认识并建言献策。

会议开始，企业方面首先介绍了珠啤集团的概况……学者们就此进行了热烈的讨论，现将会议内容综述如下：

(1)企业伦理的地位及作用。与会者一致认为，经济是社会的基础，企业是国民经济的细胞，而企业文化是当代最高水平的企业经营管理模式，其核心组成部分即是企业价值观，而企业伦理观念则是企业价值观的灵魂所在。加强企业伦理建设，除了对深化社会主义精神文明建设具有重大促进作用外，对企业自身来说，不仅可以为企业生产经营活动提供道义支撑，为企业生产经营活动立法，为企业发展提供强大精神动力，而且可以为企业塑造良好的社会形象，带动创造良好的外部环境。

(2)企业伦理内容分类。学者们对此提出了各自不同的看法……

(3)公共关系与环境道德。有学者指出……

(4)绿色与诚信的两大理念。作为一家大型现代化啤酒企业，为消费者提供自然、绿色、健康的啤酒饮品是珠啤的企业宗旨所在。学者普遍同意，应将产品生产的绿色追求提升为企业的核心价值追求，将绿色所象征的健康与活力体现在企业内外的工作生活环境、管理的规章制度、组织与个人的精神面貌等方方面面上去。关于企业诚信，在一般性讨论之外，学者们对于珠啤集团主动出击打击假冒伪劣商品的做法进行了理论的概括。指出，所谓诚信，并非意味着仅仅诚实守信、独善其身即可，而要在与环境阻碍因素的斗争中实现和发扬。

（5）应对国际与发扬优良品种……

此外，与会代表还就具体的企业伦理规范、伦理培训、精神激励、企业家的道德形象等诸多问题进行了深入交流。

［评析］

这是一份研讨会专题性纪要。开篇一、二段概述了会议情况，后用"现将会议内容综述如下"过渡承接转入主体，主体部分采用分项式写法，内容全面，分析细致。结尾用一句话概述说明会议其他内容，自然收束。本纪要主次分明，重点突出，表述客观，语言流畅。

四、写作要求与病例评析

（一）写作要求

1. 收集材料，真实反映。写纪要前要收集与会议有关的文件，做好会议记录，确切掌握会议的全面情况，真实反映会议内容和与会者观点，准确传达会议主题和主要精神。

2. 抓住重点，突出中心。"纪要"就是"综合要点"，应围绕会议中心，综合概括会议内容，抓住重点，突出主题，并非不分主次地"有闻必录"。

3. 条理清晰，言简意明。纪要应充分注意系统性和条理性，把握前后逻辑顺序，做到层次分明、脉络清晰；用语要简明扼要、客观准确，特别注意用好开头惯用语，如"会议认为""会议强调""会议要求""会议号召"等，突出会议主旨。

（二）病例评析

［病例］

××市经济普查联络会议会议纪要

2004年6月16日，××市召开经济普查联络会议，各成员单位联络员、统计局领导和普查办公室全体同志参加了会议，会上通报了前阶段我市经济普查情况，研究讨论了联络员工作制度。市经济普查办公室主任鲍××部署了近期工作：一是提高认识，摆正位置。二是扎实抓好普查各阶段工作。当前主要抓好在册企业清理和企业财务报表规范工作。会议要求，市工商局、编办、民政局和质监局要按照《××市基本单位清理工作方案》要求，做好在册企业清理工作；市财税局牵头研究部署全市规模企业财务报表的规范工作。三是做好宣传工作，扩大社会影响。四是做好全市动员大会各项准备工作。

会议强调了普查的目的，主要是为了全面掌握国民经济的发展规模、布置结构、组织形式和经济效益等基本信息，更好地为政府制订国民经济和社会发展规划提供科学依据，为调整和优化经济结构等提供基本信息，更好地为政府制订国民经济和优化经济结构、改进政府调控、统筹城乡发展、全面建设小康社会提供信息服务，为引导企业正确判断行业发展和市场走向，适时作出生产经营决策提供统计参考，为社会公众正确了解经济社会发展情况，积极参与国家事务，自主进行就业、消费和投资等提供相关信息，为建立健全覆盖国民经济各行业的基本单位名录和数据库系统，完善国民经济核算制度，推进统计调查体系的综合配套改革提供良好条件。

［评析］

这份纪要主要错误在：一是标题不规范，应改为"××市经济普查联络会议纪要"。二是表述不清，前言部分"与会者几人，何等职务领导参加了会议，谁主持、发言，达成哪些共识或取得哪些成果"均无交代。主体部分"部署工作"只提其"要"而没展开阐述，没说明具

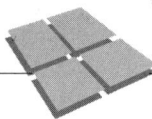

体做法,一点中没有说清其重要性在何处,二点中说是"各项工作",但只提了"当前两项工作",其实三、四点工作均属于此项内容,应概括进去。三是没抓住要点,主次不分,主题不突出。文中笔墨过多的放在"目的、意义","部署工作"却轻轻带过,应先强调普查工作的重要意义,紧接"部署工作",这是重点内容,应详写,最后提总体要求。四是条理不清。前言中应将"部署工作"部分另外分段写,二、三、四点工作要归纳成一点。五是格式不完备,应加注成文时间。

>>> 思考与练习

一、填空题

1. 命令一般可分为_____、_____、_____、_____四种类型。

2. 根据议案的性质、内容,议案一般可分为_____、_____、_____三种类型。

3. 通报适用于_____、_____、_____。

4. 决定有_____、_____、_____等特点。

5. 报告是向_____、_____、_____的公文。

6. 请示特点有_____、_____、_____、_____。

7. 批复具有_____、_____、_____三个特点。

8. 从行文目的及内容看,函可分为_____、_____、_____、_____四种。

9. ××县人民政府关于表彰全市"双拥"先进集体和先进个人的_____。

10. ××县计委需撰文请示县人事局批准任命××为办公室主任,应用_____这个文件。

11. 会议纪要的"纪"是_____的意思,它具有_____、_____、_____、_____特点。

12. ××县纪律检查委员会关于禁止用公款请客送礼的_____。

二、判断题

1. ××市人民政府转发四川省人民政府关于贯彻落实国务院加强廉政建设纠正行业不正之风的电话会议精神的通知。　　　　　　　　　　　　　　　　　　(　　)

2. ××县公安局严禁赌博的情况报告。　　　　　　　　　　　　　　　　(　　)

3. 一般命令的发文号只标注上顺序号第××号,没有机关代字、年份。　　(　　)

4. 请示和报告有时可合写成请示报告。　　　　　　　　　　　　　　　　(　　)

5. 报告可在事前、事中或事后行文,请示必须事前行文。　　　　　　　　(　　)

6. 通报是专门用来批评错误的。　　　　　　　　　　　　　　　　　　　(　　)

7. 在所有公文中,使用频率最高和适用范围最广泛的是报告。　　　　　　(　　)

8. 向主管部门请示批准,可用请示,也可用函。　　　　　　　　　　　　(　　)

9. 受双重领导的机关向上级请示,主送一个上级机关,要抄送另一个上级机关。
　　　　　　　　　　　　　　　　　　　　　　　　　　　　　　　　(　　)

10. 人大代表在人代会上提出的书面意见,叫"议案"。　　　　　　　　　(　　)

11. 会议纪要与会议记录的作用相同。　　　　　　　　　　　　　　　　　(　　)

12. 转发文件时,下级转发上级来文为转发,上级转发下级来文可为"批转"。(　　)

13. 报告用于向上级汇报工作、反映情况、答复上级机关询问事项,要避免在报告中夹带请示事项。　　　　　　　　　　　　　　　　　　　　　　　　　　(　　)

14. ××百货公司优惠出售部分商品的公告。　　　　　　　　　　　　　(　　)

15. ××市人民政府认真纠正"三乱"和行业不正之风的通知。　　　　　(　　)

三、选择题

1. 向上级机关提出工作意见和建议，用（　　）。

　　A. 请示　　　　B. 报告　　　　C. 函　　　D. 意见

2. 某税务局公布征收年度税款事项，用（　　）。

　　A. 通告　　　　B. 公告　　　　C. 通知

3. 以上请示，请（　　）。

　　A. 指示　　　　B. 批示　　　　C. 批复

4. 以张贴和登报为主要宣传方式的公文，这种公文是（　　）。

　　A. 公告　　　　B. 通告　　　　C. 通知

5. 请比较下面这组标题，哪一个写法更规范（　　）。

　　A. ××市人民政府批转商业局《关于进一步做好粮油供应工作的报告》的通知

　　B. ××市人民政府批转商业局关于进一步做好粮油供应工作的报告

　　C. ××市人民政府批转商业局关于进一步做好粮油供应工作的报告的通知

　　D. ××市人民政府关于批转商业局《关于进一步做好粮油供应工作的报告的通知》

　　E. ××市人民政府批转商业局关于进一步做好粮油供应工作报告的通知

6. 中国人民银行调整存款、贷款利率向国务院行文，应用（　　）。

　　A. 报告　　　　B. 请示　　　　C. 函　　　D. 意见

7. 某市物价局拟购置一套录像设备，向主管部门市财政局行文，应用（　　）。

　　A. 请示　　　　B. 报告　　　　C. 函

8. ××学校××同学严重违犯了校规校纪，学校决定给他们以记过处分。为教育全校学生，应该以（　　）的书面形式，张贴出去。

　　A. 通告　　　　B. 通报　　　　C. 决定　　　D. 布告　　　E. 惩戒令

9. 在一定范围内公布应当遵守或周知的事项，用（　　）。

　　A. 公告　　　　B. 布告　　　　C. 通告

10. 报告的结束语应用（　　）。

　　A. 特此报告　　B. 特此报告，请审批　　C. 特此报告，请审查

11. 请示的过渡语应用（　　）。

　　A. 现将理由陈述如下　　　　B. 现将意见报告如下

12. 答复、批准对方请求的函，其结尾应是（　　）。

　　A. 即请函复　　B. 特此函复

13. 不同意请示事项的批复，对不同意的理由（　　）。

　　A. 应说明　　　B. 不用说明　　C. 可说明可不说明

14. ××县财政局给上级写一份回收到期周转的情况报告，全文共分三个层次，第一层讲借出周转的情况，第二层讲不能到期收回的原因，第三层讲解决问题的办法，这三个层次的关系是（　　）。

　　A. 递进式　　　　B. 总分式　　　　C. 并列式

15. 下列标题中，正确的有（　　）。

　　A. 市××工商行政管理局企业法人登记公告

　　B. ××商店削价处理部分商品的公告

　　C. 关于××厂申报破产的公告

　　D. ××车站关于变更汽车运行班次的公告

　　E. ××工地施工公告

16. 对重要事项或重大行动作出安排,用(   )。

    A. 命令(令)   B. 指令   C. 决定   D. 指示

17. 向国内外宣布重要事项或法定事项,用(   )。

    A. 公告   B. 通告   C. 通报

18. 下列事项中,可用通报来处理的有(   )。

    A. ××县工会拟表彰奋不顾身抢救落水儿童的青年工人。

    B. ××厂拟向市工业局汇报该厂遭受火灾的情况。

    C. ××县县委拟公布加强机关廉政建设的几条规定。

    D. ××县经委拟批评×局×××等干部挥霍国家钱财游山玩水的错误。

    E. ××市安全办公室拟向各有关单位知照全市安全大检查的情况。

19. 下列事项中,可用函处理的有(   )。

    A. ××县人事局拟撰文,请求县财政局拨给补干考试办公费用

    B. ××县纪委拟向地纪委,汇报重大案件查处情况

    C. ××县教委拟向所属学校公布初中毕业统考时间及要求

    D. A县工商局委托B县工商局协助调查A县个体工商户张某在B县营业状况

    E. 某乡政府办公室拟书面询问县政府办公室举办秘书培训班的时间、地点及有关事项

20. 下列公文发文字号书写正确的是(   )。

    A. 国办字〔2008〕10 号   B. 国办字〔08〕10 号

    C. 国办发〔2008〕第 10 号   D. 国办发〔08〕10 号

四、简答题

1. 公告和通告有什么不同?

2. 通知与通报的主要区别有哪些?

3. 请示与报告有哪些不同特点?

4. 请示有哪些写作要求?

5. 函的写作有什么要求?

6. 写会议纪要有什么要求?

五、修改题(指出下列公文不足之处,并重新撰写)

1. 修改函。

(1)

×××市旅游局关于选拔出国人员的函

××旅游局:

    ××市中国青年旅行社于9月底将派一工作组赴××国、××××等国进行旅游宣传促销和调研活动。拟请××省××旅行社派一名熟悉上述地区并懂英语的业务员参加。如同意,请将你省审批的出国人员的批件,8月底以前寄往××市中国青年旅行社。

××市旅游局
二○○×年×月×日

(2)

关于上海教师赴云南支援教学的复函

上海市人民政府办公厅:

    你市"关于上海教师赴云南支援教学的函"已收悉,经研究决定,我省已做好方芳等50名教师的迎接、食宿、工作等各方面的安排,特此函复。

附：关于方芳等 50 名教师的迎接、食宿、工作安排一览表

云南省人民政府办公厅
二○○二年三月十八日

2. 修改请示。

××省××培训中心关于筹建教学急需实验室的请示

××省××局：

今年我中心拟充实以下教学设备：

1. ××实验室设备需经费 10 万元；

2. 新建××实验室需经费 7 万元；

3. 基本功能实验费需经费 4 万元；

4. 图书馆配套设备约需经费 13 万元；

5. 计算机实验配套设备约需经费 13 万元；

特此报告申请，请省局拨款予以解决。

××省××培训中心(印章)
二○○四年×月×日

3. 修改通知。

关于石化总公司召开
开展增产节约、劳动竞赛会议的通知

各分公司、分厂、各车间党支部、总公司各直属部门：

为贯彻上级精神，提高总公司的工作效率和经济效益，培养广大职工的主人翁精神，总公司董事会研究决定，在全公司范围内广泛开展增产节约、劳动竞赛活动。现在把会议有关问题通知如下：

一、会议时间：10 月 4 日至 8 日。

二、会议地点：总公司招待所。

三、与会人员：各分公司、分厂、总公司各直属部门主管生产的负责同志，工会主席等。

四、请各单位准备好本单位开展劳动竞赛活动的经验材料，限 5000 字。报到时交给会务组。并请与会人员 10 月 4 日前来报到。

××省石化总公司
××年×月×日

4. 请将课文每节中的病例修改成正确公文。

六、写作题

1. 根据下列内容，以××储运公司的名义，拟写一份通报。

××储运公司仓库 506 保管员李××在×月×日晚上值班时，违反仓库规定，带了五岁女儿私自燃火煮食品；9 时许又抱了女儿外出采购食物。一小时后，当他匆匆回到仓库时，只见 506 库房吞没于滚滚浓烟之中，火舌还频频上窜。他顿时手足无措，待在一旁，等值班人员闻讯赶来，才打电话呼救。待消防队赶到，大火才得以扑灭，但库房已化为灰烬，给国家造成××万元的巨大经济损失。为此，公安机关已将李××拘留。

2. 根据以下材料拟写一份公文。

某省属大学近一年来，公费医疗严重超支，到年底超支达 70.46 万元，已经难以保证师生员工正常就医需要，医疗、药品的收据不能及时报销，师生员工意见极大。究其主要原因是：公费医疗人员报销经费标准仍然沿用 50 年代的标准(32 元/人/年)；危重病人公费

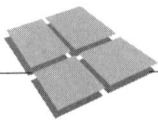

医疗的突出矛盾。学校现在已经无力继续支付此项费用。主管校长就此事责成办公室向上级主管部门起草公文反映情况。

3. 根据下列材料写一份通告。

××市物资交流会定于××××年×月×日在文化公园举办。这个会期是经过市人民政府批准的，并指示要保证商品展区畅通和群众安全，要求市公安局尽快制发一份通告。事项中提出交流会期间，××路线禁止车辆通行，特殊情况允许除外，规定每天上午9时至下午5时禁止车辆通行，下午5时至次日9时，非机动车辆可以通行。

4. 根据下列材料写一份请示。

××农业学校在××××年×月×日，遭受到狂风暴雨和冰雹的袭击，致使部分校舍和教职工宿舍被毁倒塌，农作物受害严重。风雨过后，经统计，教室倒塌××间，教职工宿舍倒塌××间，农作物受害××亩。给教学工作和师生员工住宿带来了严重困难。校方做了稳妥的安置工作。但目前急需××万元的修建费用以保证学校各方面工作尽快纳入正轨。依据以上材料，请代校方拟写一份关于请求上级部门下拨修建经费的公文。

5. 根据下文写一份同意请示的批复。

××市广播电视局关于征用土地的请示

××市人民政府：

为了妥善解决干部职工的住房问题，我局拟用××镇土地$1350m^2$。经协商，我们双方皆同意按照国家规定办理有关事宜。请予以批准。

二〇〇〇年五月六日

6. ××学院教务处在××××年×月×日进行的教学检查中，发现行政法系自考辅导班在学院三令五申不允许各系自考辅导班在院内上课的情况下，依然私自在2104教室上课，严重冲击了正常的教学秩序，造成了极为恶劣的影响。为教育全体教职员工，避免此类情况再度发生，学院决定对此进行严肃处理。请代学院拟写一份公文。

7. 给合你校的实际，以学生会的名义向学校提交一份有关改进学生就业工作管理的意见。

8. 将自己所在学校或系班的某次会议记录改写为会议纪要。

第三章　事务文书

事务文书是党政机关、社会团体、企事业单位处理日常具体事务时广泛使用的一种文体，又称为业务文书。随着社会的进步与发展，人们交往的日益频繁，单位联系的日益密切，事务文书的应用范围不断扩大，它在反映情况、给领导提供决策依据、提高工作成效等方面发挥着重要作用。事务文书与行政公文一样，是公务活动中形成并经常使用的，是加强行政管理的重要工具。学好事务文书，掌握其写作技巧，是对每位企事业单位工作者的基本要求。事务文书品种繁多，本章重点选取计划、总结、调查报告、工作研究、讲话稿、述职报告、简报、会议记录、大事记九种常用文种，结合例文，对它们的性质、特点、适用范围和写作方法等一一作介绍。

▶第一节　计　　划

[学习要求]

了解计划的概念、特点、种类和作用，掌握计划的写作格式和写作技巧，学习范文、模拟写作，能制订合乎规范的计划。

一、计划概述

(一)概念

计划是为完成某项任务和实现某项目标而事前拟定的关于目标、措施和步骤等内容的文书。计划是个统称，通常人们所说的"规划""设想""安排""要点""方案"等，都属于计划的范畴。

(二)特点

1. 预见性

科学的预见性是计划的突出特点。计划是在开展实践活动之前制订的，在撰写计划时，必须尽可能准确地预测出事物发展的趋势，并对可能出现的问题进行分析，提出切实可行的方案。

2. 指导性

计划的内容是对未来要做的事情的打算和安排。为了保证计划顺利实施，工作的开展和时间的安排等必须严格按计划执行，以避免行动或工作的盲目性和随意性，更快地实现既定的目标。

3. 可行性

一个合理的计划，是任务目标能够顺利进行的保障。在制订计划时必须十分重视其可行性，要写明完成计划的具体办法、措施、完成任务的具体时间，以保证计划的实施。

(三)种类

计划的种类很多，根据不同角度可分为不同种类。按性质分，有综合性计划、专题性计划；按内容分，有工作计划、生产计划、学习计划、科研计划等；按范围分，有国家计划、单位计划、部门计划、个人计划等；按作用分，有长期计划、年度计划、季度计划、月计划等；按形式分，有条文式计划、表格式计划、文表结合式计划。

根据计划的性质、范围、作用等分类，计划还有下列不同的名称。

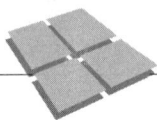

规划——是范围较广、内容较概括及时间较长的长远计划。如《××省经济和社会发展十年规划》等。

方案——是对某项比较重要的工作，从目的、要求和措施办法到总体进度作全面安排的计划。如《××大学五年发展规划总体方案》等。

安排——是对短期内某项工作进行具体布置的计划。如《××公司营业部第一季度的工作安排》。

设想——是初步的、尚未成熟的或比较粗略的长远计划。如《关于机构改革的初步设想》。

打算——是对短期内的某项工作的要点式计划。如《××学院秋季校运会的打算》。

要点——是对某一时期的工作任务作原则性的指导，并提出具体要求及主要措施。如《国家土地管理局 2005 土地管理工作要点》。

二、结构和写法

计划的结构一般由标题、正文、落款三部分组成。

(一)标题

完整的计划标题是由单位名称、期限、计划内容和计划文种四个要素组成。如《××公司 2007 年度工作计划》《××省 2005—2010 年城市建设规划》。有时可根据具体情况省略标题中的某些要素，或省略单位名称，或省略时限，或省略单位名称和时限，如《2007 年大学生就业工作计划》《××商场接待方案》《春节前后开展文艺活动的安排》。如果计划还需要讨论和通过，应在标题后或下一行用括号注明"草案""初稿""讨论稿"等字样。

(二)正文

正文是计划的主干。一般包括前言、主体和结尾三部分。

1. 前言

前言一般是概述制订计划的指导思想、依据或背景情况，即说明"为什么做"的问题。

前言是计划的纲领，不宜作过多的阐述，点到即止。

2. 主体

这是计划的重点部分，一般包括任务目标、措施步骤等内容。即要说明"做什么""怎么做""何时完成"。

(1)任务与目标。即给实施任务定下指标，从数量、质量和时间上提出的具体要求，要具体明确、切合实际。因此，要详细交代清楚在什么时间内，完成哪些任务，实现什么目标。

(2)措施与步骤。措施是完成任务或实现目标而采取的办法，步骤是从时间上把工作的进程加以安排，这部分要说明任务的分工，采取的措施，时间进度等。每项内容要具体、落实，才能保证计划有条不紊地执行。

(3)结语

这一部分可展望计划实施的前景，表达决心或发出号召等。也有的计划没有结尾，主体部分写完就自然结束。

(三)落款

写明计划制订者的名称和日期。有的计划标题已包含制订者的名称，这部分可略去不写。

三、范文评析

[范例一]

浙江红岩机械制造有限公司营销部 2004 年度工作计划

为了认真贯彻公司理事会 2003 年 12 月 15 日下发的公司《2004—2013 年企业发展规划纲要》精神，更好地完成或超额完成公司下达的任务，遵照公司"十年规划纲要"中对营销部的要求，结合本部门的工作实际，特制订 2004 年度工作计划如下：

一、年度工作内容

（一）巩固已有的销售市场。

（二）全力以赴做好西部基地建设市场调查及销售网点建设。

（三）努力开拓西部市场。

（四）积极参与全国有影响的工业产品展销会。

二、具体工作安排及措施

（一）2 月初邀请 2003 年度主要的客户，参加公司组织召开的"红岩牌凿岩机产品质量意见恳谈会"，征求客户对我公司产品的意见和建议，并把意见和建议及时反馈给公司有关职能部门，以便及时制定有关改正措施，进一步提高产品质量和售后服务水平，巩固已有的销售市场。

（二）2 月中旬遵照公司人事处的决定，拟定赴西南基地的销售人员名单。考虑到西南基地的重要性，人员安排上，除经理外，原则上以原西南组人员为主。

（三）2 月下旬，赴西南销售人员完成本部的工作交接，并到"西南基地筹委会"办公处报到，由筹委会安排具体的工作。

（四）人员确定后派出实践经验丰富的销售员到新员工培训班当新员工岗前培训教育的教员，以确保他们在上岗后能马上进入角色。

（五）3 月中旬确定新销售人员的带帮师傅和工作安排。拟定赴广州参加"春季广交会"人员名单，并做好赴会的前期准备工作。

（六）3 月下旬，参加"广交会"。

（七）4 月初挑选有一定业务能力的业务员进驻西安，开设公司驻西安办事处，争取在 4 月中旬展开工作。

（八）5 月下旬各销售点及办事处负责人回公司汇报工作情况。

（6～12 月略）

红岩机械制造股份有限公司营销部（印章）

二〇〇三年十二月二十八日

[评析]

这份计划按时间顺序说明了一年内的工作安排及采取的相关措施，显得有条不紊，重点突出，只是"采取的措施和方法"略显简单了些，而这点恰是阶段性工作计划中最主要的内容。

[范例二]

三峡库区水面漂浮物清理方案

（国家环保总局 二〇〇三年十一月）

为了确保三峡库区水面清洁，特提出三峡库区水面漂浮物清理方案。

一、清理工作原则

预防为主，防清并重；加强领导，明确分工；强化监督，严格执法；三峡总公司与属

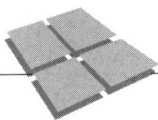

地管理相结合；推行市场与综合利用，集中力量做好丰水季节暴雨期的清理工作。

二、清理工作要求

水面漂浮物清理的范围为库区蓄水位按 20 年一遇洪水位以下水域。清理的内容包括秸秆、树木树权、塑料泡沫等生活垃圾及其他漂浮物。清理的标准为水面不出现漂浮物聚集现象，长期保持水面清洁。清理处置设施应在 2004 年汛期前建成投入使用。

三、清理计划

由湖北省、重庆市人民政府和三峡总公司按照本方案要求，于 2004 年 2 月底前分别制订清理船只、岸上接收和处理处置设施计划，并逐项落实，认真组织实施。环保总局会同发展改革委、建设部、交通部、三峡办加强管理和监督。

四、职责分工

三峡总公司负责坝前水域和干流水面漂浮物的打捞、上岸、焚烧、综合利用和安全处置，并转运需处置的漂浮物……

湖北省、重庆市人民政府负责行政区域内的支流水面漂浮物的清理工作……

交通部门负责船舶垃圾岸边接收工作，并对接收单位进行监督管理。建设部门负责船舶垃圾的岸上处理处置工作，并对处理处置单位进行监督管理。交通部、建设部共同制定三峡库区船舶垃圾转运和交接管理规定。环保部门负责协调和监督水面漂浮物清理和处置工作，并配合监察部门进行行政监察。

五、资金与经费来源

坝前水域和干流清理船只、漂浮物岸边接收设施和处理处置设施的建设费用和日常费用由三峡总公司负责解决。支流清理船只、漂浮物岸边接收设施和处理设施建设费用和日常费用由库区地(市)人民政府负责解决。

发展改革委、财政部会同交通部、建设部按照货船吨位、客船乘员数量，制定三峡库区船舶垃圾处理收费标准和管理办法。交通部门负责船舶垃圾处置费征收工作，征收的处置费全额上缴中央财政专户。支出由财政部按照批准的预算拨付给船舶垃圾岸边接收单位和城镇垃圾处理处置单位。

[评析]

这份方案从指导思想、工作要求、实施计划、职责分工到经费保障等五方面出发，制订了"清理三峡漂浮物"方案，内容齐备、明确，切实可行，结构精炼，语言简洁。

四、写作要求与病例评析

(一)写作要求

1. 要从实际出发。首先，制订计划必须认真领会党和国家的方针、政策，以及上级机关的指示精神，以此作为计划的指导精神，避免计划偏离方向。其次，要深入调查研究，广泛听取群众意见，充分分析、研究各种主客观条件，抓住重点，考虑周全，才能制订出切实可行，符合发展趋势的计划。

2. 内容要具体明确。计划是未来行动的依据，对目标、任务、措施、步骤、时间、负责单位等都应该是具体的、落实的，能体现出特定执行者的实际情况。计划切忌泛泛而谈，含糊不清，只有大道理而没有实际内容。

3. 要留有余地。由于各种主客体原因，事前制订的计划难免对未来有预测不周到的地方，因此，制订计划要留有余地，如对人力、物力、财力等方面，不要满打满算，以便情况有变时灵活调整。在执行计划的过程中，如果发现新问题、新情况，要及时进行修正、补充，保证任务能够顺利完成。

4. 表述要准确。计划的目标任务确定，措施步骤具体安排，表述应该直截了当，避免空话；条理清楚，一目了然；语言简洁明确，让人明白易懂。

(二)病例评析

[病例]

××县经委今后八个月工作计划

为了完成县委、县政府下达 3.1 亿工业总产值(力争 3.5 亿)的任务以及各项经济指标，我们计划在今后八个月主要抓好以下几方面工作：

(一)进一步深化企业改革。我们在全面推行厂长(经理)任期目标责任制的基础上，从实际出发，有针对性地分别实行租赁、承包、百元工资税利制和工资总额与企业经济效益包干等经营方式，把权、责、利全面落实到企业及其经营者身上，使企业真正成为相对独立的经济实体，成为自主经营、自负盈亏的社会主义商品生产者和经营者，较好地调动企业厂长职工的积极性，增强企业活力，促进生产发展，并使这一改革能够健康发展，深入持久地坚持下去，采取有效措施加以保证。

(二)加快新项目和技术改造项目的建设速度，确保这些项目预期投产，发挥效益。主要抓好苎麻纺织、印染工程等项目，并实行目标责任制管理，使这些项目预期投产，早日发挥效益。

(三)进一步加强企业管理，提高企业经济效益。我们坚持以改革为动力，促使企业的发展，加强管理，提高企业经济效益，把增产节约、增收节支的工作作为提高企业经济效益的重要工作来抓，要求企业产品总成本、企管费及车间经费都要下降。具体措施：(1)调整企业产品结构，大力增产适销对路产品，实现多产快销。(2)加强企业管理，挖掘企业潜力，调整定额，向管理要效益。

(四)加强企业职工思想教育、技术培训，努力提高企业职工队伍思想、技术素质，为企业上等级和企业现代化管理打基础。(1)全面进行思想、纪律、法律教育和坚持四项基本原则，反对资产阶级自由化的教育，全面提高工人思想觉悟。(2)搞好技术培训和职工文化、技术学习，努力提高职工队伍技术素质。

[评析]

这篇计划存在的主要问题如下：一是内容不够明确具体。如第二段里"实行租赁、承包、百元工资税利制和工资总额与企业经济效益包干等经营方式"并"采取有效措施加以保证"，具体采取什么措施加以保证，由谁负责都没说清楚。又如第四段里"加强企业管理，挖掘企业潜力，调整定额"，既缺少具体可行的方法措施，又缺少明确的指标。最后部分对职工进行教育、培训，也没有任何具体的安排。这样指标、措施、步骤含糊不清的计划，就失去了制订的意义，更谈不上指导工作了。二是制订时间不准确。标题里只说"今后八个月"，应该写明具体的日期。

▶ 第二节　总　　结

[学习要求]

了解总结的概念、特点及内容结构，理解总结与计划的联系和区别，掌握总结的写作要求，能写常用的总结。

一、总结概述

(一)概念

总结是对过去一定时期的工作、学习或思想进行回顾、分析，找出成绩与问题、经验

与教训，并作出指导性结论的一种事务文书。我们常说的"小结""体会"实际上也是总结，但涉及范围较小，内容比较简单。

(二)特点

1. 回顾性

总结是对做了一个阶段工作或完成了一项任务之后，进行回顾、检查和研究，结合实际，参照理论，看到成绩，总结经验，找出不足与教训，并把它条理化、系统化，引出规律性的认识，用以指导以后的工作。总结是在事后进行的，那些正在构想中，尚未做或未完成的事情，不能成为总结的内容。

2. 自身性

总结回顾的都是本人或单位的实践活动。总结，以本人或单位为总结对象和总结范围，它写的都是本人或本单位经历过的事情，不能写别人的事，更不能把别人做的事变为本人或本单位做的事，也不能把别人的经验变为自己的经验。总结一般用第一人称写作。

3. 客观性

总结是对过去确实发生过的事情进行回顾、分析，因此它必须以客观事实为依据，真实地、客观地分析情况，总结经验，不应言过其实，沽名钓誉；也不必文过饰非，隐瞒不足。只有客观真实地进行总结，才能实现总结的真正目的，体现总结应有的价值。

(三)种类

从不同的角度来看，总结的种类也很多。按内容划分，有工作总结、生产总结、学习总结、思想总结等；按性质划分，有综合性总结和专题性总结；按范围划分，有单位总结、部门总结、个人总结等；按时间划分，有年度总结、季度总结、月份总结、阶段总结等。

(四)总结与计划的区别

计划是事前制订的，而总结是事后才进行的。总结是计划执行的结果，做总结要以计划为依据，又要对计划完成情况作鉴定。计划是总结的发展，制订计划既是以上一阶段的总结为依据，又是对做好总结的促进。从写作内容看，计划要回答的是"为什么做""做什么""怎么做"，总结要回答的是"做了什么""做得怎样""为什么会这样"。从表述上看，计划重说明，总结则是叙述、说明、议论兼用。

二、结构和写法

总结一般由标题、正文、落款三个部分组成。

(一)标题

总结的标题有多种写法，一种是公文式标题，由单位名称、时间、内容和文种组成，如《××市财政局 2005 年工作总结》；一种是文章式标题，即概括总结核心内容的标题，如《科技立厂，人才兴业》；第三种是双标题，即同时使用公文式标题和文章式标题，如《搞好审计调查为宏观决策服务——××市审计局 2002 年工作总结》。

(二)正文

总结的正文通常包括开头、主体和结尾三个部分。

1. 开头

开头一般是概述基本情况，也就是对前一阶段工作的汇总，包括工作背景、工作内容以及对工作总的评价等。这一部分内容要求简明扼要，忌讲套话。

2. 主体

主体是总结的核心部分，一般包括主要成绩、存在问题、今后的努力等几方面的内容。当然，一篇总结不一定面面俱到，可根据具体情况，有所侧重。这部分的写作结构形式主要有三种：一是纵式结构，即把工作过程按时间顺序分阶段写；二是横式结构，即把经验体会上升到一定理论高度，归纳出几个并列的观点。三是合式结构，即在一份总结中同时出现纵式结构和横式结构。

（1）成绩和经验。这是总结的主要内容，目的是肯定成绩，总结经验。一般用典型事例、统计数据等翔实材料来说明，在分析事实材料的基础上比较、归纳，从中提炼正确的观点，找出具有指导意义的规律性东西，作为今后工作的借鉴。

（2）问题和教训。这部分要求把工作中没有做好的环节以及工作中的失误和问题如实交待清楚，并分析、找出产生问题的原因，指出应该吸取的教训。

（3）今后的意见。结合前面的经验和教训，简要指明今后的打算，努力方向和设想，起到明确方向，激励斗志的作用。

（三）落款

落款即撰写总结的单位名称和日期。如果标题中已出现单位名称，在落款时可不再写单位名称。

三、范文评析

[范例一]

娄底市打击非法行医专项整治工作阶段性小结

（二〇〇五年×月×日）

为了认真贯彻落实《湖南省继续开展非法行医专项整治工作方案》的文件精神，我市各级卫生监督部门根据《娄底市继续开展非法行医专项整治工作方案》的统一部署，2005年5～8月份重点查处了非医学需要胎儿性别鉴定和选择性别终止妊娠行为违法案件，同时对军队和武警主办的医疗机构，民营医疗机构及企事业单位开办的医疗机构进行了专项执法检查，查处了一系列违法案件，规范了非营利性医疗机构和疾病控制机构的执业行为，整顿了医疗广告市场，取得了阶段性成果，现将情况小结如下：

一、领导高度重视，继续加大了打击"两非"的执法力度

在去年取得打击"两非"重大成果的基础上，为了继续加大今年全市打击非法鉴定胎儿性别和选择性别终止妊娠行为的力度，市卫生局组织召开了整治"两非"集中行动的工作会议，会议提出了全面自查自纠、监管部门逐一督察、举办相关工作人员培训的三项措施。把工作重心从城市转向农村，对全市89家乡镇卫生院B超从业人员进行了一次"两非"纪律培训。在全市范围内开展了"两非"专项执法检查，共检查医疗机构116个，出动人员500余人次，车辆125台次，查处"两非"案件16起，吊销母婴保健技术考试合格证3个，行政处分5人，罚款人民币21.77万元。为遏制我市出生人员性别比例严重失衡起到了很大的作用。

二、统一行动，周密部署，打击非法行医整治行动取得阶段性成效

为了整顿和规范医疗服务市场，按照《娄底市继续开展非法行医专项整治工作方案》的统一部署，我市各级卫生监督部门会同打击非法行医各成员单位，统一行动，周密部署。在军队和武警部队的密切配合下，对全市军队和武警部队开办的6所医疗机构进行了执法检查，共出动了监督人员36人次，车辆6台次，从检查的情况来看，通过部队和军队的自查自纠，其所属医疗机构比较规范，未发现有违法案件，对发现存在的一些不足及时提出了整改意见。在规范此类医疗机构的同时，各级卫生监督部门对各级疾控机构门诊和企、事业医疗卫生单位及民营医疗机构（包括个体诊所）进行了执法检查，到8月底止，全市共出动卫生监督员3567人次，出动执法车948台次，检查医疗机构3538家，立案处理425

家，责令整改 406 家，责令停止执业人员 284 人次，其中查处民营医疗机构聘请的医生超范围执业以及不变更执业地址的执业医务人员 248 人，查处非营利性医疗机构聘用非卫生技术人员行医和超范围执业的医务人员 167 人。罚款人民币 35.08 万元，没收违法所得 6.35 万元，没收药品器械 245 件。从而使医疗服务市场许多违法现象得到了根本性扭转。特别是非营利性医疗机构对外承包，出租科室的现象基本上得到了杜绝。

三、严格监控，向社会公布了停刊的一些违法医疗广告(略)

四、存在问题：

从全市前一阶段的整治情况来看，各项工作开展良好，进展顺利，取得了一定的成绩，但还存在一些问题：

1. 少数医务人员法律意识淡薄，仍然从事"两非"工作，而且隐蔽性较强，给取证带来很大困难。

2. 执法经费少，执法装备不够，缺乏交通、取证工具，给整治工作带来了一定困难。

3. 执法环境不太好，一定程度上影响了医疗执法工作，主要是在执法过程中存在地方保护主义思想。

4. 医疗执法相关法律条款操作性不强，给执法工作带来了一定的难度。

五、下一步工作思路：(略)

[评析]

这是一篇对前一阶段工作的小结，材料典型，数据翔实、具体，客观真实。

[范例二]

用"五型五力"刷新"地税蓝"
—— 一位基层税官的工作回顾

回首地税十年，　胸中感慨万千。

既有微微苦辣，　更有多多甘甜。

打开五味心瓶，　只想说点新鲜……

这是我写在笔记本上的一段心里话。其实，我心头的这只新"五味瓶"里也没有什么新鲜货，只不过作为一个县市地税局领头人在长期工作中悟出的"五型、五力"而已。

用"事业型"凝聚"向心力"

"地税是项新事业，你要争创新业绩！"这是刚转到地税工作时，一位老税官对我说过的话。当时我不以为然，心想小税务还有什么大事业？可是后来当了基层负责人，我渐渐觉得登上领导岗位，绝不能低头上楼梯，只见自己步步高，不见长远大目标。我暗下决心要把自己打造成"事业型"干部，自订"四个一点"的"行动要则"并努力践行，即"上班早一点，下班晚一点，双休日少休一点，对员工多爱一点"。干部一有事业心，群众便有责任感，全局上下出现了议事业、谋事业、干事业的好氛围，88 个在职人员团结得如同一个人！我们所服务的 5232 个税户交纳税款占全区财政收入的 47%，我局多次被评为省市区先进单位，连年获得全区行风评议第一名。

用"学习型"丰富"内涵力"

"树不滋润要枯萎，人不学习要掉队。"在这种理念的鞭策下，我们悉心将自己的单位建成"学习型组织"，把自身定位于"终生学习者"，让学习成为一种内需，一种习惯，一种行为，一种乐趣，把提高人的素质作为地税建设最根本最重要的"软件"。局党组设计了以"强素质，聚合力"为目标的系列学习活动方案，精读《党员干部过五关》《反对自由主义》等针对性较强的文章，把自己摆进去，把问题找出来，把认识提上去；组织了学习郑培明、汪洋湖等先进人物和剖析李真等反面典型的"大讨论、大学习、大提高"活动，还多次请市委党校和地方高校的专家教授来为我们"充电"。全局员工与电脑日日相守，与书报夜夜相伴，与密密麻麻枯燥数字结成了最好的朋友。而当年那一串串用汗水和泪水凝成的数字化为税收捷报时，我觉得它们分明是地税人头顶上的国徽和双肩上的税徽在放射出新的灿烂光芒！

用"科技型"增强"创新力"

"科技＋管理"，这是我们一直坚持的治税模式。我区税户均纳入计算机管理，电话申报率达 98％，局内实现无纸化办公。我们努力在全省实现了"三个率先"：率先研制开发了人机结合的"计算机定税模块"，有效克服了"人情税""关系税"；率先推行了"税收户籍管理"，对所有纳税经营户进行"拦网式"清查并登记造册，按街道路段编码，每月 3 次巡查管理；率先实现"纳税全程辅导"，对纳税人的涉税业务，从申报计算到发票结账，实行了"一条龙追踪辅导"，既增强了纳税人的纳税意识和操作能力，还增加了税收，仅半年就"辅导"出税款 630 万元。

用"文化型"提升"形象力"

"用文化提升形象，用精神展示力量"，这是我们的又一工作理念。地处江西东大门偏僻乡镇的我局沙溪分局的同志们，硬是像当年苏区干部那样，"自带干粮去办公，夜走山路打电筒"。有一次到一家私营小店办理税务登记，女店主竟将登记表扔在地上。我们的同志强忍着内心的委屈，俯下身子从泥泞中把表格抠出来。又有一次上门收税款，店主把一袋四五斤重的零散硬币朝着我们面前一甩，不少硬币撒在地上。同志们照样俯下身子，一枚一枚地找啊捡啊。我们弯下的是能屈能伸的躯体，顶起的却是共和国大厦的栋梁！那年年关的一个冬夜，瞅准了逃税车就要回家过年夜的时机，同志们毅然从暖融融、香喷喷的合家欢笑中走出来，蹲守在冰天雪地里。逃税车来了，看到我们便上前夺路奔逃。只见我们的分局长一个箭步跃上驾驶室踏板，大吼一声"停车！"随即只身在飞驰的车头上展开攻心战。几个回合，终于降服了逃税者。事后旁人问这位分局长："地税给了你多少钱，你这样卖命，值吗？"他回答："值！选择了地税就选择了奉献，舍不得奉献就不是地税人！"这些就是我们最有价值的地税文化、地税精神啊！

用"服务型"拓展"辐射力"

"服务是品牌，酒香客自来。"近年来，我局把"服务"品牌越做越佳，推出了"服务承诺制"，落实了"纳税提醒服务""青年志愿者服务"，并广泛开展向纳税人"献爱心"活动。得知秦岭乡老坞村还有不少困难户，我们立即捐款 2650 元送去，又资助该村 15 000 元新建 200 口水井，解决了全村 2000 多人口多年来的饮水难问题，又帮助该村改造了 3 座灌溉站，解决了 450 亩农田灌溉难问题，使农民每年增收 10 万斤粮食。广大群众和纳税人感激地说："地税向我们无私献爱心，我们更要自觉纳税献忠心！"

这，就是我们"地税蓝"辐射出的光芒和力量！我们因地税更光彩，地税因我们更精彩！在纪念地税成立十周年日子里，让我们再一次打开工作电脑，单击"刷新"界面，刷新内涵，刷新形象，刷新事业，刷新我们永远引以为骄傲的"地税蓝"！

[评析]

这是一篇心得体会，属于个人总结。以诗文入篇，别开新意，文中用真实的事例、翔实的数据形象概括了"五型""五力"的典型经验与做法，除用叙述、说明、议论表达外，适当采用描写、抒情等手法和俗语、俚语，情理交融，以点带面，文笔流畅，感染力强。

四、写作要求与病例评析

(一)写作要求

1. 要实事求是

写总结是为了使人们了解真实的工作情况，吸收教训与经验，更好地指导未来工作。

因此，总结的内容必须是实践活动的真实情况，既不夸大成绩，也不隐瞒不足。

2. 材料充足，典型突出

充分占有材料，这是写好总结的前提。材料充足了，才能了解实践活动的全过程，才能掌握事物的本质和主流。一段时间内所做的事情很多，但不能面面俱到，浮光掠影，必须重点突出，主次分明。因此，要熟悉材料，找出典型。典型事例，不仅能深刻说明问题，而且能增强总结的生动性。

3. 总结规律，提炼观点

总结过去，是为了指导今后的工作。简单地罗列材料，那是毫无意义的。只有对实践中的成与败进行分析研究，把零散的、表面的感性认识上升为理性认识，找出规律的东西，并提炼为明确的观点，才是写好总结的关键所在。

4. 叙议相结合

在表述上，写总结要兼用叙述和议论。总结中对情况的叙述是议论的依据，议论又是对叙述的综合分析，两者是观点和材料的关系，必须有机结合。

(二)病例评析

[病例]

××乡上半年工作总结

半年来本乡在精神文明和物质文明方面做了许多工作，取得了很大成绩。半年来，主要做了以下工作：动员组织乡、村干部和广大群众学习中央一号文件；安排、落实全年生产计划；推行、落实承包责任制；帮助专业户发展；修建乡小学校舍；建乡食品厂方便面生产车间厂房；推销乡果脯厂、食品厂、编织厂的食品和产品；为乡机械厂解决原材料不足问题；美化环境，街道两旁栽花种草；封山植树；办了一期果树栽培技术培训班；健全了乡政府机关，调整了工作人员，开始试行乡干部招聘制。

半年来，在工作繁杂、头绪多而干部少的情况下，能做这么多工作，主要是：

一、上下团结。乡领导和一般干部都能同甘共苦，劲往一处使。工作中有不同看法，当面讲、共同协商。互相间有意见能开展批评与自我批评，不犯自由主义。例如，经营科同志对乡长不同他们商议，擅自更改果脯厂的奖励办法，影响产量一事有意见，经当面说出，乡长接受，做了自我批评，并共同研究了新的奖励办法，使产量又增加了。

二、不怕困难。本乡企业刚刚起步，困难很多，技术力量薄弱，原材料不足；产品销路没有打开等。为此，经管科的同志和全乡干部共同想办法，他们不怕跑路，放弃自己的休息时间，忍饥挨饿受冻，四处联系，终于解决了今年所需的原料，推销了一些产品。

三、领导带头。乡的几位主要领导带头苦干，实干。他们白天到下边去调查了解情况、解决问题，晚上开会研究问题，寻找解决的办法。领导干部夜以继日地工作，带动了全乡工作。

××乡人民政府(印章)

××××年×月×日

[评析]

这篇总结存在的主要毛病：一是材料不足，情况不明。这个乡在上半年做了很多工作，一共完成了12项"精神文明和物质文明"方面的建设。但这些工作怎么做、做得怎么样、为什么会这样等基本情况并没说清楚。比如说："推行、落实承包责任制"，这在农村里可是重大事情，但其落实情况如何？成效如何？"总结"中没有用材料说明。又如"推销"，采取什么途径推销？销售情况怎样？是盈？是亏？"总结"中也没提及。其他几项工作情况均是如此。这表明，作者在写这篇总结前并没有下工夫收集和充分占有材料，更别说选出典型材料。二是经验体会缺少特点。文中所说的三条经验，机关可用、社会团体可用、农村可用、过去可用、现在可用、将来也可用。这就说明作者不仅没有占有必要的材料，更没有对乡的情况作起码的分析，没有从乡的工作实际出发，概括出规律性的东西。这篇"总结"既不能说明单位的实际，对提高认识也没有作用。所以，要写好总结，占有材料、分析材料、找出规律性的东西是关键。

▶ 第三节　调查报告

［学习要求］

了解调查报告的性质、特点、作用和撰写的三个环节，掌握调查、研究的要求和表达要求，学会针对身边有意义的某一社会现象进行调查，并写成报告。

一、调查报告概述

（一）概念

调查报告是机关单位对社会现象进行深入全面的调查研究后写成的书面报告。调查报告也称为"调查分析""考察报告""调查汇报""调查附记"等。

调查研究不仅能反映情况、总结经验、揭示问题，使人们提高认识，还能为领导机关制定政策、措施提供依据。

"没有调查就没有发言权"，调查是基础和前提。报告是调查的目的，是调查成果的反映。没有调查的报告是空洞的报告，而不写成报告的调查是徒劳无益的。撰写调查报告包含"系统周密的调查、客观深入的研究、准确完善的表达"三个重要环节。

（二）特点

1. 内容真实。真实性是调查报告的重要特点，是其生命所在。任何一种调查报告必须以充分、确凿的事实为依据，通过具体情况、数字、做法、经验、问题等说明问题，揭示规律，从实际出发，用事实说话，才能对制定工作政策与方针具有指导意义。事实是调查报告赖以存在的基础。写作前，必须深入实际，全面掌握人、事物、情况、数据等材料，写作时要对材料一一核实，并进行筛选，必须保证确有其人、确有其事、确有其时，不夸大、不缩小、不歪曲、以保证材料的真实准确可靠，使调查结论令人信服。

2. 针对性强。调查报告的目的是为党的方针、政策的制定提供依据，并为解决人们现实生活中所迫切需要解决的问题而写的，因此调查报告具有很强的针对性，写调查报告要带有明确的目的性，要根据现实需要有针对地开展调查研究活动，然后把调查的情况进行分析研究，写成向上级机关汇报，服务于管理工作的公文。针对性越强，调查报告的作用越大。

3. 材料典型。为了使调查报告更具说服力，它必须选取典型的、有代表性的材料，以便从中更好地探索事物的发展规律，寻求解决矛盾的办法，以点带面，给全局工作提供借鉴。

4. 注重揭示事物的本质规律。调查报告不但要叙述事实，更重要的是要对事实材料进行分析、探索、研究，揭示事物的本质，阐明规律，最后作出结论，便于进一步指导、推动现实工作。一份调查报告能否揭示反映事物的发展规律，是衡量调查报告好坏的基本标准。

（三）种类

调查报告按不同标准划分，有许多种类。按内容分，可分成综合性调查报告与专题性

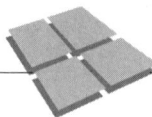

调查报告。按性质分，可分为总结经验的调查报告、揭露问题的调查报告、反映情况的调查报告、研究问题的调查报告、澄清事实的调查报告等。按作用分，有决策性调查报告、预测性调查报告、追踪性调查报告和反馈性调查报告。但综合内容性质、作用及写作侧重点看，一般把其分成三类：

1. 反映情况的调查报告。这类调查报告也称为情况调查、综合调查。它是在对调查对象的基本情况、发展变化过程等方面进行深入、系统地调查研究的基础上写成的报告，目的是供上级机关或有关部门参考，作为贯彻政策、制定措施的依据。内容一般比较具体，观点比较明确。既可以反映成绩，也可说明存在的问题和解决问题的意见。

2. 总结经验的调查报告。这类调查报告也称典型调查，通过反映某方面的成绩，着重介绍成功的经验，起到"以点带面""引路"的作用。这不仅要介绍基本工作情况，而且要从事物发展的全过程中找出规律性，具有普遍的指导意义。

3. 揭露问题的调查报告。这类调查报告又称问题调查。主要用来揭示当前社会生活和工作中的不良现象和社会弊端，其目的是为了引起有关部门和整个社会的重视，以便引以为戒，达到解决问题的目的。

(四)调查报告与工作总结的区别

它们的共同特点是：都必须依据党的方针、政策总结经验，它们都要从事实出发，反映事物的基本面貌和发展过程，概括出规律性的东西，指导今后的实践，具有较强的政策性和思想性；都必须运用典型材料说明观点，具有较强的客观性、针对性和指导性；在写作表达方式上，都使用叙议结合的综合表达方式，叙述的要求和方法也相同。它们的主要区别是：

1. 范围不同。调查报告应用范围广，可以涉及现状、历史，反映当前有一定意义的社会(自然)的现实，揭露问题、评价事物、介绍经验。总结只限于反映本单位、本部门已完成的工作、任务及其经验教训，因而它一般都着眼于指导总结自身今后的实践活动。

2. 写作时限不同。调查报告一般没有具体的工作进程和时间的严格限制，可根据需要进行调查写作；总结受工作进程和时间的限制，一般都是在工作、任务告一段落或全部完成之后写作。

3. 使用人称不同。调查报告往往是上级机关或有关方面的调查组在选点进行调查研究的基础上写成的，一般用第三人称，总结大都是本单位、本部门写的，一般用第一人称。

二、结构和写法

调查报告的文面格式一般由标题、正文和落款三部分组成。

(一)标题

调查报告的标题一般可以有两种写法：

1. 单行式标题。它包含两种形式：一种是公文式标题，由"调查单位名称＋事由＋文种"组成，也可省略了调查单位的名称。如《××省政府办公厅关于深化国有企业改革的调查报告》。另一种是一般文章式标题，揭示主题或主要内容，可提示调查对象或范围；也可以用提问式，引起读者注意。如《莫把温饱当小康》《广州交通堵塞问题》《怎样管理才能出效率》。文种可用"调查报告"，也可简称"调查"。

2. 双行式标题。即正副标题结合式标题。现在报刊上发表的调查报告，大多要用双行式标题，如例文标题。

(二)正文

调查报告的正文一般由前言、主体、结尾三部分组成。

1. 前言。调查报告的前言，也称为"导语""引言"。前言写法一般有三种：一是提要式，将被调查对象的主要情况、调查后的结论用概要的文字叙述清楚。这种写法能够提纲挈领，总领下文。二是介绍式，该写法是简单介绍调查目的、时间、范围、背景等情况，使读者了解调查过程和写作意图，为下文展开有力铺垫。三是提问式，在调查报告的开头，抓住问题的关键，调查者提出问题引发读者思考，明白问题的实质，这种写法能醒目地提出问题，紧紧抓住读者。以上三种方式，有的调查报告只用其中的一种，有的三种兼而用之，这要视写作需要而定。

2. 主体。主体是调查报告的核心，是结论的依据。首先，要详细介绍调查对象的具体情况。如事情产生的前因后果、发展经过、具体做法等；其次，要对调查内容进行认真的分析研究，找出规律；最后，得出明确的结论。

由于调查报告的种类不同，主体写作内容也不相同：

①反映情况的调查报告：情况＋分析＋建议；

②总结经验的调查报告：成果＋做法＋经验或做法＋经验＋成果；

③揭露问题的调查报告：问题＋原因＋意见或建议。

主体在结构安排上，主要有如下几种形式：

(1)纵式结构：按事件发展的时间顺序，或按一个组织变化的先后顺序，一次调查过程的先后顺序，一项工作开展的前后过程来安排调查内容，通常以时间为主线。例如：先介绍事件的起因、发展，后介绍事件的结局。如果是情况调查，可先列出多种情况，后简要写出作者的分析意见，各部分之间是递进关系。

(2)横式结构：主要以问题为主线来安排，是把调查得到的情况、经验、问题，按照内在的逻辑关系，分成几个部分并列来写，在横断面上表现出事物的各个方面，这样能突出主要问题或基本经验。横式结构是调查报告最常用的方式。

(3)纵横式结构：兼有上述两种结构的特点，从文章的全貌来看，是按事物发展的脉络来写的，呈纵式结构的特点。但在叙述过程中或在叙述完事物发展过程中，又分别对一个问题的几个方面或一个典型的几条基本经验，分别加以阐述，又呈现出横式结构的特点。既考虑时间顺序，又考虑空间位置，每个方面往往冠以小标题，使重点更加突出。

3. 结尾。结尾是全文的结束语，起归纳全文的作用。结尾要求简洁、明白、有力。结尾常见的方式：一是展望未来，指明方向；二是总结全文，深化主旨；三是提出解决问题的办法和建议。也有的正文写完后就结束，没有结尾。

(三)落款

为了对调查的内容负责，最后在正文右下角写上作者的名称和写作时间，如已写在标题下面，此处可省略。

三、范文评析

[范文]

关注大学生的健康消费
—— 当代大学生消费状况调查报告
广州××学院社科部 ×××

随着经济社会的纵深发展，大学生作为社会特殊的消费群体，他们的消费观念的塑造和培养更为突出而直接地影响其世界观的形成与发展，进而对其一生的品德行为产生重要的影响。因此，关注大学生消费状况，把握大学生生活消费的心理特征和行为导向，培养和提高他们的"财商"，在当前就成为高校"两课"教学的重要课题。

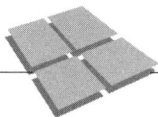

为了对大学生消费状况有比较全面准确的了解，我们从三方面开展研究。其一，对广州××院2001级442名学生进行了消费状况的问卷调查。回收有效问卷389份（男生192份，女生197份），施测率为88％。调查问题包括客观选择题和主观表达题，涉及消费的经济来源、家庭经济状况、月消费状况、消费支出分布情况及其对消费方面的最深刻感受等。其二，通过访谈等方式对20世纪70年代至今的大学生进行每10年10人左右的个案调查，从而提供了纵向比较的资料。其三，让学生通过课堂讨论形式对调查后发现的消费问题进行分析讨论，从而达到验证调查情况的准确性及对学生进行自我教育的目的。基于以上三方面情况的把握，结合其他院校的学生消费状况，我们对当代大学生的消费状况有了新的认识与把握。

一、当代大学生消费新概念

1. 消费方式已经进入网络电子时代

随着社会经济的飞速发展，社会消费方式已经从原来单一的现金交易向现金、信用卡、支票等多样化的交易方式转变，使人们的生活方式更趋方便快捷……当代大学生的消费方式已经进入了网络电子时代。在他们的钱包里，许多大学生都有校园IC卡、交通IC卡、银行取款卡、上网卡甚至运动健身卡等，"刷卡"时代使他们的消费行为潇潇洒洒，用他们当中某些同学的话来说，就是"卡一刷，钱就花"。

2. 消费多元化倾向

从20世纪70年代至今，我们以个案分析的研究方式，主要通过电话访问和面谈方式，分别选取了70年代中期至今的大学生作了基本调查，并进行纵向比较，如下表所示：

时间	研究对象（个案）	月消费状况
70年代中期	中山大学哲学系77级10名学生	30～50元：主要满足生活费
80年代初期	华南师范大学历史系82级10名学生	50～100元左右：满足生活消费之余，买点喜欢的书籍
80年代末期到90年代初期	中山大学哲学系89级10名学生	120～200元：以饮食为主，开始有旅游花费了
90年代中后期	中山大学外语学院97级10名学生	400～600元：旅游消费渐成风气
2000年初期	广州××学院00级、01级金融系20名学生	400～800元：消费多元化，除了生活消费，手机、上网、旅游等费用剧增

21世纪是物质生活与精神生活丰富多彩的时代，步入这一时代的大学生们不再满足于宿舍、教室两点一线的单调生活，尽管书籍仍是他们主要的消费对象，但已不是首选的，更不是唯一的消费项目。大学生的消费已呈现明显的多元化趋势，手机、旅游、电脑、运动、影音器材是大学生的消费热点……

3. 理性消费是主流

价格、质量、潮流是吸引大学生消费的主要因素。从调查结果来看，讲求实际、理性消费仍是当前大学生主要的消费观念。据了解，在购买商品时，大学生们首先考虑的因素是价格和质量。这是因为中国的大学生与国外的不同，其经济来源主要是父母的资助，自己兼职挣钱的不多，这使他们每月可支配的钱是固定的，大约在400～800元之间，家境较好的一般也不超过1000元，而这笔钱主要是用来支付饮食和日常生活用品开销的。由于消费能力有限，大学生们在花钱时往往十分谨慎，力求"花得值"，他们会尽量搜索那些价廉物美的商品。无论是在校内还是在校外，当今大学生的各种社会活动都较以前增多，加上城市生活氛围，开始谈恋爱等诸多因素的影响，他们不会去考虑那些尽管价廉但不美的商品，相反，他们比较注重自己的形象，追求品位和档次，虽然不一定买名牌，但质量显然是他们非常关注的内容。

4. 追求时尚和名牌是不老的话题

即使在取消高考年龄限制之后，20 岁左右的青年仍是大学校园的绝大多数，他们站在时代前沿，追新求异，敏锐地把握时尚，唯恐落后于潮流，这是他们的共同特点。最突出的消费就是使用手机。当代大学生们的消费中普遍增加了手机的消费项目。……他们简直就把电脑当成自己的"情人知己"。再次是发型、服装、饰物、生活用品，大学校园中都不乏追"新"族。调查资料也印证了这一点，就所占比例来看，"是否流行"紧随价格、质量之后，成为大学生考虑是否购买的第三大因素。至于名牌产品，当问到"如果经济许可，会否购买名牌产品"时，80％的学生表示肯定。以上充分体现了大学生对追求高品质、高品牌、高品位生活的需要。

二、当代大学生消费状况存在的问题

1. 储蓄观念淡薄，财商需培养和加强

"财商"一词的提出者罗伯特·清崎曾经说过："财商与你挣了多少钱没关系，它是测算你能留住多少钱以及能让这些钱为你工作多久的能力。"在讨论会上，当问及对"财商"概念的认识时，很多同学表示陌生。当问及一学期结束后经济情况如何时，大部分同学都坦然承认自己的消费已经超出计划范围……

2. 消费差距拉大，出现两极分化

在关于月平均消费一栏的调查中，有 15.2％的同学在 400 元以下"有点痛苦"的生活线上坚持学业；有 28.3％的同学在 400～500 元之间"勉强过得去"；有 23.7％的同学在 500～600 元之间"稍微有点爽"；有 16.7％的同学在 600～700 元之间"可以潇洒走一回"；有 6.9％的同学在 700～800 元之间"比较自由"；有 7.5％的同学月消费 800 元以上可以说是"跟着感觉走"——无忧无虑。可见，大学生的消费差距增大，两极分化也比较分明……

3. 消费结构存在不合理因素，女生更为突出

大学生的生活消费从 20 世纪 70 年代至今，至少有一个方面是共同的，即消费的主要组成部分以生活费用和购买学习资料、用品为主……

我们惊奇地发现，在被调查的 197 名女生中，83.7％饮食费用在 300 元以下，有的为了保持苗条身材控制自己的食欲，有的为了节约支出不顾营养需要净选择廉价的饭菜；而 192 名男生中也只有 66.4％达到标准……他们当中，尤其是女同学很多都承认自己对健康饮食的知识了解不够。

4. 过分追求时尚和名牌，存在攀比心理

在讨论会中，一些同学指出，为了拥有一款手机或者换上一款最流行的手机，有的同学情愿节衣缩食，甚至牺牲自己的其他必要开支；有些男同学为了一双名牌运动鞋，有些女同学为了一套名牌化妆品或者一件名牌衣服，不惜向别人借钱甚至偷钱以满足自己的欲望等，都可以反映出一些学生不懂得量入而出，而虚荣心的驱使又极易形成无休止的攀比心理。

5. 恋爱支出过度

在调查和讨论会上我们发现，一部分谈恋爱的大学生每月大约多支出 100～200 元，最少的也有 50 元左右，最高的达到 500 元（比如送名贵礼物给对方）。他们大多承认为了追求情感需要物质投入，经常难以理性把握适度消费的原则……

三、当前大学生消费心理和行为偏颇的原因分析

当前大学生在消费上出现无计划消费、消费结构不合理、攀比、奢侈浪费、恋爱支出过度等问题，既与社会大环境的负面影响有关，也与家庭、学校教育缺乏正确引导不无关系。

首先，今天的大学生生活在"没有围墙"的校园里，全方位地与社会接触，当某些大学生受到享乐主义、拜金主义、奢侈浪费等不良社会风气的侵袭时，如果没有及时得到学校老师和父母的正确引导，容易形成心理趋同的倾向……

其次，父母在日常生活消费上的原则立场是子女最初始的效仿对象。有些父母本身消费观念存在误区，又何以正确指导自己的孩子呢？

因此，作为教育工作者，我们更应该关注学校教育环境对学生消费观念培养的重要影响作用。可事实是，高校思想政治教育对学生消费观教育还没有形成足够的重视。具体体现为：

其一，对大学生消费心理和行为研究不足……

其二，"两课"教学中对大学生消费观的教育指导不够……

其三，校风建设范畴中普遍缺少倡导大学生勤俭节约生活消费观的内容……

四、引导大学生养成健康消费心理和行为的建议

当前，我国社会正处于激烈的社会转型过程中，虽然社会经济与以往比较已经取得卓越的成就，但是放眼世界，我们离工业化发达国家的距离还很遥远。当代大学生是未来社会建设的栋梁，引导他们继续保持艰苦朴素、勤俭节约的消费观念，反对奢侈浪费、盲目攀比、过高消费等不良消费风气，加强大学生健康的消费观念的培养与塑造，在当前国情下具有非常重要的意义。要正确引导大学生养成健康的消费心理和行为，可以从以下三个方面着手：

1. 加强对大学生消费心理和行为的调查研究……

2. 培养和加强大学生的"财商"……

3. 大学生良好消费风气应该成为良好校风的重要组成部分……

[评析]

这是一篇反映情况的调查报告，针对当前大学生的消费状况进行调查，探讨大学生的消费心理，指出问题、提出建议，引导大学生健康消费，选题具有很强的针对性和现实意义。本文采用双行式标题，揭示主旨，非常醒目；前言介绍了调查目的、对象、范围和方法等，主体部分采用纵横式结构，逐层递进，横向剖析，以问卷、访谈等调查结果为依据，运用数据、比较的分析方法，夹叙夹议，客观真实，有说服力。

四、写作要求与病例评析

(一)写作要求

1. 做好调查研究，充分占有材料

调查研究是写好调查报告的前提。要想了解事物的本质和真相，必须深入实际，认真调查。在调查时，要占有大量的材料，包括历史材料和现实材料，点上材料和面上材料，正面材料和反面材料，概括材料和具体材料。调查之前要做好充分准备，有针对性地制订计划、确定调查步骤，选好题目、明确目的、确定对象、拟定提纲等，并运用各种调查方法，如开调查会、个别访谈、实地考察、问卷法等、调查档案等，尽可能客观深入，全面地把握第一手材料。

2. 认真分析材料，提炼归纳观点

写调查报告，占有材料非最终目的，重要的是透过材料，找出内在带有规律性、具有最普遍的指导意义的东西，并概括提炼成观点，从感性认识上升到理性认识，并最终指导实践。

3. 叙议结合，融材料和观点为一体

调查报告用事实说话，以叙述为主，但事实需要用正确的观点来统帅，即用观点统帅材料，材料说明观点，使叙述的事实和议论的观点有机地结合起来。叙议结合的办法，可以先叙后议，也可先"论"后"叙"（先提出论点再引进事实叙述），还可夹叙夹议。观点统帅材料，观点与材料相统一，必须要注意避免：（1）观点不明确；（2）观点缺乏事实印证、说明；（3）列举的事实不能说明观点。

（二）病例评析

［病例］

大学生网络素质现状调查

（2004 年 4 月 19 日）

近年来，网络剧烈地影响和改变着我们的生活，与"水能载舟，亦能覆舟"一样，利用好网络，我们的生活受益无穷，错用了它也会让我们掉入无底的深渊。在众多网民中，大学生占有很大一部分比例，这高素质的一群，有多少人在利用网络，如何利用网络成为各界关心的问题。就这个问题，本人在班里进行了调查，现报告如下：

1. 七成学生用网络娱乐

据调查结果显示，100％的同学都触过网，这是因为这学期开设了网络课程，大部分同学懂得用 QQ 聊天，10％的同学不懂得发电子邮件，20％的同学不懂得下载网络程序。

2. 因友而忙

在上网的学生中，90％以上的同学有一个 QQ 号码，60％的同学有两个或两个以上的 QQ 号码，40％的学生沉迷于聊天。在网络犯罪的案例中，由 QQ 引发的事件不少。例如，与网友见面被骗东西，被伤害甚至被杀害。

3. 因坛而坠

论坛，也称 BBS，在里面"灌水"也是不少学生网民的喜爱，班里 85％的同学上过论坛，70％以上的学生在论坛上乱发帖子，10％以上的学生在论坛上有过不文明行为。

4. 因戏而废

网络游戏是不少学生的宠物。调查表明，90％的同学玩过网络游戏，其中 85％是男生，5％是女生，30％的学生沉迷于玩 CS 之类的网络游戏，班上的同学虽没有因为网络游戏而旷课，但社会其他一些地方，很多学生因为玩网络游戏旷课太多导致多门功课不及格，面临退学的危险。

5. 因网影响健康

60％以上的同学有过通宵上网的情况，40％是经常在周末通宵上网，20％偶尔通宵上网。通宵上网有为了看电影的，占 45％，有 55％的同学是玩游戏积分。通宵上网缺乏睡眠，导致食欲下降，身体免疫力下降，情感冷漠，心理活动异常，感知、记忆、思维、言语等各种反应能力显著下降等问题。

以上调查表明，大学生对网络认识有偏差，主要是因为大学生上网多在课余时间，放下繁重的课程，上网时便希望能放松，而不是再学习。在没有人正确引导下，聊天、游戏等易学、大众化的消遣性娱乐自然成了大学生们的最爱。

在调查中了解到，40％的学生认为上网是因为学校的课外活动过于单调，一些娱乐只能通过网络实现。此外，多所大学的网站上教程一个月难得更新一次，因而谈不上让学生们利用校园网进行学习。

其实网络可以用得很精彩，不少世界顶尖的高手都来自于在校的大学生。利用网络可以帮助自己查找各种学习资料，提高学习效率和学习深度、广度；可以找到各种实践、兼

职、打工、招聘的信息，为自己前途找到好的信息渠道；网络可以认识更多志同道合、积极发展的社会各界朋友；利用网络写稿不仅养活自己，结交优秀编辑记者们，积累了社会关系，开阔视野，也培养了综合能力，网络的好处无处不在。

互联网功过皆有，但作为知识含量高，素质好的大学生群体，更应在网络中学会"取其精华，去其糟粕"，将网络中有用的部分变为自己的财富。大学生运用网络可以很精彩。

[评析]

这是一篇较有针对意义的选题，通过翔实的调查数据，说明网络对学生的负面影响。本文能归纳要点(但表述欠妥)，引据说明，观点鲜明。但还存在以下不足：一是标题与内容不贴切。标题中"网络素质"没有界定，欠准确，从正文内容看，改为"大学生使用网络利弊的调查"更为恰当。二是原因分析过于简单。网络对学生的负面影响与哪些因素有关？这个问题分析不够全面。三是材料使用上，不属于调查范围的、道听途说的内容不宜引入。四是文字表达不准确。如第二段"以上调查表明，大学生对网络认识有偏差，主要是因为……"这句话，前后不能构成因果关系。

第四节　工作研究

[学习要求]

了解工作研究的性质、特点和作用，弄清工作研究与相近文种的区别，掌握文体的选题和写作结构及方法，学会写作论题新颖、内容充实、表述清晰和对策实用的工作研究。

一、工作研究概述

(一)概念

工作研究是针对实际工作存在的带有普遍意义的新情况、新问题和新事物进行研究，探求其本质，总结其规律，提出解决问题的措施办法、意见和建议，供领导决策参考的一种既有理论色彩又有实用价值的公文。

(二)特点

1. 针对性。工作研究要选择现实生活中亟待解决的问题进行研究，提出措施办法，解决实际问题。

2. 科学性。工作研究要如实反映客观事物的本来面目，要真实揭示客观事物的客观规律。所提观点、改进工作的措施、办法和建议须是建立在充分调查研究基础之上，实事求是，切实可行。

3. 独创性。工作研究应从实际出发，以独立的思维方式观察问题和探索事物规律，独树己见，不步人后尘，不落俗套。

4. 探索性。工作研究是抱着探索科学的态度研究工作，要注重调查研究，集思广益，在探索中发现问题，得出结论，找到解决问题的有效方法。

(三)种类

按内容特点工作研究可分：

1. 总结型工作研究。这类工作研究用于对某项工作进行总结，明确成功的经验或失败的教训，对照自己的实际情况，提出努力方向。

2. 预测型工作研究。这类工作研究在分析当前工作情况的基础上，对工作发展的方向和趋势作出推断，进而对未来工作的目标、前景及可实现的途径方法、对策提出预测。

3. 建议型工作研究。这类工作研究一般不分析当前工作情况，而直接提出利于工作进展的建议和对策。

4.推广型工作研究。这类工作研究对正在实施的某种有效工作方法或具体做法进行及时研究，并尽快向同行介绍推广，以期在实践中进一步充实和完善。

（四）工作研究与总结的区别

两者都要总结工作的经验教训，这是相同之处。但主要区别在于：

（1）取材范围不同。总结的取材限于自身的实践活动范围内，工作研究既可从自身实践活动中取材，也可以从自身以外的实践活动中取材。

（2）内容侧重点不同。总结侧重于正面讲经验，重点阐述"做什么""怎么做"，而工作研究侧重于探讨未来的做法，重点论述"为什么做""为什么不那样做"。

（3）叙述的人称不同。总结一般用第一人称叙述，工作研究用第三人称叙述。

（4）表达方式不同。总结以叙述、说明为主，工作研究以议论为主，比总结更具理论色彩。

二、结构和写法

工作研究一般包括标题、署名、正文三部分。

（一）标题

工作研究标题形式多样，要求鲜明醒目、主题突出。有的标明研究的问题，如《关于大中型企业活力不强的原因之我见》；有的标明基本观点（揭示主题），如《减轻农民负担任重道远》；有的标题采用提问的方式，如《怎样做好公务员的招聘工作》。可采用单行标题，也可采用双行标题。

（二）署名

署名即在标题下面或右下方，写上工作研究的作者单位和姓名。

（三）正文

正文一般根据"提出问题、分析问题和解决问题"的思路展开，由前言、主体和结语组成。

1.前言。即"提出问题"，提出亟待研究的问题和说明研究的必要性，或概括介绍全文的基本内容和中心论点，写明"是什么"。

2.主体。即"分析问题"，是正文的核心部分。从理论的角度对提出的问题进行客观的研究、分析，阐明"为什么这样"和"为什么不那样"，进而提出解决途径。常采用纵式结构、横式结构、合式结构安排内容。

（1）纵式结构。即按照由近及远、由过去到现在、由现在到将来的时间顺序或按照递进、因果等逻辑顺序组织材料，层层深入。

（2）横式结构。即以并列关系组织材料，平行论述各种不同类型问题。

（3）合式结构。即以纵横结合模式组织材料，适用于总结型、建议型等的工作研究。

3.结尾。即"解决问题"，对问题进行研究、分析后得出解决问题的决策方案和建议，说明"怎么样"。有的工作研究没有结尾，正文结束全文就结束。

三、范文评析

[范例]

关于乡镇人大工作制度建设的研究
—— 乡镇人大工作创新的几点思考

×××

江泽民同志指出："创新是一个民族进步的灵魂，是国家兴旺发达的不竭动力。"树立创

新意识，提高创新能力，建立创新机制，是推动地方人大工作的重要动力。乡镇人大工作的创新实践，丰富了人民代表大会制度理论，构建了人大工作的特点和规律，推进了民主法制建设和依法治国的进程。随着社会主义民主政治建设和依法治国进程的加快，坚持和完善人民代表大会制度的任务越来越重，要求越来越高。进一步解放思想，积极探索、勇于创新地开展乡镇人大工作，已成为人大工作必须认真思考的一个重要理论问题和重大实践课题。

（一）

人民代表大会制度作为国家的根本政治制度，其发展和完善是一个长期的过程。从乡镇人大工作实践来看，虽然我们在各个方面取得了长足的进步，但是从创新动力、创新条件和创新要求看，与经济建设和社会发展的新形势相比，迫切需要乡镇人大工作进一步大力创新。

1.《宪法》赋予地方人大及其常委会的职权未用足用活。《宪法》和地方组织法赋予乡镇人大的重大事项决定权、监督权等重要职权，因历史和现实的原因，这些职权的行使没有到位。主要表现为：在重大事项决定权方面，忽视乡镇人大的作用。在监督权方面，由于监督机制不健全，影响人大监督作用的发挥，在监督工作中存在着"三多三少"的现象，即程序性监督多，实质性监督少；一般性监督多，针对性监督少；具体行政行为监督多，抽象行政行为监督少，尤其是询问、质询、特定问题调查等监督方式极少运用等。因此，乡镇人大用创新精神来研究问题、解决问题是当务之急。

2. 建设社会主义法治国家给我们提出了更高要求。党的十五大报告第一次把依法治国、建设社会主义法治国家，作为党领导人民治理国家的基本方略郑重地提出来，是我党治国方略的重大转变……

3. 人民群众对人大工作寄予厚望。乡镇人大最重要的是代表人民的利益，全心全意为人民服务，做人民利益的踏实维护者……

（二）

原全国人大常委会委员长李鹏曾指出："我们正在从事的人大工作和有中国特色的社会主义民主法制建设，都是崭新的事业。因此，必须解放思想，实事求是，根据《宪法》及法律的规定，创造性地开展工作……"地方人大工作创新，必须着力解决好以下四个问题：

1. 明确创新指导思想。当前我国正处在建立社会主义市场经济体制、建设社会主义法治国家的新的历史时期，这既给地方人大工作提供了创新的动力，又提供了丰富的创新内容和创新空间。新的历史时期，乡镇人大工作创新在指导思想上，必须以邓小平理论、"三个代表"重要思想和党的基本路线为指导，围绕依法治国、建设社会主义法治国家的目标，大力加强社会主义民主法制建设，在坚持党的领导、完善监督机制、促进经济社会全面进步、加强自身建设等方面作出积极贡献。

2. 制订创新计划。乡镇人大要按照依法、有序、高效、优质的目标，把人大工作创新实践摆到重要的议事日程，制订出年度或中长期的创新计划，使创新工作有任务、有标准、有检查，通过持续的努力，不断取得实效。

3. 确定创新重点。一是强化会议实质性内容。开好人代会，是乡镇人大正确行使职权的主要方法。要提高会议质量，增强重大决策的民主程度，把一般性表态转变为审议性发言，同时要增强公众的参与度和透明度，使会议真正成为发挥人大制度优越性的重要途径。二是逐步完善监督机制。要做到既敢于监督，又善于监督，增强人大监督的实效。要把执法检查与述职评议结合起来，把对具体行政行为的监督与对抽象行政行为的监督结合起来，建立行政、司法机关执法责任制、评议考核制、错案责任追究制等，并使之法律化、制度化，强化人大的监督职能。三是发挥人大代表作用。人大代表是国家权力机关的主体，发挥人大代表的作用，很大程度上决定了乡镇人大工作的实效。因此，要提高人大代表素质，建立代表联系、激励、约束制度，加强对人民代表的监督。四是做好宣传工作。主要是解决好"内热外冷"的现象，拓宽宣传领域，增强宣传深度和广度，建立和扩大宣传阵地，培养高素质宣传队伍，把人大制度宣传纳入法制化轨道。

4. 建立创新机制。创新是一种知识积淀，是一个科学的实践过程，它需要理论指导、知识支撑，还需要有科学的态度、良好的心理素质和社会环境等。没有一套科学的创新机制，很难取得创新成果。要不断加强乡镇人大工作制度建设，建立创新目标管理的激励机制，努力形成人人思创新、人人思进取的创新氛围。

（三）

地方人大工作的创新实践，是一项系统工程。我们既要看到工作的紧迫性，积极发挥主观能动作用，又要看到任务的艰巨性，坚持不懈、脚踏实地地工作。在人大创新工作中要注意坚持以下几点：

1. 坚持和依靠党的领导。坚持党的领导，是进一步加强和完善人民代表大会制度、充分发挥地方国家权力机关作用的关键……

2. 努力体现"三个代表"重要思想的要求……

3. 严格遵循《宪法》和法律的规定……

4. 正确处理继承与发展的关系……

5. 全面加强人大自身建设……

二〇〇四年七月二十日

[评析]

这是一篇建议型的工作研究，针对现行的乡镇人大工作制度提出改进意见。本文先摆明问题并作分析，后提出切实可行的解决办法，进而提出实施保障要求，逐层深入。文中征引国家前领导人的重要言论，说服力强，语言精炼、庄重得体。

四、写作要求与病例评析

(一)写作要求

1. 深入调查，选好论题。不做调查就没有发言权。只有深入工作实际，坚持客观调查，善于发现问题，才能得出工作研究的论题。发现问题后还要善于选择论题，特别要注意选择切合实际，对改进今后工作有积极意义，范围适中，难度适中的论题。

2. 抓住重点，力求创新。撰写工作研究要寻找和抓住问题"要害"，把它作为带动整个工作的突破口，切忌重点、难点不分，"眉毛胡子一把抓"。同时注意用新思路、新方法探索工作中富于新意的东西，如工作中的新举措、新经验、新视角。

3. 注重务实，升华理论。工作研究功用在于指导实际工作，所以提出问题要实事求是，文章内容要实实在在，作者主张要具体明确，提出建议要切实可行，办法要有可操作性。好的工作研究还要富于理论色彩，撰写工作研究应注重在务实的前提下对研究对象进行理性的升华，不断提高人们的理性认识。

(二)病例评析

[病例]

对行政机关人员职务培训的探讨

在去年召开的全国成人教育会议上，提出要把成人教育的重点有计划、有步骤地转移到岗位职务培训上来，这是成人教育带有方向性的改革。行政人员的培训教育，成人教育

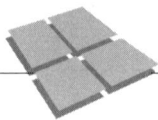

的重要组成部分，也应当根据会议精神，努力实现这种转变，把重点有计划地、逐步地转移到岗位职务上来。

一、为什么行政人员的培训教育，要以岗位职务的培训为重点

第一，以岗位职务培训为重点，是以增强在职行政人员的政治、业务素质，提高工作效率为根本目的，针对性、适用性和实践性强，更能贯彻按需施教，学用结合的原则。

第二，按岗位职务进行培训，是经济体制改革和政治体制改革发展的需要。随着经济体制改革和政治体制改革的进行，行政机关职能的改变和加强，对行政人员的政治和业务素质提出了更高要求。对在职人员进行岗位职务必备的政治理论、职业道德、行政管理知识和实践能力的培训也就更为重要。

第三，干部教育发展到现阶段，要求重点转向岗位职务培训。建国以来，干部教育主要是文化教育，直到十一届三中全会以来进行大、中专学历教育，干部队伍的文化水平普遍地得到了提高。因此，应逐步转到以岗位职务培训为重点的轨道上来。

第四，各地已为岗位培训提供了一些实践经验。十一届三中全会以来，各地举办的大量的专业培训，在办学形式、教师、教材等方面都提出了一些经验。尤其是全国成人教育会议以来，岗位职务培训受到了普遍重视，这些都对岗位职务培训起到了良好的推动作用。

二、对岗位职务培训中几个问题的探讨

1. 岗位职务规范和岗位划分（内容略）。

2. 课程设置及教材（内容略）。

3. 考试发证（内容略）。

4. 培训形式（内容略）。

5. 师资问题（内容略）。

6. 培训时间（内容略）。

三、当前如何开展岗位职务培训

岗位职务培训是一项业务性、政策性很强的工作，总的精神应是积极稳妥，先试点、后铺开，成熟一门开一门。因此，要认真学习好关于改革和发展成人教育的决定及有关文件，通过学习和论证，把关键的问题统一认识后，在调查研究的基础上，制定具体实施方案，一定要坚持先试点，再逐步推广，把开展岗位职务培训建立在扎扎实实的基础上。切忌一哄而起，把什么都叫岗位职务培训，防止再次发生类似"红专大学""七·二一"大学现象。

[评析]

这篇工作研究存在如下几个问题：一是结构安排不合理，重点不突出。本篇重点本应该放在探究开展行政机关人员职务培训的方式方法问题（如教学大纲的制定及教材的编写、师资培训班的举办、培训基地的建立等）上，而本文却把重点放在"行政人员的培训以岗位职务培训为重点的理由以及对岗位职务培训中几个问题的探讨"上，对如何开展培训的问题不作深入、具体的探究，本末倒置。二是内容安排不合逻辑。如关于职务培训六大问题中，"考试问题""培训形式"不应放在"师资问题"的前面，不如按"职务规范和岗位培训、课程设置及教材、师资问题、培训时间、培训形式、考试发证"顺序排列。三是语言表达不规范。如"干部队伍的文化水平普遍得到了提高"中"普遍得到了提高"不恰当，应改为"得到了普遍的提高"，"在办学形式、教师、教材等方面都提出了一些经验"中"提出了一些经验"不恰当，应改为"提供经验"或"积累经验"，文中还有诸多其他类似的问题。四是格式不规范。标题下没有署上作者单位及姓名。

▶第五节　讲话稿

[**学习要求**]

了解讲话稿性质、特点、种类和写作结构，熟练掌握讲话稿的写作技巧，注意称谓用语、情感表达，能根据不同场合、对象，即兴写出切合情景的讲话稿。

一、讲话稿概述

(一)概念

讲话稿，也称为演讲稿、发言稿，是讲话人为出席会议、典礼等场合发言而准备的文稿。从文体性质看，它是一种将意见、主张、看法直接诉诸听觉，通过摆事实、讲道理来动员和说服听众的口述性议论文。

因讲话人身份和使用场合的不同，讲话稿有不同的称谓。从讲话人身份看，可称为报告、讲话、发言等；从讲话场合看，分别称为开幕词、闭幕词、主题词、主题报告、会议总结等；从与会者角度看，可称为演讲稿或演说词、讲话稿等；从传播手段看，分别叫广播讲话、电视讲话等。

(二)特点

1. 针对性。讲话稿用在特定场合，面向特定的听众，其内容也是特定的和有针对性的。

2. 鼓动性。讲话稿目的在于宣传、教育、鼓动和争取群众，讲话人通过摆事实、讲道理，阐明意见、主张，使听众接受、信服，达到鼓舞斗志，激发听众热情的目的。

3. 口头性。讲话稿是讲话人用于有声表达的文字底稿，具有口语化特点，适合口头表达，且诉诸听觉，听者容易理解、接受，做到"讲者上口、听者入耳"。

(三)种类

讲话稿作为公务文书，主要种类有：

1. 报告。即由某社会组织领导人向大会报告工作情况的文稿，属于会议文书。如《政治工作报告》《政府工作报告》，一般采用总结式写法。

2. 讲话。即由某社会组织有关领导人代表本机关单位在会议上所作讲话的文稿。这类讲话稿，内容比较集中。

3. 致词。即由有关方面领导人在隆重会议或典礼上所作的简短讲话，如开幕词、闭幕词、欢迎词、祝酒词、致谢词等。这类讲话稿简短精炼、措辞庄重。鉴于这类讲话稿社交礼仪性强，另安排在第九章"礼仪文书"专门讲述。

二、结构和写法

讲话稿一般由标题、签署、称呼、正文等部分组成。

(一)标题

讲话稿的标题有多种写法。一种是由讲话人、场合、文种组成，如《部队领导在欢送退役老兵仪式上的讲话》；也可由场合、文种组成，如《在青藏铁路通车庆祝大会上的讲话》；也可揭示主旨，如《为建设环境友好型社会而发奋努力》；也可由正、副双标题组成，正题揭示主旨，副题写讲话场合，如《为建设一个人民拥护、上级放心、基层欢迎的人民政府而努力奋斗——在××镇第三届人民代表大会第一次会议上的就职讲话》。

(二)签署

在标题下方注明讲话人的姓名及日期，也可将日期写在文末。

（三）称呼

根据不同场合、不同会议、不同对象采用相应的称呼。一般代表性会议用"各位代表"，党代会常用"同志们"，组织机构会议用"各位委员"，典礼仪式用"各位领导，各位来宾"，接待贵宾的会上常用"尊敬的×××阁下，女士们、先生们"，有的还加上修饰语"亲爱的"。称呼要注意包容性和次第性（按主次排列）。

（四）正文

一般由开头、主体、结尾组成。开头或阐明讲话主题，或交代讲话背景，或提出问题，引起注意。主体部分或分析问题、解决问题，或总结经验教训，安排新的工作内容。这部分要围绕一个主题有条理地展开，做到言之有物，言之有序。结尾部分一般是对全文的总结概括，同时提出要求、希望等。

三、范文评析

[范例]

在青藏铁路通车庆祝大会上的讲话

（2006 年 7 月 1 日）

胡锦涛

同志们：

今天，我们在格尔木和拉萨两地同时集会，热烈庆祝青藏铁路全线建成通车，号召全党全国各族人民学习和弘扬挑战极限、勇创一流的青藏铁路精神，为全面建设小康社会、把中国特色社会主义伟大事业继续推向前进而团结奋斗。

青藏铁路建成通车，是我国社会主义现代化建设取得的又一个伟大成就。在这里，我代表党中央、国务院，向青藏铁路建成通车，表示热烈的祝贺！向为青藏铁路建设作出突出贡献的全体建设者，表示崇高的敬意！向关心和支持青藏铁路建设的沿线各级党委、政府和各族干部群众、各有关方面人士、国际友人，表示衷心的感谢！

建设青藏铁路是几代中国人梦寐以求的愿望，党和政府始终高度重视。1958 年，党中央决定建设青藏铁路西宁至格尔木段，1984 年 5 月这段铁路建成通车。进入新世纪，党中央从推进西部大开发、实现各民族共同发展繁荣的大局出发，作出了修建青藏铁路格尔木至拉萨段的重大决策，提出了建设世界一流高原铁路的目标。现在，经过全体建设者和各方面的顽强拼搏、艰苦奋斗，几代中国人特别是沿线各族干部群众的心愿终于实现了。

青藏铁路是世界上海拔最高、线路最长的高原铁路，沿线高寒缺氧，地质复杂，冻土广布，工程十分艰巨。修建这样一条铁路，不仅是对我国综合国力和科技实力的检验，也是对人类自身极限的挑战。铁道部和各参建单位……以惊人的毅力和勇气战胜了各种难以想象的困难，用自己的心血和汗水谱写了人类铁路建设史上的辉煌篇章。这不仅是中国铁路建设史上的伟大壮举，也是世界铁路建设史上的一大奇迹。这一成功实践再次向世人昭示，勤劳智慧的中国人民有志气、有信心、有能力不断创造非凡的业绩，有志气、有信心、有能力屹立于世界先进民族之林。建成青藏铁路这一壮举将永载共和国的史册。

从青藏铁路建设的伟大实践中，我们得到许多重要启示。

第一，必须紧紧抓住发展这个党执政兴国的第一要务，不断增强我国的综合国力。这次建成的青藏铁路格尔木至拉萨段，施工难度之大、设备可靠性和安全性要求之高在世界铁路建设史上是前所未有的。在特殊的地理和气候条件下，我们仅用 5 年时间就建成了这条 1100 多公里的高原铁路。这一巨大成就的取得，是改革开放 20 多年来我国综合国力不断增强的重要体现。这一事实再一次充分说明，只要我们紧紧抓住发展这个党执政兴国的第一要务，不断增强我国的综合国力，我们就一定能够不断夺取社会主义现代化建设的新胜利。

第二，必须加快科技进步和创新，大力提高我国的自主创新能力。青藏铁路建设面临多年冻土、高寒缺氧、生态脆弱三大世界性工程难题。解决这些难题，世界上没有现成的经验。广大科技工作者和全体建设人员在充分借鉴世界铁路先进技术的同时，发扬自力更生精神，大力推进科技创新，开展大量科学试验，取得一系列重大成果，为进行多年冻土施工、发展高原医学事业、保护生态环境积累了宝贵经验。这一事实再一次充分说明，中华民族是富有创造精神的民族，只要我们坚持不懈地提高自主创新能力，不断增强科技实力、攀登世界科技高峰，我们就一定能够为世界科技进步作出更大贡献。

第三，必须发挥社会主义制度的政治优势，形成万众一心共创伟业的生动局面。在建设青藏铁路的过程中，从中央到地方上百个单位、十几万建设大军同舟共济、团结协作，自觉服从大局，全力保证大局，形成了青藏铁路建设的强大合力。这一事实再一次充分说明，只要我们坚持发挥社会主义制度能够集中力量办大事的政治优势，并善于把这一优势与市场经济体制的优势有机结合起来，我们就一定能够推动关系国计民生的重大建设项目更快更好地完成。

第四，必须大力弘扬艰苦奋斗、自强不息的精神，坚韧不拔地创造历史伟业……

青藏铁路建成通车，这对于青藏两省区加快经济社会发展、改善各族群众生活，对于增进民族团结和巩固祖国边防，都具有十分重大的意义。铁路部门要切实管好、用好青藏铁路，牢固树立以人为本和安全发展的理念，确保广大职工劳动安全，确保广大乘客身体健康，确保青藏铁路运输安全。要充分认识搞好青藏高原环境保护的极端重要性，严格落实各项环保措施，教育广大干部职工和乘客增强环保意识，自觉爱护青藏高原的山山水水、一草一木，切实保护好沿线生态环境。

青藏铁路建成通车，为青藏两省区经济社会发展带来了历史性机遇。青藏两省区要抓住有利时机，全面贯彻落实科学发展观，进一步完善发展思路，科学规划产业布局，促进资源优化配置，推动经济结构调整，加快形成具有地区优势和民族特色的经济发展格局。要科学规划和开发铁路沿线旅游资源，创建高原特色旅游品牌，加快旅游产业发展。要适应青藏铁路通车的新情况，积极开发利用优势资源，千方百计增加就业岗位，促进农牧民增收致富，提高沿线各族群众生活水平……

铁路作为国民经济的大动脉、国家重要基础设施和大众化交通工具，在我国社会经济发展中具有重要作用。希望铁路系统广大干部职工认清使命，抓住机遇，再接再厉，开拓进取，为加快我国铁路发展步伐，全面建设小康社会、加快推进社会主义现代化作出新的更大的贡献。

[评析]

这是胡锦涛总书记在青藏铁路通车庆祝大会上发表的重要讲话。讲话借青藏铁路通车庆祝大会的平台，以青藏铁路建设者的伟大实践和青藏铁路精神激励全党、全国各族人民，为全面建设小康社会、把中国特色社会主义伟大事业继续推向前进而团结奋斗。全篇实事求是地评价青藏铁路精神，号召弘扬中华民族精神，高扬时代主旋律，内涵丰富，高屋建瓴，令人振奋。讲话由"作评价""谈启示""提要求"三部分构成，开头先言会旨、祝贺、回顾再评价，后引出"要强国、要创新、要团结、要奋斗"四方面的重要启示，最后提要求，层层推进，不断升华，结构独具特色。

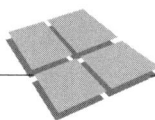

四、写作要求与病例评析

（一）写作要求

1. 主题单一，贴近听众。一篇讲话稿只集中讲述一个问题，只突出一个中心，不信口开河、节外生枝；讲话内容应有的放矢地针对听众，讲听众最关心的、切合听众的问题，拉近与听众的距离。

2. 观点鲜明，选材准确。讲话稿观点要鲜明，让听众明白支持什么和反对什么，要选择真实、具体、典型的材料佐证观点，晓之以理，具之以形，说服听众。

3. 感情真挚，语言通俗。讲话稿是直接面对听众表情达意的，必须要用真挚的感情扣动听众心弦，以情动人，引起共鸣；还要注意使用通俗化、口语化的语言，读来琅琅上口，听来顺耳，取得良好表达效果。

（二）病例评析

［病例］

在××县商业系统第十四次职工代表大会开幕式上的讲话

同志们：

时光荏苒，岁月流逝，一年一度的职工代表大会召开了。这次大会是在党的十六大精神鼓舞下，在改革开放的新形势下，在县委、县政府的正确领导下，经过大家的共同努力，××县商业系统第十次职工代表大会现在热烈开幕。

出席这次代表大会的代表，是来自全县各商业系统作出贡献、成绩优异的先进模范。我在这里代表××县商业向参加这次会议的全体同志们表示深切的慰问和极大的感谢！

这次代表大会是在全县人民认真贯彻执行党的十六大制订的方针政策指引下，齐心协力，艰苦奋斗，夺取我县 2002 年农业生产新胜利的大好形势下召开的，特别是今年夏季，我县遭受特大洪涝灾害，在县委、县政府的领导下，我们又取得了重大胜利，在这样的情况下召开××县商业系统第十四次职工代表大会，更有其特殊的意义。出席这次职代会的代表，有离退休干部先进代表，有正在自己岗位上奋斗拼搏、作出突出贡献的"商业明星"，还有各乡、县直各单位的列席代表。大家喜气洋洋，欢聚一堂，共同研究探讨如何在新形势下搞好全县商业系统的管理与服务。这次代表大会要以党的十六大精神为指针，认真总结我县一年来商业系统的工作成绩，找出差距，明确今后工作任务和方向，协力攻关，在我县商业发展史上写下光辉的一页。

预祝这次职工代表大会圆满成功。

［评析］

这篇讲话稿主要存在以下几点问题：一是标题欠简洁，改为"××县商业系统第十四次职工代表大会开幕词"即可。二是结构层次紊乱。讲话内容一般要先交代会议名称、介绍会议代表、致词者问候，再陈述会议背景，最后提出会议主要任务和希望要求，而这讲话稿没有按此顺序。三是内容交叉重叠。如第一段"这次大会在党的十六大精神鼓舞下……"，在第三段又重复出现；第二段"出席这次代表大会的代表……"，第三段再次出现。四是语言表达啰嗦、繁冗。如第一段长达 102 字，其实改为"××县商业系统第十四次职工代表大会现在热烈开幕"便可；会议名称"××县商业系统第十四次职工代表大会"多次重复出现，显得啰嗦，可改为"大会"或"这次大会"即可；还有多处语句毛病，如"制订"应改为"制定"，"搞好……管理与服务"后应加上宾语"工作"等。五是格式不完备。欠缺讲话人和会议时间。

▶第六节 述职报告

[学习要求]

了解述职报告的性质、特点和内容结构，弄清述职报告与总结的区别，熟悉述职报告的语言表达要求，能写常用的述职报告。

一、述职报告概述

(一)概念

述职报告是领导干部向所属的职工或上级组织和领导陈述自己任职时期内的工作情况的自我评述性报告。

述职报告是管理和考核干部的重要方式之一。对于相关工作人员来说，撰写述职报告，可对自己的任职情况加以回顾和反思，有利于自审和提高，也有利于改进工作；对于一个单位或部门来说，要求领导干部提出述职报告，利于考核干部，也便于群众民主监督。

(二)特点

1. 个人性。述职报告要求述职者对自身负责的某一阶段工作进行全面的回顾，从中总结出成绩和经验，找出不足与教训，对个人履职情况作出正确评价。

2. 真实性。述职报告是干部考核、评价、晋升的依据，述职者要实事求是、真实客观地陈述，力求全面、真实、准确地反映其岗位履行职责的情况。

3. 通俗性。述职报告面对听众作口头陈述，务必使用大众化、口语化的语言，使听众听懂、明白。

(三)种类

根据不同标准，述职报告可分为不同种类。从内容、性质来看，可分为综合性述职报告和专题性述职报告。从用途来看，可分为晋职述职报告和例行述职报告。从时间来看，可分为任期述职报告和年度述职报告。即一年一度履行岗位职责情况的报告。

(四)述职报告与个人总结的区别

述职报告与个人总结都要对过去工作进行回顾，总结经验、教训，都用于个人。但两者存在以下区别：

1. 撰写目的不同。个人总结的目的是通过回顾工作，肯定成绩，找出不足，指明努力方向，以推动今后工作；述职报告则通过陈述个人德、能、勤、绩等方面的具体材料和数据，说明履职情况，为上级有关部门选拔、考核、奖罚提供依据。

2. 写作重点不同。个人总结的重点，不受职责范围的限制，凡是做过的工作，取得的成果，都可写入总结之中；而述职报告则必须以履行职责方面的情况为主，重点展示履行职责的思路、过程和能力，要回答称职与否。

3. 表达形式不同。述职报告采用"报告"形式，主要运用叙述的方法；总结则既注重叙述，又重理性分析，总结经验教训。

二、结构和写法

述职报告通常是由标题、署名、称谓和正文几个部分构成的。

1. 标题

述职报告的标题可由述职人、期限、文种构成，如《×××2006年度述职报告》；也可单由述职人或期限加文种构成，如《2005年上半年述职报告》《我的述职报告》；也可直接用文种，如《述职报告》；有的采用双标题形式，如《求真务实，求精务深——2003年任讲师职

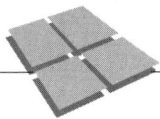

务的述职报告》。

2. 署名

在标题正下方标明述职人单位和姓名。

3. 称谓

写明报告对象或主送机关，如"各位领导、同志们""××组织人事部""××董事会"。

4. 正文

正文一般由开头、主体和结尾三部分组成。

（1）开头。写任职的概况，包括任职时间、任何职务、岗位目标和自我评价等，给听众或领导总体印象。要写得集中概括、简明扼要。

（2）主体。主要报告履行职责的具体情况，内容包括：任职期间所做的主要工作，取得的主要成绩；存在的问题、缺点；个人的认识和体会，主要经验、教训；今后的工作设想。要写得具体充实，条理清楚，有理有据。

（3）结尾。通常用惯用语收束，如"以上报告，请领导和同志们批评指正""以上报告请审查""以上是我的述职报告，谢谢各位"。

三、范文评析

[范例]

求真务实　与时俱进
——我的述职报告

各位领导、各位同志：

我叫×××，现任×××乡人民政府乡长助理。2005 年度，分管农业、统战等方面的工作。2005 年度我的工作目标是"稳粮、扩经、增畜，抓好农业；争取人心、凝聚力量，服务于统一战线；努力为民办实事。扎实做好驻点包村工作"。一年来，在县委、县政府的正确领导下，我以"三个代表"重要思想为指导，以与时俱进、开拓创新的精神状态，以积极主动、求真务实的工作作风，认真做好分管的工作，并取得了一定成绩。现将一年来的履职情况报告如下：

一、积极稳妥采取有力措施，促进农业工作顺利实现"稳粮、扩经、增畜"的目标

今年，我乡农业工作思路清晰，目标明确，措施得力，保证了粮食产量的稳定，扩大了经济作物的种植面积，增加了畜牧产品的数量，顺利实现了年初的目标。

第一，粮食产量保持稳定。一是保证粮食的种植面积。年初，我乡将禁止稻田摆荒作为村级干部考核的一项重要内容。面对外出务工存在稻田抛荒现象，认真进行调查摸底，及时落实责任人耕种。二是清理整顿农资市场。2005 年 3 月份，我与农技站同志一起重点对场坪上农资销售点进行了一次悄无声息的整顿，对种子、农药、化肥等农资进行全面抽查，及时清理了氰戊菊酯等少量的过期和不合格农药，优化了农资市场。一方面确保了群众放心购买农资；另一方面也维护了商家的利益。2005 年度，乡农资服务部门共销售水稻种子 5000 公斤左右，品种有 32 个。除 T 优 111 和金优 253 收成不好外，普遍反映较好。三是及时准确发布病虫情报，深入田间地头，实地指导。四是与同志们一起共同沉着应对洪灾和旱灾。"6·1"洪灾过后，紧接着 7～8 月份的旱灾，对我乡的农业造成了很大的损失。2005 年度，在大家的共同努力下，粮食总产 1986 吨（去年是 2132 吨），保持稳定。

第二，扩大经济作物的种植面积……

第三，养殖业发展较快，畜牧业产品数量较去年有大幅提高……

第四，动物防疫工作取得较大的成效……

2005 年从整体来讲我乡农业工作夺得了抗击洪灾、旱灾的胜利，粮食总产保持稳定，

粮补直补及退耕还林钱粮补助均能足额及时发到群众的手中，养殖业发展态势喜人，总体来讲农民增收态势不变，农业农村工作有了新的进展。但我乡农业生产受自然灾害影响、市场风险影响特别大，农业自主发展能力仍受局限。

二、致力于团结和谐，为统战工作略尽绵薄之力

……

三、扎实开展包村驻点工作

2005年上半年，我负责的是石家村的扶贫规划和扶贫项目确立等工作，下半年负责的是神洞溪村以计划生育为重点的中心工作。主要做好了四件比较突出的事情。

第一，认真调查×××村冰冻灾情，努力做好该村的救灾援助工作……

第二，严格按照《湖南省村民委员会选举规程》协助做好×××村委换届工作……

第三，认真调研×××村的计划生育工作，通过近6个月的深入调查思考，写成了《关于×××村的计划生育工作的调查报告》。

第四，认真做好×××村的粮补直补资金发放工作和其他包村工作。

四、加强学习，注重自身综合素质的提高

一是加强学习，在学习中不断汲取精神营养，努力提高自身素质。当今时代是知识爆炸的时代，要真正负起基层干部的责任，努力实践"三个代表"重要思想，必须具备丰富的知识，过硬的素质，成为"知识型"的领导。大家都知道，我爱学习，不喜欢打牌，坚持阅读《应用写作》杂志，提高自己的写作能力，并正在自学英语、行政管理本科课程。2005年我还荣幸地在全国应用写作核心期刊《应用写作》杂志第11期上发表了一篇评改文章。学习是一种乐趣，虽然很辛苦，但很有意义。

二是加强自律。保持良好的工作作风和精神状态，坚持正直做人原则和积极的工作态度，对一名领导干部来讲是非常必要的。干部的形象连着政府的形象，群众对政府的认识，主要来自于身边的干部。作为政府的一员，严于律己、一身正气本身就是一种无形的力量，就能产生强大的凝聚力和感召力。在生活上坚持真诚待人、敬人律己、和睦相处，在工作上我坚持深入实际，勤勤恳恳、任劳任怨，在作风上我坚持按原则办事、不以权谋私、不以权压人。

三是加强角色意识，在其位、谋其事。作为一名副职领导，我很明白，副职的角色就是正职的助手和参谋，在正职的领导下开展工作。作为副职，应树立配合意识，积极主动地、全力以赴支持"一把手"的工作，不争红花，甘当绿叶。任乡长助理以来，我总是认真做好自己分管的工作和主要领导安排的工作，因为只有在其位、谋其事，努力在自己岗位上有所作为才能令人信服，受人尊重。

一年来，虽然做了一些工作，取得了一些成绩，但我也清醒地认识到还存在许多不足，主要有：

第一，理论学习钻研不够。自己虽然比较重视学习，也抓得比较紧，但由于时间关系，没有深入钻研。对一些知识只停留在记忆层面，缺少深入思考，对有些政治理论和知识的了解很少，对高科技的了解几乎处于空白，远远不能适应信息时代和经济时代快速发展的需要。

第二，工作职责发挥不够。作为乡长助理，本应为乡长分担更多的工作任务，但由于思想上总认为还有其他副职，而且都是长辈，因此，对自己分管以外的工作很少去做，在协助乡长工作方面更做得不多。2005年转眼过去了，回首一望，从1998年参加工作至今也有8年了，这些年来，在组织的关怀下，我学会了在思考、求索和创新中前行，逐步领悟了"人之心胸，多欲则窄，寡欲则宽；人之心术，多欲则险，寡欲则平；人之心气，多欲则柔，寡欲则刚"的为人之道；领会了"莫图一时之快，莫谋一人之私，莫占一己之名"的为政

之理；我时刻告诫自己"心志要苦，意趣要乐，气度要宏，言行要慎""克己才能奉公、无私方可无谓"。2006 年开始了，如果党政领导分工没有变，我将继续以"三个代表"重要思想为指导，切实克服不足，求真务实，与时俱进，努力实现工作的新突破。

以上报告，请批评指正。

×××乡乡长助理：×××

2006 年 1 月 11 日

[评析]

这是一篇基层干部用于宣读的年度述职报告。标题采用正、副双标题形式，醒目有力，正文部分先简要说明履职情况，后围绕"农业工作""统战工作""包村驻点工作""业务学习"四方面内容作全面的综述，并指出工作中的不足和努力方向，结构完整，条理清晰，主旨突出。本文多用具体事例、翔实数据突出自己的业绩，正视问题，无处不体现求真务实的精神，文中采用排比、警句等修辞手法，增强了文采。

四、写作要求与病例评析

(一)写作要求

1. 内容全面，实事求是。述职报告内容要涵盖自己任职范围内的各方面工作，要客观反映全面情况（包括成绩、存在问题、努力方向），实事求是对自己作出评价，不夸大成绩，不忽视缺点。

2. 选好角度，重点突出。述职报告涉及内容多，写作时要分清主次、突出重点。述职者要善于把握角度，选择最典型事例说明工作实绩，充分展现其工作风格、魅力，给人留下深刻印象。

3. 行文庄重，语言朴实。述职报告是述职者面对听众作正式、庄重的汇报，写作时要注意措辞严谨、用语朴实、语气谦恭，言辞不渲染、不溢美、不夸张，不说过头话。

(二)病例评析

[病例]

总结述职报告

×××局长：

我是心怀对我们企业的深厚感情而工作的。这种感情来自公司对我的培养，来自全体员工对我的信任和支持。我深知带领公司全体员工促进企业持续长远发展，振兴壮大企业，增加员工收入责任重大。因此，我一直为此努力工作着。现在，我向领导述职，请予以审议。

一、履行职责情况

1. 认真学习贯彻"三个代表"重要思想及党的十六届三中全会精神，在实际工作中深刻领会党中央确定的各项工作方针的深刻内涵和新时期加强两个"务必"的重大意义，以及"八个坚持，八个反对"的精神实质，把思想和行动统一到党中央的路线、方针、政策上来，创新发展。

2. 注重企业文化建设，提倡"诚信、情感、责任、程序"八字管理理念，主张"以人为本，守法诚信"，引导广大职工"以企业为家，共同发展"。人是生产力中最活跃的因素，是企业振兴发展的源泉和动力，只有公司全体员工把聪明才智充分发挥出来，并应用到公司管理与生产中去，公司才能发展；只有公司提供宽松敞亮的舞台，员工的人生价值才能得以施展和实现。因此，我们要依靠员工促进发展，就要培育先进的企业文化。

3. 加强民主管理，以真诚和友谊建立良好的同事关系和社会关系，风雨同舟。一是从职工关心的"热点""难点""疑点"入手,深入实际地解决好公司经营管理与改革发展等重大问题,做好领导干部廉洁自律及有关职工切身利益方面的工作。二是注意维护公司领导班子团结。大厦之成,非一木之材;大海之润,非一流之归。我与班子成员做到目标一致,职工互补,荣誉共享,集思广益,改进工作,促进发展。

4. 不急功近利,从长远着眼,坚持理论联系实际,扎实开展管理调研工作。作为公司总经理,不但要具备这个岗位所需要的一切素质,还要把握各方面的信息,保持对事物发展规律的敏锐感觉,使思想观念与时俱进,把理论知识、市场规律与企业管理实际相结合,才能领导公司且不被激烈的市场竞争所淘汰。因此,我充分运用国家政策、法规,依法开展财务监督、审计监督、质量监督和效能监察,把长期与短期的具体工作相结合。

5. 始终把思想作风摆在第一位。自担任公司总经理以来,我不断提升思想素质、开阔视野、充电扩能。我坚决贯彻执行党和国家政策、法规及上级的指示决定,做到了敬业勤政、关心群众疾苦。

二、存在的问题和今后努力的方向

总结我个人的工作,离上级的要求与企业发展还有一定的差距。其表现在政治理论不够丰富;表现在企业管理、项目管理与市场规律不相符;表现在我们的企业管理行为、员工个人行为与企业经营管理理念之间存在很大的差距;还表现在企业改革滞后。

今后我将加强学习,广泛采纳大家的建议,为公司夺取更加辉煌的业绩而努力奋斗。

以上述职请领导审议。

[评析]

这篇述职报告存在的主要问题:一是格式不规范。标题把总结和述职报告混在一起;抬头应呈送领导机关,而不是领导个人;结尾没有落款(要写明述职人姓名和日期)。二是内容空洞,"虚"多"实"少。前言啰嗦,没有交代清楚其担任职务的时间。主体部分过多谈及思想认识,没有述清"如何做"和"做得如何",没有通过实在的事例说明"我"在履职岗位中的具体业绩和对公司发展所起的作用,存在问题和努力方向部分剖析不深、轻描淡写。总之,这篇述职报告述"虚"的多,述"实"的少,内容空洞,缺乏具体目标。

▶第七节 简 报

[学习要求]

了解简报的性质、特点,掌握简报的版式,能编写内容实在、反映及时、形式灵活、篇幅简短的简报。

一、简报概述

(一)概念

简报是党政机关、群众团体、企、事业单位等编发的用以反映问题、交流信息、沟通情况、报道动态的事务文书。它是机关单位广泛使用的、带有新闻性质的内部刊物。常见的有"快讯""内部简讯""内部参考""工作动态""情况反映""信息交流"等。这种刊物的报头总是套红印刷,所以又称为"红头小报"。

(二)特点

1. 时效性。简报在机关文书中以讲究时效著称。报道迅速快捷,使领导和有关部门及时了解动向,掌握情况,以便及时处理解决问题。错过时机编写的简报,就失去了应有的意义。

2. 简明性。简报以简洁的文字报道信息动态,内容集中,篇幅短小。简报一般不超过千字,特殊情况也不要超过两千字。

3．新颖性。简报反映的是新情况、新动向、新问题、新经验，即使重复过的工作，也要立足于新角度，写出新意。内容新是简报的价值所在。

4．真实性。简报报道的内容要真实可靠，准确无误，不得夸大事实、虚造数据。事实准确是简报的生命所在。

5．内参性。简报用于机关内部信息交流，不公开发行，阅读对象是本单位职工、上级领导或相关部门，一般加注"内部刊物，注意保存""内部文件"等字样，有些还加注密级。

（三）种类

简报根据不同标准，可分成不同种类。根据性质可分为综合性简报、专题简报等；根据载体，可分为文件式简报、杂志式简报、报纸式简报；根据时间，可分为定期简报和不定期简报。根据内容，可划分以下三种：

1．工作简报。这类简报主要用于反映本系统、本部门工作开展情况、总结经验教训，表扬先进，批评后进，指导工作。

2．会议简报。这类简报主要用于重要会议的进展情况、重要报告、讨论内容、通过决议、与会人员的发言、活动等事项，以便及时沟通情况，传递信息，开好会议。

3．动态简报。这类简报主要反映工作动态和思想动态，及时反映工作中的新事件、新成绩、新问题、新建议；反映不同方面对党和国家的方针、政策及国内外重大事件的认识、态度以及思想苗头，为有关部门提供重要信息、情况。

（四）简报与相近文种的区别

1．简报与新闻的区别

两者都要迅速及时、客观报道新情况，但在传播内容和范围存在很大区别：新闻是公开发表的，面向全社会的，报道的内容是公众所感兴趣的一切新人新事；简报所报道的内容多为本单位内部或相关部门之间的新情况、新问题，限于内部或相关部门阅读，一般不公开发表。

2．简报与通报的区别

两者都要及时、真实反映内部重要情况，但在目的、用途和表达等方面有较大不同：通报主要针对正反面典型或具有倾向性的情况向内部通报，目的在于教育人们趋向良好方向发展，一般在叙述情况后要作评价分析；简报报道的情况、信息，主要用于反映问题、交流信息、沟通情况，为领导提供决策或指导依据，只要求客观报道，不作主观分析、评论。

3．简报与调查报告的区别

两者都有报告情况、反映问题的作用，都要求用事实说话，但它们的写作目的和写作侧重点不同：调查报告是通过深入全面的调查，获得对事实的系统性把握，在对事实概括分析的基础上，提出问题和对策，形成观点，得出规律性认识，要求理论和实际结合，材料、观点统一。简报注重对事实进行简要快速地反映，以达到传递信息、交流情况的目的，少有或没有理论性分析。

二、结构和写法

文件式简报由报头、报核、报尾三部分组成。

（一）报头

报头在第一页上方，约占全页三分之一左右，下边用间隔线与报体部分隔开。报头内容主要包括：

1．简报名称。即"刊头"，如"档案工作简报"，居中位置，用套红大号字体，要醒目、大方。

2．期数。位于"刊头"的正下方，注明"第×期"，用括号括入，可以按年度编号，也可以统一编号。

3. 编发单位。位于间隔线左上方位置，写编发单位的全称。

4. 印发日期。位于间隔线右上方位置，写印发简报的年月日。

5. 密级。位于报头左上角位置，用黑体字注明密级或"内部刊物，注意保存""内部资料，请勿翻印"等字样。

6. 份号。位于报头的右上角位置，写上文件的实际份数序号，如"0001"。

(二)报核

报核主要内容包括：

1. 按语。重要的简报常加上"编者按"，主要说明编发目的，提示稿件内容，表明编者态度等。

2. 标题。类似于新闻标题，形式灵活，但要准确、简洁、醒目，有吸引力。

3. 正文。一般包括前言、主体、结尾三部分。

(1)前言。即简报的开头，概括简报的主要内容，或交代时间、地点、事件、人物、原因及结果，给读者一个总体印象。通常采用叙述式、描写式、提问式、结论式写法。

(2)主体。它是简报的核心内容，承接前言，引用有说服力的典型的材料展开具体内容。主体部分写法较灵活，没有固定模式。

(3)结尾。用一两句话概括主题或对全文作小结，或指出不足及存在问题，或提出希望及今后的打算。

(三)报尾

位于简报最后一页底部，用间隔线与报核隔开，在横线左下方写明发送范围，再用间隔线隔开，并在横线右下方注明印发份数。

附：简报的具体格式

内部刊物 注意保存	编号：0001
情况简报	
第×期(总第××期)	
××××编	年　月　日
按语：………………	
标题	
（正文） …………	
报：	
送：	
发：	
	共印××份

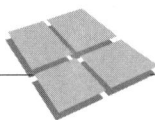

三、范文评析

[范例一]

××机构编制工作简报

（第 12 期）

××机构编制委员会办公室   2005 年 9 月 26 日

学习贯彻公务员法　进一步加强机构编制管理

《公务员法》经第十届人大常委会第十五次会议通过，将于 2006 年 1 月 1 日起施行。《公务员法》的出台，为公务员的管理提供了法律保障，在学习贯彻公务员法的同时，我们不仅感到这部法律为规范公务员管理、加强对公务员的监督，保障公务员合法权益，建设高素质的公务员队伍，促进勤政，提高工作效能等方面都作了法律的规定，而且还对加强政府机关机构编制、领导职数的管理等方面提供了法律保障。长期以来，行政机关（含依照公务员管理的事业单位）在机构编制管理上出现"监督难到位，管理不到位"的现象，如超编进人、超职数配备领导干部，这些现象尽管各级党委政府下发了一系列的文件规定进行控制，各级机构编制管理部门也都认真履行职能，全力加强管理，但仍有很多"死角"管不到；同时由于缺少法律依据，不能管理到位。《公务员法》的颁布，在加强对公务员队伍管理的同时，也为加强行政机关的机构编制和领导职数管理提供了法律保障，使机构编制管理由长期以来重审批、轻管理、缺监督的"静态"管理方式向审批和管理并重、监督与制约相结合的"动态"管理方式转变。

《公务员法》在规范公务员管理的同时，也从 9 个方面对加强机构编制、领导职数的管理等作出了明确的法律规定。这说明：一是机构编制管理在实施公务员法中的重要性和两者之间的紧密性。二是加强机构编制管理，合理配置职能、编制、职数，是认真贯彻实施《公务员法》的基础。三是把加强对机构编制的管理和有效监督提高到了法律地位，它对机构编制的审批、管理、监督方式的创新提供了法律依据，我们要把传统的重审批、轻管理、软监督转变到重管理、强监督的轨道上来。四是认真学习贯彻《公务员法》，为实施有关机构编制提供管理方面的服务。

《公务员法》对公务员管理的各个环节、各个方面都作出了规定，对超编进人、超职数任职造成的机关人员膨胀难精简、"官多兵少"难控制、人员结构不合理难调整的"三难"现象，开出了彻底根治的药方，也对加强机构编制管理提出了更加严格的要求。作为人事编制部门更要明确责任，学习好、贯彻好、落实好这部法律，全面提升我市公务员队伍的管理水平，为振兴六安经济发展提供坚实的人事保障。

（××市编办×××供稿）

上报：

抄送：

[评析]

这是一篇动态简报，反映的是《公务员法》即将颁布的信息动态。简报先简介《公务员法》的颁布背景，后重点强调颁布意义，因首次颁布，故加重了笔墨，给人留下较深的总体印象；第二部分重点阐明《公务员法》的颁布对编制工作提出的新要求，结尾再次强调《公务员法》的意义，并提出希望、要求，语言简洁。因针对的是未正式颁布的法规，对其内容还不清楚，所以本文侧重于从"意义""作用"方面报道，重点鲜明。

[范例二]

旅客赞扬我站文明礼貌服务好

我站最近陆续收到二百多封表扬信，表扬我站文明礼貌服务好。

封封热情洋溢的表扬信件，有的是国际友人寄来的，有的是归国华侨写来的，更多的是国内农民、工人以及老弱病残者写的。一位58岁的老华侨来信说："3月3日那天，我和妻子从××车站转车回香港，我妻子有心脏病，携带的东西又多，正在为上车发愁时，客运班09号值班员主动走过来，询问我们到哪里去。她问明情况后，给我们扛行李、拎提包，一直把我们送到车上。我们老两口非常感动，拿出30元钱表示谢意。这位姑娘说，钱她不能收，这是她应该做的事情，我们问她叫什么名字，她只说：'我是乘务员。'"这位老华侨在信中感慨万千地说："还是祖国好，处处有亲人。"一个法国女留学生在信中说："3月底，我经过贵站转回北京，因天气突然变冷，我在站台上被寒风吹得直打颤。一个女服务员连忙把我请到休息室，还给我端来一杯热茶。车到站后，她又帮我拎提包上车，我问她姓名，她只说是车站的服务员。"

上海宝钢总厂一个干部寄来一封信和10元钱。他在信中说："3月13日，我在××车站买票时发现钱不够，少了10元，我焦急万分，向一位服务员讲明情况后，她毫不犹豫地掏出10元钱给我。我不知道她的姓名，只知道她是客运二班的服务员，是个20多岁的姑娘。"车站根据这一线索，查到了这位助人为乐的服务员是×××。

××车站是我国最大的客运站之一，过去我站曾因环境脏、秩序乱、服务态度差而引起广大乘客的不满。在"全民文明礼貌月"中，站党委带领我站职工，把站台打扮得像一座小花园。车站还要求服务人员在接待旅客中做到"三要""五主动"，即接待旅客要讲究礼貌，纠正旅客违章行为时要态度和蔼，处理问题要实事求是，主动迎送旅客，主动扶老携幼，主动帮助旅客解决困难，主动介绍旅行常识，主动征求旅客意见。所以，不少过往我站的旅客都称赞我站确实变了。

希望我站广大职工继续努力，为建设我站社会主义物质文明和精神文明作出新贡献！

××车站办公室编

××××年×月×日

[评析]

这是一篇工作简报，通过旅客对××车站服务态度的褒赞反映××车站工作成绩。标题概括主题，简明醒目，导语采用叙述式写法，主体部分紧扣导语，选取典型材料说明主题，生动具体，说服力强。结尾提出希望，回应前文，结构严密。

四、写作要求与病例评析

(一)写作要求

1. 紧跟形势，反映新事。简报应紧跟新形势，瞄准工作中的新动态，反映本单位的新情况、新问题、新经验，为有关部门决策提供新依据，促进中心工作顺利完成。

2. 真实准确，材料典型。简报要抓准问题，如实反映，既报"喜"又报"忧"；内容真实，不夸大，不缩小，不凭空想象、捏造事实。写作时要紧扣主题，选择最恰当、最典型、最有说服力和表现力的材料加以表现，增强可读性和吸引力。

3. 简明扼要，编发及时。简报贵在简明，表达时注意语言简洁，用词精炼，做到简明扼要，篇幅短小；编发简报要及时迅速，使领导机关及时掌握新情况，处理新问题。

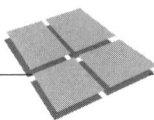

（二）病例评析

[病例]

陕西一些旅游点附近的农民向外国旅游者

强行兜售商品造成不良影响

4月20日上午，美国413旅游团外宾去陕西乾陵参观游览。客人一下车，一群手拿各种工艺品的农民就一窝蜂而上，大叫大喊着、争抢着要外宾买他们的东西。其中一些人手持唐代铜镜、铜钟及汉唐古钱等文物出售。外宾急于参观，打手势表示没有心思买东西。然而，这些农民仍围着不散。导游走过去，使眼色，说好话，一个个左劝右劝这些人就是不想走，有些走开了一会儿又回来了，继续大声兜售商品，并且大声辱骂导游，有些话还十分难听，无法写出。当这个老外旅游团要离开陕西乾陵时，一群小孩还围住一位70多岁的穿中国红衣服的老太太外宾，非要她买不可。这老太太外宾无路可走，山穷水尽，只好一步步向路边退下去，结果被挤得跌进了一条大路边的不到2米宽的小水沟，造成右脚关节骨裂，呻吟不止，当即由导游叫来救护车，送了医院。

最近，在陕西乾陵旅游点附近，围堵外宾，强迫向客人兜售旅游商品的现象时有发生。

[评析]

这则简报存在以下问题：一是结构安排不合理。简报的写法一般是在导言部分用一句话或一段话，概括全文的主题或主要事实，主体则将导言具体展开。因此，可将第二段移上来，成为第一段。二是第一段对事实的叙述式展开，过程详细、具体，语言不够精炼。简报的语言应用概括叙述的写法。三是标题欠概括。可改为"乾陵旅游点附近的农民向外宾强行兜售商品产生不良影响"。

▶ 第八节　会议记录

[学习要求]

了解会议记录的特点、对象、作用，弄清会议记录与会议纪要的区别，熟悉会议记录的格式和写作技巧，学会快速、准确做好一般性会议记录。

一、会议记录概述

（一）概念

会议记录是在会议过程中，由专门的记录人员，把会议情况和会议内容如实笔录而形成的书面材料。会议情况包括：会议组织情况、会议内容、与会者的发言、会议成果等。

（二）特点

1. 原始性。会议记录是对会议议程和发言内容的原始性记载，由记录员随会议进程作同步记录，不得歪曲、作假，不掺杂个人主观评价。

2. 凭据性。会议记录是了解、检查会议情况、传达会议精神、汇报会议情况、执行会议决议等的真实依据。会议记录交主持人认可签名后，便可立卷存档，成为文献资料，以供日后查考、研究。

3. 规范性。会议记录不对外公布，也不作内部交流，要求使用统一的记录专用笺、记录格式和规范的记录字体等，甚至对记录用笔都有严格规定。

（三）种类

从反映会议情况和内容的详略程度划分，会议记录分为：

1. 详细记录。这种记录要求详细记录会议的全过程，包括会上发言、不同意见、争论和会议决议，有的还记录发言人的语态动作。重要会议要采用详细记录。

2. 摘要记录。这种记录只对会上发言要点、结论、决议作记录，与议题无关的话题可以不记。

(四)会议记录与会议纪要的区别

会议记录是会议情况的原始记载，是了解、检查会议情况、传达会议精神、执行会议决议等的原始依据，仅供内部使用，不对外公布；会议纪要是对会议情况的综合与概括，要以会议记录为基础和依据，摘要发布会议主要内容和主体精神，在一定范围内公布传达，要求有关单位知晓，并照此办理贯彻实施。

二、结构和写法

会议记录一般由标题、会议基本情况、会议内容、会议结尾四部分组成。

1. 标题

一般是由开会单位、会议名称、文种构成，如《××大学校长办公会记录》；有的由会议内容、文种构成，如《关于加强学生思想工作座谈会记录》。

2. 会议基本情况

主要包括会议时间、地点、出席人、缺席人、列席人、主持人、记录人、记录员、议题等内容。每项分行依次排列，具体要求如下：

(1)会议时间。即会议召开的具体时间(年、月、日、时，几点至几点)。

(2)会议地点。即会议召开的具体地点(哪一间会议室)。

(3)出席人。即按照规定必须参加的人员。一般由出席人亲自签到，也可由记录人记录。

(4)缺席人。写明缺席人的姓名和缺席原因。

(5)列席人。即不属于会议正式成员，但与会议有关的各方面人员。写明姓名、职务或单位名称，可由列席人亲自签到，也可由记录人填写。

(6)主持人。一般写明姓名，在姓名前冠写职衔。

(7)记录人。写明姓名。

(8)议题。即会议围绕讨论的主题内容，议题多的可分条列项写出。

3. 会议内容

这是会议记录的主体内容，包括主持人开场白、大会主题报告、讨论发言、会议决议等内容。要按会议议程和发言顺序，记录发言人姓名和发言内容，可详细记录，也可摘要记录。

4. 结尾

一般另起一行，空两格写"散会"字样。在会议记录的右下方，由会议主持人和记录人签名，以示负责。

三、范文评析

[范例一]

××国税分局办公会议记录

会议时间：2005年12月4日下午2点

会议地点：分局三楼会议室

参加人员：张××(党委书记)、吴×(局长)、王××(纪委书记)、杨×(办公室主任)、李×(征税科科长)、洪×(征税科副科长)、刘×(监察室主任)

列席人：徐××(税务员)、高×(税务员)

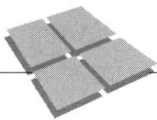

会议主持人：吴×（局长）

记录人：张×

主要议题：关于刘家村服装加工户抗税案件的处理

吴×：我们这次会议，主要研究今天发生的刘家村服装加工户抗税事件的处理问题。先请徐××、高×介绍一下当时的情况和事件的经过。

徐××：今天上午九点，我和高×骑自行车到刘家村，对该村部分服装加工户征收增值税。我们刚进刘××家的院子，对正在加工服装的刘××说明来意，刘××就恶狠狠地说："没钱！"我们正准备做刘××的工作，刘××却一脚踢翻了身边的一张椅子，就势躺倒在地上大喊："出人命啦，收税的打人啦！"不大一会儿，从外面涌进20多个人，这些人不容我们开口，一边对我们推推搡搡，一边大声责问我们为什么打人？领头的张××还喊叫着要把我们捆到乡里去。一边喊叫一边使劲抢高×手中拿的那个装有税票的皮包。我们在刘××的院子里被围攻了整整两个小时，后来一个乡干部赶来，我们才脱了身。

高×：我认为这事是有预谋的。刘××刚躺在地，他的妻子就跑到街上大喊大叫，不到五分钟就围了一院子的人。这次带头围攻的刘××和张××，上个月收税时就赖着不缴，后来是请镇政府的人帮助才收上来的。所以，今天这事很有可能是他们预谋好的。

王××：事发后，我和两位同志吃完午饭赶到刘家村去调查此事。刚一进村，也被围住了。喊叫着说我们所里的徐××和高×打了刘××，根本不让我们开口。看那阵势，他们还想闹事。为了防止事态的恶化，我们就回来了。我同意高×的看法，这件事是有预谋的，属于抗税行为。

李×：刘××等人上个月虽然没闹事，但抵触情绪很大，本月还是闹起来了。像这样明目张胆抗税的事不治一治，我们的税收工作就很难开展。

杨×：听说附近几个村都已知道这件事，影响很坏。别的纳税人都看着我们。如果我们软了，刘××和张××还会变本加厉，还可能在该村和其他村发生类似的事件。

张××：我的意见是一方面做其他群众的思想工作，向他们讲清政策，稳定群众情绪；另一方面要尽快将这一情况报告县局，请县局同司法机关对那几个暴力抗税的人采取强制措施。

吴×：别的同志还有没有不同的看法？没有，就按照张书记的意见办吧。杨×要抓紧时间写一份报告，主要讲刘家村今天发生的情况和我们的意见。明天我到县局汇报。

散会（下午5时20分）。

主持人：吴×（签名）

记录人：张×（签名）

[评析]

这是一份较详细的会议记录，由标题、会议基本情况、会议内容和结尾四部分组成，内容完备，要素齐全。标题由会议单位、会议内容、文种构成，会议基本情况部分注明了与会者的身份，结尾加上主持人、记录人签名，格式规范。

[范例二]

××区干部培训中心第×次办公室会议记录

时间：2005年3月4日14:30～17:00

地点：培训大楼第×会议室

出席人：刘××（主任）、杨××（教务长）、张××（办公主任）、吴××（办公室秘书）及各培训部主要负责人

缺席人：王××、张××（外出开会）

主持人：刘××（主任）

记录人：吴××（办公室秘书）

一、报告

（一）杨××报告中心基本建设进展情况……

（二）主持人传达区人民政府《关于压缩行政经费的通知》（以下简称《通知》）……

二、讨论

我中心如何按照区人民政府《通知》的精神抓好行政经费的合理开支，切实做到既勤俭节约，又不影响正常的培训教学、科研等活动的开展。

三、决议

（一）利用两个半天时间（具体时间由各培训部自己安排，但必须安排在本周内）组织有关人员集中传达学习《通知》精神，提高认识，统一思想。

（二）各培训部负责人在认真学习的基础上，利用下周政治学习时间向群众传达、宣讲。

（三）各培训部责成有关人员根据《通知》的压缩指标，重新审查和修改本年度行政经费开支预算，并于两周内报主任办公室。

（四）各培训部必须严格控制派出参加外地会议及外出学习人员的人数，财务科更要严格把关。

（五）利用学习和贯彻《通知》精神的机会，对全中心员工普遍开展一次勤俭节约、艰苦朴素的传统教育。

散会。

主持人（签名）

记录人（签名）

［评析］

这是一份摘要式会议记录。正文包括会议基本情况和会议内容，基本情况注明了与会者身份、缺席者原因，会议内容采用摘要式记录，反映会议过程，决议情况记录清楚、具体，格式规范。

四、写作要求与病例评析

（一）写作要求

1. 做好准备，快速记录。记录人要提前了解会议的议程，以便把握会议内容各有关方面的联系，加快记录的速度；记录员不但书写速度要快，且思维要敏捷，能迅速抓住发言要点，做到几乎同步记录。

2. 讲究方法，准确记录。会议记录既可采用符号速记，也可采用文字记录。重要会议、重要领导人讲话可速记。一般会议，可使用文字摘要记录的方法。会议记录是原始凭证，贵在准确、齐全。采用速记和录音的办法，也是保证"记录"准确、齐全的有效方法。

3. 注意整理，查漏补缺。通常情况下，现场记录是原始记录，一般需要整理。整理的要求是，在原始记录的基础上增补遗漏、纠正错误、核实决议，纠正语法错误，合理划定段落。

（二）病例评析

［病例］

××公司党支部会议记录

时　间：2005年3月8日

地　点：会议室

出　席：赵××　白××　于××　刘××　郑××　刘××

记录人：刘××

主持人：赵××

首先由赵××发言。接着进行了两项内容。第一项是对入党积极分子的培养情况进行了总结。对各人的缺点和进步进行分析，提出了改进之处，支部成员一致同意将蔡××、尚××列为党建对象。

第二项是召开了党内民主生活会，全体党员进行了自我检查，并开展了相互批评。张××认为支部成员的工作还不够细致，工作方法还应改进。支部书记赵××对此进行了解释，并表示将尽力改善。

散会。

[评析]

这份会议记录有如下几点问题：一是对"会议基本情况和内容"的记录不完备、不忠实。如会议时间、地点不具体，主持人姓名没冠职衔；没有记开场白内容；对入党积极分子具体人员、总结内容（包括各人的缺点、进步表现、改进意见）等均没有记录。二是记录格式不规范。记录人不能置于主持人之上；发言人姓名和顺序均无记录；结尾也没有主持人和记录人的签名。

▶ 第九节　大事记

[学习要求]

了解大事记的性质、特点、用途，掌握大事记的写作技巧，注意语言表达要求，能写合乎规范的大事记。

一、大事记概述

（一）概念

大事记是按照时间顺序用简述的方法记录本单位重大事件或活动的记事性文体。它既可以作为机关、单位回顾总结工作和查证历史的重要依据，也可反映机关、单位的变迁、发展，成为珍贵的档案材料，还可以作为编撰地方年鉴或个人简历的历史资料。

（二）特点

1. 记大事。大事记，就是对重大事件的记载。所谓大事，对某具体单位而言，是指在一定时间、范围内有着重要意义和重大影响作用的事件，包括记事单位日常工作中的重要公务活动、重要会议、重大变革、重要领导人的任免调动、上级或相关部门的检查与视察、各类来访参观活动、重要科研成果与重大技术革新以及突发事件、大事故、大问题等。

2. 纪实性。大事记是一种特殊的记事性文体，具有纪实性的特点。撰写大事记必须尊重事实，要反映事物的本来面目，既不夸大，也不缩小，更不能杜撰。大事记是用简述的方法来记录的，它不求细致，只要求将主要事实、时间、地点、人物、事件写清楚。对所记的事，不作出任何评价，不渗透任何主观情感，力求客观自然。

3. 史料性。大事记所记述的材料可以存档查阅，是珍贵的历史资料，具有史料价值；可以供人们了解过去，借鉴历史，把握未来的发展趋势。

4. 编年体。大事记最重要的特点之一就是采用编年体的形式，按年月日的顺序进行记载，条理清楚，脉络分明，使人一目了然，查阅方便。

5. 简明性。大事记对大事的记载不是平铺直叙，而是要求用精炼明确的文字、严谨清晰地记载大事。记事时无须进行渲染和描绘，也不必说明或议论，要求简明扼要，恰如其分地记载。

(三)种类

大事记按范围分，有机关单位大事记和国家地区大事记；按体裁分，有条目式大事记和表格式大事记；按记录方式分，有按时间顺序记事的大事记和按问题记事的大事记。根据内容特点分，大事记可分为两大类：

1. 综合大事记。它的特点是不分门别类，把某一时间内某机关、单位各方面的要事、大事单一按时间顺序进行记录，综合地记在一本大事记册上。目前，党政机关、社会团体、企事业单位的大事记，大都用这种大事记。

2. 专题大事记。即专就某一方面的内容编写的大事记。将属于同一内容同一性质的材料归类，按时间顺序记录，独立成篇。

二、结构和写法

(一)标题

大事记一般有以下三种形式：

1. 由记事机关名称、时间范围和文种构成，如《××县人民政府二〇〇六年大事记》；

2. 由记事机关名称和文种构成（并在标题下方加括号说明时间范围），如《××市人民政府大事记（二〇〇五年三月份）》；

3. 由记事机关名称、内容项目和文种构成，如《××石化总厂技术改造大事记》。

(二)正文

大事记的正文由大事时间和大事内容两部分组成。

1. 大事时间。大事时间是大事记的主要组成部分。大事记先记时间，后记事件。日期的写法应根据标题的写法而定。如果标题注明为若干年的大事记，就应在记具体日期之前列出年度，然后在该年度下写明事件发生的月、日；如果标题注明为年度大事记，那么记大事的时间应写到月、日；如果标题注明月份，大事的时间应写到日。

大事时间要求清楚、确切。记载重要发文的，以文件的发文时间为大事时间；记载会议的，可分别记开幕时间，也可记起止时间；有些延续性事件，可分阶段记录，也可以集中一条以结束时间为大事时间。有些重大事件(事故)则写明具体的时、分、秒。如果同一天有数件事需要记，则可以将同一天大事时间、事项分行列出，或用"同日"标大事时间。时间不可笼统，不用模糊的时间代词，如"近日""月初""年底"等。

2. 大事内容。大事内容是大事记的主体，记述活动、事件、工作等重要公务活动，反映历史发展概况。记大事时，一般是一事一记，即一件大事记一条。同一日内有数件大事要记载的，则各列一条，分开记录。大事记通常用"△"标出大事的内容，应以简练的文字准确地记述，一般每条用十几个字至一两百字概括。记载事件的详略要因事而定，有的只记事件名目，有的要求记载事件地点、起因、主要过程、结果，涉及的单位和当事人。大事记还要注意系统完整，该记的不能遗漏，不该记的不能勉强凑数。

三、范文评析

[范例一]

中国入世大事记

1948 年 4 月 21 日　中国签订关税与贸易总协定（GATT）临时性适用议定书，成为（GATT）缔约国之一。

1950 年 3 月 6 日　台湾当局照会联合国秘书长，决定退出 GATT。

1982 年 1 月　中国获得 GATT 的观察员身份，从而能够出席缔约方的年度会议。

1984 年 4 月　中国获得 GATT 特别观察员身份，从而能够出席 GATT 代表理事会的会议。

1984 年 11 月 6 日　GATT 理事会决定，中国可以参加 GATT 所有组织的会议。

1986 年 7 月 11 日　中国正式照会 GATT 秘书长，要求恢复 GATT 成员国席位。

1987 年 3 月 4 日　GATT 理事会设立了关于中国缔约方地位的中国工作组。

1994 年 4 月 15 日　在摩洛哥马拉客什会议上，中国签署了实施乌拉圭回合多边贸易谈判结果的最后文件。鉴于世界贸易组织（WTO）即将成立，中国表示希望成为 WTO 的创始成员国。

1994 年 12 月 17～21 日　GATT 中国工作组第十九次会议举行。由于某些西方国家反对中国入关的要求，因此未能就中国成为 WTO 创始国问题达成协议。

1995 年 1 月 1 日　世界贸易组织代替关税与贸易总协定。

1995 年 7 月 1 日　WTO 决定接纳中国为该组织的观察员。

1995 年 11 月　中国宣布计划大幅度降低进口关税达 30%。

1996 年 3 月 20 日　中国加入 WTO 的非正式多边磋商在日内瓦举行。外经贸部部长助理龙永图率领中国代表团与会。

1997 年 3 月 6 日　中国加入 WTO 谈判获进展，欧盟希望中国年底加入 WTO。

1997 年 10 月 29 日　中美两国在华盛顿发表联合声明，指出中国全面加入多边贸易体制符合双方利益。

1997 年 12 月 5 日　WTO 的发展中国家成员在日内瓦发表声明，一致支持中国尽早加入世贸组织。

1998 年 4 月 8 日　WTO 中国工作组第七次会议举行，中国一揽子降低关税的方案标志着谈判取得有意义的进展。

1999 年 4 月 6 日　中美在农业问题上达成突破性的协定，扫除了加入世贸组织的重大障碍。

1999 年 4 月 8 日　朱镕基总理和克林顿总统在华盛顿签署联合声明；美方表示坚决支持中国年底加入 WTO。

1999 年 5 月 8 日　以美国为首的北约悍然袭击了中国驻南斯拉夫大使馆，加入世贸组织的谈判陷入僵局。

1999 年 11 月 10 日　中美关于中国加入 WTO 问题的新一轮磋商在北京举行。

1999 年 11 月 15 日 15 时 25 分　中美就中国加入世贸组织达成协议。

[评析]

这是一篇记载中国"入世"历程的专题性大事记，按时间先后顺序，一事一记，全文脉络清晰，最后一记——"中国入世"这一重大事件的时间精确到"分"，记载了中国"入世"的历史性一刻，意义非凡。

[范例二]

环境保护大事记

（2006 年 11 月）

11 月 1 日，第十一届世界生命湖泊大会在江西南昌召开，国家环保总局副局长祝光耀出席了会议。

同日，全国环保系统精神文明建设座谈会在江西南昌召开，国家环保总局党组副书记、副局长、驻总局纪检组组长祝光耀出席会议并作重要讲话。

同日，国家环保总局印发了《关于转发〈国务院关于开展第一次全国污染源普查的通知〉的通知》，要求各地按照国家统一部署，做好相关工作。

11月2日，纪念人民治理黄河60年大会在河南郑州召开，国务院副总理回良玉、国家环保总局副局长张力军和有关部委领导出席了会议。

11月4日，国家环保总局颁布总局令，公布《环境统计管理办法》，原《环境统计管理暂行办法》同时废止。

11月7日，国家环保总局副局长祝光耀在总局会见了美国环保局助理局长艾尔斯女士，双方就环保问题进行了会谈。

同日，全国固体废物环境管理工作会议在山东青岛召开，国家环保总局副局长张力军、山东省副省长才利民出席会议并讲话。

同日，中瑞环保科技高层论坛在天津召开，国家环保总局副局长吴晓青出席论坛并讲话，瑞典环境署副署长奥森、天津市副市长陈质枫出席了论坛并致词。

……

11月22日，国家环保总局发布公告，公布《清洁生产标准电镀行业》等5项国家环境保护行业标准。

同日，国家环保总局发布公告，公布《环境标志产品技术要求打印机、传真机和多功能一体机》等15项国家环境保护行业标准。

同日，国家环保总局同意江苏省无锡新区为国家生态工业示范园区。

11月24日，国家环保总局同意将宁波市列为全国规划环评试点城市。

11月29～30日，2006年度环境保护科学技术奖评审会在京召开，国家环保总局副局长、环境保护科学技术奖评审委员会主任吴晓青参加会议并讲话。

[评析]

这是一篇专题性大事记，以月为单位，以时间为序，同日发生的事各列一条，分开记录，并用"同日"标出。全文结构简明，条理清晰，语言简洁。

四、写作要求与病例评析

(一)写作要求

1. 专人负责，随时记录，月底整理，年终编纂。专人负责，最好是由办公室秘书专人负责，先拟写草稿，经主管领导审核或修改后再加以誊正。随时记录，一般是当天大事当天记。月底整理，如有重大活动或重要会议，持续数天或更长的时间，整理时可作一次性记载，但要写清起止日期。年终编纂，是将主管领导审定后的文字誊写规范，编纂成册。

2. 把握标准，选好大事。所记载事件的大小是相对的，要视单位规格而论，但无论如何，那些关系记载单位全局和发展的，对单位有一定影响的事件即为大事。选择"大事"时一定要把握好这个标准。

3. 真实全面，重点突出。要真实，即要实事求是，没有弄清真相的事实，不要急于记载，也不要加入记载人的主观态度和感情色彩。要完整，对大事所涉及到的时间、地点、内容、人物等都要写明。要全面，凡是大事不能漏记。要突出重点，凡是关系记事单位的全局和发展的重要事件要着重记述。

4. 文风朴实，语言简明，字迹清晰，字体规范，保存完整，便于查阅。大事记讲究文风朴实，记事时要求客观记录、语言简明，不加评论和阐发，避免使用诸如"胜利召开""出色地完成任务""取得喜人成绩"之类的带有很强的主观色彩的评价性语言。在记录时务必做

到字迹清晰，书写规范，在保管时要采用科学方法，保证材料的完整性、系统性，以方便查阅。

(二)病例评析

[病例一]

"3月3日，县长×××等领导人为了进一步开展统战工作，加强与海外人士的广泛联络，吸引更多的外资发展本县经济，在县政协会议室亲切接见本县在台湾同胞回乡探亲的×××、×××，同他们进行了热烈友好的交谈，并设午宴招待他们。他们相信这次会见能有利于联络广大本县籍海外人士振兴本县经济。"(摘录)

[病例二]

"1989年3月28日，区人大召开第九届人代会第三次会议。"(摘录)

[病例三]

"1986年12月22日，《广州日报》报道：省政府批复广州市撤区建乡、镇规划，决定撤销现有的131个区公所，改建为142个乡、镇政府，1514个小乡改为村。"(摘录)

[评析]

病例一：这段大事记掺杂主观评价，欠客观。可改为"3月3日，县长×××等领导人在县政协办公室会见本县台湾回乡探亲的同胞×××、×××。"

病例二：主语不准确。可改为："1989年3月28日，××区召开第九届人代会第三次会议。"

病例三：时间不准确，报纸报道时间并非大事发生时间，要核实具体时间，应改为："××××年×月×日，省政府批复广州市撤区建乡、镇规划，决定撤销现有的131个区公所，改建为142个乡、镇政府，1514个小乡改为村。"

>>> 思考与练习

一、填空题

1. 计划的正文包括_____、_____、_____三个部分。

2. 总结的标题由_____、_____、_____组成。

3. 调查报告包括_____、_____、_____环节。

4. 述职报告具有_____、_____、_____特点。

5. 简报与调查报告都具有_____作用。

6. 大事记具有_____、_____、_____、_____和简明性的特点。

7. 述职报告的称谓语要写明_____和_____。

8. 会议记录基本情况中的"列席人"指的是_____。

9. 按内容划分，简报可分为_____、_____、_____三种类型。

10. 总结是计划执行的_____，做总结要以计划为_____，只要对计划完成情况作鉴定。

二、选择题

1. 会议纪要主体部分常采用的写法有(　　)。

　　A. 条项式　　B. 综合式　　C. 摘录式　　D. 说明式

2. 计划按性质可分为(　　)。

　　A. 综合计划　专项计划　　　B. 指令性计划　指导性计划

　　C. 行政计划　业务计划　　　D. 长远计划　近期计划

3. 对社会现象进行深入全面调查研究后，写成的书面报告是(　　)。

　　A. 工作报告　　B. 通报　　C. 总结　　D. 调查报告

4. 讲话稿的特点有（   ）。

    A. 针对性   B. 鼓动性   C. 口头性   D. 内部性

5. 会议记录结尾要（   ）。

    A. 紧接上文，写明"散会"

    B. 紧接上文，写明"散会"，并注明散会时间

    C. 另起一行，写明"散会"

    D. 另起一行，写明"散会"，可注明散会时间

6. 简报的报头包括（   ）。

    A. 简报名称   B. 期数   C. 编印单位   D. 印发日期

7. 工作研究的正文结构形式有（   ）。

    A. 横式结构   B. 纵式结构   C. 纵横合式   D. 摘要式

8. 大事记的正文由（   ）构成。

    A. 大事时间   B. 大事地点   C. 大事内容   D. 大事原因

9. 在典礼仪式上的讲话常采用（   ）称呼语。

    A. 同志们   B. 各位领导，各位来宾

    C. 各位代表   D. 各位委员

10. 会议记录要注意做到（   ）。

    A. 做好准备，快速记录   B. 研究分析，归纳要点

    C. 及时整理，查缺补漏   D. 客观真实，讲究方法

三、判断题

1. 完整的计划标题一般包括单位名称、计划内容两项内容。   （　　）

2. 找出规律性的东西是写好总结的关键。   （　　）

3. 述职报告主要讲履行职责情况，不必突出个人特点。   （　　）

4. 总结和报告都可用第一人称来写。   （　　）

5. 讲话稿也称为工作报告。   （　　）

6. 会议记录是会议情况的原始记载，会后不得作任何整理和修改。   （　　）

7. 大事记时间不可笼统，不用模糊的时间代词，如"同日""月初""年底"等。   （　　）

8. 工作研究用第三人称叙述，总结一般用第一人称叙述，两者都可用来总结经验。

    （　　）

9. 调查报告、述职报告、简报都具有真实性、时效性特征。   （　　）

10. 撰写工作研究与调查报告都要注重实践调查研究。   （　　）

四、简答题

1. 什么是事务文书？它与行政公文区别何在？

2. 制订计划应注意些什么？

3. 调查报告的特点是什么？主要有哪些种类？

4. 述职报告与个人总结有哪些区别？

5. 会议记录与会议纪要有什么不同？

6. 简报与新闻、调查报告、通报各有什么区别？

7. 撰写大事记有何要求？

8. 工作研究主要有哪些类型？

五、改错题

1. 修改标题。

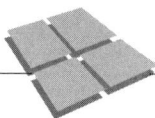

①《××乡发展高产优质高效农业的五年安排》

②《2004年暑假英语补习规划》

③《广发百货商场三月份销售设想》

④《××市天秀区二〇〇五年环保工作设想》

⑤《××市总工会二〇〇六开展职工活动的初步要点》

⑥《北京市远景发展目标和十五计划安排》

⑦《××市××局七月份政治学习纲要》

⑧《××学校03级物业管理班毕业实习安排》

2. 指出这篇总结的错误，并修改。

××班校风活动月工作总结

在校风活动月，本班学生本着自强、自立、自尊、自爱的立身精神，严格要求自己，在学习、纪律、文体活动等各个方面均表现良好。

本班同学思想积极，要求进步，现有21名学生申请入党，并参加了申请入党的课程学习。还有多名学生参加了九运会××赛区青年志愿者誓师大会。本班同学均有很强的求知欲，学习非常自觉。上课认真听讲，课堂纪律良好，受到任课老师的好评；课余时间，同学也都能合理安排时间自习。学校四次突击检查早读情况，本班同学均能按学校规定学习。系里举办五次学术讲座，本班出席率均达到了95%以上。学生均能按学校的各项规章制度办事。晚自习其他活动均没有违纪情况。早操出勤率100%，有7人代表中文系参加校田径运动会。×××、×××、×××三名同学代表本班参加校规及管理条例知识竞赛荣获第2名。×××、×××、×××三名同学代表本班参加系里策划的团、党章知识竞赛，获初赛第2名。×××、×××、×××代表本班参加系辩论选拔赛，×××同学辩论出色，入选中文系辩论队。在校征文活动中，本班也有良好的表现，在规定时间超额完成任务。

3. 修改下面述职报告的前言。

我1985年毕业于北京工业大学机械系，在部队锻炼一年半后，分配到重型机械厂工作，先后在车间任技术员、车间副主任、主任职务。1996年3月提任厂党委书记，至今已整整四年。我在任职期间，只是一名"班长"，工作主要是一班人做的，我在这一年里能展开工作的主要原因是大家的支持和帮助，我在这里表示感谢，下面将我们这个班子一年来的工作及我个人的情况向上级和同志们述职如下：

……

4. 指出下面会议记录的错误，并修改。

张院长：大家伙嘛，说说看什么样的措施能有效地保证学生的健康？吴××，你是学生处长，你这个呢，带头发表你的意见吧。

李处长：我认为首先要让学生知道有关"非典"的病理知识，以及预防的办法，你讲是不是？

韩处长：钟医生，你这个，看看是不是想办法加强食堂卫生？

5. 将课文每节中的病例修改成正确的文书。

六、写作题

1. ××科技学院拟于2007年12月×日举行成立30周年校庆活动，要举办一台以"而立自壮"为主题的文艺汇演，你能否替主办部门拟一份策划晚会活动的详细方案？在当天的庆典大会上还要邀请学生代表发言，请代拟写一篇讲话稿。

2. 请你为自己所在班级拟写一份学期班级工作总结。

3. 围绕"大学生就业心态"这个主题进行调查，并将调查结果写成一篇调查报告。

4. 阅读下面材料，拟写一份会议记录。

××技术学院拟制定"学生晚上必须参加晚自习"的规定，部分学生对这一规定有看法，认为都是大学生了，何必管得那么严？你们对此如何看？应该如何处理？

校学生会学习部就此召开了干部、学生代表座谈会，请你代拟写这次会议记录。

5. 为你校新近开展的某项活动编写一份简报。

6. 将你们学校某个月发生的大事有选择地记录下来，写一则大事记。

第四章 规章文书

本章主要介绍规章文书中的条例、章程、规定、办法、细则、规则、守则、制度、公约和承诺等十个文种，结合范文评析，介绍以上规章文书的概念、特点、种类、格式规范、写作要求和写作方法。本章通过学习不同文体之间的细微区别，使学生了解规章文书是政党组织、社会团体、公司企业等为保证其组织活动正常运行而作出相关规定时所使用的文体，明确规章文书是内部管理的基本要素，是一切工作应当遵循的标准和程序的总和，也是检查和纠正一切违规问题的依据。

▶第一节 条 例

[学习要求]

了解条例的含义和适用范围，掌握条例的写作要求，写出合乎要求的条例。

一、条例概述

(一)概念

条例是国家党政机关对某一方面行政工作作出比较全面、系统的规定时所使用的文体。条例是党的中央组织制定规范党组织的工作、活动和党员行为的规章制度的规定性公文。行政公文也常使用条例这种文体，行政公文中条例是对国家的某一政策、法令所作的全面、系统的补充说明或辅助规定。

(二)特点

1. 强制性

条例是由高层次的国家和地方权力机关和行政机关依法制定的，是对某一政策、法律和法令的补充性说明或辅助性规定，一经颁布生效，即具有法律效力。

2. 稳定性

条例所涉及的都是国家政治、经济、文化、教育等领域比较重大和长期性的工作。条例也是国家行政机关为控制或调整国家生活中某一方面的关系而使用的立法手段，所以一经颁布就不能轻易修改、废止，具有较强的稳定性。

3. 特定性

条例是规章制度中的最高样式，无论是党的机关公文还是行政公文，都对其制发资格有严格的规定。只有党的中央组织机关、国家最高行政机关和地方立法机关，才有制发条例的资格。国务院的各个部门所制定的与自己职权有关的规章以"条例"命名时，必须经国务院批准并以国务院的名义发布，不能擅自制定发布。

(三)种类

按照发文机关及条例效力范围可分为：

1. 国务院指定、发布的条例。

2. 国务院所属各部、委制定的，经国务院批准的条例。

3. 各省、自治区、直辖市及有关城市制定的条例。

4.《中国共产党机关公文处理条例》中规定的条例。

二、结构和写法

条例一般由标题、题注、正文三部分构成。

（一）标题

条例的标题有两种写法：一是由发文机关、条例内容和文种构成，如《中国共产党机关公文处理条例》；二是由条例内容和文种构成，如《建设工程质量管理条例》。

（二）题注

独立发布的条例的题注一般在标题正下方，表明通过条例的会议名称及日期或发文机关及公布的日期。用命令、通知等文种予以发布的条例，条例本身不显示制发的时间，以命令或通知的发文时间为准。

（三）正文

条例的正文常分为总则、分则、附则三部分。

1. 总则

总则内容包括条例的依据、目的、意义、指导思想、基本原则、基本概念、适用范围等。

2. 分则

总则之后、附则之前的所有内容，都属于分则。分则分章节或条目分列条例的具体内容，是条例的核心。

3. 附则

附则是对分则的补充说明，内容一般比较简单。主要包括对概念或有关问题的解释，明确上述规定的解释权、修改权、实施时间、适用对象以及与相关法规政策的关系等。

条例正文的写法主要有两种形式：

第一种是分章式写法。内容丰富的条例一般采用分章式写法。这种写法是篇下分章、章下分节、节下分条、条下分款。条的顺序按全文统一编排，不按章单独排，即分章分节，章断条连。通常第一章是"总则"，以下各章是"分则"，最后一章是"附则"。

第二种是分条式写法。内容简单的条例可直接分条撰写，即整个条例不分章节按条款一次排列。这种写法虽然不设总则、分则和附则，但有关内容都已经包括在所设的条款之中。

三、范文评析

［范例］

××市公民游行示威暂行条例

（××××年×月×日××市第八届人民代表大会

常务委员会第三十一次会议通过 ××××年×月

×日××市人民代表大会常务委员会公布）

第一条　为了保障公民依法行使游行、示威的权利，维护社会秩序和公共安全，保证社会主义现代化建设的顺利进行，根据宪法、法律和行政法规的有关规定，结合本市实际情况，特制定本条例。

第二条　本市各级国家机关依法维护公民游行、示威的权利。公民行使游行、示威权利，必须遵守宪法、法律和法规，不得损害国家的、社会的、集体的利益和其他公民的合法的自由和权利。

第三条　凡要在本市城乡道路、公共场所和水上举行游行、示威的，必须到公安机关

申报登记。申报登记应由组织者持本人身份证件，于五日前到游行、示威地的区、县公安机关办理；跨区、县的到市公安机关办理。

申报登记的事项有：组织者的姓名、职业和住址，游行、示威的目的、人数、地点、起讫时间、行进路线、组织方式及安全措施。

第四条 公安机关在接到游行、示威的申报登记后，应于三日内作出许可或者不许可的决定，并书面通知组织者。公安机关对于游行、示威的申报登记，除认定该游行、示威违反宪法、法律和法规，或者有可能妨害社会公共秩序的以外，应当许可；但根据维护交通秩序和治安秩序的需要，可以适当变更原申报的游行、示威的地点、起讫时间和行进路线。

第五条 游行、示威的组织者在申报登记后，公安机关作出决定前，可以撤回申报；公安机关作出许可的决定以后，组织者决定取消游行、示威的，应当立即书面告知原申报登记的公安机关。

第六条 经许可的游行、示威，任何单位和个人不得阻碍和干扰。公安机关应当负责维护交通秩序和治安秩序，制止无关人员介入，保障游行、示威正常进行。游行、示威的组织者应当保证游行、示威按照公安机关许可的事项进行，并负责维护游行、示威队伍的秩序和安全，主动协助公安人员维护交通秩序和治安秩序。在游行、示威过程中，如发生意外事件，公安机关可根据实际情况，采取改变行进路线或其他必要措施。

第七条 对未经许可的游行、示威或虽经许可但不按照公安机关许可事项进行的游行、示威，公安机关应责令停止进行，或采取其他必要的行政措施。任何人不得阻碍或者抗拒公安人员依法执行职务。

第八条 公民在游行、示威时，应遵守下列规定：

（一）不得拦阻车辆、阻塞交通、破坏交通工具和交通设施；

（二）不得携带武器、管制刀具、易燃易爆等危害公共安全的物品；

（三）不得侵占、损毁公私财物；

（四）不得散发、涂写、张贴诽谤侮辱他人、造谣生事的宣传品；

（五）不得发表或呼喊煽动他人进行非法活动的演说或口号；

（六）不得进行其他违法犯罪活动。

第九条 公安机关为了维护社会秩序和公共安全，可在必要的地点设置警戒线。在警戒线范围内，不得游行、示威。

第十条 凡违反本条例的，应视情节轻重，依法给予行政处罚；造成经济损失的，责令赔偿；构成犯罪的依法追究刑事责任。

第十一条 本条例的具体应用问题，由市人民政府解释。

第十二条 本条例自公布之日起施行。

[评析]

这是一份对《中华人民共和国集会游行示威法》进行补充说明和辅助性规定的公文，适用"条例"文种。经国务院批准，该市可以发布此条例。

这份条例采用分条式写法，整个条例不分章节按条款排列。这种写法虽然不设总则、分则和附则，但有关内容都已经包括在所设的条款之中。第一条为总则部分，第十一、十二条为附则部分，中间部分为分则部分。条中有的条款还分项，如第八条。通过这些条、款（项），把较为庞杂的条例内容逐条理清，搭好构架，从而既为制定周密、具体的规定创造了条件，也为人们的阅读、贯彻落实提供了方便。

这份实施条例以"根据……制定本条例"的习惯写法开头，主要写明条例制定的依据，条例有关规定的适用范围。第二条至第十条就集会游行示威的申请和许可、举行、法律责任等具体事项作出规定，第二条至第九条从正面作出规定，写明应该做什么，不应该做什么，允许做的可做到什么程度。第十条从反面作出规定，如果违反条例应该承担什么法律责任。第十一、十二条，主要写条例的解释权限、生效日期等。整篇条例结构严谨，内容完整，层次清晰，规定具体，是非分明。

由于条例是规定性公文，用语上多使用模态词语，如"应当""不得""必须""可以"等，既体现其严整性，又显示其可操作性，以保证条例的执行和受到有效监督。

四、写作要求与病例评析

(一)写作要求

1. 必须做到符合法律、政策，绝不能与上级制定的现行法律法规、政策相抵触，这样才能真正起到规范化的作用。

2. 要安排有序，章和条的排列要有逻辑联系，撰写实施条款的层次安排要做到先原则后具体，先主后次，不能胡乱堆砌。

3. 条款规定必须具体、明确、周密可行，使用的概念要准确，语言文字要规范、凝练，切忌抽象笼统，含糊不清。文风要庄重、平实，格式要规范。

(二)病例评析

[病例]

矿务集团青年安全监督岗工作条例

总　则

第一条　为全面贯彻落实党的安全生产方针，坚持"安全第一、预防为主、文明生产"的指导思想，充分发挥青年安全监督岗的哨兵作用，为集团公司安全生产服务，深入创建本质安全型企业，特制定本《条例》。

第二条　青年安全监督岗是一支由先进青年组成的、群众性、不脱产的安全监督组织；它的建立，旨在在集团公司安全生产中，充分调动青年的积极性，发挥青年对安全的监督作用，培养青年敬业爱岗、关心集体、坚持原则、敢于斗争等优秀品质，锻炼青年的自主管理能力，并使其活跃的参政意识得到正确有效地发挥。

第三条　青年安全监督岗自始至终由集团公司各级党政部门具体领导与管理，在其职责范围内独立地开展安全监督活动。

第四条　青年安全监督岗在行政和安监部门的大力支持下，依据国家安全生产的方针、政策、法令、规程、条例及集团公司有关安全方面的文件、规定，开展安全监督工作。

第五条　青年安全监督岗的具体任务……

第一章　青年安全监督岗组织机构

第六条　根据安全需要，各矿、处、厂设立青年安全监督岗总岗；有生产任务的区、队、科(车间)设立青年安全监督岗分岗。

第七条　为加强青年安全监督岗的领导，集团公司团委由书记直接领导青年安全监督岗工作，具体工作由集团公司团委青少部负责；各总岗由团委书记或青联主席任总岗长，各单位团委负责日常青年安全监督岗工作，每个青年安全监督岗分岗设岗长1人，岗员4～6人。

第八条　青年安全监督岗可以聘请单位党政领导担任名誉岗长，也可以聘请工程技术人员、安监部门的领导或经验丰富的老工人担任青年安全监督岗的技术顾问。

第九条　分岗岗长由岗员选举产生，每届任期一年，可连任。每年青岗组织可进行全

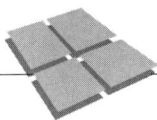

面整顿，对不称职或有特殊情况需要更换的岗长和岗员，总岗有权随时调整。岗长：在党、政部门的领导下，负责领导青年安全监督岗的全面工作，参加青年安全监督岗的有关会议，负责落实青年安全监督岗的各项制度，组织召开青年安全监督岗会议，传达上级指示和完成交办任务，研究、部署、总结、汇报工作，表彰先进，推广经验，关心岗员的思想、工作、学习，充分发挥岗员作用，使青年安全监督岗经常地、深入地、持久地开展工作。

第二章　青年安全监督岗岗员（略）

第三章　青年安全监督岗工作制度

第十五条　青年安全监督岗活动制度

1. 青年安全监督岗总岗长参加矿（处、厂）生产调度会及有关安全办公会议，主动向党政和安监部门汇报工作。做到对活动开展情况每月一总结、一安排，每半年进行评比表彰。

2. 各青年安全监督岗要坚持每旬一学习、一汇报、一检查、一公布，每月召开一次安全形势分析会，每季召开一次岗员会，总结经验，研究工作，制订计划。

3. 青年安全监督岗分岗长参加区（科、队、车间）有关生产、安全方面的会议，岗员要参加事故分析会。

4. 各青年安全监督岗必须设立活动园地，建立"四簿""一册""一单"（青岗活动记录簿、合理化建议登记簿、事故案例分析簿、青工安全奖惩记录簿、岗员花名册、事故隐患报告单）。

第十六条～第十九条（略）

第四章　青年安全监督岗活动经费（略）

第五章　附　则

第二十三条～第二十五条（略）

[评析]

这是一篇由矿务集团制定的青年安全监督岗工作条例，全文较长，共二十五条。第一章总则写制定本条例的依据、目的、性质、工作内容和有关说明等。第二、三、四章构成分则，内容包括青年安全监督岗组织机构、岗员、工作制度、活动经费等，这些都是本实施条例必不可少的内容。末章附则为实施条例的补充说明条款和有关内容。本文各章的内容，区分合理，但有些条项的内容在写法上仍值得推敲：

1. 表达不够规范。如第十五条第一项"做到对活动开展情况每月一总结、一安排"应改为"做到对活动开展情况每月总结一次，安排一次"；第二项"各青年安全监督岗要坚持每旬一学习、一汇报、一检查、一公布"应改为"各青年安全监督岗要坚持每旬学习一次、汇报一次、检查一次、公布一次"。

2. 格式不统一。如第十五条第四款"建立'四簿''一册''一单'（青岗活动记录簿、合理化建议登记簿、事故案例分析簿、青工安全奖惩记录簿、岗员花名册、事故隐患报告单）"的写法可借鉴第十四条第四款改为"建立'四簿''一册''一单'。'四簿'：青岗活动记录簿、合理化建议登记簿、事故案例分析簿、青工安全奖惩记录簿；'一册'：岗员花名册；'一单'：事故隐患报告单。"

▶第二节　章　　程

[学习要求]

了解章程的含义和适用范围，掌握章程的写作要求，写出合乎要求的章程。

一、章程概述

(一)概念

章程是政党组织、社会团体、公司企业等为保证其组织活动正常运行，系统阐释自己的性质、宗旨、任务及组织成员的条件、权利、义务、机构设置和职权范围、活动规则、纪律措施等规定的纲领性文件，要求全体成员共同遵守的一种规则性文书。

(二)特点

1. 准则性

一个依法成立的社会组织，除了要注册登记，还要制定一个章程草案报批。章程规定了组织的性质、宗旨、任务及组织成员的条件、权利、义务、机构设置和职权范围、活动规则、纪律措施等，作为组织一切活动的准则。

2. 稳定性

章程具有相对稳定性。章程一经规定，在一定时间内不得随意变动，任何人都无权擅自更改章程内容。当然，顺应时代潮流的发展，对章程作一些补充和修改也是必要的，但所作的修改必须经充分讨论和表决通过，而且只能作局部调整，不作大面积改动。

3. 约束性

章程是在一定政策和法律基础上制定的，因此一经发布，对所有组织成员均有规范约束作用，所有违背章程的行为都要受到组织的惩罚或谴责。

(三)作用

1. 保证组织的思想一致性

这是章程最主要的作用之一。每个组织都有自己的性质、宗旨、指导思想、基本任务，它的成员必须就这些内容达成共识，才能保证这个组织的思想统一性。

2. 建立组织的管理机制

章程要明确组织内部的管理机制，要对领导岗位的设置、领导者的产生办法和任期、下设部门和分支机构等一一进行确定，以保证组织内部的管理功能正常运行。

3. 保障成员权利

参加任何一个组织、团体，都要承担这个组织交给的工作和义务，但同时也都享有这个组织所规定的权利。章程必须明确其成员的权利和义务，并对其成员的权利起到保障作用。

4. 规定组织纪律

章程还要对成员的行为提出种种规范，凡违背章程中规定的组织纪律，都应受到处理或制裁。

(四)种类

1. 组织章程

组织章程是政党组织的最高权力机关对其组织的性质、宗旨、任务、组织原则、机构设置、任务职责、成员资格、权利、义务、纪律、经费来源使用等作出规范，要求其组织成员共同遵守的纲领性文件，如《中国共产党章程》等。

2. 规范章程

多用于制定某项活动的准则或某些事项的治理依据的规范章程。主要用于明确标准做法、具体原则要求，或确定某项活动的宗旨、程序、安排、要求等，如《×××公司发行股票章程》和《×××奖学金章程》等。

3. 公司企业章程

主要用于规范公司企业的经济活动、管理活动，如《×××合资企业章程》和《×××保

险公司章程》等。

二、结构和写法

章程的结构由标题、题注和正文构成。

(一)标题

章程的标题由组织、活动、事项、单位或社会组织的全称和文种构成，如《中国共产党章程》等。如果尚未通过和批准，可在标题后加括号注明"草案"。如：《××省科学技术章程(草案)》。

(二)题注

题注一般在标题下方正中加括号标明日期和通过依据。有三种写法：

1. 由会议名称、通过日期组成，如：《中国共产党章程》(中国共产党第十六次全国代表大会部分修改，2002 年 11 月 14 日通过)；

2. 由通过日期、会议名称组成，如：《中国写作学会章程》(1988 年 6 月 7 日中国写作学会第三届理事会修订通过)；

3. 只写明通过日期，如：×××网球队章程(于 2006 年 2 月 18 日正式通过)。

(三)正文

章程的正文包括总则、分则、附则三部分。

1. 总则

总则是章程的纲领，对全文起统率作用。一般来说，组织章程总则部分要求写明该组织的名称、宗旨、性质、任务、指导思想等内容。规范章程总则部分要求写明某项活动的宗旨及依据等。企业章程总则部分一般要写明企业名称、宗旨、经济性质、隶属关系、业务范围等。

2. 分则

分则是章程的主要部分，组织章程一般需写明组织成员的条件，参加手续和程序，义务权利，组织纪律等；领导机构、常务机构和办理机构的设置、规模、产生方式和程序、任期、职责、相互关系等；组织经费的来源和管理方式；组织活动的内容和方式。

规范章程分则部分需逐条写明该项业务的办理及运作程序的规定等。

企业章程分则部分主要需写明资本、组织、人事管理、资产管理、利润分配等内容。

3. 附则

附则是主体部分的补充说明，其包括阐释用语条款的解释权、修订权、实施要求、实施生效日期等未尽事项。组织章程一般还需说明办事机构地址或对下属组织的要求等内容。也有的章程不写附则，如党章、共青团章程等。

章程正文的写法主要有两种形式：

1. 分章式写法。内容丰富的章程一般采用分章式写法。这种写法是篇下分章、章下分节、节下分条、条下分款。条的顺序按全章程统一编排，不按章单独排，即分章分节，章断条连。通常第一章是"总则"，以下各章是"分则"，最后一章是"附则"。如《×××网球队章程》。

2. 分条式写法。内容简单的章程可直接分条撰写，即整个章程不分章节按条款一次排列。这种写法虽然不设总则或纲、分则和附则，但有关内容都已经包括在所设的条款之中。如《中国共产党章程》《中国共产主义青年团章程》《台湾民主自治同盟章程》等。

三、范文评析

[范例]

××县花卉协会章程

第一章　总　则

第一条　团体的名称：××县花卉协会。

第二条　××县花卉协会(以下简称本会)的性质：是以花卉科技人员及花卉产销大户自愿结成的、专业性的非营利性的群众团体；是本县进行花卉研究工作，组织协调我县花卉生产及花卉营销、开展产业化经营的民间社会自治组织。

第三条　本会的宗旨为：坚持四项基本原则，遵守宪法、法律、法规和其他国家政策，遵守社会道德风尚；展示和推广科技成果，通过人员培训、技术咨询等方法来提高我县花卉生产者和经营者的技术水平、营销手段和道德水准，促进我县花卉产业持续、高效、健康、稳步发展。本会的目的为：通过本会的努力，使我县的花卉产品销售到祖国各地，并尽快走出国门、走向世界，为人类的生态平衡与环境美化作出贡献，又能有力地推动我县地方经济的发展。

第四条　本会业务主管部门为县农林局，在县民政局登记并接受上述两局的业务指导和监督管理。

第五条　本会会址设在××县农林局。

第二章　业务范围(略)

第三章　会　员

第七条　本会会员分为个人会员和单位会员两种。

第八条　申请加入本会的会员，必须具备下列条件：……

第九条　会员入会的程序……

第十条　会员享有下列权利……

第十一条　会员履行下列义务……

第十二条　会员退会应书面通知本协会，并交回会员证，会员如果1年不交纳会费或不参加本会的团体活动的，视为自动退会。会员如有违反国家有关法律、法规，违反本章程的行为，经常务理事会表决通过，予以除名。

第十三条　每季度召开一次全体会员例会，每年年底或下年年初召开一次年会，其他会议与活动临时提前两天通知。

第四章　组织机构和负责人产生、罢免(略)

第五章　资产管理 使用原则(略)

第六章　章程的修改程序(略)

第七章　终止程序及终止后的财产处理(略)

第八章　附　则(略)

[评析]

这是写得较好的一则组织章程。例文为分章式写法。第一章为"总则"，共五条，分述了组织的名称、性质、宗旨、主管部门、会址。第二、三、四、五、六、七章为分则，共四十六条，分述了业务范围，会员的条件、权利和义务、组织结构、经费来源等内容。第八章为附则，共三条，对章程的通过时间、解释权和施行日期作了阐释。例文结构符合规范章程的一般写法。构思周密，条款完整，语言简洁、明晰。

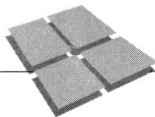

四、写作要求与病例评析

(一)写作要求

1. 内容要符合实际,切实可行。章程是行为的规范和准则,因此,所述条款一定要从实际出发,便于组织成员贯彻执行。

2. 结构要严谨。章程结构要合乎规范写法。格式规范、结构严谨的章程才能有效保证其思想一致性、规范性和严肃性。

3. 表述要明确。撰写章程要注意符合政策规定,内容系统周密,条理明确清晰,文字表达一定要明晰、清楚,准确无疑,语言要庄重朴实,简洁明快,概念要准确。

(二)病例评析

[病例]

××市××××足球俱乐部章程

第一章 总 则

第一条 俱乐部中文全称:××市××××足球俱乐部。

第二条 俱乐部的性质

一、××××足球俱乐部是由××和企业出资赞助,由××镇广大足球爱好者自愿参加,组织,不以盈利为目的的团体法人。

二、本俱乐部接受业务主管单位××市文化体育局的业务指导,接受社会登记管理机关××市民政局的监督管理。

第三条 俱乐部的宗旨

本俱乐部致力于××镇足球发展事业,致力于群众的健身活动。俱乐部提倡"积极·健康·快乐"的生活方式,崇尚"团结·友爱·拼搏"的人文精神。俱乐部的宗旨是:足球为本,以球会友。

第四条 俱乐部的任务

统一组织、管理和指导××足球运动发展,推动足球运动的普及和提高。代表××参与国内各种足球比赛和其他活动。

第五条 本俱乐部住所设在:××路××号

第二章 业务范围

第六条 本俱乐部的业务范围

一、全面负责本俱乐部的管理;研究制订本俱乐部发展规划和计划,指导会员协会工作;

二、增进兄弟球队、市、县及其他省市足球爱好者的友谊和交流;

三、增强俱乐部会员之间的联系;

四、负责和指导本运动项目后备人才培养。

第三章 会员(略)

第四章 组织机构和负责人产生、罢免

第十四条 本俱乐部的最高权力机构是会员代表大会,会员代表大会的职权是:

一、制定和修改章程;

二、选举和罢免理事;

三、审议理事会的工作报告和财务报告;

四、决定终止有关事宜;

五、决定其他重大事宜;

六、决定接收会员事宜。

第十五条　会员代表大会须有 2/3 以上会员代表出席方能召开，其决议须经到会会员代表半数以上表决通过方能生效。

第十六条　理事会是会员代表大会的执行机构，在闭会期间领导本协会开展日常工作，对会员代表大会负责。

第十七条　理事会的职权是：

一、执行会员代表大会的决议；

二、选举和罢免主席、秘书长、理事长、副理事长；

三、筹备召开会员代表大会；

四、向会员代表大会报告工作及财务状况；

五、决定会员的吸收或除名；

六、决定设立办事机构、分支机构、代表机构及实体机构的权利；

七、决定副秘书长、各机构主要负责人的聘任；

八、领导本协会各机构开展工作；

九、制定内部管理制度；

十、决定其他重大事宜。

第十八条　理事会须有 2/3 以上理事出席方能召开，其决议须经到会理事 2/3 以上表决方能生效。

第五章　资产管理、使用原则(略)

第六章　章程的修改程序

第二十七条　本俱乐部章程的修改，须经理事会表决通过后报会员代表大会审议。

第二十八条　本俱乐部修改的章程，须在会员代表大会通过后 15 日内，经业务主管单位审查同意并报社团登记管理机关核准后生效。

第二十九条　本章程经 2001 年 3 月 20 日会员代表大会表决通过。

第三十条　本章程的解释权属本协会的理事会。

第三十一条　本章程自社团登记管理机关核准之日生效。

[评析]

该章程在内容表达方面均符合要求，但仍存在以下问题：

1. 语句叙述本末倒置。如第十七条"二、选举和罢免主席、秘书长、理事长、副理事长；"应改为"二、选举和罢免主席、理事长、副理事长、秘书长"。

2. 语言表达不够清晰准确。如第四条"代表××参与国内各种足球比赛和其他活动。"应改为"代表××参与国内各种足球比赛及其他相关活动"。

3. 结构安排不合理。如第二十九条至第三十一条应独立成为第七章附则。

▶ 第三节　规　　定

[学习要求]

了解规定的含义和适用范围，掌握规定的写作要求，写出合乎要求的规定。

一、规定概述

(一)概念

规定是国家机关及其部门、团体、企事业单位对特定范围内的工作和事务制定具有约

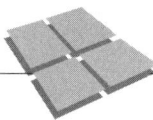

束力的行为规范。规定的使用范围较广，凡是需要规范人们行动、要求有关人员遵守和执行的事情，都可以用规定行文。同时，规定既可以是较长一个时期执行的规范性要求，又可以是临时性的措施。

（二）特点

1. 普遍性

规定是使用比较广泛的文种。国家机关、企事业单位、社会团体都可以用到。可以用于制定较长期的规范，也可以用于对阶段性工作作出限定；对重大事项可作出规定，也可以用于一般性的内容；可以在就某些事项作出全面的规定时使用，也可以在对某些事项的某一点作出规定时使用，还可以在对某些条文作解释、补充时使用。凡需要规范人们行动，要求有关人员统一协调的事情，都可以用规定。

2. 灵活性

条例等文体只能由立法机关和政府机关发布，往往用发布令的形式发布。而规定的发布比较灵便。有时，可用文件形式直接发布，也可以像其他法规性公文那样，作为附件，用通知形式发布。而且，由于它使用呈多样化，规范对象可大可小，时效、篇幅可长可短，使用者层级可高可低，因而受限制较少。

3. 限定性

规定的制约和依据作用，主要表现在它用限定行为规范，制定办理准则及规范界限，对活动开展、事项管理、问题处置作出规定，因而其限定性比较强。在法规性公文中，它属于限制性法规文件，即多为解决"应该如何"和"不应该如何"的界限问题，特别是一些禁止性、限制性"规定"，其限定性特点尤为突出。

（三）规定与条例的区别

1. 适用范围不一样，条例用于国家制定法规性行政公文时使用；规定则各级行政机关、社会团体、企事业单位都可用。

2. 内容不一样，条例的内容大都是就组织形式、权限或方式等作出原则性的规定，具有普遍性；规定的内容多用于特定范围内的工作和事务，凡是需要规范人们行动、要求有关人员遵守和执行的事情，都可以用规定行文，内容也比较具体，具有较强的针对性和可操作性。

3. 制定的程序不一样，条例的制定程序要求比较严格，必须要在各方条件都比较成熟的情况下才能实施；规定的制定程序要求比较简单，在条件不够成熟的情况下，也能以"暂行规定"的形式实施，且能随着国家政策形势的变化而不断修改补充。

（四）种类

规定适应面广，各级各类的单位都可以使用，按其行文目的及规范内容分，主要有以下四种类型：

1. 政策性规定

这类规定主要用以规定一些政策规范，按照有关法律法规条文，制定有关的准则和政策，作为开展某项活动或某项工作的主要办事依据，其依据性与政策性较强。政策性规定着重于界限划分、明确范围、提出要求和惩处情况，解决"应当怎样"和"不应怎样"的问题。如《禁止使用童工规定》，其政策性和约束力都较强。

2. 管理性规定

这类规定是社会组织在各自的管理权限范围内就某方面工作制定的管理规则，在一定的范围内提出管理的要求，禁止事项，达到加强某些工作管理，规范活动和行为及限制某些不规范、不合理、不正常行为的目的。它侧重于规定管理原则、管理职责、质量标准、措施、办法、管理范围及要求。如《行政接待工作管理规定》，这类规定都有较强的管理性。

3. 实施性规定

规定也可以作为实施法规的文种而使用，其用法近似"实施办法"。其写法和实施办法、实施细则也大体类似。它侧重于对实施文件的有关事项作出规定，对原件条款作出解释，提出具体的实施意见。如《关于贯彻〈中华人民共和国药品管理法〉的有关暂行规定》。

4. 补充性规定

主要就原件中某些提法不够明确、不够具体的方面加以明确，加以补充或解释，以便实施，如《关于劳动教养的补充规定》是对《国务院关于劳动教养问题的决定》的补充。这类规定要加以控制，最好直接对原件进行修改。

二、结构和写法

规定的结构由标题、题注和正文构成。

(一)标题

规定的标题格式有两种：一是由发文机关、事由、文种构成，事由用介词结构"关于……的"来表述，如《××市关于小型企业租赁经营的规定》；二是由事由和文种构成，如《关于高级专家退休问题的补充规定》。如果规定是短期的、临时性的，在规定文种前应加上"暂行"，如《国营企业工资调节税暂行规定》。

(二)题注

独立发布的规定，在标题正下方中加括号标明通过规定的会议名称及日期、发文机关及公布日期或批准机关名称及日期等，如公安部发布的《特别重大事故调查处理的暂行规定》，题下标明"(1999年第九次部务会议通过)"。随命令、通知等文种发布的规定，以命令或通知的发布时间为准，规定自身不再标明制发时间。

(三)正文

规定的正文包括总则、分则、附则三部分。

1. 总则，是规定的第一部分，用来交代制发的缘由，目的、意义、指导思想、基本原则、适用范围、主管单位等。总则一般自成一章，分为若干条。

2. 分则，是规定的主体，规定的实质性内容和要求。分则分为若干章，每章有小标题，下列若干条款。

3. 附则，是规定的结尾部分，补充说明，说明实施要求、施行日期、解释权限等。

规定正文的写法主要有三种形式：

①分章式写法

内容丰富的条例一般采用分章式写法。这种写法是篇下分章、章下分节、节下分条、条下分款。条的顺序按全文统一编排，不按章单独排，即分章分节，章断条连。通常第一章是"总则"，以下各章是"分则"，最后一章是"附则"。

②分条式写法

内容简单的条例可直接分条撰写，即整个条例不分章节按条款一次排列。这种写法虽然不设总则或纲、分则和附则，但有关内容都已经包括在所设的条款之中。

③引言加条款式写法

跟通篇分条式写法比较相似，只是前面有一段没有列入条款的引言，一般用来交代根据、目的、意义。

三、范文评析

[例文]

关于进一步对老年人实行优待的规定

敬老、养老、助老是中华民族的传统美德，是建设社会主义精神文明的重要内容。为了贯彻落实《中共中央、国务院关于加强老龄工作的决定》（中发〔2000〕13号）精神，认真执行《中华人民共和国老年人权益保障法》，适应我市人口老龄化的发展形势，根据《×××实施〈中华人民共和国老年人权益保障法〉办法》，特制定本规定。

第一条　持有×××人民政府制发的《×××老年人优待证》的老年人，在我×××行政区域内享受下列优待服务：

（一）国有各类公园、风景名胜区、博物馆、图书馆、展览馆、纪念馆等场所，免购门票进入，但上述场所举办大型经营性活动期间除外；

（二）国有体育场（馆）、游泳池、影剧院周一到周五，购半票入场；

（三）在县级以上医院就医，优先半价挂号、优先就诊、优先取药、优先住院，同时享受医院实行的其他优待规定；

（四）优先购买火车票、飞机票、长途汽车票，优先上下火车、飞机，乘坐城市公共交通车辆按起步票价购票；

（五）公证处、律师事务所免费提供法律咨询，或者按有关规定，提供法律援助；

（六）免费使用收费公共厕所；

（七）其他优惠政策和优待服务。

为老年人提供优待服务的单位、场所在对外进行承包经营时，应明确规定对老年人实行优待的相关条款，承包经营者不得以承包为由拒绝执行。

第二条　按照属地管理、分级负责的原则，对百岁及其以上的老年人，政府每人每年发放1000元的特殊生活补贴；对95～99岁的老年人，每人每年发放不低于500元的生活补贴；对90～94岁的老年人，每人每年发放不低于300元的生活补贴。对89岁及其以下的城乡特别困难的老年人，应优先给予资金和物资的救助。财政困难的地区，省财政在专项资金中给予适当补助。

第三条　农村70岁以上老年人不承担村级兴办集体公益事业出资义务。60～69岁丧失劳动能力或者有特殊困难的老年人，适当减免村级兴办集体公益事业出资义务。

第四条　因丧失劳动能力，纳税确有困难的农村老年人，经本人申请，村委会签注意见，乡镇征收机关审核，报县级征收机关批准后，可减征或免征农业税。

第五条　符合城市最低生活保障标准和农村生活特别困难的70岁以上的城乡老年人到医院就诊时，免收普通门诊挂号费。

第六条　凡对老年人实行优待的单位、场所，都应当在入口处、收费处、营业室等适当位置为老年人提供优先服务、凭证优惠及免费等内容的明显标志。

第七条　商业、饮食、维修、供水、供电、供热、供气、电信、银行等各类服务行业及其他与老年服务有关的企业事业单位，应根据行业特点和单位情况，作出优先为老年人提供服务并给予优待照顾的承诺。

以上部门就服务项目及条款与省老龄工作委员会办公室签约，新闻媒体应及时进行宣传报道，并向社会公布监督电话。

第八条　国家机关、社会团体、企业事业单位、基层群众自治组织和公民，都应当按照本规定履行优待老年人的责任和义务，不得以任何理由和借口取消老年人应该享受的各项优待。对不按本规定履行优待老年人义务的，由当地政府责令其改正，并进行批评教育；对不履行优待老年人义务造成严重后果的，追究直接责任人、单位负责人的责任。

第九条　各地可根据本规定，结合当地实际，增加对老年人优待的内容。

第十条　本规定由×××老龄工作委员会办公室负责解释。

第十一条　本规定自200×年×月×日起执行。

[评析]

这是一篇补充性规定。补充性规定有两类：一类是针对原件尚未作出规定的有关条项作出补充；另一类是针对原件中某些不够明确、不够具体的加以明确、补充和解释，以便实施。本例属于后一类补充规定。

本例文正文篇幅较短，采用的是引言加条款式写法。例文分两部分，即引言和规定条项。引言为制定目的和补充对象。规定条项对普通老年人、百岁及其以上的老年人、农村70岁以上老年人、因丧失劳动能力的农村老年人等享受优待服务都分别作出了解释。本例文篇幅简洁却要素完整，层次分明，语言简朴却表述清楚，使人一目了然。

四、写作要求与病例评析

(一)写作要求

规定的写作除要遵循法规性公文写作的一般要求外，还要做到以下三点：

1. 内容针对性要强。制定的具体要求、措施和办法要切合实际，有可操作性，便于执行、检查和监督。制定的事项要以法律法规为依据、为准绳，不能与法律相抵触。

2. 使用要正确。规定的使用比较广泛，但在具体使用中还是有一定的限制。对某一行政工作作比较全面、系统或具体详细的限定时，不宜用"规定"行文。制定一些单方面的规定性、政策性强的有关条款，可以用"规定"。规定是侧重于规定性、制止性及政策性方面的。此外，对具体工作来说，有些临时的、阶段性的工作，则应用"通知"行文，有些局部性的、业务性强的，则应用"规则""制度"一类文种行文。

3. 文字表述要明确。允许做什么，做到什么程度，不允许做什么，做了应承担什么责任，应明确具体。

(二)病例评析

[病例]

行政接待工作管理规定

为进一步提高行政接待管理水平，促进与各级领导和兄弟单位之间的友好合作、增进友谊、交流信息、改善外部环境、树立企业形象，特制定本管理规定。

第一条　行政接待工作的主要任务

1. 安排上级部门、兄弟单位、业务关联企业各级领导来×××的吃、住、行；

2. 安排重要来宾的检查、考察、调研等活动；

3. 协助办理×××大型会议的会务工作；

4. 协助开展公共关系工作，协调好外部环境。

第二条　行政接待工作的基本原则

1. 坚持为提高企业发展和经济效益服务的原则，强化公关意识，宣传企业形象，广泛获取信息。

2. 坚持规范化、标准化、制度化的原则，执行党和国家有关廉政建设的规定，符合礼仪要求，杜绝随意性。

3. 坚持勤俭节约、热情周到的原则，根据来宾的身份和任务执行不同档次的接待标

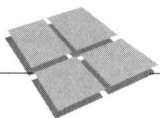

准，反对铺张浪费。

4. 坚持办公室归口管理与对口部门接待相结合的原则，办公室负责接待工作的统一管理，办理重要接待事务；对涉及较强业务性的接待事务，应由有关部门牵头对口接待，办公室配合。

第三条　行政接待工作的程序、规范

1. 接打电话要使用文明语言，如"您好""请问贵姓""您找哪位""请稍候""谢谢"等类似的礼貌用语，做好电话记录；

2. 客人来访应热情迎接，主动引导客人到办公室或接待室交谈，如本人有事需要暂时离开办公室，应将办公桌上的文件、资料、贵重物品安放好，以免泄密或丢失；

3. 宴请客人实行派餐单制度，经办人填写派餐单，科室、部门负责人签字后报总经理审批，办公室负责统一安排。宴请客人原则上安排在×××大酒店，确因特殊情况不能在×××大酒店接待的，经总经理批准后可方接待；擅自在外地就餐以及未经审批私自安排的宴请，经办人承担一切招待费用。

第四条　行政接待工作的标准、要求

1. 事务性接待标准、要求。根据领导意图及客人的需求，掌握接待工作的规律，做到目标明确、思路清晰、计划周密、主次分明、机动灵活、着装大方、举止文明，不擅自在授权范围外作任何决定和承诺，以高度的事业心、责任感和良好的精神风貌体现×××的品牌形象。

2. 宴请标准、要求。宴请客人时，应根据宴请的性质和规模不同，分为工作餐、宴会、聚餐、大型宴会四个标准。

(1)工作餐标准：指安排来访人员到职工食堂就餐。用于接待因洽谈业务、维修设备等原因不方便回原单位就餐的人员；

(2)宴会标准：指来访人员人均接待标准不超过20元(不含酒水)，用于接待一般事务性工作人员。陪同人员不超过来访人员的三分之一，接待用烟为两盒红塔山或一枝笔，接待用酒为两瓶金塔、金心或两捆青岛8°，超出部分由经办人自理；

(3)聚餐标准：指来访人员人均接待标准不超过10元。不安排陪同人员，不安排酒水，用于接待一般业务性工作人员；

(4)大型宴会标准：指来访人员人均接待标准不超过30元(不含酒水)，用于接待重要业务往来人员或上级领导。接待用烟为两盒金将军或泰山，接待用酒为两瓶古塔、地窖或两捆青岛纯生，超出部分由经办人自理。

第五条　与本管理规定不一致的其他条款一律以本管理规定为准。

二〇〇五年四月三十日

[评析]

这是一份管理性规定，规定由标题、题注和正文三部分构成，格式规范。正文采用引言加条款式写法，作为总则，开头先用十分扼要的文字阐述规定的缘由、目的，而后用"特制定本管理规定"自然过渡到具体的规定事项。但仍存在以下问题：

1. 语言表达不够规范。如第三条第三款"经总经理批准后可方接待"应改为"经总经理批准后方可接待"。

2. 语句叙述安排不合理。如第四条第二款"分为工作餐、宴会、聚餐、大型宴会四个标准"应改为"分为工作餐、聚餐、宴会、大型宴会四个标准"。

3. 标点符号运用有误。如第二条中的第一款"广泛获取信息"后面的句号应改为分号；第二款"杜绝随意性"后面的句号应改为分号；第三款"反对铺张浪费"后面的句号应改为分号。

▶ 第四节 办   法

[学习要求]

了解办法的含义和适用范围，掌握办法的写作要求，写出合乎要求的办法。

一、办法概述

(一)概念

办法是行政机关、企事业单位为贯彻某一法令或者做好某一项行政工作而制定的法规性文书。

(二)特点

办法作为常用的规章文种，和其他规章性的公文相比，主要有三个特点：

1. 普遍性。办法是行政机关、企事业单位对某方面的工作提出管理法规，对实施文件的办法、措施作出具体规定。办法对发文机关没有严格规定，应用范围广泛，使用率高，因此具有较强的普遍性。

2. 具体性。办法因其内容要求的具体化，写法上也要求侧重于对某项工作的做法、措施、步骤、程序、标准一一作出说明，要求条文清晰，表达明确具体。

3. 操作性。办法多用于对有关事项、任务的落实和执行制定标准、做法。因此带有很强的操作性特点。

(三)种类

1. 实施办法。有相当一部分办法是为贯彻落实某一法规而制定的，是法规的派生物。这种实施法规的办法通常叫"实施办法"。

2. 管理办法。这类办法是各类企事业单位，在各自的管理权限范围内对一些法律不可能具体涉及的局部性工作所作的安排。这种办法虽然也是以相关法律为依据制作的，但不是哪一部法律和条例的派生物，有一定的独立性。例如，《中华人民共和国国务院公报》2000 年第 7 号上刊登的《水利基本建设项目稽查暂行办法》，第一条说："为规范水利基本建设行为，加强国家水利基本建设投资管理，提高建设资金使用效益，确保工程质量，保证稽查工作客观、公正、高效开展，特制定本办法。"这段话准确概括了其实施行政管理的性质。

二、结构和写法

办法一般由标题、题注、正文三部分构成。

(一)标题

办法的标题有两种写法：实施办法的标题一般由内容和文种构成，如《税收管理日常检查办法》。也有的由发文机关、办法内容和文种构成，如《大连市总工会直属企事业单位干部人事制度改革实施办法》。如果是试行或暂行，在标题中要写明"试行"或"暂行"字样，如《××学校模范共产党员评选试行办法》。

(二)题注

独立发布的办法的题注一般加括号标于标题之下正中，有多种写法：制发时间和通过的会议；通过的会议及通过的时间；发布机关和发布时间；发布机关和首次发布时间及修订时间。

随命令和通知发布的办法，自身不显示制发时间和依据，但以后单独使用时，应将原命令和通知的发布时间标注于标题之下。

（三）正文

办法的正文分为总则、分则、附则三部分。

1. 总则

总则内容包括办法的依据、目的、意义、指导思想、基本原则、基本概念、适用范围、实施部门等。

2. 分则

分则分章分条列出具体的方法、步骤、措施、要求等。

3. 附则

附则写出实施意见，以及解释权、说明权、施行日期等。

办法正文的写法主要有两种形式：

第一种是分章式写法。内容丰富的办法一般采用分章式写法。这种写法是篇下分章、章下分节、节下分条、条下分款。条的顺序按全文统一编排，不按章单独排，即分章分节，章断条连。通常第一章是"总则"，以下各章是"分则"，最后一章是"附则"。

第二种是分条式写法。内容简单的办法，直接分条即可。前若干条写目的、依据、宗旨等，中间较多的条款写方法、步骤、措施等，最后一两条写补充规定和实施要求。

三、范文评析

[范例]

税收管理日常检查办法

第一章　总　则

第一条　为了加强税收征管，规范日常税收管理行为，及时发现和有效防范税务违法案件的发生，根据《中华人民共和国税收征收管理法》《中华人民共和国税收征收管理法实施细则》，制定本办法。

第二条　税收管理日常检查是指税收管理部门对纳税人履行纳税义务过程不涉及立案核查与系统审计行为的日常管理行为。

本办法所称税收管理日常检查内容主要包括：户籍管理类（税务登记、注销、停歇业、非正常户和漏征漏管户的清查），税源管理类（调查了解纳税人生产经营和财务状况、所得税汇算清缴检查、个体税收定额变化、申报情况核查、纳税催报、税款催缴、税收优惠政策检查），税基管理类（发票管理与使用检查、税控装置推广与使用的检查、纳税人基础信息采集核查、一般纳税人资格审查、纳税评估问询和疑点情况的核查、达到立案标准的案件移送）等。

第三条　税收管理日常检查基本业务流程：检查确定、检查实施、检查审理、检查执行、移交稽查、整理归档和报告制度等组成。

第四条　税收管理日常检查分为：简易程序与审理，一般程序与审理。对涉及税款、滞纳金、罚款和必须进入 CTAIS 系统检查模块操作的检查，要实行一般程序与审理；其他类型检查处理允许使用简易程序与审理。

第五条　税收管理日常检查工作要与其他征管工作协调一致，做好与流转税、所得税、稽查局、法规等工作的衔接。

第二章　组织管理

第六条　税收管理日常检查工作实行分级管理。省局征管处、稽查局负责全省税收管理日常检查工作的业务指导和管理；各设区市国税局征收管理科（处）、稽查局负责本辖区税收管理日常检查工作的业务指导和管理；各县（市、区）国税局负责本局税收管理日常检查工作的实施。

第七条 税收管理日常检查实行内部查、审分离。各县（市、区）局的征管科、税务分局承担日常检查工作的检查、执行工作。各县（市、区）局的税政法规科或税务分局的法规或综合业务岗位负责税收管理日常检查的审理。

第八条 各级国税机关的征管部门要加强对税收管理日常检查工作的领导，逐步建立、完善日常检查工作制度，积极引入竞争激励机制，培训、锻炼征管日常检查人员并加强廉政监督。

第三章 工作职责

第九条 省局征管处、稽查局负责税收检查的业务组织、指导、监控、培训、考核及经验推广等管理工作。具体负责修订本办法，明确职责、处理权限和工作程序，并结合CTAIS与辅助软件推广应用的实际，适时制定、修改日常检查工作规程。

第十条 各设区市国税局征管科(处)负责本局系统税收管理日常检查工作的组织管理、上情下达、汇总上报和考核监督，并做好与流转税、所得税、稽查局、法规等部门的协调。

第十一条 各县（区）、市局的征管科、税务分局负责组织实施本局范围内属于本办法第二条规定的工作内容。

第十二条 各县（市、区）国税局政策法规科负责处罚在2 000元以上（含本数）违法行为案件的审理；县（市、区）国税局管理科和各税务分局的综合业务岗位负责本局处罚2000元以下或按规定不予处罚的日常检查的审理，并报法规科备案。以上两项审理均以本局的名义出具税务处理决定书和税务行政处罚告知书或决定书等。

第四章 检查程序(略)
第五章 附 则

第三十九条 本办法由××省国家税务局负责解释。

第四十条 本办法自二〇〇四年×月×日试行。

[评析]

这是一篇写得较规范的实施办法。正文第一章写发文目的、依据及相关概念解释。第二章到第四章为规范条规，对税收管理的组织管理、工作职责、检查程序等有关问题作出具体的规定。第三十九条、第四十条为说明条款，分别说明了本办法的解释权、实施时间。分章写法，条款分明，结构严谨。

四、写作要求与病例评析

(一)写作要求

1. 明确两类办法的不同写法。实施办法依附性强，围绕实施原件来写作，着重对原件实施提出具体意见，多是诠释、说明有关条款，或结合实施范围的实际情况补充一些条款，要求写得比较具体，不求全面系统，只为指导实施。管理办法则是独立行文的，根据管理对象的内容来确定，一般比较全面，往往就管理的范围、原则、规范、责任和施行要求作出规定，要求写得比较系统周全，针对管理对象制定条款。

2. 提出的办法要具体，便于操作。不论是实施办法还是管理办法，其条款都要订得具体明确，要切合实际，有可操作性，便于执行、检查和监督。特别是涉及概念、范围、措施、方法、界限和要求的应作出具体的规定、表达。

3. 结构要严谨、清晰、合理。办法的写作，行文要严谨周密，条文要明确具体，用词要准确，章法要严密，条理要清晰，层次和章、条、款之间，应当有序地排列，要能较好地反映内容之间的联系，方便阅读、引述和检索。

(二)病例评析

[病例]

××学院商贸管理系优秀学生、优秀学生干部评选办法

第一条 为了鼓励我系学生勤奋学习、刻苦钻研、严格要求、全面发展，特制定本办法。

第二条 优秀学生和优秀学生干部必须符合下列条件：

1. 坚持四项基本原则，拥护改革开放，积极参加各项政治活动；

2. 热爱专业，勤奋学习，刻苦钻研，成绩优良；

3. 敢于同不良现象和违法乱纪行为作斗争，坚持原则，自觉遵守法纪和学校各项规章制度；

4. 具有良好的文明习惯和道德修养，尊敬师长，团结同学，热爱劳动，关心集体；

5. 积极参加体育活动，坚持体育锻炼，身体健康；

6. 优秀学生干部除上述条件外，还应积极承担学生工作，配合班主任和任课教师开展各种有益的活动，在树立良好班风中成绩显著。

第三条 受违纪处分者一年内不得评定优秀学生和优秀学生干部。

第四条 优秀学生和优秀学生干部的评选按以下办法进行：

1. 优秀学生和优秀学生干部每学年评选一次，在新学年开学初的两周内进行；

2. 评选工作由班主任负责。评选过程中应充分发扬民主，认真听取学生和任课教师意见，推荐名单经系领导审核后，呈院有关部门批准；

3. 优秀学生和优秀学生干部必须是在籍学生；

4. 新生入学初不参加优秀学生和优秀学生干部的评选，毕业班的评选工作应在学生毕业离校前完成。

第五条 本办法解释权属××学院商贸管理系。

第六条 本办法自公布之日起试行。

[评析]

这是一篇管理办法。开头第一条写明制定办法的目的和意义。例文第二条至第六条为规范条款。具体规定了评选优秀学生和优秀学生干部的条件、要求和程序等有关内容。例文第五、六条款说明本办法的解释权及本办法的施行时间。但这篇管理办法在语言文字方面仍存在以下问题：

1. 语序排列不合理。如第二条的第三点"敢于同不良现象和违法乱纪行为作斗争，坚持原则，自觉遵守法纪和学校各项规章制度"应改为"自觉遵守法纪和学校各项规章制度，坚持原则，敢于同不良现象和违法乱纪行为作斗争；"。

2. 语句不完整。如第一条"为了鼓励我系学生勤奋学习、刻苦钻研、严格要求、全面发展"应改为"为了鼓励我系学生勤奋学习、刻苦钻研，成为一名严格要求自己、全面发展的优秀学生"。

▶ 第五节 细 则

[学习要求]

了解细则的含义和适用范围，掌握细则的写作要求，写出合乎要求的细则。

一、细则概述

(一)概念

细则，是党政机关、企事业单位及有关主管部门为有效地实施某项法律、法规和规章而作出的权威性解释、明细的标准和措施或为管理工作而制定的详细法则。

(二)特点

细则主要有如下三个特点：

1. 依附性。细则的制定必须依附于某一具体法律、法规，不能另起炉灶，重构框架。法律、法规是细则赖以产生的前提。没有某法律、法规，就没有某法律、法规的实施细则。

2. 操作性。细则是对实施法规或管理工作的具体解释和补充，规定具体适用的标准及执行程序，因而具有很强的操作性。

3. 补充性。细则是主体法律、法规、规章的从属性文件，它对法令、条例、规定或其部分条文进行解释和说明，以使其表意更加具体明确化。

(三)细则与条例、规定、办法的区别

细则与条例、规定是比较近似的文种。它们都有法规性，分章列条的外部形式也比较接近。它们之间的区别体现为：

1. 制发机关不同。条例、规定大多是一级机关制发，特别是条例，制定的机关级别有严格规定；而细则较多是业务部门或下级机关为实施上级法规而制定的。

2. 内容不同。条例一般是对规范内容作出原则性的规定，突出依据性、指导性，内容全面、系统、原则；规定的内容比较局部化，方法、步骤、措施比较详细；细则则较多的是对条文或工作规范作出详细解释，突出其操作性、说明性。

3. 依附性不同。条例、规定大多是独立行文的，对所依据的法规没有依附性；而细则具有较强的依附性，它必须依据相关法律、法规和规章而行文。

细则和办法的使用范围和制发机关大致相同。它们的区别主要表现在：办法由分管某方面工作的职能部门作出，既用于实施文件，也用于制定管理办法，且后一种办法还为数不少；而细则主要为实施法规性文件而制定，用于制定一般工作细则的较少。在内容上，办法侧重于对措施、步骤、要求等方面作出规定；而细则侧重对原文件作出界限范围的划分和具体的解释和规定。

二、结构和写法

细则一般由标题、题注、正文三部分构成。

(一)标题

细则的标题由细则内容加"实施细则"或"施行细则"构成，如《厂务公开实施细则》《××公司"创建和谐单位"施行细则》。

(二)题注

细则的题注一般在标题正下方，加括号标注发布日期和制发机关名称，或者批准、修改日期和机关名称。随命令、通知等颁布的细则，可以不列此项，以命令或通知的发文时间为准。

(三)正文

正文是细则的主体部分，要对某一法律、法规的实施或管理工作作具体、周密的阐释，制定明细的标准和措施，但不得超出原法律、法规的基本内容。细则的正文有两种写法，一种是分章式写法，一种是分条式写法。

1. 分章式写法，这种写法适用于内容较多的细则。全文分为三大部分，分别是总则、分则、附则。总则内容包括细则的依据、目的、意义、指导思想、基本原则、基本概念、适用范围等。总则一般为第一章，分若干条。

分则是细则的核心，总则之后、附则之前的所有内容，都属于分则。分则分章节或条

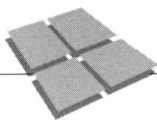

目分列细则的具体内容，分则用来对原法律、法则进行解释、补充，作出细致周密、切实可行的规定。

附则是细则的结尾部分，主要用来提出执行要求。

2. 分条式写法，这种写法不分章，直接列条，适用于内容简单、篇幅较短的细则。这种写法虽然不设总则或纲、分则和附则，但有关内容都已经包括在所设的条款之中。

三、范文评析

[范例]

××矿务集团公司效能监察实施细则

第一章 总 则

第一条 效能监察是监察部门对监察对象贯彻执行国家方针、政策、法律、法规和集团公司各项规章制度以及履行职责及其效果等情况进行监督、检查、奖惩、管理的活动。为使效能监察工作制度化、规范化，发挥其在加强企业管理，提高管理效能和经济效益中的重要作用，制定本细则。

第二条 开展效能监察的目的是促使监察对象尽职尽责，勤政廉政，加强企业经营管理，提高企业经济效益和社会效益，促进企业发展。

第三条 开展效能监察要坚持专门监督与群众监督相结合，监督检查与改进管理相结合，奖惩与教育相结合的原则。

第四条 集团公司效能监察在总经理领导下开展工作，各基层单位行政主要领导负责本单位效能监察的立项审批，效能监察建议的审批，决定整改措施及其他相关工作。

第二章 效能监察的标准

第五条 合法性标准。即监督检查监察对象是否正确贯彻执行国家的方针、政策、法律、法规和集团公司的各项规章制度。

第六条 合约性标准。即监督检查监察对象是否认真执行和完成计划、任务、预算、合同等预定的目标。

第七条 合理性标准。即监督检查监察对象是否从集团公司和本单位实际出发，进行科学管理，并取得预期效果。

第八条 效能标准。即监督检查监察对象是否完成计划规定的产品品种、数量、质量和成本、盈亏、安全等各项经济技术指标。

第九条 岗位职责标准。即监督检查监察对象是否正确履行工作职责，是否正确行使工作权限等。

第十条 程序性标准。即监督检查监察对象能否遵守议事规则，严格工作程序，是否违反工作程序等。

第三章 效能监察的内容

第十一条 对企业行政管理活动进行效能监察。主要监督检查监察对象是否正确行使职权，能否尽职尽责，做好统筹、协调、监督、管理、服务工作。

第十二条 对安全生产管理活动进行效能监察。主要监督检查监察对象是否按照安全生产法规、集团公司有关规定，统筹考虑安全生产工作；是否坚持优质低耗，有效使用人力、物力、财力。

第十三条 对销售及煤质管理活动进行效能监察。主要监督检查监察对象是否依法经营，是否执行集团公司煤炭集中销售和煤质管理规定；经营思想和服务作风是否端正；经营目标是否实现。

第十四条　对物资采购、出售管理活动进行效能监察。主要监督检查监察对象是否遵守党的纪律和国家政策法规，是否遵守集团公司关于物资设备采购、废旧物资处理等相关的制度和规定，是否违反相关的程序，是否树立大局观念和服务思想。

第十五条　对财务管理活动进行效能监察。主要监督检查监察对象是否按照国家财政法规、财经纪律和集团公司财务制度进行财务管理和监督；是否认真执行各项成本和费用标准。

第十六条　对建设工程项目和房地产出租出售工作进行效能监察。主要监督检查监察对象是否按规定审批项目和合理选择施工单位；是否严格按照设计和工期要求，对施工质量、安全、进度、造价等实施有效管理和监督；是否认真进行合同管理和造价信息管理，严格按照国家有关规定和定额标准审定工程量和工程费用；是否预见和认真协调好工程建设中的矛盾；是否认真进行竣工验收或审计；是否对房地产的出租出售进行招标或竞价。

第十七条　对医药及设备耗材的采购活动进行效能监察。主要监督检查监察对象是否遵守党的纪律和国家政策法律，是否遵守集团公司关于医药及设备耗材招标的规定，在招标采购、运输、质检、保管、服务、签订及履行合同等经营活动中，是否认真把关。

第四章　效能监察的程序（略）

第五章　效能监察的评估（略）

第六章　奖惩（略）

第七章　监察部门的职责和权限（略）

第八章　监察对象的权利和义务（略）

第九章　附则（略）

[评析]

这是一篇采用分章式写法的细则，全文共分九章三十四条，其中第一章说明制定依据、目的和原则等内容；第二至第八章为实施的具体条文，对××矿务集团公司效能监察的标准、程序以及监察部门的职责和权限进行具体的诠释，特别是针对××矿务集团公司效能监察具体实施过程中可能出现的疑难及有关问题进行细致地阐释。第九章对相关名词，解释权限和施行时间作了相关规定。整篇条例结构严谨，内容完整，层次清晰，规定具体，是非分明，从而使效能监察这种比较抽象的任务落到实处，保证了相关工作的真正实施。

四、写作要求与病例评析

(一)写作要求

1. 详尽。首先，由于法规、条例、规定一般写得比较概括，只作出原则性规定，需要细则对范围、概念加以解释，才便于实施，因此细则写作要做到详尽。其次，由于法规、条例、规定往往针对大多数情况而定，对一些特殊的例外情况无法一一界定，需要细则加以补充，使原件更趋完善和严密。最后，由于法规、条例、规定用概括性语言表述，细则需对一些内容加以展开，才有助于实施。这就要求细则对概括性条款进行具体化详尽的表述。

2. 可操作。细则是对实施法规或管理工作的具体解释和补充，规定具体适用的标准及执行程序。因此，对原件不够明确处，加以诠释；对不够具体处，加以展开；对不够完善处，加以补充，使条文切合实际，可以操作。

(二)病例评析

[病例]

××厂务公开实施细则

为了进一步贯彻落实党的十六大精神，实践"三个代表"重要思想，切实保障职工群众

在企业中的主人翁地位，充分调动职工群众的主观能动性和创造性。根据中办、国办关于"国有集体及控股企业实行厂务公开制度"的有关问题通知精神，结合我厂的实际，特制定本实施意见。

一、实行厂务公开的指导思想

坚持以邓小平理论和党的十六大精神为指导，实践"三个代表"重要思想，树立全心全意依靠职工群众办企业的思想。贯彻维护职工群众当家作主的民主权利和职工的合法权益，建立企业稳定协调的劳动关系，搞好群众监督，促进党风廉政建设，调动全体职工参政、议政的积极性，促进我厂两个文明建设的和谐发展。

二、厂务公开的组织领导

……

三、厂务公开的原则

……

四、厂务公开的主要内容

厂务公开的内容要根据我厂的实际情况有所侧重，既要公开有关政策依据和我厂有关规定，又要公开具体内容和承办部门；既要公开办事结果，又要公开办事程序，使厂务公开在职工的广泛参与和监督下进行。为此，结合我厂的具体情况，提出厂务公开的内容如下：

(一)涉及职工切身利益方面：

1. 职工奖惩办法及奖金分配事项。

2. 集体合同的协商制度和履行情况。

3. 职工的住房补贴。

4. 职工培训计划。

5. 职工晋级、专业职称的聘任情况。

6. 职工养老、医疗、工伤、失业、生育及其他社会保险、保障基金缴纳情况。

7. 福利金的分配和使用情况。

8. 住房公积金管理以及企业公益金的使用方案。

(二)企业重大决策方面：

1. 企业发展规划、投资和生产经营，基建项目重大决策方案。

2. 参与污水处理厂 BOD 投标项目。

3. 企业改制、重大技术改造方案。

4. 重要规章制度和管理办法。

5. 财务预决算和财务计划完成情况。

6. 污水处理费收支情况和利润完成情况。

7. 职工裁员、分流、安置方案。

8. 劳动用工制度改革、职工工资制度改革。

(三)与领导班子建设和党风廉政建设密切相关的问题……

(四)其他应让职工知情的事宜……

五、厂务公开的实现形式

……

六、厂务公开的程序、时间

1. 公开的程序……

2. 公开的时间。厂部要根据公开内容和职工关切程度，实行定期公开和随时公开相结合。属于一事一议的工作要及时公开；属于职代会职权范围的重要事项，要通过每年一至两次的职工代表大会或临时召开的职工大会实行公开；属于常规性工作，要通过公开栏等形式按年度、半年、季度、月份实行定期公开。

七、厂务公开监督考核制度

......

八、本实施办法经厂部第一届第二次职代会审议后实施。

[评析]

这是一篇××厂务公开实施细则，共八条。第一至第三条写制定本细则的依据、目的、组织领导和原则等。第四至第七条详细列出厂务公开的主要内容、实现形式、程序、时间、监督考核制度等内容，这些都是本实施细则必不可少的内容。第八条为实施细则的实施时间。本文各章的内容，区分合理，但仍存在有不足之处：

1. 表达主次颠倒，不够规范。如第四条"（一）涉及职工切身利益方面"和"（二）企业重大决策方面"应改为"（一）企业重大决策方面"和"（二）涉及职工切身利益方面"比较恰当。

2. 语序前后不统一。如第六条第二点前面提到"厂部要根据公开内容和职工关切程度，实行定期公开和随时公开相结合"则"属于一事一议的工作要及时公开；属于职代会职权范围的重要事项，要通过每年一至两次的职工代表大会或临时召开的职工大会实行公开；属于常规性工作，要通过公开栏等形式按年度、半年、季度、月份实行定期公开"。应相应修改为"属于职代会职权范围的重要事项，要通过每年一至两次的职工代表大会或临时召开的职工大会实行公开；属于常规性工作，要通过公开栏等形式按年度、半年、季度、月份实行定期公开；属于一事一议的工作要及时公开"。

▶ 第六节　规则与守则

[学习要求]

了解规则和守则的含义和适用范围，掌握规则和守则的写作要求，写出合乎要求的规则和守则。

一、规则

(一)规则概述

1. 概念

规则是国家机关、社会团体、企事业单位为了有秩序地进行工作或更好地完成某项任务或者管理某项活动而作出具体规定的规范性文书。规则在一定范围内具有明显的规范性和约束力，是有关人员必须遵守和执行的一种行为准则。

2. 特点

(1)专门性

规则所适用的范围一般比较小，是专门就某一项工作或活动而制定的，超出这一范围便没有什么意义了。如《阅览室规则》只用于阅览室，《备品供应与保管规则》只用于备品的供应与保管。

(2)具体性

规则的内容比较具体、细致、周密，而且以事务性的工作居多，具有规范化、程序化和定型化的特性。规则的内容不得有疏忽和遗漏之处，以免在一些具体的环节上无规可依。

(3)单一性

规则面对的对象比较集中，只是对局部范围内的人员、活动和场所作出具体的要求和

规定，因而具有单一性。

（二）结构和写法

规则的结构由标题、题注和正文构成。

1. 标题

规则的标题有两种写法，一种是由发文机关、事由和文种组成，如《××市大学生运动会参赛规则》。另一种是由事由和文种组成，如《仓库防火安全管理规则》。有的规定还需要执行一段时间后修订的，可以在文种前加"试行"二字，也可在标题后加括号标明"试行"。

2. 题注

独立发布的规则的题注一般在标题正下方，表明通过规则的会议名称及日期或发文机关公布的日期。用命令、通知等文种予以发布的规则，规则本身不显示制发的时间，以命令或通知的发文时间为准。

3. 正文

（1）分章式写法

这种写法适用于内容复杂的规则，分为总则、分则、附则三大部分，总则为第一章，制定规则的依据、适用范围、应用要求；分则有若干章，为规则的具体内容；附则为最后一章补充说明。各章又分为若干条。

（2）分条式写法

内容简单的规则可直接分条撰写，即整个规则不分章节按条款一次排列。这种写法虽然不设总则、分则和附则，但有关内容都已经包括在所设的条款之中。

（3）引言加条款式写法

跟通篇分条式写法比较相似，只是前面有一段没有列入条款的引言，一般用来交代根据、目的、意义。

（三）范文评析

[范例]

××区办公室工作规则

办公室工作要在区政府主要领导和办公室主任领导下，围绕"小分工、大合作"原则开展工作，树立办公室工作无小事的意识，同志之间互相关心、互相帮助、共同进步，确保办公室各项工作有效运转。

1. 办公室主任在区长领导下，负责处理区政府的日常工作。区长通过办公室主任向办公室安排工作，一般情况下，办公室工作人员不直接向区长汇报工作，由办公室主任向区长汇报工作，以保证区长有足够时间和精力处理全局性问题和工作。

2. 无论何种原因，办公室所有人员因公外出或有事请假一天者，由主任批准，连续在一天以上者，由区长批准。

3. 坚持领导带班，办公室人员24小时值班。上班时间，大办公室工作人员绝对不能脱岗，若有事外出要搞好协调，确保有人在岗。

4. 凡是各部门以区政府或区政府办名义下发文件，首先经分管领导审核并签注明确意见后，由办公室各联系人审核按区政府工作规则的规定程序办理。各牵头单位按规范格式自行印制。凡是以区政府及区政府办公室名义对外的行文，要将文件审核签发卡片、文件底稿及正式文件一式15份交区政府办公室内务股，其中，7份分发区政府领导，3份存档，3份分发办公室主任、副主任，2份报送市政府办公厅秘书五科。

5. 实行上班签到制度。上午8:00以前，下午2:30以前签到，每月汇总一次，并公布出勤情况。

6. 实行工作日志制度。将当天自己的工作、学习等情况记录下来，便于总结经验，寻找差距。

7. 实行周一下午例会学习制度。每周一下午总结、安排工作，提出问题并按计划进行学习。

8. 实行会议审批制度。召开会议报办公室主任安排，凡需政府组成部门主要负责人（含街道主任）参加的会议未经区长批准不予安排，凡以部门召开的会议或政府组成部门副职参加的会议，未经分管副区长同意不予安排。

9. 实行督办制度。凡是领导责成办公室人员落实的事情，接受任务的当事人，要及时填写领导批办文件（材料）办理情况登记表，全程督办相关责任单位高质量完成，并及时向交办任务的领导反馈工作进展情况。

10. 实行自我规范制度。凡是各项工作的牵头负责人，都要组织相关人员制定出自己分工负责工作的标准和要求，并不断完善，不断提高工作标准。

11. 实行廉洁自律制度。办公室人员必须洁身自好，不准借在领导身边工作之便给基层和群众添麻烦，不准"吃、拿、卡、要"，要热情服务基层、服务群众，树立人民满意公务员良好形象。

12. 实行电报处理制度。收到各级明传电报后，接报人首先要填写明传电报登记簿，并及时呈送办公室主任或区长，待区长或办公室主任签注处理意见后，业务工作主要联系人或接收工作人员要全面了解电报内容，将领导签注的处理意见简要填写在明传电报登记簿上，根据领导签注的处理意见督促落实，并向领导反馈落实情况。

［评析］

这份办公室规则由标题和正文构成，格式规范。标题省略发文机关名称，由事由和文种构成。正文采用引言加条款式写法。开头有一段没有列入条款的引言，用来交代依据、目的、意义。全文共十二条，其中第一条规定了办公室主任的职责，第二至第十二条是规则的具体措施。整份规则逻辑缜密，层次清晰，内容具体，该做什么，不该做什么一目了然，既增强了它的可操作性和可监督性，又便于人们了解掌握，从而自我约束，自觉遵守。

(四)写作要求与病例评析

1. 写作要求

(1)内容要符合实际，切实可行。规则既要符合有关政策、法律精神，又要符合某项管理工作或公务活动的实际，因此，所述条款一定要从实际出发，便于组织成员贯彻执行。

(2)结构要严谨。规则结构要合乎规范写法。规则的层次和章、条、款之间，应当有序地排列，不可缺漏或重复。格式规范、结构严谨的规则才能有效保证其思想一致性，规范性和严肃性。

(3)表述态度要明确，措辞要准确，语气要肯定。规则是人们的行动准则，有较强的约束力，因此必须用准确的语句，明确地告诉人们应该做和不应该做的内容，并写明违反规则的处理办法。

2. 病例评析

［病例］

××电台台务会议事规则

为切实加强台领导班子的民主集中制建设，发挥集体智慧，进行科学决策，特制定本议事规则。

一、应提交台务会讨论决定的主要事项：

1. 贯彻党的新闻宣传方针政策的重要事项，执行市委、市政府、市委宣传部和省、市

党政主管部门重要决议、决定；2. 本台事业发展的长期规划和年度计划；3. 本台人、财、物管理方面重要管理规定、办法的制定与修改；4. 本台各业务部室的设置和调整；中层干部的推荐和任免；员工的招聘及特殊人才的引进等事项；5. 大额度资金的使用；6. 重大改革方案的出台；7. 涉及本台干部职工利益的大事；8. 上级领导机关规定应由台务会讨论决定的问题。

二、台务会必须每月召开一次，遇到重要情况可随时召开，召开会议的时间、议题，一般应提前一天通知各成员。

三、台务会必须有五分之三以上成员到会方能举行。讨论问题时应发扬民主，每个成员都要发表意见。如对重要问题发生争论，达不成一致意见时，除在紧急情况下必须按少数服从多数执行外，一般应暂缓作出决定，进一步调查研究，交换意见，下次会议再讨论。在特殊情况下，也可将争论情况向上级领导机关报告，请示决定。

四、台务会对重大问题的决定，要充分酝酿、协商和讨论，必须实行民主的科学的决策，对事业发展的长远规划和重大宣传活动的安排，必须进行充分的调查研究，反复比较论证，必要时应组织专业技术人员进行分析论证，作出评估。

五、台务会讨论决定的事项，各成员必须坚决执行，任何个人无权改变集体的决议、决定，更不允许公开散布与集体决议、决定相违背的意见，决不允许以任何借口，各行其是，另搞一套。台务会研究的事项，全体成员应注意保密，不得超越保密期限和范围擅自泄露外传，每个成员都要切实维护领导班子的团结一致。

[评析]

该规则的内容比较具体，但在语言文字方面仍存在以下问题：

1. 结构布局不合理。本规则属于分条式写法，第一条中的"1""2""3""4"等序号应分别另起一行排列。

2. 语句不完整。如第三条"讨论问题时应发扬民主"后应加上"精神"一词。第四条"要充分酝酿、协商和讨论"应改为"要经过充分酝酿、协商和讨论"。

3. 语言表达不到位，过于严厉。如第三条"如对重要问题发生争论，达不成一致意见时，除在紧急情况下必须按少数服从多数执行外"。一般说来，规则的语言过于严厉容易引起人们的反感，将"必须按少数服从多数执行"改为"应当按少数服从多数执行"更为恰当。

二、守则

(一)守则概述

1. 概念

守则是党政机关、团体、企事业单位根据本单位本部门的具体情况，面对全体成员公布的一种应自觉遵守的道德规范和行为准则。守则还常常用于具体操作规范中，有特定的使用范围和较强的针对性，如《值班人员守则》等。

守则的制定有三个依据：一是党和国家的方针、政策；二是有关法律、法规；三是全社会共同遵守的道德规范。因此，遵守守则，实际上也就是遵纪守法，就是讲文明、讲道德。

2. 特点

(1)针对性

守则是根据党的路线、方针、政策，结合本地区、系统、单位的实际情况，有针对性地拟定具体条文，因此具有较强的针对性。

(2)约束性

守则是用来规范人的道德、约束人的行为的，通常在一个系统内部人人都要熟悉守则，人人都要遵守守则。它虽然不具有法律效力，也没有明显的强制性，但对有关人员的教育作用和约束作用还是很明显的。

（3）完整性

守则一般篇幅都比较短小，但内容涉及成员应该遵循的所有基本原则和规范，系统而完整。为此守则的撰写要注意条目清晰，逻辑严谨。

3. 作用

守则对其所涉及的成员有约束作用，但守则从整体上说属于职业道德范畴，不是法律和法规，不具有强制力和法律效力。也就是说，如果有人不按守则办事，可能并不违法，但至少是违背了道德准则，会受到人们的批评和谴责。它旨在培养成员按道德规范办事的自觉性，对本系统、本单位、本部门的工作、学习、生活也能起到一定的保证、督促作用。

（二）结构和写法

守则的结构由标题、题注和正文构成。

1. 标题

守则的标题有两种写法，一种是由发文机关、事由和文种组成，如《××县科技局办公室工作守则》；另一种由事由和文种组成，如《通行费征收管理工作守则》。有的规定还需要执行一段时间后再修订的，可以在文种前加"试行"二字，也可在标题后加括号标明"试行"。

2. 题注

有些守则需要在标题下方正中加括号标注日期和发布机关（或通过守则的会议）。如《全国人民代表大会常务委员会组成人员守则》就注明："1993 年 7 月 2 日第八届全国人民代表大会常务委员会第二次会议通过。"有的守则也可以将制定机关或发布机关以及日期写在正文结束后的右下方。

3. 正文

守则的篇幅一般比较短小，多采用通篇分条式写法。如果内容复杂，也可采用章条式写法。

（三）范文评析

[范例]

通行费征收管理工作守则

（一）通行费收费政策"五公开"

1. 公开收费政策和规定；

2. 公开收费程序和办法；

3. 公开收费标准和逃费车辆处罚标准；

4. 公开收费人员工作号码和照片；

5. 公开收费纪律和要求。

（二）爱岗敬业"五精神"

1. 振兴公路事业的拼搏精神；

2. 勤奋敬业的创新精神；

3. 踏实工作的奉献精神；

4. 团结友爱的互助精神；

5. 爱"站"如家的主人翁精神。

（三）征收职业"六道德"

1. 热爱本职，牢记宗旨；

2. 说话和气,热情服务;

3. 讲究卫生,着装整齐;

4. 秉公办事,不徇私情;

5. 文明待人,耐心解释;

6. 应征不漏,应免不收。

(四)征收人员"六风纪"

1. 工作时间内必须衣帽整齐(管理人员在办公室内可以脱帽),证件齐全,佩戴端正,春、秋、夏、冬服装不得混穿;

2. 举止大方,谈吐文雅,仪容端庄;

3. 礼貌待人,文明用语,规范讲话,不得冷、硬、横、暴;

4. 男同志不允许蓄长发和留胡须,女同志不允许披肩长发、戴耳环、浓妆艳抹;

5. 执行公务时,不准背手、抄手抱立;

6. 值班时间不准挽衣袖、卷裤筒、披衣敞怀,执行稽查工作时,不准抽烟、嚼槟榔,不准戴墨镜。

(五)文明窗口"八示范"

1. 环境卫生,秩序良好,设施、标牌齐全;

2. 着装整齐,挂证上岗,使用文明语言;

3. 主动热情,准确迅速,安全畅通;

4. 依法收费,照章处罚,无乱收乱罚;

5. 规范服务,高质高效,无差无错;

6. 提供咨询,有问必答,礼貌收费;

7. 遵章守纪,忠于职守,乐于奉献;

8. 站亭卫生规范,无摊点,无广告。

(六)文明执勤"八要求"……

(七)廉政收费"十不准"……

(八)文明收费"十用语"……

[评析]

这是一份专门针对通行费征收管理工作而制定的守则。全文共分八大点,分别就通行费收费政策公开化、执勤要求、廉政收费、文明收费用语等方面"哪些应该做,哪些不应该做"作了明确的要求,有较强的针对性和可执行性。篇幅虽然不长,但内容涉及成员应该遵循的所有基本原则和规范,完整而且系统。通篇守则条目清晰,逻辑严谨,用语谦和,是一篇较好的范文。

(四)写作要求与病例评析

1. 写作要求

(1)守则所规范的内容既要符合国家的方针政策,又要结合本单位、本系统的实际情况,以便遵照执行。

(2)守则的写作要做到条理清楚,层次分明,语言简练、质朴、准确。

2. 病例评析

[病例]

业务员收款守则

一、账单分发

第一条 财务部账款组依业务员类别整理账单,定期汇集编制账单清表一式三份,将账单清表两份连同账单寄交业务人员签收。

第二条 业务人员收到账单清表时,一份自行留存,另一份应尽速签还财务部账款组,如发现有不属本身的账单，应立即以挂号寄回。

第三条　客户要求寄存账单时，应填写"寄存账单证明单"一份，详列笔数金额等交由客户签认，收款时才交还予客户。如因寄存账单未取得客户签认致不能收款的，由业务人员负责赔偿。

第四条　收到公司寄来的账单后，如未能立即收款，则应取得客户于账单上的签认，若未能取得客户的签认，则应尽速于发货日起三个月内，向总务部申请取得邮局包裹追踪执据，执凭收款。逾期不办致无法收取货款的，由业务人员负责赔偿。

二、收款处理程序……

三、收款票期规定

第八条　依客户的区别规定如下：

（一）直接客户：以货到收款为条件者，由送货员收取现金。签收的客户，则为销货日起一个月内的支票或现金；

（二）一般商店：自销货日期起三个月内的票期。

第九条　收款票期超过公司的规定时，依下列方式计算收款成绩。

（一）超过 1～30 天时，扣该票金额 20% 的成绩；

（二）超过 31～60 天时，扣该票金额 40% 的成绩；

（三）超过 61～90 天时，扣该票金额 60% 的成绩；

（四）超过 91～120 天时，扣该票金额 80% 的成绩；

（五）超过 121 天以上时，扣该票金额 100% 的成绩。

四、收取票据须知

第十条　法定支票记载的金额、发票人图章、发票年月日、付款地，均应齐全，大写金额绝对不可更改，否则盖章仍属无效，其他有更改之处，务必加盖负责人印章。

第十一条　支票的抬头请写上"××股份有限公司"全称。

第十二条　跨年度时，日期易生笔误，应特别注意。

第十三条　字迹模糊不清时，应予退回重新开立。

第十四条　收取客票时，应请客户背书，并且写上"背书人××股份有限公司"，千万不可代客户签名背书。

第十五条　"禁止背书转让"字样的客票，一律不予收取。

第十六条　收取客户客票大于应收账款时，不应以现金或其他客户的款项找钱，应依下列方式处理：

（一）支票到期后，由公司以现金找还；

（二）另行订购抵账，或抵交未付账款中的一部分。

第十七条　本公司无销货折让的办法，如因发票金额误开，需将原开统一发票收回，寄交公司更改或重新开立发票。如无法收回而不得已需抵扣时，则于下次向公司订货时，以备忘录说明，经业务经理核准后扣除，不得于收款时，扣除货款或以销货折让方式处理，否则尾数由业务人员负责。

［评析］

这是××股份有限公司制定的业务员收款守则，存在问题如下：

1. 语句表述不够准确。如第二条"如发现有不属本身的账单，应立即以挂号寄回"，应改为"如发现有不属自己的账单，应立即以挂号寄回"。

2. 语言表达不够清晰准确。如第十四条"收取客票时，应请客户背书，并且写上'背书人××股份有限公司'，千万不可代客户签名背书"，应改为"收取客票时，应请客户背书，

并且写上'背书人××股份有限公司',不允许代客户签名背书"。

3. 标点符号使用有误。如第八条中的第一款"签收的客户"后面的逗号应改为冒号。第九条"依下列方式计算收款成绩"后面的句号应改为冒号。

▶ 第七节 制 度

[学习要求]

了解规定与制度的含义和适用范围,掌握规定与制度的写作要求,写出合乎要求的规定与制度。

一、制度概述

(一)概念

制度是党政机关、社会团体、企事业单位依照国家的政策、法律制定的,为加强对人们生活、学习、工作等方面的管理而制定的,要求有关人员共同遵守的规范性文书。

(二)特点

1. 内容强制性

制定制度的目的在于加强管理,它对相关人员明确规定可以做什么,不可以做什么,以及如有违反会受到什么样的惩罚。因此,制度有很强的强制性的特点。

2. 发布形式多样性

制度的发布方式比较多样,除作为文件存在之外,还可以张贴和悬挂在某一岗位和某项工作的现场,以便随时提醒人们遵守,同时便于大家互相监督。

3. 应用广泛性

制度应用比较广泛,大到国家机关,小到基层单位的科室班组,都可以制定相应的制度,以便共同遵守,实现工作程序的规范化,岗位责任的法规化,管理方法的科学化,以提高工作和劳动的效率。

(三)种类

1. 管理性制度

管理性制度适用于管理某一方面或某一岗位上的长期性工作。如《办公室规章制度》《××市烟草专卖局卫生管理制度》。

2. 法规性制度

法规性制度是对某方面工作制定的带有法令性质的规定,如《××地区工业局廉政制度》《××部保密工作制度》。

二、结构和写法

制度的结构由标题、题注和正文构成。

(一)标题

制度的标题有两种格式:一种以事由和文种构成,如《办公室规章制度》;一种以发文机关、事由和文种组成,如《××小区管理制度》。

(二)题注

如有必要,可在标题下方正中加括号注明制发单位名称和日期,其位置也可以在正文结束后右下方,相当于公文落款的地方。

(三)正文

制度多采用通篇分条式写法,如果内容复杂,也可采用章条式写法。

三、范文评析

[范例]

<h3 style="text-align:center">××部保密工作制度</h3>

一、保密守则

(一)不该说的秘密,绝对不说;

(二)不该问的秘密,绝对不问;

(三)不该看的秘密,绝对不看;

(四)不该记录的秘密,绝对不记录;

(五)不在非保密本上记录秘密;

(六)不在私人通信中涉及秘密;

(七)不在公共场所谈论秘密;

(八)不随便存放秘密文件、资料;

(九)不在普通电话、普通邮局传递秘密文件;

(十)不携带秘密材料外出参观、游览。

二、文书保密制度

(一)接收文件

1. 收到文件和信件启封后,当天登记。按密级及一般文件分类登记并编好顺序号,贴上文件呈批传阅笺,于当天或第二天送办公室主任阅批,然后根据办公室主任提出的呈送意见,分别将文件送给有关部门领导和有关科室。

2. 凡是急件、会议通知或时间性较强的文件,必须随收随送,尽快送给有关领导。其他文件亦要抓紧传阅,一般不超过一星期传阅完。

3. 凡是秘密以上的文件,必须在当天内阅读,下班前交回文件保管处,以确保文件的安全。无密级的中共中央的文件作密件保管,与一般文件分开存放。

4. 认真做好文件的防盗、防失、防窃、防虫、防潮等防护工作。一切文件和档案应放在指定的保密柜和保密室。

5. 做好文件的立卷归档工作。立卷归档的案卷,有关部门或个人需查阅时,需经办公室领导同意,才能准予查阅。

6. 定期检查清理文件,做到传阅文件不积压,不出错漏,不丢失。按区保密局的要求定期清退秘密文件。部内印发剩余的文件材料及一些没有保存价值的资料等统一送到定点纸厂化浆。

(二)文件打印

1. 凡打印文件必须有领导签批。

2. 秘密文件应按规定标明密级。打印错的秘密材料及未公开的干部任免讨论材料要及时用碎纸机碎掉。印制秘密文件过程中所形成的蜡纸、衬纸、清样、废页、废件等应及时销毁,不得任意堆放。

3. 文件的原稿及打印好的文件、资料应放入抽屉内,不得让无关人员翻阅。

4. 电脑打字室、文印室一般情况下不得随便进入。

5. 打字员应严格保守国家秘密,不得将有关秘密的内容向外泄露。

(三)发出文件

1. 文件印好分发前,要检查分发份数与实印份数是否相符,发文范围是否确切,文件格式是否符合要求,如发现问题要及时与办文科室协商,处理后方可分发。

2. 秘密、机密、绝密和急件、特急件、亲收件要在信封上标明。同一信封内装几份不同内容、不同文号的文件，必须在信封上标明。

3. 信件在转发出前，要再次清点核对，收文的单位数与件数是否相符，收文单位是否准确。

4. 收发文均要办好签收。

三、电脑管理保密制度……

四、复印机管理保密制度……

五、其他

1. 手机使用要严格按照《关于加强手机使用保密管理的通知》规定，召开重要会议时必须关闭手机，不得在固定电话、手机中谈论秘密事项或内部事项。

2. 如发生泄密问题时，要及时、主动向部领导如实报告，并积极配合有关部门进行调查处理。

[评析]

这是一篇写得较好的制度范文。由于涉及的内容复杂、篇幅较长，故全文分为多层序码，篇下分项、项下分条、条下分款。同时，分别就保密守则、文书保密制度、电脑管理保密制度、复印机管理保密制度等方面作了详细的阐释。范文结构清晰，内容详备，语言明白流畅、通俗易懂，符合规范制度的一般写法。

四、写作要求与病例评析

(一)写作要求

1. 内容要切实可行。制度的写作一定要以有关政策、法律精神为依据，又要符合某项管理工作或公务活动的实际，因此，对涉及的方方面面都要作出具体规定且所述条款一定要从实际出发，便于组织成员贯彻执行。

2. 结构要严谨。行文要严谨周密，条文要明确具体，用词要准确，章法要严密，条理要清晰，层次和章、条、款之间，应当有序地排列，不可缺漏或重复。

3. 语气要肯定。制度是人们共同遵守的行为准则，有较强的强制性，因此必须用准确的语句，明确地告诉人们应该做和不应该做的内容，并写明违反制度的处理办法。

(二)病例评析

[病例]

××小区管理制度

第一条　文明卫生标准：

1. 大院道路、空地每天专人打扫，室内经常打扫，做到窗明几净。

2. 院内鼠、蚊、蝇密度达标，厕所有专人每天打扫，保持清洁无臭味、无滴水、管道畅通。

3. 院内无乱搭、乱建、乱放、乱堆、乱倒现象。

4. 院内无饲养家禽家畜现象。

5. 倒垃圾按时按指定地点，严禁院内乱掷烟头、纸屑瓜果皮壳。

6. 楼道畅通，无杂物堆放，严禁在过道里放炉灶，晾晒衣服绳索整齐有序，不影响市容和过路。

7. 汽车、自行车在指定线内有序停放，驾驶人员洗刷汽车后要立即将污渍地面扫净。

8. 院内三线(电话、电力、电视线)线路整齐美观。

9. 保持院内花草树木完整、美观，地面无枯败枝叶、杂草和弃物。

10. 严禁住楼户往楼下乱掷杂物。

11. 下水道畅通无堵塞，窨井完好无损。

12. 装潢施工有序，建筑材料定点摆放，废土及时清运整理，无遗留现象。

第二条　责任范围：

1. 保洁员对所属卫生包干区要经常打扫，每日打扫不少于二次，保持包干区整洁卫生。

2. 生活区分片负责人要做好片内卫生监督检查工作，责任人有权对片内违反制度当事人进行警告、处罚。

3. 住家户要保持家庭内外整洁卫生，对庭院卫生负有责任。

4. 卫生管理人员，要负责好大院卫生工作，每天要巡回视察，发现问题及时处理。

5. 业主管理委员会对大院卫生情况不定期进行检查，原则上每半月检查不少于一次。

第三条　处罚规定：

1. 凡查出卫生包干区不卫生的，每次扣保洁员奖金50元，并责令其立即打扫。

2. 住家户乱倒垃圾的，发现一次罚款100元，并责令其立即清扫。

3. 住家户养家禽家畜，一旦发现立即予以没收，并罚款50元。

4. 在院内乱掷烟头者，发现一次罚款100元。

5. 对住家户乱堆乱放，乱搭乱建，除责令其清理外罚款100～3000元。

6. 对损坏院内花草树木者予以花木价值三倍罚款。

7. 卫生管理人员（包括打扫卫生，打扫公共厕所人员）工作不负责任，造成脏、乱、差的每查出一次罚款100元。

8. 院内乱停放车辆的每次罚款200元。

第四条　本规定自二〇〇五年三月十二日起执行。

[评析]

该制度在内容表达方面切实可行，而且语气肯定，明确地告诉人们应该做和不应该做的内容，并写明违反制度的处理办法，但仍存在以下问题：

1. 语句叙述本末倒置。如第一条中的第2项："保持清洁无臭味、无滴水、管道畅通"应改为"保持清洁无臭味、管道畅通、无滴水"。

2. 语句要完整，用词要准确。如第一条第10项："严禁住楼户往楼下乱掷杂物"可改为"严禁住户往楼下乱掷垃圾杂物"；第三条第7项"造成脏、乱、差的每查出一次罚款100元"应改为"造成脏、乱、差现象的每查出一次罚款100元"。

3. 违反制度的处理办法要与制度相对应。如第一条第5项提到："严禁院内乱掷烟头、纸屑瓜果皮壳"，在第三条中就应该提到乱扔纸屑瓜果皮壳应受到的处罚，而不是单单针对"在院内乱掷烟头者"。

▶ 第八节　公约与承诺

[学习要求]

了解公约与承诺的含义和适用范围，掌握公约与承诺的写作要求，写出合乎要求的公约与承诺。

一、公约

（一）公约概述

1. 概念

公约是社会组织或团体为了维护公共利益，在自觉自愿的基础上，通过讨论、协商所

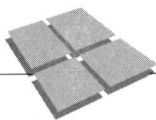

制定出来的，约定大家共同遵守的行为准则和道德规范。

需要说明的是国际公约不在我们所讲的范畴之内。我们所说的公约主要是指国内各社会团体或人民群众所制定的公约。公约是参与制定的单位和个人共同信守的行为规范，它对于维护社会秩序、促进安定团结等有着不可低估的作用。

2. 特点

(1)约定性

约定性是公约的突出特点之一。它在自觉自愿的基础上，约定大家共同遵守的行为准则和道德规范。但它不是有关管理部门制定的强制性的法规，没有强制性，对参与者只有道德约束力，没有法律效力。

(2)针对性

公约是根据国家的方针、政策，结合本地区、本系统或本单位的实际情况，有针对性地拟定的具体条文，约定大家共同遵守的行为准则和道德规范，因此具有较强的针对性。

(3)监督性

公约是参与制定的单位和个人共同信守的行为规范，每个人都有履行公约的义务，不得违反。同时，它也是人们互相监督的依据，每个人也都有以公约为准则监督别人的权力。一旦发现有违背公约的行为，大家都有权进行批评和谴责。

3. 种类

(1)部门公约

部门公约，是指群众社团、民间组织所制定的公约，如《中国新闻界网络媒体公约》。

(2)行业公约

行业公约，是指一个行业为了加强企业的职业道德，保护公平竞争，以行业协会出面主持制定的公约，如《餐饮行业公约》。

(3)民间公约

由居委会、村委会或村民小组出面主持制定的公约，如《村规民约》。

(二)结构和写法

公约的结构由标题、正文、署名与日期构成。

1. 标题

标题就是公约的名称，直接揭示公约的内容。公约的标题有两种写法：

(1)由适用对象和文种组成，如《企业员工文明公约》；

(2)由适用事项和文种组成，如《××居民小区公约》。

2. 正文

公约的正文一般采用引言加条文式的格式。引言主要用来写明制定公约的目的、意义，常套用"为了……特制定本公约"的固定格式。条文式写法，将具体内容一一列出。这部分最重要，一定要做到系统完整，层次清楚，言简意明，朴实通畅。结尾可加上执行要求、生效日期等。如无必要，可免除这一部分。

3. 署名与日期

对于有些公约而言，署名是很重要的一项，因为署名就意味着承诺，表明遵守公约的意向，表明愿意为违背公约承担责任。特别是行业公约，这一点显得更为突出。

(三)范文评析

[范例]

中国新闻界网络媒体公约

为加强中国新兴的网络媒体之间的交流和合作,营造中国网络媒体公平竞争的良好环境,促进中国网络媒体的健康发展,本着"合作、公平、发展"的精神,特制定此公约:

一、作为公约单位,无论是一个媒体单位,还是其相关从业人员,都应遵守新闻媒体所应有的职业道德,服从国家制定的有关新闻媒体的政策法律法规,遵循新闻媒体所具有的基本准则和基本规律;

二、各公约单位,都应充分发挥新闻媒体速度快、容量大、多媒体、可交互、可检索等特点,牢牢确立"媒体"意识,牢牢树立"为网友服务"的观念,争取在全社会的新闻信息传播中,同报刊、广播、电视一样,发挥应有的、越来越重要的作用;

三、各公约单位应充分运用好以因特网为标志的一系列高技术成果,结合自身实际,面向市场,走专业化道路,加强信息内容建设,搞好信息服务,努力成为新世纪因特网上中文信息建设的主力军,为通过因特网向全世界传播中国文化、中国文明,为促进中国新闻传播事业的发展和信息产业的发展,作出应有的贡献;

四、各公约单位应充分发扬新闻媒体之间的长期友好合作传统,取长补短,共同发展;

五、各公约单位应充分尊重相互之间的信息产权和知识产权,呼吁全社会尊重网上的信息产权和知识产权,坚决反对和抵制任何相关侵权行为;

六、各公约单位郑重约定,凡在此公约上签字的新闻媒体,可以用自己独家发布的拥有产权的信息,同其他新闻媒体拥有的同样的信息交换,各新闻媒体无论规格高低,实力大小,实行信息产权面前人人平等;

七、各公约单位根据第五条和第六条,可以在自己的网站页面上摘用其他公约单位网站上的新闻和信息,但是必须注明出处,并为对方网站作链接;

八、若某公约单位对其网站上的某些信息有特殊规定,则其他公约单位应遵守其规定,包括按照该公约单位的要求,给予经济补偿;

九、各公约单位约定,凡不属于此公约的其他网站,如须引用公约单位的信息,应经过授权,并支付相应的费用。使用时,或注明出处,或建立链接;

十、此公约从签约之日起生效。如情况变化,可酌情修改;

十一、各公约单位签约自由,退约自由。

××××年××月××日

《中国新闻界网络媒体公约》签约单位:(略)

[评析]

这是一份中国网络媒体共同制定的公约。该公约采用引言加条文式写法,整个公约不分章节按条款一次排列。这种写法虽然不设总则或纲、分则和附则,但有关内容都已经包括在所设的条款之中。引言为总则部分,第十、十一条为附则部分,中间部分为分则部分。

这份公约套用"为了……特制定本公约"的固定格式开头,主要写明公约制定的依据,公约有关规定的适用范围。第二条至第七条从正面作出规定,写明应该做什么,不应该做什么,允许做的可做到什么程度。第八、九条从反面作出规定,如果违反公约应该承担什么法律责任。第十、十一条,主要写公约的生效日期和参与自由等。整篇公约结构合理,内容全面,层次明晰,规定具体,是一份比较好的范文。

(四)写作要求与病例评析

1. 写作要求

(1)公约的条文要有针对性，条款规定必须具体可行，不要大而空。

(2)要安排有序，撰写实施条款的层次安排要做到先原则后具体，先主后次，先正面后反面，条款之间既要相对独立，又要相互依存，形成有机整体。

(3)使用的概念要准确，语言文字要规范，特别是民间公约，要求通俗易懂，切忌抽象笼统，含糊不清。

2. 病例评析

[病例]

村规民约

为了推进我村民主法制建设，维护社会稳定，树立良好的民风、村风，创造安居乐业的社会环境，促进经济发展，建设文明卫生新农村，经全体村民讨论通过，制定本村规民约。

一、社会治安

……

二、消防安全

……

三、村风民俗

1. 提倡社会主义精神文明，移风易俗，反对封建迷信及其他不文明行为，树立良好的民风、村风。

2. 红白喜事由红白喜事理事会管理，喜事新办，丧事从俭，破除陈规旧俗，反对铺张浪费、大操大办。

3. 不请神弄鬼或装神弄鬼，不搞封建迷信活动，不听、看、传淫秽书刊、音像制品，不参加邪教组织。

4. 建立正常的人际关系，不搞宗派活动，反对家族主义。

5. 积极开展文明卫生村建设，搞好公共卫生，加强村容村貌整治，严禁随地乱倒乱堆垃圾、秽物，修房盖屋余下的垃圾碎片应及时清理，柴草、粪土应定点堆放。

6. 建房应服从村庄建设规划，经村委会和上级有关部门批准，统一安排，不得擅自动工，不得违反规划或损害四邻利益。

违反上述规定的给予批评教育，出具检讨书，情节严重的交上级有关部门处理。

四、邻里关系

……

五、婚姻家庭

1. 遵循婚姻自由、男女平等、一夫一妻、尊老爱幼的原则，建立团结和睦的家庭关系。

2. 婚姻大事由本人作主，反对包办干涉，男女青年结婚必须符合法定结婚年龄要求，提倡晚婚晚育。

3. 自觉遵守计划生育法律、法规、政策，实行计划生育，提倡优生优育，严禁无计划生育或超生。

4. 夫妻地位平等，共同承担家务劳动，共同管理家庭财产，反对家庭暴力。

5. 父母应尽抚养、教育未成年子女的义务，禁止歧视、虐待、遗弃女婴，破除生男才能传宗接代的陋习。子女应尽赡养老人的义务，不得歧视、虐待老人。

[评析]

这是一篇由村委会出面主持制定的公约，共五大点。引言写明制定公约的目的、意义。

然后分别就社会治安、消防安全、村风民俗、邻里关系和婚姻家庭等方面作出了共同的约定。本文各大点的内容，安排合理，但有些内容在写法上仍值得推敲：

1. 主语混淆不清。如第三大点中"违反上述规定的给予批评教育，出具检讨书，情节严重的交上级有关部门处理"有明显的语病，主语混淆不清，应改为"违反上述规定的给予批评教育，并要求其出具检讨书，情节严重的交上级有关部门处理"。

2. 语气过于严厉。如第五大点中的第 3 项"提倡优生优育，严禁无计划生育或超生"，"严禁无计划生育或超生"语气过于强硬，且和前面"提倡优生优育"意思重复，使行文显得拖沓繁冗，可以改为"提倡优生优育，禁止超生"。

二、承诺

(一)承诺概述

1. 概念

承诺是政党组织、社会团体、公司企业或者个人等为了维护公共利益，在自觉自愿的基础上就某方面向社会作出保证，并就此要求受到社会舆论监督，以保证其组织活动正常运行。

2. 特点

(1)监督性

监督性是承诺的最明显的特点，承诺是参与制定的单位和个人共同遵守的行为规范并向社会作出保证，要求受到社会监督。一旦发现有违背承诺的行为，大家都有权进行批评和谴责甚至举报。

(2)约束性

承诺不是有关管理部门制定的强制性的法规，没有强制性，不具有法律效力，也没有明显的强制性，对参与者只有道德约束力。

(3)针对性

承诺是根据党的路线、方针、政策，结合本地区、系统、单位的实际情况，就某方面的工作有针对性地拟定具体条文，向社会作出保证，要求受到社会监督，因此具有较强的针对性。

(二)结构和写法

承诺的结构由标题、正文、投诉举报与日期构成。

1. 标题

承诺的标题直接揭示承诺的内容。其由发文机关、事由和文种组成，如《×××物价局服务承诺》《药品监督管理局廉政承诺书》。

2. 正文

承诺的正文一般采用引言加条文式的格式。引言主要用来写明制定承诺的目的、意义，常套用"为了……特作如下承诺"的固定格式。条文式写法，即整个承诺不分章节按条款一次排列。

3. 投诉举报与日期

投诉举报对于承诺而言，是很重要的一项，因为公布投诉举报方式就意味着向社会作出保证，要求受到社会舆论监督，也借此表明愿意为违背承诺承担责任。

(三)范文评析

[范例]

×××物价局服务承诺

为开展好以"执政为民、执法为民、服务社会"为主题的民主评议活动，认真落实"提速、

提质，为人民、促发展"的要求，建设廉洁、勤政、务实、高效的行政机关，特作如下承诺：

一、坚决贯彻执行《价格法》《行政许可法》《行政处罚法》，以及国家的价格方针、政策和法规，严格遵守《公务员法》《国家公务员行为规范》《××市国家机关及其公务员公共服务行为规范暂行规定》，认真履行职责，自觉遵守职业道德，公开办事程序、规定和结果。

二、依法制定或调整属于政府定价、政府指导价范围内的商品和服务价格及国家机关收费标准。

三、进一步加强价费监管力度，继续推行收费公示制度和明码标价制度，加大对人民群众和社会反映强烈的价格热点、难点问题的监督检查力度，严厉查处价格违法行为。

四、对有关单位提出的调、定价（费）申请，限时办结，按照国家有关价格政策酌情作出批复、论证、听证、请示、否定等决定，并告知申请人。

五、在制定和调整与群众关系密切的公用事业性价格、公益性服务价格、自然垄断的商品价格时，实行价格听证制度，充分征求各方面意见，使决策更科学、更透明。

六、价格违法案件实行集体审理制度，不准个人单独办案，在执法中做到事实清楚、证据确凿、定性准确、手续完备、程序合法、处理恰当、法律文书规范。不越权执法、粗暴执法、违法执法。

七、对全县范围内的价格违法行为，任何单位和个人采用来信、来访、来电以及电子邮件等形式举报和投诉，我局均予受理，不推诿扯皮，不刁难群众，认真负责地核实，公平公正地处理，做到件件有着落，事事有回音，并为举报投诉人保密。

八、实行《首问负责制》《一次性告知制》《岗位责任制》《限时办结制》《差错责任追究制》等工作制度，对来我局联系工作或咨询、投诉的人员做到接待热情，解释耐心，办理及时，坚决杜绝"门难进、脸难看、事难办"的官僚作风，做到"来有迎声，问有答声，走有送声"。

九、严格遵守物价人员廉洁自律的规定，一切公务活动必须按办事程序和工作流程执行，不得参加被管理、检查和服务单位组织的"调查、考察"活动，不得利用职务之便推销物品和购买廉价商品，不得利用职权"吃、拿、卡、要"。

以上承诺，物价局全体职工共同无条件遵守，欢迎社会各界监督举报。投诉举报电话：12358×××××；地址：××大厦五楼；投诉受理人员：×××、×××。

二〇〇四年八月十八日

[评析]

这是一份物价局就服务方面工作向社会作出的承诺，由标题和正文构成，格式规范。标题由发文机关、事由和文种构成。正文采用引言加条款式写法。开头有一段没有列入条款的引言，用来交代依据、目的、意义。全文共九条，其中第一条列明所依据的法律政策，第二至第九条就收费标准、价费监管、价格违法案件、廉洁自律等问题向社会作出承诺。结尾处还公布了投诉举报的方式。整份承诺逻辑缜密，层次清晰，内容具体，该做什么，不该做什么一目了然，既便于承诺人自我约束，自觉遵守，又便于人们了解监督。本例文语言明白流畅、通俗易懂，是一份比较好的范文。

（四）写作要求与病例评析

1. 写作要求

（1）承诺的条文要切实可行，不要大而空。承诺的写作一定要以有关政策、法律精神为依据，又要符合某项管理工作或公务活动的实际，因此，所述条款一定要从实际出发，便于组织成员贯彻执行。

（2）层次清晰，内容具体，用词要准确，章法要严密，语气要肯定，该做什么，不该做什么一目了然。

（3）内容针对性要强。制定的具体要求、措施和办法要切合实际，有可操作性，便于执行、检查和监督。因此内容要明确集中，一事一诺，不蔓不枝。

2. 病例评析

[病例]

药品监督管理局廉政承诺书

一、按照"两个务必"，建设廉洁班子

我们要高举"三个代表"重要思想的伟大旗帜，牢记我党全心全意为人民服务的宗旨，不断提高反腐倡廉的主动性和自觉性，从制度上、心理上、行动上树起反腐倡廉的铜墙铁壁。要按照"两个务必"的要求，提高思想认识，克服形式主义、官僚主义和各种不良风气，努力创建学习型、务实型、民主型、服务型、高效型和廉洁型的领导集体。

1. 领导干部带头执行廉洁自律的各项规定，不违规配备交通、通信工具，不涉足营业性娱乐场所，不参与高消费娱乐活动，拒绝行贿受贿和赌博行为。

2. 认真遵守《收入申报》《礼品登记》《个人重大事项报告》等制度，严禁婚丧事宜大操大办借机敛财行为，对配偶、子女及身边工作人员严格管理、严格控制、严格要求、严格监督。

3. 杜绝自吃自喝和单位之间互吃互喝行为，严格费用审批手续，接受群众监督。

4. 建立廉政公开栏，公开办事程序，让权力在阳光下运行。

二、完善廉政制度，堵塞腐败漏洞

1. 认真执行《中国共产党党员干部廉洁从政若干准则》。

2. 认真执行"四大纪律八项要求"。

3. 认真遵守党员干部廉政守则。

4. 认真执行省食品药品监督管理局颁布的"五项禁令"。

5. 认真执行《执行预防职务犯罪工作实施办法》。

6. 加强内部监督，完善各项制度，严格约束执法行为。

三、抓好行风建设，接受社会监督

把行风建设工作贯穿工作始终，严格执法程序，严肃执法纪律，坚决铲除执法不公、乱罚款等现象，杜绝吃、拿、卡、要行为，净化药械市场，促进地方经济发展。认真开展阳光服务、廉政假日、"做廉内助、创廉洁家庭"、"评廉、述廉、考廉"等各项活动，公开监督电话，广泛接受社会监督。

总之，我们要以"三个代表"重要思想为指导，在县委、县政府的领导下，认真落实上述各项承诺，把药监局党风廉政建设提高到一个新高度。

[评析]

这是一篇由药品监督管理局就廉政方面问题向社会作出的承诺书，全文采用引言加条式文式的格式。引言主要用来写明制定承诺的目的、意义。正文共三大点，分别就克服不良风气、完善廉政制度、抓好行风建设，接受社会监督等作出承诺，但还存在下面三个问题：

1. 表达形式不够统一。全文共分三大点，引言后面应加上"一、提高思想认识，克服不良风气"和下面的"二、完善廉政制度，堵塞腐败漏洞"和"三、抓好行风建设，接受社会监督"才能构成一个完整的整体。

2. 表达不够规范。如第一大点中的第2项"对配偶、子女及身边工作人员严格管理、严格控制、严格要求、严格监督"应改为"对配偶、子女及身边工作人员严格要求、严格管理、严格控制、严格监督"才符合逻辑习惯。

3. 结构不够完整。结尾处应公布投诉举报电话、地址、投诉受理人员姓名，以接受社会监督。

>>> **思考与练习**

一、名词解释

条例　章程　规定　制度　规则　守则　公约　承诺

二、填空题

1. 条例的特点是_____、_____和_____。

2. 章程的主要类型有_____、_____和_____。

3. 规定的正文由_____、_____和_____三部分组成。

4. 承诺的结构由_____、_____、_____与_____构成。

5. 办法的特点主要有_____、_____和_____。

三、简答题

1. 试述组织章程、企业章程的总则、分则和附则的写作内容。

2. 章程的写作有哪些注意事项？

3. 如何理解规定写作的灵活性？

4. 规则的写作要求是什么？

四、判断题

1. 法规和规章类公文的标题，如果是试行或暂行，在标题中要写明"试行"或"暂行"字样。如果"试行"或"暂行"等字样在标题的文种字眼之后，则要用圆括号括上。（　　）

2. 规定、办法、细则的正文之后，不再签署发文机关名称及成文时间。（　　）

五、阅读与评析

下面是一份写得较好的管理规定，仔细阅读此份规定，并写一份评析文字。

××镇机关车辆管理规定

为了严格镇机关车辆管理，逐步使机关车辆管理工作正规化、规范化，本着"减少漏洞、节约开支"的原则，经镇政府研究决定，特制定镇机关车辆管理规定如下：

一、镇机关所有车辆，除值班车外，夜晚和公休日车辆全部入库，任何人不得私自使用。

二、确因工作需要，夜晚及公休日用车，需事先向镇党委书记、镇长请示，经同意后转告办公室，办公室进行核对后方可用车。

三、司机在未出车时，要在宿舍随时听从安排，有事需先向办公室请假，不得私自外出。

四、司机因饮酒或其他原因而延误了机关的正常用车秩序，要给予警告处分，到年底累计达到3次，要扣发奖金200元；司机因饮酒或违反交通法规而造成交通事故的，要扣发年底安全奖。

五、司机要时刻注意车辆保养，不开带病车；车辆需要维修保养的，要提前与办公室联系，以便办公室安排机关用车。

六、车辆需要维修，司机需事先向主要领导提出申请，待主要领导同意后，到镇政府指定地点进行修理。如车辆未到镇政府指定地点修理的，镇政府不予承认，费用自理。

七、镇机关所有车辆均归办公室统一调度，确因工作需要安排用车的，必须上报办公室，经批准后方可发车。

八、本规定适用于镇机关所有车辆，本规定自公布之日起执行，由办公室负责解释。

中共××县××镇委员会

××县××镇人民政府

2005年×月×日

六、写作题

1. 组织章程一般要规定组织机构的设置、产生、职权、任期等。某公司拟成立企业质量管理研究会，请用分条式写法代该研究会拟定一份组织章程。内容允许合理想象、扩充。

2. 试拟一份宿舍卫生规则。有关内容，可做适当补充。

第五章　经济文书

▶第一节　意向书

[学习要求]

了解意向书的概念、特点、作用、结构与写作要求，能写出符合格式规范的意向书。

一、意向书概述

(一)概念

意向书是双方当事人通过初步洽商，就各自的意愿达成一致认识而签订的书面文件，是双方进行实质性谈判的依据，是签订协议(合同)的前奏。

(二)特点

1. 协商性

意向书多用商量的语气，不带任何强制性，有时还用假设、询问的语气。

2. 灵活性

意向书的灵活性主要体现在两个方面：一是可以随时改变自己的主张。意向书发出后，对方如有更好的意见，可以直接采纳，部分改变或全盘改变都是可能的；二是在同一份意向书里可以提出多种方案供对方选择，或者对其中的某项某款同时提出几种意见或方案，供对方比较和选择。

3. 临时性

意向书是协商过程中各方基本观点的记录，一旦达成正式协议，便完成了意向性的使命。意向书不像协议、合同那样具有法律效力。

(三)作用

意向书的主要作用是传达"意向"，提请对方注意或研究，可以约束双方的行动，保证双方的利益；意向书能反映业务与工作的关系，能保证业务朝着健康有利的方向发展；意向书可为正式签订协议或合同打下基础。

二、结构和写法

意向书通常由标题、正文、签署三部分组成。

(一)标题

标题有几种写法：

1. 双方单位名称＋事由＋意向书，如《中华人民共和国国家计划委员会和美利坚合众国能源部关于和平利用核技术合作的意向性协议》；

2. 事由＋意向书，如《开展多方面技术经济合作意向书》；

3. 双方单位名称＋意向书，如《××厂与××公司意向书》；

4. 直接写意向书，如《意向书》。

签订意向书双方的名称一般要写明全称。为叙述的方便，可分别确定为"甲方、乙方"；也可简称为"双方"。

(二)正文

这是意向书的主体和核心部分。一般是写明双方或多方达成协议的各个事项，如合作

的项目、方式、程序，双方的义务等。一般包括开头与主体两个部分。

1. 开头。这主要写合作双方的单位名称、合作事项。它简要阐述了订立意向书的依据、原因和意义，并常用"兹宣告如下意向"或"初步意向如下"等句引出主体内容。

2. 主体。这是意向书的重点内容。一般写合作双方的意图及初步协商一致所认识的内容，多数用条文形式表述。

(三)签署

签署包括双方单位的名称、双方代表的名称及成文日期。

三、范文评析

[范例]

合作培训意向书

甲方：××市现代科技培训中心

乙方：××出版社

经双方商讨，拟合作举办一期编辑、校对技术短期培训班。初步意向如下：

一、培训期 3 个月。2006 年 9 月 1 日开班，11 月 30 日结业。

二、培训学员 10 名。由乙方选送 25 岁以下、具有高中文化程度的人员。

三、培训费 2 万元，由乙方在开班前支付给甲方。

四、甲方提供培训场地、师资、教材，并负责教学管理，发放结业证书。

甲方	乙方
××市现代科学技术培训中心	××出版社
代表：×××（签字）	代表：×××（签字）
二○○六年七月二日	二○○六年七月二日

[评析]

这份意向书篇幅不长，但符合意向书结构与写法的要求。标题采用的是"事由＋意向书"的写法。而正文开头先写合作双方的单位名称、合作事项；主体部分再写出初步协商的合作内容，用四个条文形式表述。签署则写明双方单位的名称、双方代表的名称及成文日期。

四、写作要求与病例评析

(一)写作要求

1. 结构要完整。一般而言，标题、正文、签署三部分缺一不可。

2. 内容要留有余地。因为只是初步的合作意向，是双方进行实质性谈判的依据，是签订协议（合同）的前奏。因此，内容不能过于具体，不能把协议（合同）的内容写进去。

(二)病例评析

[病例]

意 向 书

一、甲、乙两方愿以合资或合作的形式建立合资企业，定名为××有限公司。建设期为×年，即从××××年～××××年全部建成。

双方意向书签订后，即向各方有关上级申请批准，批准的时限为×个月，即××××年×月×日～××××年×月×日完成。然后由×××厂办理合资企业开业申请。

二、总投资×万元。××部分投资×万；××部分投资×万。甲方投资×万（以工厂现有厂房、水电设施现有设备等折款投入）；乙方投资×万（以现金投入，购买设备）。

三、利润分配：各方按投资比例或协商比例分配。

四、合资企业生产能力：……

五、合资企业自营出口或委托有关进出口公司代理出口，价格由合资企业定。

六、合资年限为×年，即××××年×月～××××年×月。

七、合资企业其他事宜按《中外合资法》有关规定执行。

八、本意向书生效后，双方必须严格遵守意向书的规定，任何一方在未经协商的前提下不得违约。否则，违约方将承担全部责任。

本意向书一式两份。作为备忘录，各执一份备查。

甲方　　　　　　　　　　　　　乙方

××××厂　　　　　　　　　　××××公司

代表：×××　　　　　　　　　 代表：×××

××××年×月×日　　　　　　 ××××年×月×日

[评析]

这份意向书有多处错误：

一、格式不合要求。这份意向书不完整，正文缺少了开头部分，使得签订意向书的双方交代不清楚，应加上开头"××××厂（甲方）　×××公司（乙方）于××××年×月×日在××地，本着平等互利原则，对建立合资企业事宜进行了初步协商，达成意向如下："。

二、主体部分的内容过于具体。它对投资金额、利润分配、合资年限等实质性的内容都作了具体的规定，协议（合同）的内容写了进去；另外，意向书只是合作"意向"，不存在违约责任，主体部分的"第八项"应删去。

三、有些语言表达不够准确。如"定名为××有限公司"的"定名"改为"暂定名"较为准确；"总投资×万元"一句有歧义，"元"是指"美元"，还是"人民币"，应写清楚。

▶ 第二节　协议书

[学习要求]

了解协议书的概念、作用以及协议书与合同书的区别，重点掌握协议书的一般格式和写作结构，能写出合乎规范的协议书。

一、协议书概述

(一)概念

协议书又称协议，它是国家机关、社会团体、企事业单位之间，为了统一计划、分工负责、协同一致地完成某一共同议定的事项而签订的一种契约性文书。

(二)协议书的作用

协议作为契约的一种，将双方经过洽谈商定的有关事项记载下来，作为检查信用的凭证，一经订立，对签订各方具有约束作用。

它确定了各自的权利与义务，双方各执一张，作为凭据，互相监督、互相牵制，以保证合作的正常进行。

(三)协议书与合同的区别

1. 协议书的内容比较原则、单纯，往往是共同协商的原则性意见；而合同内容具体、

详细，各方面的问题全面周到。

2. 协议书的适用范围广泛，可以是共同商定的各方面的事务；而合同主要是经济关系方面的事项。

3. 合同一次性生效，而协议书签订以后，往往就有关具体问题还需要签订合同加以补充、完善。

二、结构和写法

协议书通常由标题、正文、签署三部分组成。

(一)标题

标题有几种写法：

1. 双方单位名称＋事由＋协议书，如范例的标题；

2. 事由＋协议书，如《出国留学协议书》；

3. 双方单位名称＋协议书，如《××厂与××公司协议书》；

4. 直接写协议书，如《协议书》。

签订协议书双方的名称一般要写明全称。为叙述的方便，可分别确定为"甲方、乙方"或"丙方"；也可简称为"双方"。

(二)正文

这是协议书的主体和核心部分。一般是写明双方或多方达成协议的各个事项，如合作的项目、方式、程序，双方的义务等。一般包括开头与主体两个部分。

1. 开头。通常是写协议的目的、依据和意义，如范例开头用一句话写明了订立协议的依据，然后用"就合作投资创办出租汽车公司事宜，达成如下协议："句引入主体部分。在开头与主体之间，常用的承上启下习惯用语有"就……达成如下协议""经充分协商，达成如下协议"；"经充分协商，协议如下"等。

2. 主体。这是协议的重点，一般采用分条列项的方法，有的协议每个条项还列出小标题，一目了然。这部分主要是要明确协议的内容、双方的权益与义务以及文本的形式和法律效力等。这些条款是双方合作的基本依据。这部分的条款要完备，避免疏漏；文字要准确无误，不允许有歧义。

(三)签署

签署包括双方的签名和签订日期两项。签名要写出合作各方的单位全称并标明甲、乙方，并由订立协议双方单位代表签名，此外还要加盖公章或按上指纹。写明订立协议的具体时间，签订日期要写全年、月、日。

三、范文评析

[范例]

中国黑龙江国际经济技术合作公司与香港金桥金属有限公司关于合作

投资创办出租汽车公司事宜协议书

中国黑龙江国际经济技术合作公司(甲方)与香港金桥金属有限公司(乙方)双方于××××年×月×日至×月×日在哈尔滨市经多次友好协商，在平等互利的原则下，就合作投资创办出租汽车公司事宜，达成如下协议：

一、合营企业定名为北方出租汽车公司。经营大、小车 100 辆。其中：西德奔驰 280-S 轿车 7 辆(为二手车，行车里程不超过 17000 公里，外表呈新)、日产丰田轿车 83 辆(其中：50 辆含里程、金额记数表、空调、步话机等)、面包车 10 辆。

二、合营企业为有限公司。双方投资比例为 3 : 7，即甲方占 70%，乙方占 30%。总投资 140 万美元，其中：甲方 98 万美元（含库房等公用设施），乙方 42 万美元。合作期限定为 5 年。

三、公司设董事会，人数为 5 人，甲方 3 人，乙方 2 人。董事长 1 人由甲方担任，副董事长 1 人由乙方担任。正、副总经理由甲、乙双方分别担任。

四、合营企业所得毛利润，按国家税法照章纳税，并扣除各项基金和职工福利等，净利润根据双方投资比例进行分配。

五、乙方所得纯利润可以人民币计收。合作期内，乙方纯利润所得达到乙方投资额（包括本金）后，企业资产即归甲方所有。

六、双方共同遵守我国政府制定的外汇、税收、合资经营以及劳动等法规。

七、双方商定，在适当的时间，就有关事项进一步洽商，提出具体实施方案。

甲方：   乙方：

中国黑龙江国际经济技术合作公司   香港金桥金属有限公司

代表：×××   代表：×××

××××年×月×日   ××××年×月×日

[评析]

这份协议书结构完整、条款明确，符合写作要求。

标题部分采用了"双方单位名称＋事由＋协议书"的写法。在正文的开头则先写明了合作的原则与前提，然后用"就……事宜，达成如下协议"句自然引入主体部分；而主体部分则采用分条列项的方法，把协议的共识具体表述清楚，并在末条写明"在适当的时间，就有关事项进一步洽商，提出具体实施方案"，使得整份协议显得更加完整而严密。

四、写作要求与病例评析

(一)写作要求

1. 平等互利、协商一致、等价有偿是签订协议的原则。协议必须是出于当事人的真正自愿，在双方自由表达意志的基础上，经过充分协商而达成协议。同时要体现协作的精神，遵循等价有偿的原则，符合价值规律的要求。

2. 由于协议是一种契约活动，一旦签订，就具有法律效力，因此内容必须遵守国家法律、法令、符合国家政策要求，协议签订后，未经协议各方协商，任何单位和个人都不能随意改动。

(二)病例评析

[病例]

甲方：北京中医药大学中药学院学生会

乙方：北京金山软件有限公司

双方自愿签订如下协议：

甲方的权利及义务：

甲方提供给乙方《风尚，我有——北京中医药大学第八届才艺大赛》的冠名权。

甲方将对大赛进行全程的 DV 录制，并在赛后将 DV 刻成光盘给予乙方。

甲方为乙方在校园内进行海报宣传（海报由乙方提供）。

甲方为乙方在校内作宣传，如有改动必须及时通知乙方并经双方协商同意。

甲方应该认真完成宣传，不得无故取消协议所定内容，并且不得作有损乙方利益的

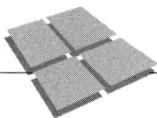

活动。

乙方的权利及义务：

乙方为甲方提供《风尚，我有——北京中医药大学第八届才艺大赛》所需奖品，奖品为金山公司开发的系列软件，价值一千元以上。

乙方为甲方提供大赛的彩色节目单 500 张，背面可印有乙方的宣传资料。

乙方为甲方提供具有乙方冠名的大赛横幅一条，横幅内容为"金山网游杯风尚，我有——北京中医药大学第八届才艺大赛"。

乙方需在甲方比赛开始前付清所有赞助物品。

附件：

比赛当天如遇特殊情况（如会场设备、安全问题），使甲方无法顺利进行活动，甲方不负对乙方的责任。

如一方没有履行其义务，要对另一方进行赔偿。

比赛时间为 5 月 23 日 19:00。

本协议一式两份。甲、乙方各一份，未经双方同意不可任意改动本协议。

签章　甲方

　　　乙方

2006 年 5 月 8 日

[评析]

该协议主要存在下面问题：

1. 结构不完整：缺了"标题"；而在正文部分又缺少了"开头"的内容，没有写明双方合作的依据与前提；每条权利义务应标清一、二、三……

2. 主体部分有的词语和句子运用失当，表述不清楚，容易产生歧义。如"价值一千元以上"句中的"一千元以上"到底是多少，没有说清楚；又如"要对另一方进行赔偿"的"赔偿"，该赔偿什么？怎样赔偿？都没有说清楚；还有"比赛当天如遇特殊情况（如会场设备、安全问题），使甲方无法顺利进行活动，甲方不负对乙方的责任"，整个句子都不够具体明确，很容易产生歧义。

3. 签署不规范。

▶第三节　经济合同

[学习要求]

了解经济合同的含义、作用、特点、分类，了解经济合同的结构和内容；掌握经济合同的写作要求；能写出合乎规范的经济合同。

一、经济合同概述

(一)概念

经济合同是指两个或两个以上的（法人组织或公民个人）为达到一定的目的，设立、变更、终止他们之间民事的或经济的权利义务关系的协议。合同有经济合同、民事合同、劳动合同、行政合同等。经济合同是合同中最常见的形式。《中华人民共和国经济合同法》（以下简称《经济合同法》）的第二条规定："本法适用于平等民事主体的法人、其他经济组织、个体工商户、农村承包经营户相互之间，为实现一定经济目的，明确相互权利义务关系而订立的合同。"

(二)特点

1. 合法性

经济当事人必须具备法律规定的合法资格；合同的内容、具体条款必须符合有关法律法规；签订合同必须履行合法的手续，包括程序上要经过"要约""承诺"等环节，还要反复协商，一致同意后才能签订。

2. 约束性

经济合同的签订既然是一种法律行为，一旦依法成立，即具有法律的效力。当事人双方(或多方)必须全面履行合同规定的义务，任何一方不得擅自变更或解除合同。否则，必须承担由此引起的法律责任。《经济合同法》第六条规定："经济合同依法成立，即具有法律约束力，当事人必须全面履行合同规定的义务，任何一方不得擅自变更或解除合同。"

3. 双务性

当事人双方(或多方)的权利义务是对等的，法律地位是平等的，追求目的是一致的。因此，它是一个双务的、有偿的合同。当事人双方(或多方)依照合同享有权利，也要承担义务，各自从中取得经济利益而又必须偿付相应的代价，这就是经济合同必须遵循的等价交换的原则。

(三)作用

1. 有利于当事人实现经济目的

当事人签订合同都是为了实现特定的经济目的，为了某一项经济活动的顺利进行，为了取得一定的经济效益。经济合同所规定的权利、义务反映着双方(或多方)的需要，是为实现共同的经济目的而服务的，经济合同的履行过程，也就是共同的经济目的得以实现的过程。

2. 有利于保护当事人的合法权益

前面说过，经济合同的签订既然是一种法律行为，一旦依法成立，即具有法律的效力。在经济活动中，如果当事人之间发生纠纷，为维护各自的合法权益，当事人就可以以合同为依据，对照合同条款进行交涉，甚至诉诸法律，请求仲裁机构或法律部门进行裁决。

3. 有利于维护社会经济秩序

经济合同制度的实施及有关法规的颁布实施，是维护社会经济秩序、促进社会经济繁荣的重要措施，有助于错综复杂的社会经济部门、行业、组织及个体生产、经营环节紧密联系起来，使经济活动在客观经济规律的引导下，有秩序地进行。

国家通过对经济合同的监督，通过对经济合同执行的检查，督促企业守法经营，维护社会经济秩序，确保社会主义市场经济的健康发展。

(四)种类

根据不同的标准，合同可分为不同种类。按形式分有口头合同和书面合同；按合同的有效期分，有长期合同、中期合同、短期合同；按合同涉及的经济活动对象分，有对内经济合同、涉外经济合同等。按性质和内容，《中华人民共和国合同法》(以下简称《合同法》)将合同分为买卖合同、供用电、水、气、热力合同、赠与合同、借款合同、租赁合同、融资租赁合同、承揽合同、建设工程合同、运输合同、技术合同、保管合同、仓储合同、委托合同、行纪合同、居间合同15种。按形式分，有条款式合同、表格式合同和表格条款结合式合同。

(五)合同与意向书的区别

意向书是记载双方合作意愿，作为进一步洽谈活动基础的凭证，它本身不具备法律的约束力；通常用做合同或协议书的先导。

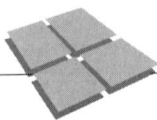

二、结构和写法

经济合同的格式，一般包括标题、立约单位、正文、结尾几个部分。

(一)标题

合同的标题也就是合同的名称，一般是直接标明合同的性质，由事由和文种名称构成。如"购销合同""建设工程承包合同"等。位置在合同书的第一页居中。

(二)立约单位

立约单位就是合同当事人自己，位于标题下方、正文之前。通常在合同名称下方另起一行并排写当事人双方的单位或个人名称。单位名称第一次出现要写全称，以下行文为简称。后面用括号注明"甲方、乙方"或"买方、卖方"等。

(三)正文

1. 引言

这是订合同的依据和目的。可概括表示，如"为了……(目的)，根据……(合同法)规定，经双方协商，签订本合同，并共同信守下列条款。"

2. 主体

这是经济合同的最主要部分，也是合同的具体条款。《合同法》第二章第十二条规定，经济合同应具备以下主要条款：

(1)标的(货物、劳务、工程项目等)；

(2)数量和质量；

(3)价款或者酬金；

(4)履行的期限、地点和方式；

(5)违约责任。

经济合同必须按照上述条款把合同订得具体、明确，以保证合同的切实履行。这些条款包括了合同双方所承担的义务和应享受的权利。它既是合同赖以成立的基础，又是能否正确履行、能否保护当事人合法权益的关键。因此，其条款必须经双方协商一致，逐一写明。

(四)结尾

主要包括合同当事人的签字、盖章；合同的有效期；合同附件名称及件数；合同正本、副本及件数、保存及其效力；各方的电话号码、开户银行及账号、E-mail地址等。

三、范文评析

[范例一]

房屋租赁合同

本合同双方当事人：

出租方(以下简称甲方)：＿＿＿＿＿＿＿＿＿＿＿＿

(本人)(法定代表人)姓名：＿＿＿＿＿＿ 国籍：＿＿＿＿＿

(身份证)(护照)(营业执照号码)：＿＿＿＿＿＿＿＿＿＿

地址：＿＿＿＿＿＿＿＿＿＿＿＿＿＿＿＿＿＿＿

邮政编码：＿＿＿＿＿＿ 联系电话：＿＿＿＿＿＿＿

委托代理人：＿＿＿＿＿＿ 国籍：＿＿＿＿＿ 电话：＿＿＿＿＿

地址：＿＿＿＿＿＿＿＿ 邮政编码：＿＿＿＿＿＿

承租方(以下简称乙方)：＿＿＿＿＿＿＿＿

（本人）（法定代表人）姓名：＿＿＿＿＿＿＿＿ 国籍：＿＿＿＿＿＿＿

（身份证）（护照）（营业执照号码）：＿＿＿＿＿＿＿＿＿＿

地址：＿＿＿＿＿＿＿＿＿＿＿＿＿＿＿＿＿＿＿

邮政编码：＿＿＿＿＿＿ 联系电话：＿＿＿＿＿＿＿

委托代理人：＿＿＿＿＿＿ 国籍＿＿＿＿ 电话：＿＿＿＿＿＿

地址：＿＿＿＿＿＿＿＿＿＿ 邮政编码：＿＿＿＿＿＿＿

甲、乙双方就下列房屋的租赁达成如下协议：

第一条　房屋基本情况。

甲方房屋（以下简称该房屋）坐落于＿＿＿＿＿＿＿；位于第＿＿＿层，共＿＿＿＿（套）（间），房屋结构为＿＿＿＿＿＿，建筑面积＿＿＿＿平方米（其中实际建筑面积＿＿＿＿平方米，公共部位与公用房屋分摊建筑面积＿＿＿＿平方米）；该房屋所占的土地使用权以（出让）（划拨）方式取得；该房屋平面图见本合同附件一，该房屋附着设施见附件二；（房屋所有权证号、土地使用权证号、房地产权证号）为＿＿＿＿＿。

第二条　房屋用途。

该房屋用途为＿＿＿＿＿＿。

除双方另有约定外，乙方不得任意改变房屋用途。

第三条　租赁期限。

租赁期限自＿＿年＿＿月＿＿日至＿＿年＿＿月＿＿日止。

第四条　租金。

该房屋月租金为（＿＿＿＿币）＿＿＿＿亿＿＿＿＿千＿＿＿＿百＿＿＿＿拾＿＿＿＿万＿＿＿＿千＿＿＿＿百＿＿＿＿拾＿＿＿＿元整。

租赁期间，如遇到国家有关政策调整，则按新政策规定调整租金标准；除此之外，出租方不得以任何理由任意调整租金。

第五条　付款方式。

乙方应于本合同生效之日向甲方支付定金（＿＿＿＿币）＿＿＿＿亿＿＿＿＿千＿＿＿＿百＿＿＿＿拾＿＿＿＿万＿＿＿＿千＿＿＿＿百＿＿＿＿拾＿＿＿＿元整。租金按（月）（季）（年）结算，由乙方于每（月）（季）（年）的第＿＿＿＿个月的＿＿＿＿日交付给甲方。

第六条　交付房屋期限。

甲方应于本合同生效之日起＿＿＿＿日内，将该房屋交付给乙方。

第七条　甲方对房屋产权的承诺。

甲方保证在交易时该房屋没有产权纠纷；除补充协议另有约定外，有关按揭、抵押债务、税项及租金等，甲方均在交付房屋前办妥。交易后如有上述未清事项，由甲方承担全部责任，由此给乙方造成经济损失的，由甲方负责赔偿。

第八条　维修养护责任。

租赁期间，甲方对房屋及其附着设施每隔＿＿＿＿（月）（年）检查、修缮一次，乙方应予积极协助，不得阻挠施工。

正常的房屋大修理费用由（甲）（乙）承担；日常的房屋维修费用由（甲）（乙）承担。

因乙方管理使用不善造成房屋及其相连设备的损失和维修费用，由乙方承担责任并赔偿损失。

租赁期间，防火安全，门前三包，综合治理及安全、保卫等工作，乙方应执行当地有

关部门规定并承担全部责任和服从甲方监督检查。

第九条　关于装修和改变房屋结构的约定。

乙方不得随意损坏房屋设施，如需改变房屋的内部结构和装修或设置对房屋结构影响的设备，需先征得甲方书面同意，投资由乙方自理。退租时，除另有约定外，甲方有权要求乙方按原状恢复或向甲方交纳恢复工程所需费用。

第十条　关于房屋租赁期间的有关费用。

在房屋租赁期间，以下费用由乙方支付，并由乙方承担延期付款的违约责任：

1. 水、电费；

2. 煤气费；

3. 供暖费；

4. 物业管理费；

5. _____；

6. _____。

在租赁期，如果发生政府有关部门征收本合同未列出项目但与使用该房屋有关的费用，均由乙方支付。

第十一条　租赁期满。

租赁期满后，本合同即终止，届时乙方须将房屋退还甲方。如乙方要求继续租赁，则须提前_____个月书面向甲方提出，甲方在合同期满前_____个月内向乙方正式书面答复，如同意继续租赁，则续签租赁合同。

第十二条　因乙方责任终止合同的约定。

乙方有下列情形之一的，甲方可终止合同并收回房屋，造成甲方损失，由乙方负责赔偿。

1. 擅自将承租的房屋转租的；

2. 擅自将承租的房屋转让、转借他人或擅自调换使用的；

3. 擅自拆改承租房屋结构或改变承租房屋用途的；

4. 拖欠租金累计达_____个月；

5. 无正当理由闲置达_____个月；

6. 利用承租房屋进行违法活动的；

7. 故意损坏承租房屋的；

8. _____；

9. _____；

10. _____。

第十三条　提前终止合同。

租赁期间，任何一方提出终止合同，需提前半年书面通知对方，经双方协商后签订终止合同书，在终止合同书签订前，本合同仍有效。

如因国家建设、不可抗力因素或出现本合同第十条规定的情形，甲方必须终止合同时，一般应提前三个月书面通知乙方。乙方的经济损失甲方不予补偿。

第十四条　登记备案的约定。

自本合同生效之日起_____日内，甲、乙双方持本合同及有关证明文件向_____申请登记备案。

第十五条　违约责任。

租赁期间双方必须信守合同，任何一方违反本合同的规定，按年度须向对方交纳年度租金的_____%作为违约金。乙方逾期未交付租金的，每逾期一日，甲方有权按月租金的_____%向乙方加收滞纳金。

第十六条 因不可抗力原因导致该房屋毁损和造成损失的，双方互不承担责任。

第十七条 本合同未尽事项，由甲、乙双方另行议定，并签订补充协议。补充协议与本合同不一致的，以补充协议为准。

第十八条 本合同之附件均为本合同不可分割之一部分。本合同及其附件内，空格部分填写的文字与印刷文字具有同等效力。

本合同及其附件和补充协议中未规定的事项，均遵照中华人民共和国有关法律、法规和政策执行。

第十九条 甲、乙一方或双方为境外组织或个人的，本合同应经该房屋所在地公证机关公证。

第二十条 本合同在履行中发生争议，由甲、乙双方协商解决。协商不成时，甲、乙双方同意由_____仲裁委员会仲裁。（甲、乙双方不在本合同中约定仲裁机构，事后又没有达成书面仲裁协议的，可向人民法院起诉。）

第二十一条 本合同连同附表共_____页，一式_____份，甲、乙双方各执一份，均具有同等效力。

甲方(签章)：_____ 乙方(签章)：_____

甲方代理人(签章)：_____ 乙方代理人(签章)：_____

_____年_____月_____日于_____ _____年_____月_____日于_____

附件一：房屋平面图(略)

附件二：房屋附着设施(略)

[评析]

这是一份条款式合同，本合同具有以下特点：①结构完整，标题、立约单位、正文、结尾几个部分齐备，符合写作要求。②条款清晰，一目了然，详尽而完备。③条款的内容明确细致。比如对"房屋基本情况"的表述，从坐落、层数、套数、结构、建筑面积、实际面积、分摊面积等都写进去，又如，对"违约责任"的处理、对"因不可抗力原因导致该房屋毁损和造成损失"的责任等，都有很具体而明确的说明，甚至连租赁期间的"防火安全、门前三包、综合治理及安全、保卫等工作"这些内容都考虑到了，都明确了责任，可以说是合同详尽细致的代表。

[范例二]

工矿产品销售合同

供方：_____

地址：_____ 邮政编码：_____ 电话：_____

法定代表人：_____ 职务：_____

需方：_____

地址：_____ 邮政编码：_____ 电话：_____

法定代表人：_____ 职务：_____

一、产品名称、商标牌号、规格型号、计量单位、数量、单价、金额、交提货时间及数量

产品名称	商标牌号	规格型号	计量单位	数量	单价	金额	交提货时间及数量							
							合计							

合计人民币金额(大写) _____

二、质量要求技术标准(略)

三、供方对质量负责的期限(略)

四、履行地点(略)

五、交(提)货方式(略)

六、运输方式及到达站(港)的费用负担(略)

七、合理损耗计算方法(略)

八、包装标准、包装物的供应与回收和费用负担(略)

九、验收方式及提出异议期限(略)

十、随机备品、配件工具数量及供应办法(略)

十一、结算方式及期限(略)

十二、担保(略)

十三、违约责任(略)

十四、解决合同纠纷的方式

十五、本合同于____年____月____日在____签订;有效期限:

十六、其他约定事项

供方

单位名称:_____(公章)

代 表 人:_____

开户银行:_____

账　　号:_____

电　　话:_____　　　　　　　　　　____年____月____日

需方

单位名称:_____(公章)

代 表 人:_____

开户银行:_____

账　　号:_____

电　　话:_____　　　　　　　　　　____年____月____日

[评析]

这是条款表格结合式合同,这种合同的外在形式是结合了表格式合同和条款式合同的特点,既利用了表格式的简明扼要与方便,又体现了条款式的详尽,是销售合同类较为理想的形式。从内容来说，此合同在表格部分把有关产品的要求如"名称、商标、规格、单位、数量、单价"等印好，在具体签订合同时按照分类就可以填写进去；而在其他要求方面再通过不同的条款来满足双方的共识。上面所列的条款已体现了合同主体的必备内容。从结构来说，标题、立约单位、正文、结尾几个部分齐备，符合写作要求。

四、写作要求与病例评析

(一)写作要求

经济合同既然是一种具有法律效力的文书，写作时就必须严肃认真，避免发生差错。因为合同中任何细微的疏忽都会给当事人带来经济上的损失或法律上的责任。因此，写作时要注意以下几点：

1. 内容要合法。合同全部内容要合乎国家有关法律法规的要求，否则，就是无效合同。

2. 条款要完备。合同所有条款要完整齐备，没有任何的疏漏和欠缺，以避免不必要的经济纠纷。

3. 语言要准确。合同条文是当事人执行义务的依据，其语言要准确，无歧义，以免发生争执。

(二)病例评析

[病例]

交换写字楼合同

甲方：××贸易总公司

乙方：××市广告集团公司

甲乙双方为了便于在穗深两地联系业务，需交换写字楼作为各自的办事处。现本着友好合作的精神制定如下协议：

一、甲方在广州市隆兴路168号大楼中为乙方提供一单元住宅(三房一厅，实用面积不得小于80平方米)作为乙方驻穗的办事处用房。

二、乙方在深圳市为甲方提供同样的一单元住宅，规格同上，作为甲方驻深办事处用房。

三、双方分别负责为对方上述办事处供水、供电及安装电话，以确保日常业务活动的正常开展。

四、本合同有效期为五年，是否延期届时根据需要商定。

五、本合同自双方同时履约之日起生效。

六、未尽事宜，由双方另行商定。

甲方代表签字×××　　　　　　　　　　　　乙方代表签字×××

甲方公章　　　　　　　　　　　　　　　　乙方公章

××××年×月×日　　　　　　　　　　　××××年×月×日

[评析]

这份合同主要存在以下问题：一是合同的正文缺重要条款，现有条款规定也不够明确。比如，对双方交换住宅的质量要求、合同履行的具体期限以及违约责任、解决争议的方法等均未写。二是结尾内容不完整。结尾的落款未写明双方单位全称、当事人的有效地址、邮政编码、电子邮箱、电话以及开户银行、账号等。三是文字表述不具体、不明确。例如，"实用面积不得小于80平方米""乙方在深圳市为甲方提供同样的一单元住宅，规格同上"，究竟是多大的面积？乙方在深圳市为甲方提供的住宅又在何处？又如，标题为"交换写字楼"，是互相换了不还呢，还仅仅只是交换使用？

第四节　经济广告

[学习要求]

在本节的学习中，应当充分认识经济广告在商品经济、商品市场中发挥越来越大的作用，并要着重掌握经济广告的特点与写作结构，其他问题可一般了解。

一、经济广告概述

(一)概念

经济广告是通过语言、文字、图像等媒介，有目的地介绍、推销商品及提供劳务的公开宣传形式。

(二)经济广告的作用

1. 传递信息，活跃经济

一种商品，在此地积压，在彼地却畅销。通过广告宣传，可以互通有无。这样，不但搞活了经济，而且加快了资金流动，提高了经济效益。所以有人把商品广告比喻为：商品交换中的红娘。

2. 指导消费，扩大经营

广告介绍了商品信息、产地、质量、性能、价格，使消费者了解商品的情况，也诱导人们根据需要选购商品，从而活跃市场，扩大经营。

3. 利于竞争，改进管理

广告可以使同类产品的竞争日益激烈，会推动企业不断改进管理，提高产品质量，以求在市场上占有一席之地。

4. 扩大外贸，增加外汇

广告可以及时反映国内外生产信息和消费动态，便于有关企业抓住有利条件和时机，扩大出口贸易。既满足了国外的需求，也增加了外汇的收入。

(三)特点

1. 真实性

广告的真实性是广告的基石，它既是保障广告主长期市场利益的条件，也是法律对广告的基本要求。因此，广告要有可靠、足够的事实信息为基础，才能赢得消费者的信任。其实，这也关系到职业道德与企业的信誉问题。

2. 针对性

广告必须有的放矢、明确对象。即明确所针对的是哪一类人或哪一个消费群体，针对他们的需求心理与实际需要，这样才能收到更好的效果。

3. 新颖性

广告要吸引大众或取得良好的宣传效果，还要注意新颖性。这主要体现在两个方面：其一是所传递信息的新颖；其二是表现形式的新颖。要将商品或服务的独特之处充分展现出来，广告的形式与文句尤其需要精心设计，避免雷同的弊病。

(四)经济广告的种类

根据不同标准，广告可以分为多种类型。

1. 根据广告性能，可分为：

(1)经济广告。主要涉及生产、流通领域及其服务行业的广告，比如各种商品广告。

(2)文化广告。主要指文化、科技、教育、卫生、娱乐、出版等方面的信息广告。比如学校招生、出版新书征订、电影、戏剧海报等。

2. 根据广告的形式，可分为：

(1)报纸广告。这种广告是指企事业单位为了推销产品、介绍企业情况在报纸上进行宣传，以引起消费者兴趣和购买动机的实用文体。报纸广告的读者面宽广，发行量大，宣传效果好，影响大，制作简单，收费较低。

(2)杂志广告。这种广告是企事业单位为了推销商品、提供服务、介绍企业情况等，通过杂志进行宣传，引起消费者购买欲望的实用文体。杂志广告可用彩色印在杂志的插页上，对广大读者有很大的吸引力。

(3)广播广告。这种广告是企事业单位为了推销商品、提供服务、介绍企业情况等，通过广播宣传，引起消费者的兴趣和购买动机的实用文体。广播广告发挥以声夺人的特长，主要靠语言配音乐介绍商品，要求文笔简练、语言通俗易懂。这种广告传播迅速、及时，拥有亿万听众，宣传效果好。

(4)电视广告。这种广告是企事业单位为了推销商品、提供服务、介绍企业情况等，通过电视进行宣传，以引起消费者兴趣和购买动机的实用文体。电视广告要巧妙构思，耐人寻味，生动有趣，不落俗套，寓商品介绍于娱乐之中，有艺术欣赏价值。电视广告深入千家万户，宣传效果好。

(5)霓虹灯广告。这种广告是使用彩色霓虹灯来进行产品、厂牌或企业名称宣传的广告。它的式样多种多样，有图案式，也有文字式，还有图文并茂式。它的优点是利用光电色彩相结合，给人美感，富有吸引力，宣传效果好。

(6)橱窗广告。这种广告是使用商店玻璃橱窗来陈列产品进行宣传。产品陈列，可用实物，也可用图片加文字说明。它的优点是真实感强，宣传效果好。

(7)路牌广告。这种广告是使用不同形状的广告牌立于路旁，对过路行人进行宣传。一般画面大，多以图案文字结合为主，醒目、美观，可长期保存、宣传效果好。

(8)传单广告。这是使用纸片传单的形式进行产品宣传的广告。一般用布告或描述体介绍产品；可读性强，消费者易于接受，宣传效果好。

(9)邮政广告。这是借用邮局为媒介传递的广告。它的形式多样，如各种征订单、销售函、产品介绍、商品说明书、产品样式图片等。

上述这些广告用在不同的场合，表现形式不同，写作方法和制作方法也各不相同。比如电视广告，它通过视觉形象和听觉表象的结合，在一定时间内传播大量的、为人们所喜闻乐见的信息、情报，是任何宣传媒介都比不上的。制作电视广告，要讲究艺术性、生动性和趣味性，注意广告文字的简短、明确和画面的生动、形象，使广大观众易于接受。

二、结构和写法

广告文案的结构一般包括标题、正文、随文和广告标语四部分。

(一)标题

标题是广告的眉目，在广告中占有重要的地位。标题能吸引人，可以说是成功了一半，人们才会往下面的内容看。

广告的标题应达到三个要求：一是体现了广告的主旨；二是反映了广告的基本内容；三是能吸引人。

广告的标题根据其诉求方式可分为三类：

1. 直接标题。在标题中直接介绍产品或劳务信息。如"十月份影片预告""美的空调，原来生活可以更美的!"。

2. 间接标题。标题本身并不直接介绍产品或劳务信息，而是选用文学描写方式加以描绘，从而引起消费者的关注。如"不打不相识"(某打字机广告)"35 岁以上的妇女如何才能显得更年轻"(某荷尔蒙霜广告标题)。

3. 复合标题。就是采用新闻标题的写法，包括引题、正题和副题。引题用来说明产品的意义或交代背景；正题用来点明广告的主要内容；副题是对正题内容的补充。

(二)正文

正文是广告的最重要内容。在广告中，标题的作用是吸引人，而正文的作用则是说服人。如何用有力的事实介绍商品的长处或企业的情况，使公众看完广告后能付诸行动，这是正文所要完成的使命。商品广告的正文内容主要包括：商品的性能、名称、特点、品种、规格、功效、使用方法，出售方式、时间、地点、联系方法及售后服务等。

广告正文的结构一般由开头、主体、结尾三部分组成。

1. 开头。最常见的是紧接标题，对标题所提供的商务、劳务或事实、问题进行必要的说明和解释，并引出后文。其语言具有高度概括性，起提纲挈领的作用。

2. 主体。又称中心段，是广告正文的心脏，它以有力的证据说明广告商品的优点和特征，提出推荐购买的理由。

3. 结尾。即广告正文的结束语，这部分通常敦促人们去购买商品。

在追求广告创意的今天，广告正文的写作日趋灵活。借助于作者的创意、巧妙的构思，广告的风格更加多样。正文的体式常见的有陈述体、证书体、问答体、目录体、幽默体、议论体、抒情体、描写体和文艺体等。

(三)随文

商品广告的随文主要用于说明厂商名称、地址、电话、E-mail、联系人、邮编等，以便消费者联系。

(四)广告标语

广告标语，也称为广告口号或广告语，它是广告主从长远的营销利益出发，在相当长的一段时期内在广告中反复使用的口号性宣传语句，它是艺术化、口语化的广告主题。如："维维豆奶，欢乐开怀"(江苏维维集团)"文曲星虽小，功能不得了"(文曲星广告)"一旦拥有，天长地久"(深圳飞亚达表)"科技以人为本，诺基亚"(诺基亚广告)"我的华联我的家"(华联股份有限公司)。

三、范文评析

[范例一]

我有我的混音天地

嘿！相信吗？我的手机能让耳朵兴奋！只要一拿起它，我就能摇身变成混音师！没错！就是飞利浦 530！它独特好玩的 BeDJ 混音功能，只要通过几个按键就能把音效、节拍、乐器混得像鸡尾酒一样炫。更过瘾的是，我能把几首爱死了的曲子串起来，加一段，删一段，节拍随意变！亲自混出来的音乐，不仅能作为天下无双的铃声，惊动所有人的耳朵，还能通过多媒体短信(MMS)发送给死党们，让他们见识我的厉害！

产品口号：想怎么混就怎么混

广告随文：LOGO、地址、电话、网址

[评析]

这则手机广告标题很吸引人，而正文在介绍商品的名称、性能、特点、品种、规格、功效、使用方法等的同时，尤其突出的是用夸张的手法把该手机独特的混音功能描绘得生动有趣，达到了使公众看完广告后就能付诸行动的广告目的。广告的结尾，还附上了相关的商品信息，使公众能联系购买。整个广告结构完整，内容感人。

［范例二］

当年的小女孩如今已变成……

每天清晨我都会给家里每个人冲上一杯牛奶。20多年前，当我还是一个小姑娘时，第一次用"完达山"奶粉，那浓郁的奶香，一冲即溶的特点便深深留在我的脑海里……20年过去了，时过境迁，家里的电视机坏了，家具坏了，当年天天吵着喝牛奶的小姑娘如今成了母亲，但是我每次买奶粉仍是"完达山"。这不仅仅是因为"完达山"始终给我的质量信心，还有那对自己人生历程的回忆，就像那醇厚的奶香，让人久久回味……

不变的真情　完达山全脂奶粉

```
地　　　址：黑龙江省密山市××街××号
服务电话：0453－5085198
传　　　真：0453－5451312
邮　　　编：158307
```

［评析］

这是一则抒情体广告，采用间接标题，属设置悬念式。正文引言，由设疑悬念引入主题。主体，重点介绍了产品的历史、质量、特点。其广告语能激发人们对产品的情感，并了解企业的服务宗旨，表达条理性强，对消费者具有购买指南的作用。

［范例三］

车到山前必有路，有路必有丰田车
——丰田汽车广告标语

［评析］

这句广告标语成功地改用了"山重水复疑无路，柳暗花明又一村"的古诗。文字简明，但内涵丰富：一是表明了质量之高，广告词没有直接宣传产品的质量，而是用销量之大来表明，销量之大也不是用数量直接表明，而是借用"路"来间接表明；二是表明了车的适应性强，"有路必有丰田车"，隐含着不管什么路，丰田车都可以纵横驰骋，往来自如；三是表现出很强的自信心，两个"必有"，语气坚定，给人可以信赖的感觉。这三点也是丰田车的优胜之处。

四、写作要求与病例评析

（一）写作要求

文字写作要注意体现前面所述经济广告的三个特点，即真实性、针对性与新颖性。

（二）病例评析

［病例］

放心——沃尔沃汽车已来到中国

满载生机勃勃的荣誉，携带近70年的安全设计史，今天VOLVO汽车已来到中国，以其珍惜生命便是财富，热爱生活、勇于挑战的豪气，准备驶进您的生活。这是一部令您放心的车，入乡随俗，特别针对中国道路行驶需要而制造。它不仅安全可靠、性能卓越，更巧妙地将安全性能与汽车动力完美结合，助您在人生路上，安心驰骋。VOLVO汽车的外观大方，车厢内部更是宽敞典雅，令人倍感安全舒适。无论在什么场合当中，它都备受瞩目。安稳轻松地为您增添风采！每一部驶入中国大地的VOLVO汽车，都将享有瑞典VOL-

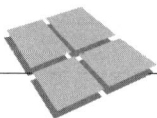

VO汽车公司所建立的完善维修网络为您提供原厂零配件与高质量的售后服务。现在，尽可以放心了！

[评析]

这则广告文从字顺，用轻松愉快的口吻介绍了商品的安全可靠、性能卓越、外观大方、车厢内部宽敞典雅、令人倍感安全舒适等性能，但不足者是缺乏该车的个性特点，结尾还没有随文，缺少相关商品信息。

▶第五节　商品说明书

[学习要求]

了解商品说明书的性质、作用和特点；掌握商品说明书写作方法和写作要求；能够根据各种商品的特点写出准确简明的商品说明书。

一、商品说明书概述

(一)概念

商品说明书，也叫"产品说明书"或"使用说明书"。它是关于商品的构造、性能、规格、用途、使用方法、维修保养等的文字说明。

(二)特点

商品说明书和广告都能起到"让消费者了解产品，扩大销售"的作用。但广告以推销商品为目的，商品说明书则是以说明商品为目的；商品说明书在说明商品的性能、效用和使用方法时，能起到广告宣传的作用，而广告却是通过说明商品的特点来招揽顾客。归结起来，商品说明书有如下四个特点：

1. 知识性

商品说明书通过介绍商品的名称、产地、型号、性能、原理、使用方法、注意事项、保养维护及检修等方面的知识，扩大了顾客的知识领域，让消费者增进了对产品的了解。

2. 客观性

商品说明书是对产品的性能、特点和用途等方面作客观、如实的说明，其内容要符合产品的真实原貌，作者不能渗透任何主观感情，不夸大、缩小、捏造事实来欺骗消费者。

3. 说明性

商品说明书主要采取说明的手法，直接、全面、准确地介绍商品，以使消费者透彻地了解商品的性能、特点、使用方法等。写作时可按生产过程及其相互关联的顺序，也可按消费者认识商品的递进程序，条理分明地对商品知识加以说明。商品说明书一般很少用议论、叙述等表达方法。

4. 应用性

商品说明书广泛应用于生产、销售以及用户的生活中，其直接目的在于帮助顾客正确地认识、使用和维护该产品，为顾客提供方便。因此，商品说明书通常直接随同产品一起给用户。

(三)种类

常见的商品说明书主要有如下几类：

1. 按照表现形式的不同，可分为音像式说明书、图表式说明书和文字式说明书。

2. 按照商品用途的不同，可分为消费类说明书和生产资料类说明书。

3. 按照说明书的繁简程度不同，可分为详述式说明书和简述式说明书。

(四)商品说明书与商品广告的区别

1. 目的不同

商品说明书的目的是帮助用户正确认识和使用商品，懂得保养方法和注意事项，以取得最佳的使用效果；而商品广告的目的是宣传所推销的商品或所提供的服务，引起消费者的注意、说服消费者、吸引消费者对所推销的商品或所提供的服务付诸行动。

2. 宣传内容不同

商品说明书往往侧重于介绍商品的性质和使用方法，内容较狭窄；而商品广告有介绍商品的、有介绍生产设备的、有介绍销售方法和售后服务的，往往侧重于介绍商品的优点和作用，内容较为广泛。

3. 宣传方式不同

商品说明书一般是随商品包装在内，主要是供购买者使用；而商品广告则是要贴在最显眼的地方，或通过报刊、广播电视等媒体让更多的人知道。

二、结构和写法

商品说明书的写作，一般分标题和正文两大部分。

(一)标题

商品说明书的标题，一般是商品名称加说明书构成。如"钻石牌电风扇说明书""'真汉子剃须刀'使用说明书"。

(二)正文

正文是商品说明书的主体，常使用条文式说明，简短的也可使用文章式。条文式说明多用于程序性的内容说明。有的商品的结构、安装、使用方法及注意事项比较复杂，就分条列项或分部分介绍。如"宫廷式蚊帐的使用说明""西施牌电饭煲的使用说明"。还有一些内容复杂的说明书，可印成折子、书本等样式，包括封面、目录、前言、正文、封底等部分。书本式说明书在机电产品及成套设备出口中，被普遍应用。

三、范文评析

[范例]

"真汉子剃须刀"使用说明书

本说明适用于各类充电式剃须刀。

充电：

将电源插头插入 AC220V 电源之中，视充电指示灯亮、充电 12～16 小时。注意：充电时间不要过长，以免影响电池寿命。

剃须：

将开关键上推至(ON)开启位置，即可剃须。为求最佳之刮须效果，请将皮肤拉紧，使胡子成直立状，然后以逆胡子生长的方向缓慢移动。

修剪刀：

如有修剪刀功能的剃须刀，请在剃须前，先将修剪刀推出，修短胡须后再用网刀剃净。

清洁：

剃须刀要经常清洁。清洁前应先关上开关。旋下网刀，用毛刷将胡须屑刷净。清洁后轻轻放回刀头架、且到位。清洁时应轻拿轻放，避免损坏任何部件。

保修条例：

保修服务只限于一般正常使用下有效。一切人为损坏，例如接入不适当电源，使用不

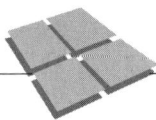

适当配件，不依说明书使用；因运输及其他意外而造成之损坏；非经本公司认可的维修和改造，错误使用或疏忽而造成损坏；不适当之安装等，保修服务立即失效。此保修服务并不包括运输费及维修人员上门服务费。

保修期外享受终身维修，维修仅收元器件成本费。

剃须刀中内、外刃属消耗品不在保修范围内。

保修期：正常使用六个月。

注意事项：

充电时间12～16小时。

换刀网、刀头时一定要选用原厂配件。

[评析]

该说明书标题是由"商品名称加说明书"构成，而在正文部分采用分项说明的方法，从剃须刀的充电、剃须、清洁三个方面说明其使用功能。结构完整，说明清楚，符合商品说明书的写作要求。另外，该使用说明书还附上了"保修条例"部分，严格来讲，"保修条例"不属于使用范围内的东西，可以略去。

四、写作要求与病例评析

(一)写作要求

1. 说明要清楚。商品说明书要清楚说明产品的性能、特点、使用方法和注意事项等，使读者对所介绍的商品有具体而详细的了解，从而起到了指导的作用。

2. 说明要客观。商品说明书必须对商品的性能、规格、使用和注意事项进行实事求是的说明，不能夸大和忽略。

3. 说明要通俗。说明书必须通俗易懂，使人容易理解和接受。必要时配以图示，使一般的用户能看懂并学会简单的操作。

(二)病例评析

[病例]

六味地黄丸大蜜丸服用说明书

【汉语拼音】Liuwei Dihuang Wan

【药物组成】熟地黄、山茱萸(制)、牡丹皮、山药、茯苓、泽泻。

【性状】本品为黑褐色的大蜜丸；味甜而酸。

【作用类别】本品为虚症类非处方药药品。

【功能与主治】滋补虚弱症。用于头晕耳鸣，腰膝酸软，遗精盗汗等虚弱症。

【用法用量】口服，一次1丸，一日2次。

【注意事项】

1. 忌辛辣食物。

2. 不宜在服药期间服感冒药。

3. 服药期间出现食欲不振，胃脘不适，大便稀，腹痛等症状时，应去医院就诊。

4. 服药两周后症状未改善，应去医院就诊。

5. 按照用法用量服用，孕妇、小儿应在医师指导下服用。

6. 药品性状发生改变时禁止服用。

7. 儿童必须在成人的监护下使用。

8. 请将此药品放在儿童不能接触的地方。

9. 如正在服用其他药品，使用本品前请咨询医师或药师。

【贮藏条件】密封。

【规格】每丸重 9 克。

【生产单位】

名　称：　　　　地址：　　　电话：　　　传真：　　　邮编：

如有问题可与生产企业直接联系。

[评析]

该说明书由标题与正文两部分组成，结构完整，但正文部分缺少了很重要的"包装""批准文号""有效期""生产日期"等内容，这是很大的失误。从说明书写作角度来说，就是说明性部分的缺乏；其次，"功能与主治"为"滋补虚弱症"，是客观性的缺乏，因为"六味地黄丸"仅属"滋补阴虚症"。该文的写法很容易误导服用者以为一切虚弱症都可服用。上述两点是该文主要存在的问题。

▶第六节　招标书与投标书

[学习要求]

掌握招标书和投标书的含义；招标书和投标书的一般写法；其他问题可一般了解。

一、招标书与投标书概述

(一)概念

招标是招标人为进行工程项目或采购等，寻找和选择理想的贸易伙伴，将自己的要求和条件公开告示，招徕合乎要求和条件的承包商参加竞争，选择其中价格和条件最优者为中标人，订立合同进行交易的行为。投标是投标人对招标的响应，竞争做承包者的行为。

招标书是招标人利用投标者之间的竞争达到优选买主或承包项目的目的，从而利用和吸收各地甚至各国的优势于一家的商品交易行为所形成的书面文件。这是订立合同的一种法律形式。一般正式招标书都采用广告、通知、公告等形式发布。

投标书与招标书相对应，是投标单位见到招标书以后准备参加投标竞争活动所写的文书。从实质上讲，投标是对招标提出的要约的响应、回答或承诺，同时提出具体的标价和条件承诺来竞争中标。

(二)特点

1.竞争的公开性。目前，随着我国市场经济发展的日趋成熟，经济活动中的招投标竞争也逐步规范起来，以促进正当、合法的竞争，因而大都实行公开竞标，以体现公开、公平、公正的原则。

2.制作的规范性。投标书的制作既要遵守国家对招投标工作的有关规定和具体办法，又要执行国家颁布的技术规范和质量标准，不能随心所欲，任意制作。

3.承诺的可行性。对投标书承诺的各项条件(包括项目标价、规格、数量、质量及进度要求等)，承诺单位务必保证其可行性，一旦中标，必须严格履行承诺，绝不能反悔。

4.时间的限定性。招投标活动一般都有严格的时间限定，必须在限期内将投标书递交招标单位，过期将视同自动放弃。同时，对投标项目的进度要求也有严格的时间限定。

(三)作用

招标书与投标书是当今社会兴建工程或者进行大宗商品交易时广泛采用的一种公开竞争方式，是一种现代贸易活动。通过招标与投标的方式实现贸易成交，有利于打破垄断行为，进行正当、合法的竞争，这对于促进企业的改革、发展与管理，保证企业管理人员的

廉洁自律，增强企业的活力，降低企业经营成本，提高经营效益，无疑都具有非常重要的意义。

(四)种类

常用招标书与投标书的种类有：

1. 招标公告(或广告、通告)。

2. 招标通知书。

3. 投标申请书。

二、结构和写法

(一)招标书的结构和写法

招标书一般由标题、正文和结尾三部分组成。

1. 标题

标题的形式通常有：由"招标单位名称＋招标项目＋文种"构成，如"某某房地产有限公司远洋大厦建筑工程招标通知书"；由"招标项目＋招标书"构成，如"锅炉改装招标书"；由"招标单位名称＋招标书"构成，如"宏达公司招标公告"。

2. 正文

(1)前言。介绍招标的缘由和依据、招标项目和资金来源、招标范围等。

(2)招标项目。这是招标书的重点和核心部分，要全面而具体地写出标的的情况。有的招标项目除了要标的的名称、型号、数量、规格、价格外，还要写明对质量、工期的要求等，以便投标者在充分了解情况的基础上作出判断和选择，从而有利于招标者达到招标目的，作出最佳选择。

(3)招标步骤。这是对招标工作具体安排的问题，要写明招标文件的发售以及开标的时间、地点和方式等。

3. 结尾

主要是写招标单位的联系方式，如地址、名称、联系人等。

(二)投标书的结构和写法

投标书一般由标题、投标单位名称、正文和落款四部分组成。

1. 标题

投标书标题正中写明"投标申请书""投标答辩书"或"投标书"即可。

2. 投标单位名称

投标单位的主送单位即招标单位的名称，要顶格书写。

3. 正文

投标人的态度及能力，内容通常有：

(1)介绍单位的技术力量和设备条件，以证明承包能力。

(2)完成落实标的的实施方法。

(3)总工期及进度安排。

(4)造价及各项费用预算。

(5)投标书有效期限的说明，有的还需要写明其他应标条件及要求招标单位提供的配合条件等，也有的附上标价明细表。

4. 落款

写明投标单位(或个人)的名称和投标日期。

三、范文评析

[范例一]

建筑安装工程招标书

为了提高建筑安装工程的建设速度，提高经济效益，经＿＿＿＿＿＿＿（建设主管部门）批准，＿＿＿＿＿＿＿（建设单位）对＿＿＿＿＿＿＿建筑安装工程的全部工程（或单位工程，专业工程）进行招标（公开招标由建设单位在地区或全国性报纸上刊登招标广告，邀请招标由建设单位向有能力承担该项工程的若干施工单位发出招标书，指定招标由建设项目主管部门或提请基本建设主管部门向本地区所属的几个施工企业发出指令性招标书）。

一、招标工程的准备条件

本工程的以下招标条件已经具备：

1. 本工程已列入国家（或部，委，或省，市，自治区）年度计划；

2. 已有经国家批准的设计单位出的施工图和概算；

3. 建设用地已经征用，障碍物全部拆迁；现场施工的水、电、路和通信条件已经落实；

4. 资金、材料、设备分配计划和协作配套条件均已分别落实，能够保证供应，使拟建工程能在预定的建设工期内连续施工；

5. 已有当地建设主管部门颁发的建筑许可证；

6. 本工程的标底已报建设主管部门和建设银行复核。

二、工程内容、范围、工程量、工期、地质勘察单位和工程设计单位：（略）

（此项也可用表格形式，见附表）

三、工程可供使用的场地、水、电、道路等情况：（略）

四、工程质量等级、技术要求、对工程材料和投标单位的特殊要求、工程验收标准：（略）

五、工程供料方式和主要材料价格、工程价款结算办法：（略）

六、组织投标单位进行工程现场勘察、说明和招标文件交底的时间、地点：（略）

七、报名、投标日期、招标文件发送方式：

报名日期：＿＿＿＿年＿＿＿＿月＿＿＿＿日；

投标期限：＿＿＿＿年＿＿＿＿月＿＿＿＿日起至＿＿＿＿年＿＿＿＿月＿＿＿＿日止。

招标文件发送方式：（略）

八、开标、评标时间及方式，中标依据和通知：

开标时间：＿＿＿＿年＿＿＿＿月＿＿＿＿日（发出招标文件至开标日期，一般不得超过两个月）。

评标结束时间：＿＿＿＿年＿＿＿＿月＿＿＿＿日（从开标之日起至评标结束，一般不得超过一个月）。

开标、评标方式：建设单位邀请建设主管部门，建设银行和公证处（或工商行政管理部门）参加公开开标，审查证书，采取集体评议方式进行评标、定标工作。

中标依据及通知：本工程评定中标单位的依据是工程质量优良、工期适当、标价合理、社会信誉好，最低标价的投报单位不一定中标。所有投标企业的标价都高于标底时，如属标底计算错误，应按实予以调整；如标底无误，通过评标。剔除不合理的部分，确定合理标价和中标企业。评定结束后五日内，招标单位通过邮寄（或专人送达）方式将中标通知书送发给中标单位，并与中标单位在一月（最多不超过两月）内签订＿＿＿＿＿＿＿建筑安装工程承包合同。

九、其他：（略）

本招标方承诺，本招标书一经发出，不得改变原定招标文件内容，否则，将赔偿由此给

投标单位造成的损失。投标单位按照招标文件的要求，自费参加投标准备工作和投标，投标书(标函)应按规定的格式填写，字迹必须清楚，必须加盖单位和代表人的印鉴。投标书必须密封，不得逾期寄达。投标书一经发出，不得以任何理由要求收回或更改。

在招标过程中发生争议，如双方自行协商不成，由负责招标管理工作的部门调解仲裁，对仲裁不服，可诉诸法院。

建设单位(招标单位)：＿＿＿＿＿＿＿＿＿

地　址：＿＿＿＿＿＿＿＿＿＿＿＿＿

联系人：＿＿＿＿＿＿＿＿＿＿＿＿＿

电　话：＿＿＿＿＿＿＿＿＿＿＿＿＿

＿＿＿年＿＿＿月＿＿＿日

附：施工图纸，勘察、设计资料和设计说明书(略)

附表：

建筑安装工程内容一览表

工程地点	工期	工程名称	建筑面积(或安装项目)	栋数	层数	结构形式	地质勘察单位	工程设计单位

备注：

[评析]

该招标书标题、正文和结尾三部分齐备，结构完整。标题由"招标项目＋招标书"组成。正文先概括介绍了招标的缘由和依据、招标项目与招标范围；接着用分条列项的方法全面而具体地写出标的的情况以及对质量、工期的要求等；然后写明招标步骤与招标工作具体安排的问题，包括组织投标单位进行工程现场勘察，说明和交代招标文件交底的时间和地点、招标文件发送方式、开标评标时间和方式以及中标依据和通知等；最后写明招标单位的联系方式。总的来说，写作条理清晰，说明清楚，符合招标书的写作要求。

[范例二]

投　标　书

＿＿＿＿＿＿＿＿＿＿(单位)：

根据贵方为＿＿＿＿＿＿＿＿＿＿项目招标采购货物及服务的投标邀请＿＿＿＿＿＿＿＿＿＿(招标编号)，签字代表＿＿＿＿＿＿＿＿＿＿(全名、职务)经正式授权并代表投标人＿＿＿＿＿＿＿＿＿＿(投标方名称、地址)提交下述文件正本一份和副本一式＿＿＿份。

(1) 开标一览表(略)

(2) 投标价格表(略)

(3) 货物简要说明一览表(略)

(4) 按投标须知第14、15条要求提供的全部文件(略)

(5) 资格证明文件(略)

（6）投标保证金，金额为人民币＿＿＿＿＿＿＿＿＿＿＿＿元。

据此函，签字代表宣布同意如下：

1. 所附投标报价表中规定的应提供和交付的货物投标总价为人民币＿＿＿＿＿＿元。

2. 投标人将按招标文件的规定履行合同责任和义务。

3. 投标人已详细审查全部招标文件，包括修改文件（如需要修改）以及全部参考资料和有关附件。我们完全理解并同意放弃对这方面有不明及误解的权利。

4. 其投标自开标日期有效期为＿＿＿＿＿＿＿＿个日历日。

5. 如果在规定的开标日期后，投标人在投标有效期内撤回投标，其投标保证金将被贵方没收。

6. 投标人同意提供按照贵方可能要求的与其投标有关的一切数据或资料，完全理解不一定要接受最低价格的投标或受到的任何投标。

7. 与本投标有关的一切正式往来通信请寄：

地　　址：＿＿＿＿＿＿＿＿＿＿＿＿＿＿＿

邮　　编：＿＿＿＿＿＿＿＿＿＿＿＿＿＿＿

电　　话：＿＿＿＿＿＿＿＿＿＿＿＿＿＿＿

传　　真：＿＿＿＿＿＿＿＿＿＿＿＿＿＿＿

投标人代表姓名、职务：＿＿＿＿＿＿＿＿＿＿＿

投标人名称（公章）：＿＿＿＿＿＿＿＿＿＿＿

全权代表签字：＿＿＿＿＿＿＿＿＿＿＿＿＿

×××× 年 × 月 × 日

[评析]

该投标书包括标题、投标单位名称、正文和落款四部分，结构完整。在正文的写作方面，先列明递交的有关文件、资格证明与投标保证金；然后郑重宣布所同意的各项条款；最后是落款。全文显得清清楚楚，干脆利落。

四、写作要求与病例评析

（一）写作要求

1. 要符合法律、法规和规定

撰写招标书和投标书时必须依照国家的有关法律和政策规定，按照国家颁布的有关招投标具体办法和技术规范，合理合法地拟写招投标文书。有效的招投标文书是签订经济合同的依据，受到法律的保护和约束。招投标文书的内容一经确认，任意更改会导致违约并承担相应责任。因此必须慎重地按照自身能力确定目标，作出承诺。

2. 内容要明确，重点要突出

招标书中的招标项目，其条件、要求、标准等内容，投标书中的应标承诺，其能力、技术、措施等，都应该明确无误地表述清楚，各项指标和具体措施要重点介绍说明，做到既有利于对方视内容作出正确判断，又为签订合同或进一步合作打下基础。

3. 格式要规范，用词要准确

招投标是操作性很强的商业行为，讲究一定的程序和形式。招投标书与之相应，因此要注意格式的规范性、内容的周密性和文字的准确性。

（二）病例评析

［病例］

招 标 书

河北行政学院为适应现代教育的发展需要，决定启动家属宿舍区网络工程建设。凡有意参加我校该项工程建设的厂商，请遵照如下说明参加我校的招标、投标工作。

学院网络概况：

河北行政学院校园网已经先后完成了两期工程，形成了覆盖教学楼、办公楼二层、1号学生公寓的计算机网络，校园网采用千兆以太网解决方案（基于光纤），百兆交换到桌面，星型拓扑结构。网络中心地处教学楼七楼，网络主交换机为CISCO2948。本期工程需要完成余下的工程。

网络工程需求：

需要联网的有1♯、2♯、3♯、4♯家属宿舍楼，分别为5层四个单元每个单元3户、5层五个单元每个单元2户、6层五个单元每个单元2户、6层两个单元每个单元2户，各户以交款为准，不得擅自更改。所有的设备到达现场应合格。

招标说明：

1. 按照宿舍区网络工程招标书的要求，将制作的投标文件于2004年7月8日上午9:00前送交，必须出示合法企业的资格证明，购买标书时间6月30日至7月8日（周六、日休息）上午9:00前，以缴纳购买标书费时间为准，过期不再受理，标书售价150元。投标文件由投标人密封，一式三份。

标书购买地点：河北行政学院网络室（教学楼七楼）。

联系人：黄磊、石翠仙

咨询电话：5075947。

2. 7月8日，上午9:30河北行政学院（以下简称甲方）将组织开标。由评标专家组负责评审，从中确定2家至3家拟中标厂商，再进行议标、决标，最终结果在此十天以后另行通知。

3. 投标的厂商在投标时需按投标价的5％缴纳履约保证金，现金和支票都可。未中标的单位当场退回保证金。最终中标单位保证金不退，作为该项目的质保金记入总合同金额，按照合同约定支付。

4. 该项工程建设分设备选购、综合布线、系统集成三个方面，这三个方面工作均由乙方统一完成。

5. 工程开工前，甲方按照有关网络产品技术指标对乙方购买产品进行抽样测试，如交换机、网线、信息点模块等。

6. 投标文件要求出示投标单位营业执照、产品厂家相关证明、单位业绩证明（加盖用户单位公章）、设计方案、整个项目详细报价。须注明产品生产厂家、型号、数量、价格。投标文件也须加盖投标单位公章。

投标说明：

1. 投标厂商应是已在工商部门注册的合法企业或厂商。投标时应出具合法厂商的资格证明。投标厂商应是具有一定规模，有一定经济和技术实力，并单独承接过本市一个楼宇网络工程的公司。

2. 投标文件包括：投标报价表、综合布线施工方案、资格证明文件以及有关说明文件。投标文件应采用已规范的中文术语，字迹要清楚、工整。

3. 投标文件应密封，封面标明：河北行政学院宿舍区网络工程投标书；投标单位全称、地址、邮编、联系电话、联系人，并加盖公章。

4. 投标文件请于规定时间前送交指定地点，过期不受理。

其他要求：

1. 安装及调试

乙方负责设备的采购、安装、调试、与现有网络的集成和培训甲方人员，乙方应在甲方指定开工的 25 日内完成工程。

2. 售后服务

中标单位负责交换机以及其他网络产品的一年包换或免费维修；在接到系统故障通知后，应在 2 小时内响应。硬件故障如不能当场解决应及时提供同类产品替代使用直至故障排除。

开标与评标：

1. 开标

招标会时间定在 2004 年 7 月 8 日上午 9：00 进行，现场开标为 7 月 8 日上午 9：30，开标地点在河北行政学院办公楼一楼。参加开标的投标代表应签名报到，证明其出席。正式开标前未签名出席，视为废标。开标时由招标领导小组领导宣布开标程序和办法，并当场认定投标文件的封签并拆封。

2. 评标

由评标专家组进行，安排一定时间的厂商答疑。评标主要是比较各投标文件所提供设备的质量、性能、价格和厂商的服务、信誉、实力，综合选定中标厂商。我们本着性能价格比最优的原则，不保证最低价中标，投标厂商不出席评标过程，由评标专家组当场宣布并书面通知拟中标厂商。

河北行政学院

2004 年 6 月 24 日

附件 1：宿舍区拓扑图（略）

[评析]

这份招标书主要有如下问题：一是标题过于简单，应加上招标单位名称，招标项目可改为"河北行政学院宿舍区网络工程招标书"；二是标的要求不够明确，如"本期工程需要完成余下的工程"，是什么工程？必须有明确的指标；又如"所有的设备到达现场应合格"，合格的标准是什么？三是决标时间未明确。如："最终结果在此十天以后另行通知"句中"十天以后"，后到什么时间呢？

▶第七节　经济活动分析报告

[学习要求]

掌握经济活动分析报告的含义和作用；经济活动分析报告的结构和内容；经济活动分析报告的写作要求；能写出合乎要求的经济活动分析报告。

一、经济活动分析报告概述

(一)概念

以国家有关政策以及科学的经济理论为指导，根据历史和现实的计划、会计、统计资料以及相关的调查资料为依据，对某一地区、行业、单位、部门的经济活动进行全面或专项的分析、研究后写成的书面报告，就是经济活动分析报告。

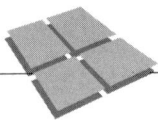

(二)特点

1. 数据性

经济活动分析报告为了更好地反映情况和说明问题，往往会运用充足的数据、指标，辅以文字说明。而数据、指标显示的是量，它不仅反映经济活动的规模和成果的大小，而且蕴涵着经济活动效益性的意义。

2. 政策性

经济活动分析是在国家有关政策指导下进行的，而经济活动中的财务、税收、营销等环节都具有明显的政策性，因此，报告中的分析、检验、评价都应以有关政策为依据。

3. 专业性

经济活动是一项专业性的工作，需要很强的专业知识和技术，如业务核算、会计核算、单据稽查以及有关部门的数据处理。所以，必须懂相关专业，才能搞好分析工作。

(三)作用

1. 诊断作用

这是经济活动分析的首要功能，不论是为了全面提高一个企业的素质还是为了提高一项经济活动的效益，或是为了解决一个经济问题，首先都要进行经济活动分析，找出问题的症结，有如医生先要检查，方能诊断一样。

2. 建议作用

在经济活动分析报告中，除了对当前的活动进行分析外，一般还要就今后的经济活动提出建议。由于这种建议是建立在科学的分析基础上的，因而往往是建设性的、可行性的，容易为领导者和决策者所接受，有如医生检查之后提出的建议治疗一样。

3. 反馈作用

一个地区、行业、单位、部门某项经济决策后，效果如何呢？往往需要通过经济活动分析作出评价、进行反馈。使领导者和决策者了解实施以后的真实情况，以便及时调整和改进。

4. 预测作用

一个地区、行业、单位、部门的经济领导者和决策者在制定发展经济战略、规划时，总是要面向未来，着眼于今后，而在经济活动分析报告中，除了对当前的经济活动进行分析外，一般还要就今后的经济活动提出建议，预测今后的发展趋势并探索经济活动的规律。

(四)种类

1. 按内容划分，有综合分析报告与专题分析报告。

2. 按时间划分，有事先分析报告与事后分析报告。

此外，经济活动分析报告还可以按范围分、按行业分以及按对象来分。

二、结构和写法

经济活动分析报告的结构一般包括标题、正文与落款三个部分。

(一)标题

综合性的经济活动分析报告，其标题通常由单位名称、时间、内容和"分析报告"字样组成，如《××化工集团二〇〇三年上半年经济活动分析报告》。

专题性的经济活动分析报告，其标题通常有三种写法：一种与前者相同。另一种是由内容与"分析报告"字样组成，如《产品盈亏平衡分析报告》；再一种是由单位、内容与"分析"二字组成，在"分析"的后面省略"报告"二字，如《××市蔬菜品种结构存在问题分析》。

(二)正文

它的基本格式一般包括前言、情况、分析、建议四个部分。

1. 前言

又称"引言""导语""导言""概况"等。主要是以简练的语言介绍经济活动的背景。有的是说明分析对象的基本情况，有的是交代分析的原因和目的，有的是明确分析的范围和时间，有的是评述分析内容，有的是提出问题，还有的是揭示分析结论。

2. 情况

包括主要经济指标完成情况，技术或管理措施实施情况，业务工作开展情况等。写情况是为了总结经验，揭露问题，为下文的分析做好铺垫。为了把情况写得具体，往往要使用一些数字。

3. 分析

分析是经济活动分析报告最重要的环节。不论哪种类型的分析报告，都要依据党和国家的政策及经济运行的规律，对有关数据进行运算推导和分析研究。在分析过程中，要充分采用对比分析法、因素分析法、动态分析法，要把定性分析和定量分析结合起来。因为只有通过对各种数量的分析计算，才能使分析论证由一般的推断走向精确化，使报告具有科学的令人信服的力量。

经济活动分析报告在"分析"过程中，不能只堆砌材料，罗列事实。分析要有理有据，深入细致，这样才能对经济活动作出正确的评价，才能对其成败的原因有所认识，也才有可能把握经济活动的本质和规律。

4. 建议

在这个部分中，一般是根据分析的结果，回答今后的经济活动将会"怎么样"或者应当"怎么样"的问题，这也是比较重要的一个部分。在不同的经济活动分析报告中，这部分内容的侧重点是有区别的。如果报告以说明成绩、总结经验为主，则着重写出推广经验、进一步提高经济效益的途径；如果报告以揭露问题、总结教训为主，则着重写出解决问题、改进工作的措施；如果报告以分析区域优势、未来发展为主，则着重写出经济活动的前景和趋势。

(三)落款

一般有两项内容。一是标明撰写经济活动分析报告的单位名称或人员姓名；二是标明写作日期。

三、范文评析

[范例]

××市商业局企业年度财务分析报告

省商业厅：

××××年度，我局所属企业在改革开放力度加大，全市经济持续稳步发展的形势下，坚持以提高效益为中心，以搞活经济强化管理为重点，深化企业内部改革，深入挖潜，调整经营结构，扩大经营规模，进一步完善了企业内部经营机制，努力开拓，奋力竞争。销售收入实现×××万元，比去年增加30％以上，并在取得较好经济效益的同时，取得了较好的社会效益。

(一)主要经济指标完成情况

本年度商品销售收入×××万元，比上年增加×××万元。其中，商品流通企业销售实现×××万元，比上年增加5.5％，商办工业产品销售×××万元，比上年减少10％，其他企业营业收入实现×××万元，比上年增加43％，全年毛利率达到14.82％，比去年提高0.52％。费用水平本年实际为7.7％，比上年升高0.63％。全年实现利润×××万元，

比上年增长 4.68％。其中：商业企业利润×××万元，比上年增长 12.5％，商办企业利润×××万元，比上年下降 28.87％。

销售利润本年为 4.83 万元，比上年下降 0.05％。其中：商业企业为 4.81 万元，上升 0.3％。全部流动资金周转天数为 128 天，比上年的 110 天慢了 18 天，其中，商业企业周转天数为 60 天，比上年的 53 天慢了 7 天。

（二）主要财务情况分析

1. 销售收入情况

通过强化竞争意识，调整经营结构，增设经营网点，扩大销售范围，促进了销售收入的提高。如南一百货商店销售收入，比上年增加 296.4 万元；古都五交公司比上年增加 396.2 万元。

2. 费用水平情况

全局商业的流通费用总额比去年增加 144.8 万元，费用水平上升 0.82％……

3. 资金运用情况

年末，全部资金占用额为×××万元，比上年增加 28.7％……

4. 利润情况

企业利润比上年增加×××万元，主要因素是：

（1）增加因素：（略）

（2）减少因素：（略）

（三）存在的问题与建议

1. 资金占用增长过快，结算资金占用比重较大，比例失调。特别是其他应收款和销货应收款大幅度上升，如不及时清理，对企业经营效益将产生很大影响。因此，建议各企业领导要引起重视，应收款较多的单位，要领导带头，抽出专人，成立清收小组，积极回收，也可将奖金、工资同回收货款挂钩，调动回收人员积极性，同时，要求企业经理严格控制赊销商品管理，严防新的三角债产生。

2. 经营性亏损单位有增无减，亏损不断增加。全局企业未弥补亏损额高达×××万元，比同期大幅度上升。建议各企业领导要加强对亏损企业的整顿、管理，做好扭亏转盈工作。

3. 各企业不同程度地存在着潜亏行为。全局待摊费用高达××万元，待处理流动资金损失为×××万元。建议各企业领导要真实地反映企业经营成果。该处理的处理，该核销的核销，以便真实地反映企业经营成果。

××市商业局

××××年×月×日

[评析]

此文结构完整，标题、正文与落款三个部分齐备。在正文的前言先概括介绍一年来的工作与效益，接着写主要经济指标完成情况，而在对主要财务情况进行分析部分，全部运用有关数据进行运算推导和分析研究。从"销售收入情况""费用水平情况""资金运用情况"以及"利润情况"几方面分析，并注意与上一年度作比较。最后指出存在的问题并提出积极的改进建议。该文脉络清晰、数据充分。

四、写作要求与病例评析

（一）写作要求

1. 目的要明确

不论是定期、全面、综合性的经济活动分析报告，还是不定期、专门、专题性的经济活动分析报告，其撰写的目的都应当是极其明确的。比如，前者是企业的生产经营活动进行一个阶段后，对企业的整个生产经营情况进行全面分析总结，无外乎是肯定成果、总结经验、找出教训、析因探源、寻求良策、以利再十；后者是定期不定期地对企业生产经营的某一方面进行专门分析，目的在于及时提供分析报告给有关领导或上级组织，以扩大良好发展局面，或及时发现矛盾、解决问题，趋利避害。总之，只有以实际应用为导向，目的明确，有的放矢，才能真正对企业的生产经营起到相应的作用。

2. 要准确、全面地掌握材料

所用的材料可靠、系统，是做好分析工作的基础。进行经济活动分析，必须占有足够的资料，还要对资料进行认真的核实和查对。尤其是使用数据要注意准确，撰写分析报告的前提是汇总相关数据和资料，因此，数据是否齐全、准确，资料是否翔实、可靠就成为撰写好分析报告的基础和前提。如果数据"缺胳膊少腿"，资料丢三落四，甚至有的数据、资料缺乏严格的核证，属于道听途说、望风捕影，那么，再好的"笔杆子"也写不出有价值的报告，即使写出来了，也不过是一份毫无价值、自欺欺人的报告。上级领导按照这种报告反馈的信息去调整或改变原有的决策，势必使正确的变成错误的，使错误的更加错误。

3. 要合理地运用分析方法

分析方法有很多种，常用的有：

(1)对比分析法。这种方法是对通过具有内在联系、因而具有可比性因素的事物的比较，以发现问题、判明是非、作出评价、得出结论的分析方法。

(2)因素分析法。这种方法是通过分析影响经济活动的各种因素，并测定它们对经济活动的影响程度，从而认识经济活动的特点，探明经济活动取得成果或出现问题的原因的分析方法。

(3)动态分析法。这种方法是以发展的眼光对经济活动的变化情况及其趋势进行研究，就今后的经济活动提出各种设想和措施的分析方法。

4. 要及时完成报告

撰写经济活动分析报告，是为了总结经验、找出教训、析因探源、寻求良策、以利于今后的发展。因此，它的时效性是很强的。经济活动分析报告如果不能及时完成，就会失去实际作用。

(二)病例评析

[病例]

2003 年第一季度财务情况分析报告

进入今年以来，××市场出现稳定增长的势头，但商业经营的困难仍然很大，经济效益仍不甚理想。一季度全市商业系统主要财务指标完成情况是：

商品销售毛利为 372.5 万元，减少 22.4 万元，下降 5.67%，毛利率为 9.17%，比同期降低 2.54%，实现利润 84.4 万元，减少 25 万元，下降 22.85%。全部流动资金平均周转一次为 141 天，减慢 4 天。

从上述指标完成情况来看，今年与去年相比可谓喜忧参半。其原因有主观的，也有客观的。现就具体情况简要分析如下：

(一)商品销售情况分析

今年一季度商品纯销售额 4061.2 万元，较去年同期增加 689.2 万元，增长 16.97%。分析其原因：

1. 启动市场。扭转经济效益滑坡的被动局面，已经从中央到地方引起各级领导的重视。国家采取了一系列调控措施，使一度疲软的市场出现了转机。当前市场回升，价格趋

稳。人们由持币待购转为有理智的选购，尤其表现在家用电器等耐用商品上，与上年同期相比，冰箱销售增长 2.95 倍，彩电增长 14.77 倍，录音机增长 1.24 倍，自行车增长 1.24 倍，空调增长 4.21 倍，电扇增长 85.94％，洗衣机增长 56.47％。毛绒、洗衣粉、肥皂等日用品的销售也成倍增长。耐用品及日常销售上升是销售增长的主要原因。

2. 各单位注重市场调查和预测，及时组织了名、优、新、特商品，刺激了商品需求的增加，春节期间全系统积极组织货源，努力充裕市场，满足了供应，无断档脱销现象。如糖酒公司春节期间购进白酒 2 万多箱，其中贵州茅台 400 多箱，董酒、五粮液、二曲、尖庄近万箱，及时供应市场，销售达 446 万元。

另外，商业系统狠抓优质服务，开展送货下乡活动及门前摆摊销售，适时召开春节商品展销会，加强了酒类专卖等，促进了营销工作的开展。

（二）利润完成情况分析

一季度全系统实行利润 84.4 万元，较去年同期减少 25 万元，下降 22.85％。下降幅度最大的是食品公司，幅度为 95.9％，主要原因是生猪收购开放，生猪收购受到冲击。仅此一项今年较上年同期少实现利润 30 万元。若别除这一因素，利润较上年尚有增长。从其他单位的情况看，百货、糖酒等十个单位利润较上年都有不同程度的增长。用目标利润来考核，百货公司一季度超额完成全年利润任务。华侨公司、服务公司、纺织站、糖酒公司、烟草公司、××旅馆、××商场分别完成全年利润的 57.5％、45.5％、42％、37.5％、31.5％、26.8％、25％，都按时间进度完成了利润任务计划，实现了首季开门红。

影响今年利润的主要因素是：

1. 商品纯销售增加了 689.2 万元，影响利润增加 80.7 万元。

2. 由于毛利率下降 2.52％，影响利润减少了 103.2 万元。

3. 由于费用水平下降 1.67％，影响利润上升 67.9 万元。

4. 商品削价损失提取增加，影响利润减少 5.5 万元。

5. 工业企业亏损影响利润减少 6.5 万元。

6. 饮食服务、储运企业不景气，减少利润 1.7 万元。

7. 营业外收支相抵及其他因素影响利润减少 59.8 万元。

以上增减相抵，净减利润 25 万元。

（三）流动资金使用情况分析

本季度平均流动资金占用 6371 万元，较上年同期 5133 万元增长 1238 万元，增长 24.12％，资金周转慢四天。影响资金周转有两个因素：一是商品纯销售，一是资金占用额。从销售上看，较上年增长 16.97％。因此资金周转慢的原因主要是资金占有偏高。从三月末资金占用状况看，和上年同期相比，虽然全部流动资金中商品及材料占用比重较上年呈上升趋势，非商品资金、结算资金呈下降趋势，但流动资金占用增加 1517.9 万元，增长幅度为 28.04％，高于商品纯销售增长速度，显然有其不正常因素；其结算资金占用偏高的情况仍没有从根本上扭转。因此清欠增收，压缩结算资金占用的任务还很艰巨。但也应看到资金的内在潜力很大，资金管理有待于加强。

（四）今后工作的意见

推行规模经营，充分发挥国营企业整体和主渠道作用，组建以大中型企业为龙头的购销联合体，采用联购分销等形式，利益共沾，风险共担，发挥国营企业的整体优势，使国营商业在激烈的市场竞争中立于不败之地。

另外，从规模经营发挥整体优势出发，对长期亏损的企业要采取兼并、撤销或转产的办法，压缩亏损面。

××市商业协会

二〇〇三年四月十日

[评析]

这篇分析报告的问题主要有：一是主要财务指标完成情况介绍过简，只是讲利润的情况，没有介绍整个财务指标完成情况。二是主体部分缺乏了商品销售毛利情况分析部分和商品流通费用情况分析部分，显得不完整。三是今后工作的意见部分过于空泛，没有具体措施。四是缺乏会计报表等附件。

>>> 思考与练习

一、名词解释

经济文书　　　意向书　　　协议书　　　合同

经济广告　　　说明书　　　招标书　　　投标书

经济活动分析报告

二、简答题

1. 意向书与合同、协议书的区别是什么？

2. 合同与协议书的区别是什么？

3. 经济广告与说明书的区别是什么？

4. 合同的结构一般包括哪些内容？写作时要注意什么问题？

5. 经济广告有哪些作用？其写作的结构一般包括哪些内容？

6. 经济活动分析报告的正文通常包括哪些部分？

三、写作题

1. 根据下面内容，试写一份购销合同。

××市××百货公司向××市××自行车厂订购自行车 600 辆，商品标名、型号规格、单位、数量、单价、金额、分期交(提)货数量如下：

商品标名	型号规格	单位	数量	单价（元）	金额（万元）	分期交(提)货数量			
						一月(20日前)	二月(20日前)	三月(20日前)	四月(20日前)
梅花自行车	130Q 26 型	辆	600	160.00	9.60	100	200	200	100
总计金额(大写)玖万陆千元整									

××市××百货公司要求产品质量标准：按部颁质量标准；公司提前一周派员到厂方仓库按质量标准验收；产品用木箱包装；在厂方仓库交(提)货(厂方负责代办铁路运输。到站：××市东站，运输费用由购方负责)；付款方法：款到三天内发货。双方同意本合同自签订日起生效，任何一方不得擅自修改或终止。需要修改或终止时，应经双方协商同意，否则须承担违约责任。

合同书一式四份。双方各执一份，双方主管部门存档各一份。合同经双方签字盖章后生效，执行完毕后作废。

2. 根据下面内容，为某供应站拟写一则经济广告。

(1)该站备有现货及零部件供应，价格优惠，质量可靠，三包期内免费维修。

(2)冷泉牌 PQ-40 型喷射式清洗机系经向三柱塞卧型高压水泵，是目前我国较为先进的设备。

(3)该清洗机广泛适用于各种车辆、工程机械以及公共场所环境卫生的尘污清洗。工作时可无级调节成密集水柱或雾状射流，省时、省力、省水。

附联系人：×××

经销地址：武汉市汉阳大道 491 号

电话：×××××××

邮政编码：××××××

3. 为你拥有的生活用品写一份说明书。

第六章　司法文书

▶第一节　起诉状

[学习要求]

了解起诉状的性质、特点、种类、结构与写作要求，能写出合乎规范的起诉状。

一、起诉状概述

诉讼，俗称打官司，是国家司法机关在案件当事人和其诉讼参与人的参与下，以事实为根据，以法律为准绳，办理刑事、民事、行政案件所进行的一种活动。起诉是发动整个诉讼程序的第一步。

起诉状是刑事自诉案件的自诉人或民事、行政案件的原告向人民法院提出的指控被告的书状。诉讼，依据案件的不同性质，可分为刑事诉讼、民事诉讼、行政诉讼。与此相对应，起诉状也就分成刑事自诉状（刑事附带民事诉状）、民事起诉状、行政起诉状。

刑事自诉状是刑事自诉案件的被害人或其法定代理人为追究被告人的刑事责任或附带民事责任而直接向人民法院提起诉讼的书状。自诉状是相对于检察机关的公诉而言的。刑事自诉状一般用于以下三类情况：一是"告诉才处理"的案件，即只有被害人提出控告，人民法院才受理解决的案件，具体包括侮辱、诽谤案，暴力干涉婚姻自由案，虐待案，侵占案；二是被害人有证据证明的轻微刑事案件，即故意伤害案，非法侵入他人住宅案，侵犯通讯自由案，重婚案，遗弃案，生产销售伪劣产品案，知识产权侵权案以及侵犯公民人身权利、民主权利案；三是被害人有证据证明对于被告人侵犯公民人身、财产权利的行为应当依法追究刑事责任，而公安机关或者人民检察院不予追究被告人刑事责任的案件。

民事起诉状是公民、法人或其他组织为了维护自身的合法权益，根据事实或法律，就有关民事权利和义务的争议向人民法院提起诉讼，请求人民法院予以支持，保护其民事权益的诉讼文书。

行政起诉状是公民、法人或其他组织认为行政机关及其工作人员的具体行政行为侵犯了其合法权益时，依据事实和法律，向人民法院提起诉讼的文书。

二、结构和写法

起诉状由首部、正文、尾部三部分组成。

（一）首部

1. 标题

根据案件的具体情况，可分别居中写明："刑事自诉状""刑事附带民事诉状""民事起诉状""行政起诉状"。

2. 当事人基本情况

当事人是与案件有利害关系的自然人或组织，包括原告、被告、第三人等。基本情况包括当事人的姓名、性别、年龄、民族、籍贯、职业或职务，单位或住址。如当事人是企事业单位、机关团体组织时，应在原被告栏内写明单位全称、地址，再写法定代表人姓名、职务。

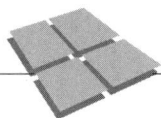

（二）正文

1. 案由和诉讼请求

诉讼请求即原告起诉要求达到或实现的目的意图。是诉状的眼睛和灵魂，要求明确、具体、合法。

刑事自诉状的诉讼请求一般是请求法院追究被告人的刑事责任。刑事附带民事诉状的请求，往往既包含追究被告人的刑事责任，又包含追究被告人的民事责任。如请求法院追究被告人的重婚罪。

民事起诉状的请求事项主要是写明请求解决具体的民事争议，明确双方的权利义务关系。如请求法院判令与被告离婚、判令被告支付货款等。

行政诉讼的请求事项主要写明对行政机关的具体行政行为的变更或撤销。如该行政行为对原告造成了损失，还应请求人民法院判令被告赔偿经济损失。

2. 事实和理由

本部分是正文的核心部分，包括叙述事实和说明理由两个部分。

（1）叙述事实。刑事自诉状的事实，就是被告人实施犯罪的时间、地点、动机、目的、手段、情节以及危害结果。如提起附带民事诉讼，还应写明被告人的行为造成原告人经济损失的事实。

民事诉讼的事实，应写明原被告民事法律关系存在的事实，以及双方发生民事权益争议的时间、地点、原因、经过、情节和后果。一般以时间为序，既要如实地写明案情，又要重点详述被告侵权行为的后果。

行政诉状的事实应写明行政机关具体行政行为过程中被告及其工作人员侵犯原告合法权益的事实经过、原因及结果。

（2）说明理由。就是依据法律、法规、政策等，对案件事实进行分析论证，从而说明被告行为的违法性，原告诉讼行为的合理性。可按三个层次展开：第一层，对被告的犯罪或侵权事实进行概括归纳，使案情与分析衔接起来；第二层，依据有关实体法律、法规，联系上述事实，指明被告行为的违法性质；第三层，提出或再次强调诉讼请求，并援引民事诉讼法的适用条款作为提起诉讼的法律依据。

（三）尾部

（1）证据和证据来源，证人姓名和住址。

写明主要证据及其来源，证人姓名和住址。如证据、证人在事实部分已经写明，此处只需点明证据名称、证人详细住址。

（2）结束语"此致"相当于一个独立段落，应另起一段开头空两格书写。

（3）致送人民法院名称。另起一行，顶格书写。

（4）落款。写具状人姓名或名称，提交起诉状的时间。

（5）附项。写明本状副本数，有多少被告就提交多少份副本，证据份数。

三、范文评析

［范例一］

刑事自诉状

自诉人：任××，女，16岁，汉族，河南省××县人，无业，住河南省××县××镇××村。

代理人：李××，女，45岁，汉族，河南省××县人，农民，住河南省××县××镇××号。

被告人：任××，男，46岁，汉族，河南省××县人，农民，住河南省××县××村。

案由和诉讼请求

被告人任××犯虐待罪，请依法追究刑事责任。

事实和理由

自诉人与代理人是母女关系，与被告人是父女关系。自诉人的母亲李××与被告人任××于1980年结婚，婚后生下自诉人任××。后因感情不和，于1990年离婚。离婚时法院判决自诉人由被告人抚养。1993年被告人再婚，与后妻生下一男孩后，重男轻女，说："女孩子不用读这么多书！"便强行自诉人辍学，下地干活。由于自诉人年少，不堪劳累，又不熟农活，被告人便经常打骂，一来二去，自诉人渐渐心怀不满，常常逃出家门，或去找亲生母亲诉苦，或去镇上闲逛。每次亲生母亲送回或是被告人找回后，自诉人都受到一顿打骂，邻居、继母都看不惯也常劝阻，但被告人仍然我行我素。1996年6月，自诉人认为忙了一个月的农活，该歇歇脚，便与同村的几个女孩到张庄镇赶集，晚上在电影院看了一场电影，回到家已是晚上12点多钟。一直守在门口的被告人便一边大声地喝骂，一边用绳子将自诉人捆绑起来，扔到羊圈里关禁闭。一直到第二天，继母乘被告人外出才将自诉人松绑给饭吃。1998年1月2日晚上，自诉人刷碗时不小心打破了一个瓦盆，又遭被告人大骂，说自诉人是"丧门星，败家精"；自诉人赌气离家在村里游转，被告人找到后将其赶回家中，用巴掌劈头盖脸地抽打自诉人的脸。自诉人的脸顿时红肿青紫，他还不解恨，还用香烟头烫烧自诉人的脖子。后来被邻居梁××大婶发现劝阻，并由梁大婶敷药。今年2月7日，因自诉人未告诉被告人去看望亲生母亲，亲生母亲害怕自诉人遭被告人打骂，劝说自诉人立即返家。返家后被告人便用拴羊的铁链将自诉人的双手双脚缠绕，并用铁丝拧死，锁在拴羊的小屋的木桩上，期间，每天只给自诉人几片小馒头和一碗水，直至17日，继母和弟弟从娘家回来才发现并解救，送往医院救治。由于长达10天的捆绑和饥饿，自诉人双手双脚的伤口已溃烂，并因营养不良造成心肌萎缩引发心力衰竭性昏迷（有医院证明）。自诉人住院治疗15天后方痊愈。综上所述，被告人任××无视国法，自1993年以来多次对亲生女儿打骂捆绑、关禁闭，严重伤害自诉人的身心健康，情节恶劣，触犯了《中华人民共和国刑法》第二百六十条第一款之规定，已构成虐待罪。为此，根据《中华人民共和国刑事诉讼法》第十八条第三款之规定提起自诉，请求依法追究被告人任××的刑事责任。

证人姓名和住址，其他证据名称、来源：

1. 梁××证言；梁××现住河南省××县××镇××村

2. 林××（自诉人继母）证言，住址同上

3. 镇医院证明

此致

××县人民法院

自诉人：任××（指印）
代理人：李××（章）
××××年×月×日

附：1. 本诉状副本1份

2. 书证3件

［评析］

这份刑事自诉状格式正确，项目齐全；表达直接明白，内容充实有力。自诉状紧紧地扣住虐待罪的核心问题，概括案由，提出诉讼请求。陈述被告人对自诉人的虐待事实，阐明诉讼理由和观点。在叙述案件事实时，能按时间先后顺序，交代被告人虐待自诉人的种

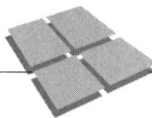

种犯罪行为的时间、地点、事件、原因、手段、情节、经过以及后果，并列举出见证人或证人的证据，证明被告人的犯罪行为真实确凿。有条有理地反映全案的前因后果、来龙去脉；在阐明理由时，能根据被告人犯罪行为，援引相关刑法和刑事诉讼法的有关规定，论证被告人的犯罪性质和提出起诉的法律依据，有理有据，严谨有力，为提起诉讼和人民法院立案审理提供了坚实的事实和法律依据。

[范例二]

民事起诉状

原告：钟××，男，19××年1月5日生，汉族，广东省××市人，××市人民政府综合科科长，住××市××路××街××号。

原告：骆××，女，19××年4月20日生，汉族，××市人，××中学教师，住址同上。

被告：××房地产公司。

地址：××市××区××号。

法定代表人：张××，总经理，汉族，广东省××市人，××中学教师，住址同上。

被告：××房地产公司。

地址：××市××区××号。

法定代表人：张××，总经理。

诉讼请求

一、判令终止原、被告双方所签订的《购房协议书》，责令被告返还原告所付的购房款61.5万元。

二、判令被告支付从自违约日起至2001年2月20日的违约金37.515万元（暂计）。

事实与理由

原告钟××、骆××于1998年5月27日与被告××房地产公司签订了《购房协议书》，协定原告向被告购买坐落在××市××路×× 5楼A504单元，建筑面积102平方米，总价款61.5万元的住宅。原告于签约之日先付60%，计45万元，余款16.5万元于2000年11月20日前付清。付清余款后被告需在2000年12月20日前将竣工验收合格之房屋交付给原告。被告如逾期交楼，则每逾期一日，按原告购房总价款1%向原告支付违约金6150元（见证据1）。协议签订后，原告即依约于1998年6月1日付被告45万元（见证据2），2000年11月15日付16.5万元（见证据3），购房款61.5万元全部付清，并在图纸5楼A504处签名确认（见证据4）。但是被告收齐房款后不能依约交付房屋，仍在施工之中。原告多次催促，被告只得出具未交楼证明（见证据5），2000年12月30日，原告到楼盘察看，发现仍在施工，而且房屋面积、间隔与原告签名确认的图纸不符，实用面积仅有81.4平方米，实用率为78%。

由于被告在交楼期限、房屋面积和间隔方面的违约行为，严重侵害原告的合法权益，双方签订的《购房协议书》已失去实质意义。因此，特诉请法院依法终止原、被告双方签订的《购房协议书》，责令被告退回原告已付购房款61.5万元；并判令被告承担违约责任，依约支付由2000年12月21日至2001年2月20日共计61天的违约金37.5万元（暂计）。以上两项共计99.015万元，应由被告退还及赔偿给原告，并由被告承担本案诉讼费用，以维护原告的合法权益。

证据和证据来源、证人和住址：

1. 原、被告双方所签的《购房协议书》

2. 被告1998年6月1日开出的收取购房款收据

3. 被告 2000 年 11 月 15 日开出的收取购房款收据

4. 原告签名确认的房屋平面图

5. 被告出具的未能交付房屋证明

6. 现场所建房屋结构图（自绘）

此致

××市××区人民法院

起诉人：钟××（签名）

骆××（签名）

二〇〇×年××月×日

附：1. 本案诉状副本 1 份

2. 书证 6 件

[评析]

这份民事起诉状的内容符合民事起诉状的要求，格式规范，语言文字准确简练。诉讼请求分项加序码列出，清楚醒目。用概括的语言交代购房协议的签订经过、双方承诺的权利和义务，特别是能着重叙说原告按约履行义务而权利却受到被告侵害的关键问题，并能边叙述事实边举证，分析纠纷的来龙去脉、前因后果和双方的权责。事实清楚，理由确凿充实。在叙述中所涉及的数字、时间都具体列出，为法院审查、立案和处理提供了有力的依据，是一份写得较好的民事起诉状。

[范例三]

行政起诉状

原告：方××，男，52 岁，汉族，广东省××县人，个体工商户，住××县××镇××路 100 号。

被告：××县工商行政管理局。所在地址：××县××镇××路 26 号。

法定代理人：唐××，该局局长。

诉讼请求

一、撤销被告××县工商行政管理局查封原告店铺的行为。

二、判令被告赔偿因违法查封原告店铺给原告造成的损失 16000 元。

事实与理由

原告方××于 2005 年 6 月在××镇××市场 14 号摊位租用一个 20 平方米的店铺，并于 7 月在县卫生局领取了卫生许可证，在卫生防疫站办理了食品卫生检验合格证，并在被告处办理了个体营业执照，经营烧腊肉食品，每月向被告交纳工商管理费 50 元。2005 年 8 月正式开业以来，经营情况良好，日均赢利 200 元以上（见货物购、销单据及纳税证明）。由于原告守法经营，注意卫生，讲究信誉，保质保量，深受人们欢迎，生意十分兴隆，但却引起经营烧腊同行招××的妒忌，认为他生意不好是被原告抢走的。于是他便与分管××市场工作的工作人员洪××密谋要将原告挤出市场。2005 年 8 月 20 日下午，原告的同乡孙××（小食店主）到市场采购时，将一桶食油暂存原告的档口，说他找一位朋友后再来取走。原告想老乡之间存放一桶油是平常事，也就随手放在货架下。谁知放了不到十分钟，洪××就走过来，指定要检查孙××那桶油。当时原告对洪××说明这桶油是同乡孙××寄存的，但洪××说不管是谁的都要检查，并将油取走。第二天下午，洪××和被告的三位工作人员来到原告的店铺，说："经过化验，你的油是有毒的，为了对人民群众的健康负责，现决定对你的烧腊档查封。"说完后，在未出示任何证件的情况下，将原告正在经营的店铺查封，换上铁闸门锁，贴上盖有"××县工商行政管理局"公章的封条，对店内的食品

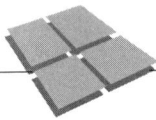

也没有清点记录。原告多次找被告反映，但均以"查封是洪××的个人行为，与县工商局无关"为由推诿，不作任何调查和处理。结果，造成原告停业60天，经济损失15000元；原告店铺未卖出的烧腊食品价值1000元。两项共计16000元。

以上事实说明：①查封原告店铺的行政行为是××县工商行政管理局所为。洪××等四人是受被告委托分管××市场的工作人员；查封原告店铺使用的封条盖有被告的公章。可见，对原告合法使用的店铺强制查封，是被告依职权进行的具体行政行为。被告作为国家行政机关，应依法行政。但被告在行政管理活动中，没有约束工作人员，致使洪××等人假公济私，违法行政；对原告合法经营使用的店铺强行查封，直接侵犯了原告的合法财产权。②被告查封原告店铺所依据的事实是错误的。《中华人民共和国行政处罚法》第三十条规定："公民、法人或者其他组织违反行政管理秩序的行为，依法应当给予行政处罚的行政机关必须查明事实，违法事实不清的，不得给予行政处罚。"被告的工作人员洪××提走、化验的油不是原告的，当时原告一再声明是同乡孙××存放的。但洪××等人出于私利目的，竟不讲道理，硬说此油是原告的。因此，查封原告的店铺是没有事实根据的（孙××有证言可以证实），不能作出处罚原告的决定。③被告查封原告的程序不合法。《中华人民共和国行政处罚法》第三十四条规定："执法人员当场作出行政处罚决定的，应当向当事人出示执法身份证件，填写预定格式表、编有号码的行政处罚决定书。行政处罚决定书应当当场交付当事人。"被告查封原告店铺，既没有出示任何证件，又没有将书面决定送达原告，也没有将查封决定向原告宣布，更没有告知原告有关的申请复议或提起诉讼的权利，是违反法律程序的。

被告查封原告店铺的行政行为是被告的工作人员所为，其责难逃，不可推卸；采取封铺的行政行为，所依据的事实是错误的，又违反法律程序，严重侵犯了原告的合法权益。为此原告提起诉讼，请求人民法院审查，依法判决，以维护法律的尊严和原告的合法权益。

证据和证据来源、证人和住址：

1. 原告营业执照（复印件）
2. ××县卫生防疫站卫生合格证（复印件）
3. ××市场14号铺位租赁合同（复印件）
4. 原告店铺货物购、销账本及单据（复印件）
5. 原告缴税证明
6. 小食店店主孙××证言
7. 原告被查封的店铺及被告封条照片

此致
××县人民法院

起诉人：方××（章）
二〇〇五年×月×日

附：1. 本诉状副本1份
　　2. 书证1件

[评析]

这份行政起诉状，抓住被告工商行政管理局与原告争执的焦点，先围绕查封店铺侵害原告权益这个核心问题，详尽叙述了封铺的时间、地点、起因、结果的全过程，以及要求被告调查复议无果的事实，为阐述理由打实基础。然后从被告是非法查封原告店铺的具体行政行为的实施者、被告查封原告店铺的行政行为所依据的事实有误，以及实施具体行政行为不合法定程序等三个方面分析说理，有力地论证了被告侵犯原告的合法权益的观点。

在分析论证中能运用事实、证据和法律条文，充分证明工商行政管理局作出的封店决定是违法的。论点准确、鲜明、集中，材料真实、典型，语言简洁明白，格式规范，项目齐全。

四、写作要求与病例评析

(一)写作要求

1. 起诉状写作应注意格式规范

作为司法文书，起诉状有一定的格式要求，写作者必须遵循。否则，法院可能会要求补正、重作，而耽误立案时间。

2. 诉讼请求必须明确、具体、合法

诉讼请求不能模棱两可，应明白具体，既不能漫天要价，也不能坐视自己的合法权益被侵害。

3. 事实部分应完整简洁

叙述事实，一般以时间为序，简洁明确。既要体现过程的完整性，使之成为支撑诉讼请求的支柱，又不能事无巨细，一一罗列。

(二)病例评析

[病例]

民事诉状

原告：黄××，女，32岁，住址：广州市××路13号

被告：钟××，男，42岁，住址：湖南省××县××乡×村六组，电话：××××× ×××

诉讼请求：请求被告赔偿损失138400元。

事实和理由

2005年1月27日，被告无证驾驶一辆倾卸大货车在×路上撞倒原告，致使原告头部受伤，住院共60天，花去医药费、误工费、护理费等共118400元。原告和家人为此遭受严重的精神打击，因此要求被告支付精神损失费2万元，作为补偿。

此致

××区人民法院

具状人：黄××

二○○五年×月×日

[评析]

这一篇起诉状的格式基本符合起诉状的要求，但是内容叙述不清晰，没有按照法律的规定写清楚问题。

(一)诉讼请求太笼统，没有分点写明。法律要求在诉状中的请求必须是明确的，而且有多少个请求就列明多少个请求。因为在法律上，每个不同的请求产生的法律依据也不同。在本病文中，原告的请求只是笼统地写赔偿损失，至于赔偿损失的具体项目就没有言明。法院在判决案件时有一个原则，就是不告不理，即如果原告不请求的话，法院是不会主动处理的，所以原告的请求应当清楚、明白地列出。在本案中，原告的请求主要是希望得到赔偿，这个赔偿又可以具体分为两部分，一个是因为交通意外受伤后实际支付的医疗费、护理费等具体支出；另一个就是受伤所遭受的精神损害，在诉讼请求中分别列明就行了。

(二)事实和理由叙述不清。向法院起诉是一件严肃的事情，应当是有理有据的，所有的请求都是建立在事实的基础之上的，所以对于引起诉讼的事件的前因后果要叙述清楚。像本案的诉状，并没有详细叙述事件的发生经过，尤其是没有说明是谁的过错导致损失的

发生。这一点很重要，在法律上谁应当承担责任，必须要有合法的依据。本案的事实就是被告因无证驾驶和违反交通规则，导致原告的受伤。原告应当具体陈述。还有，原告要求赔偿的数额不能直接说一个总数。上文提到，法律是严谨的，每一项请求都讲究依据，所以原告要求的每一项赔偿和数额都要陈明，以免对方不清楚。

[修改稿]

民事起诉状

原告：黄××，女，32岁，住址：广州市××路13号，电话：×××××××

被告：钟××，男，42岁，住址：湖南省××县××乡×村，电话：×××××××××

诉讼请求

(1)请求判令被告赔偿原告因受伤而遭到的实际损失医疗费等共118400元；

(2)请求判令被告赔偿精神损害赔偿金20000元；

(3)请求被告支付本案的诉讼费。

事实与理由

2005年1月27日20时被告在没有驾驶执照的情况下，驾驶一辆倾卸大货车(经检测，该车制动器不合格)沿×路由北往南方向行使，当行至上述路口时，遇原告驾驶两轮摩托车沿×路由西往东行驶，被告通过没有交通信号控制的交叉路口时，没有让右边的机动车先行，致倾卸货车的车头与两轮摩托车的左后侧在路口碰撞，造成原告重伤的交通事故。上述交通事故完全是因为被告严重违反交通规则、无证驾驶的过错造成的。对该事故的责任已由××市公安局交通警察支队第一大队及交警支队作出认定。

原告因为上述事故，头部受到严重碰撞，住院60天，共花去医药费45000元，因住院误工损失5000元，住院陪护费共5400元，家属护理往返医院的交通费1000元，必要的营养费5000元。虽然现在原告已出院，但此次交通事故给其带来身体上的创伤，特别是对脑部的伤害还没有完全康复，现在记忆力仍然减退，造成部分失忆。医院诊断还需要动一次手术，费用约需25000元。目前原告需要在家继续接受治疗，药费约需10000元，误工费用共20000元，还有维修被撞摩托车的费用需2000元。另外此次交通事故给原告及其家人造成了巨大的精神损害，因此被告应当为其违法行为给原告及其家人带来的精神伤害承担精神损害赔偿金20000元。

为了维护原告的合法权益，特向贵院提起民事诉讼，请贵院依法作出公正的判决。

此致

××区人民法院

具状人：黄××
二〇〇五年×月×日

附：1. 本诉状副本两份；

    2. 黄××身份证复印件一份；

    3. 各种费用单据复印件共20页

▶ 第二节　上诉状

[学习要求]

了解上诉状的性质、特点、种类、结构与写作要求，能写出合乎规范的上诉状。

一、上诉状概述

上诉状是当事人表示不服第一审人民法院未生效判决，请求上一级人民法院变更原裁判的诉讼文书。上诉状是上诉人提起上诉的法定方式，也是第二审人民法院接受上诉请求的依据。

根据有关法律的规定，一审宣判时或判决书、裁定书送达时，当事人口头表示上诉的，人民法院应当告知其必须在法定上诉期间内提出上诉状。未在法定上诉期间内递交上诉状的，视为未提出上诉。上诉期届满不递交上诉状的，一审裁判即发生法律效力。

上诉状分为刑事上诉状、民事上诉状、行政上诉状三种。

二、结构和写法

上诉状由首部、正文、尾部三部分组成。

（一）首部

1. 标题

根据案件的具体情况，在状纸顶端居中写明"民事上诉状""刑事上诉状""刑事附带民事上诉状""行政上诉状"。

2. 当事人的基本情况

与起诉状相比，上诉状在写当事人基本情况时略有不同。在写上诉人和被上诉人的时候，应用括号注明他们各自在一审中的诉讼地位。如"上诉人（原审被告）""被上诉人（原审原告）""上诉人（原审第三人）"等。

当事人是自然人的，写明其姓名、性别、年龄、民族、职业或工作单位和职务、住所。住所与经常居住地不一致的，写经常居住地。当事人是法人的，写明法人名称和住所，并另起一行写明法定代表人及其姓名和职务；当事人是不具备法人条件的组织或字号的个人合伙的组织的，写明其名称或字号和住所，并另起一行写明主要负责人及其姓名和职务；当事人是个体工商户的，写明业主的姓名、性别、年龄、民族、住所；起有字号的，在其姓名之后用括号注明"系……（字号）业主"。

有法定代理人或指定代理人的，应列项写明其姓名、性别、职业或工作单位和职务、住所，并在姓名后括注其与当事人的关系。有委托代理人的，应列项写明姓名、性别、职业或工作单位和职务，如果委托人是律师，只写明其姓名、工作单位和职务。

3. 案由

一般由过渡性的、程式化的文字组成。在当事人的基本情况栏下，另起一行写明案由、原审人民法院的名称、原审判决或裁定的时间、文书编号、文书名称。

可以表述为："上诉人因××××（案件性质）一案，不服××人民法院×××年×月×日×字第×号民事判决（或裁定），现提出上诉。上诉的请求和理由如下。"

（二）正文

1. 上诉请求

上诉请求即上诉人所要达到的目的，也就是上诉人对第二审人民法院审理提出的要求。

上诉请求是针对第一审人民法院的判决和裁定，而不是针对被上诉人的。上诉请求的内容，应当概括地、准确地，有针对性地说明一审判决何处不当，请求第二审人民法院撤销、变更原审的判决或裁定，或者要求重新审理，上诉请求必须明确、具体，切忌空洞。

2. 上诉的理由

上诉的理由，主要是写明上诉人不服一审裁判而提出上诉的依据，在整个上诉程序中，

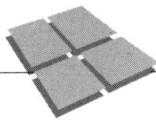

上诉理由是否充分，是二审能否取胜的关键。上诉的理由，可以从以下三个方面着手，有针对性地对一审裁判予以辩驳。

(1)认定事实方面

事实胜于雄辩，正确的裁判必须建立在准确认定事实的基础上。当原审裁判在认定事实上或者不实、或者不清、或者不准、或者不当、或者认定的事实全部错误时，上诉人就可以根据具体情况，有针对性地反驳一审法院的错误认定，陈述正确的事实，举出有关的证据，摆明其中的道理，提出上诉理由。无论哪类性质的案件，如果事实不清，都可以据此提出上诉。

(2)适用法律方面

上诉人如认为一审认定的事实无误，但一审裁判在适用法律上不当时，应当找出适用法律不当的关键所在。或者因为错误地理解了法律条文而不适当地引用了法律；或者因为认定事实上有错误而不适当地引用了法律等。应该在上诉状中明确指出错误援引法律的具体条款，说明其错误引用法律条款的原因，同时应说明正确适用法律的依据，以备二审人民法院进行全面的正确地审查。

(3)运用程序方面

上诉人认为原审裁判是违反民事诉讼程序的，如应当回避的人员而没有回避；应当传唤新的证人而没有传唤；证据应经过相互质证而没有质证。都可以作为上诉的理由提出。

上诉理由是三审法院裁决维持、发回重审或改判的依据，必须有的放矢，运用反驳法，反驳得有理、有据、有力，合情、合理、合法。

(三)尾部

(1)在正文的左下方，写明上诉状提交的人民法院名称，分两行写"此致""××人民法院"。

(2)在正文的右下方，写明上诉人的全称，加盖上诉人公章、法定代表人或主要负责人签名或盖章，注明提出上诉的年、月、日。

(3)附项写明：副本××份、物证××件、书证××件。

三、范文评析

[范例一]

刑事上诉状

上诉人(一审被告人)陈××，男，1950年7月24日出生，汉族，出生地××省××县，捕前系××公司推销员，住××县××路××号。2004年6月×日被逮捕，现押于××县公安局看守所。

上诉人因被误定为过失杀人一案，不服××县人民法院2004年8月20日(2004)×刑审字第××号刑事判决，特提出上诉。现将上诉请求和理由分述如下。

上诉请求

请求二审法院依法审理，撤销××县(2004)×刑审字第××号刑事判决，宣告上诉人无罪。

上诉理由

我(上诉人)与死者曹××(女，40岁)是邻居。我因交友不慎被人引诱嫖娼，经公安机关处罚劳动教养释放回家后，改邪归正，不再嫖娼。但死者一见到我就含沙射影，用污言秽语辱骂我。我自感自己犯了错误，做了丢人的事，也就不计较，每次都忍让她，回避她。谁知她以为我软弱可欺，竟变本加厉，抓住我的错误公然进行侮辱。2004年5月10日，我在家门口同几个朋友聊天，她刚好经过，便大声地说："咸湿公（流氓的意思）也有朋友？不会是结伴'吊鸡'（意为嫖娼）吧！"在座的朋友愤而与她论理，我都大事化小，小事化了，劝住朋友不与之相争。6月4日早上，我出门时见死者把垃圾扫到我家门口，我实在忍不住，就说："好了，好了，不要欺人太甚了。"谁知她不但不停止，反而一边将垃圾扫过来，一边说："欺侮你什么，你这个人渣！"我又一次忍住，并将此事向居委会反映，要求调解。居委会主任李××对她进行帮助，要她正确对待我的错误。当日晚上，我家的猫进了她家的厅屋，她见了后走出门对着我家破口大骂："人咸湿猫也咸湿，敢到我家来，看我打死你。"这下子我气了，说："看你敢打死它，我就……"我还未说完这句话，她就反身进屋手拿棍子冲出来打猫，这时我见她滑倒，头撞到铁门上。我就大叫："好，好，上天有眼了。"谁知她跌倒后，再也没有起来，因突发脑溢血死亡。当时，我与邻居王××、程×，见曹××倒地后，曾立即呼叫××医院派车抢救。救护人员证实曹××已不治身亡。曹的死亡与本人无直接关系。一审法院认定上诉人过失杀人与事实不符，是完全错误的（此事经过有当时围观的邻居王××、程×等见证，医院关于曹××死亡证明可以证实）。

我与曹××以往没有冤仇。后来因本人嫖娼之错，受其奚落，本人也为自己确实有错而不与之计较，绝无报复之念。她的不幸死亡虽然与我同她吵架有关，但我一无致她死亡的故意，二无殴打她的行为。她的死实属料想不到的意外事件，根据《中华人民共和国刑法》第十六条规定："行为在客观上虽然造成了损害结果，但不是出于故意或者过失，而是由于不能抗拒或者不能预见的原因引起的，不是犯罪。"上诉人据此对照自己的案情，与法律的这一规定完全一致，证明一审法院认定上诉人过失杀人罪不能成立。请依法撤销××县人民法院的一审判决，宣告上诉人无罪，以维护上诉人的合法权益。

此致
××市中级人民法院

上诉人：陈××（签名）
二〇〇四年×月×日

附：1. 本案上诉状副本1份
　　2. 王××证言1份
　　3. 程×证言1份
　　4. ××县人民医院关于曹××死亡证明书复印件1份

［评析］

这份刑事上诉状，格式规范，内容充实，语言简洁，特别是叙述事实条理分明，起因结果、来龙去脉都很清楚。它抓住一审判决：认定事实不当这个关键问题，陈述事实、列举证据，引用刑法条文，合理合法地分析和辩驳，为上诉人无故意杀人和过失杀人作了有力的申辩，充分论证了上诉人请求的合法性和合理性。另外，文中的用词准确达意，语言平和，以理服人。例如说到上诉人犯错、受辱以及对死者意外死亡等都无过激言辞，客观中肯，大大地增强了表述效果，为二审人民法院审查上诉请求提供了充实的根据。

［范例二］

民事上诉状

上诉人（原审原告）：××市四海水果批发公司。地址：××市××路××号地下。
委托代理人：饶××，四海水果批发公司业务主办。电话××××××××
企业性质：个体。工商登记核准号：××××。
经营范围和方式：水果批发兼零售。
开户银行：××区××工商银行办事处。账号：×××××××。

被上诉人(原审被告)：××市××县金山水果种植场，地址：××市××县××镇。

法定代表人：何××，金山水果种植场场长。

上诉人因合同纠纷一案，不服××县人民法院(2005)字第××号民事判决，提起上诉。上诉的请求和理由如下：

上诉请求

1. 撤销××县人民法院(2005)××经民字第×号民事判决。

2. 判令被上诉人归还上诉人的订货款45000元，货款银行贷款利息2250元，违约金赔偿2000元。

3. 判令被上诉人赔偿上诉人因诉讼支出费用1440元。

上诉理由

上诉人与被上诉人合同纠纷一案，上诉人于2005年4月2日向××县人民法院提起诉讼，11月20日收到法院民事判决书。上诉人认为该判决书认定事实不清，适用法律不当，严重损害了上诉人的合法权益。

一、认定事实错误

上诉人与被上诉人于2005年10月5日签订的购销合同是有效的。在法庭审理中，双方签订的购销合同不但双方代表没有表示异议，法庭也明确地给予肯定。因此，它是具有法律效力的，应当受到法律保护，也是审理本案的重要依据。判决书也认定是属实、有效的。但是审理没有按照有效合同分清是非，确认责任。判决书虽然认定合同合法有效，但是不顾事实，把违约责任全部推给上诉人，说"引起合同纠纷是原告退货所致"，而不看上诉人中止合同的具体事实。上诉人中止合同的原因，是因被上诉人违反协议在先，应负全部责任。合同纠纷是被上诉人没有履行合同，于6月5日前仍未向上诉人提供10000公斤早熟荔枝(妃子笑)，上诉人曾三次催货，但被上诉人先以荔枝未熟，后又以车辆困难为由，一直推托，直至6月20日才运来1000公斤妃子笑荔枝，这时，已使上诉人失去早市最佳商机。后经了解，被上诉人是以每公斤比与上诉人协定的高出1元的价格将早熟荔枝妃子笑于6月5日前卖给香港××公司。迟迟不供货给上诉人的种种借口都是欺骗上诉人。在这种情况下，上诉人提出中止合同，并要求被上诉人退回订货款和违约赔偿款。被上诉人自知理亏，曾多次找上诉人承认错误，并表示愿意赔偿上诉人的经济损失，条件是上诉人继续履行合同，接受黑叶、糯米糍两个晚熟品种的荔枝供应。但是这时已经迟了，上诉人已与广西桂平果菜公司签订晚熟荔枝供销合同，不能接受被上诉人的供货。事实证明被上诉人的违约行为严重侵害了上诉人的权益，难逃责任。由此可见，××县人民法院在一审判决中，不是依据具体的事实，认定上诉人负违约责任是十分错误的，上诉人是绝对不能接受该判决的。

二、适用法律不当

《经济合同法》第二十九条规定：由于当事人一方的过错，造成经济合同不能履行或者不能完全履行，才承担经济责任。经济责任是对违约人的一种制裁。上诉方在执行合同过程中没有违约事实存在，原审法院却强行要上诉人承担因被上诉人违约造成的经济损失，这是违反"过错责任原则"的，有失公正。被上诉人为了其经济利益，违反协议，将货转供香港××公司，致使上诉人遭受经济损失的责任应由被上诉人全部承担。可是原审法院，不但不追究被上诉人的违约责任，反而要上诉人赔偿被上诉人的经济损失，有明显的地方保护主义。

此外，原审法院对上诉人提出的要求被上诉方归还上诉方订货款，赔偿上诉方银行利息、违约赔偿金和要求被上诉人支付诉讼费用的请求采取"本院不予采纳"的态度，也有庇护被上诉人之嫌疑。关于赔偿订货款银行利息、违约金是在双方签订的供销合同中白纸黑字写上的，是双方履行合同约定的权利和义务，不容抹杀。关于要求被上诉方支付因诉讼支出的费用问题，在有关合同的法律中是有规定的，因此，上诉人的上诉请求是合理合法的，法院理应依法给予支持。

综上所述，因被上诉人违约在先，延迟交货，致使上诉人中止合同，蒙受经济损失。被上诉人应负担全部责任，给予上诉人经济赔偿和全部支付诉讼费用。为此，请求法院依法改判。

此致

××市中级人民法院

上诉人：××市四海水果批发公司（章）

法定代表人：杨××（签名）

委托代理人：饶××（签名）

二〇〇五年×月×日

附：1. 本状副本1本

　　2. 被上诉人延迟交货致歉信（2页）

　　3. 上诉人与广西桂平果菜公司供货合同1份（复印件）

[评析]

这份民事上诉状的格式规范，内容充实，语言得体，文笔犀利。全文抓住原审判决认定事实和适用法律的错误，展开论辩。内容充实，中心突出，论证有力。在论证过程中，摆出了被上诉人延迟交货使上诉人中止合同，被上诉人违约的种种表现，有理有据地申明违约责任在被上诉人一方；同时引用《合同法》第二十九条的规定，进一步申明此起经济合同纠纷的全部责任在被上诉人一方，理应赔偿上诉人的经济损失，合理合法地论证了上诉人的上诉请求是正确的。同时指出一审法院由于地方保护主义，不顾事实和法律，庇护被上诉方的实质性问题，使原审判决的事实和法律依据也就不攻自破。

四、写作要求与病例评析

（一）写作要求

1. 要有明确的针对性

上诉状是不服一审法院的裁判而向二审法院提出的诉状。在写作中，必须针对一审裁判的事实认定错误、法律适用错误、程序不当等提出自己的主张。因此，上诉状中摆事实，讲道理，援引法律都应紧密围绕上诉人所不服的原裁判中的问题，而不应盲目地或不着边际地陈述无关紧要的事实和理由。

2. 辩驳性要强

一般是先摆出不服的论点，然后进行反驳。反驳时摆事实，讲道理，针锋相对，有的放矢，注意逻辑性，切忌强词夺理。

3. 要实事求是

提出的事实和证据，必须要实事求是，要经得起二审人民法院的调查核实。

4. 措辞要准确得体

上诉状虽然是针对一审判决或裁定不服之点进行申辩，但绝不能因不服而感情用事，言语过激。要以事实为依据，以法律为准绳，准确地使用词语，原原本本地反映案件的真相和与一审法院判决裁定的分歧实质。同时，要做到语言平实，风格质朴，以理服人，切不可因一审裁判对自己不利而感情用事，出口伤人。

(二)病例评析

[病例]

刑事上诉状

上诉人：潘××，女，55岁，已退休，现住本市××路8号201房，是被告的母亲。

我是被告人陈××的母亲，我儿子没有挪用公款不还，他只是为支付我的医药费才先借用一下单位保管在他手上的一些钱。他想着以后赚到后再填上去的，反正那些钱目前单位放着不会立即用掉。他没有想不还。他的确是有困难才走到这一步的。因为他向其他人借过也借不到，难道他看着我病死吗？请法院查清楚，体谅他的一片孝心，我们愿意卖掉房子还钱给单位。请判决他无罪吧。

此致

××区人民法院

上诉人：潘××

二〇〇六年×月×日

[评析]

病文的内容和格式存在的问题有：

1. 上诉人的主体资格不符合法律规定的要求。按照我国法律的规定，上诉人必须是当事人本人或者是其法定代理人。原审被告已经具有完全的行为能力，上诉必须由其本人提起，如果是其母亲提起的也必须以原审被告的名义提起。

2. 没有写明不服原审判决的事由，也不表明是针对哪一案件的，让人不明所以。

3. 上诉请求不具体。上诉要针对原审判决进行，对原审判决的态度要在上诉状中加以明确。一般有两种，一是要求撤销原审判决；二是要求变更判决。因此上诉请求必须具体，而且要言简意赅。

4. 上诉理由不清。病文中基本没有提出具体的理由，也没有表明原审判决认定的事实是否正确，对判决的适用法律是否恰当、处理是否正确。写作的内容和语气过于感情化。法院的判决是建立在事实的基础上的，因此上诉必须针对客观事实，有理有据，不能过于主观，否则会适得其反。

5. 致送的法院不正确。按照我国法律的规定，我国实行的是两审终审制，上诉可以通过原审法院提起，但是上诉应当致送原审法院的上一级法院，一般不可越级进行。

[修改稿]

刑事上诉状

上诉人：陈××，男，25岁，某局出纳，住广州市××路×栋×××号房，电话：×××××××

上诉人因涉嫌犯有挪用公款罪，不服××县人民法院××××年×月×日(××)法刑初字第×号判决，现提出上诉。

上诉请求

(1)请求撤销××县人民法院(××)法刑初字第×号判决书；

(2)请求宣告上诉人无罪。

上诉的事实和理由

××县人民法院以法刑初字第×号判决书一审判处上诉人犯挪用公款罪，上诉人认为，原审判决认定事实有误，适用法律不当。理由如下：

一、上诉人没有挪用公款的主观故意，同时也没有实施挪用公款的行为。

原审判决认定，上诉人利用在某局任出纳的职务，手中掌握着大笔流动资金，上诉人利用此便利，分三次从某局的流动现金中挪用了共 5 万元，三次的金额分别是 2 万元、1 万元和 2 万元。事实上，这三笔款项是上诉人向单位的借款。挪用公款和借款，两种行为的性质相差甚远，为何会出现错误认定上诉人的行为性质呢？其中的一个主要的原因在于单位的会计没有妥善保管上诉人三次借款的借条，而且没有及时将借款的情况记在账上，致使单位在年终结账时，少了 5 万元。会计怕承担责任，又找不到凭据，就推脱责任，咬定单位的收支凭证都是齐全的，而上诉人的流水账中又确实出了这 5 万元。于是就把责任推到了上诉人的身上。事实上，上诉人向单位所借的这三笔款，都经过了主管财务工作的副局长的审批后，向会计提交了借据，然后由上诉人记在流水账中，最后才出账的。恰好年终时原主管财务的副局长外调别的部门，现在的主管局长在没有任何书面凭证时，当然不知此事，由此引起了本案。现在根据原主管领导的证言，证实上诉人确有向单位借款，会计也承认了确有此事。因此，上诉人的行为是正常的借款，而非挪用公款。

二、上诉人的借款是有特定原因的。

原审法院认为，单位一直没有向职员借款的惯例，因为单位不是银行。为何上诉人又可以开这个先例呢？事实上上诉人向单位借款的目的是为了支付其母的医药费。其母因为身患重病，而其家境贫寒，昂贵的医药费使上诉人向领导反映了此事，领导从实际情况出发，同意了上诉人的借款。上诉人使用此款的证明已经由其母亲所住的医院出具，医药费的数字与上诉人借款的数字基本吻合。证明上诉人的行为是真实的。而且对上诉人借款一事，单位很多同事都知道，并不是什么秘密。

综上所述，上诉人的确没有犯罪的动机和主观意愿，同时也没有实施犯罪行为，只是由于种种原因，对其行为性质认识有误而已。因此，请二审法院在认清实施的基础上，作出公正的判决。

此致
××市中级人民法院

上诉人：陈××
二〇〇六年×月×日

第三节　申诉状

[学习要求]
了解申诉状的性质、特点、种类、结构与写作要求，能写出合乎规范的申诉状。

一、申诉状概述

申诉状是诉讼当事人及其法定代理人、被害人及其家属或者其他公民，不服已经生效的判决、裁定，向人民法院或人民检察院提出申请复查纠正的书面请求。

申诉状有法定的申诉人、法定的受诉机关、法定的受诉内容。申诉状的内容包括：申诉人及被申诉人的基本情况；案由；申诉请求；申诉理由；接受申诉机关的名称、日期、申诉人及附项等。

申诉状分刑事申诉状、民事申诉状、刑事附带民事申诉状、行政申诉状、行政附带民事申诉状等。

二、结构和写法

(一)首部

标题，在状纸的顶端居中写明"申诉状"或"民事申诉状""刑事申诉状""行政申诉状"等。

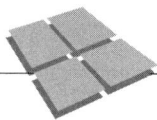

(二)正文

1. 申诉人及对方当事人(被申诉人)的基本情况当事人是自然人的,写明其姓名、性别、年龄、职业或工作单位和职务、住所。当事人是法人的,写明法人名称和住所,并另起一行写明法定代表人及姓名、职务。当事人是个体工商户的,写明业主的姓名、性别、年龄、民族、住所,起有字号的,在其姓名之后用括号注明"系……(字号)业主"。

有法定代理人或指定代理人的,应列项写明其姓名、性别、职业或工作单位和职务、住所,并在姓名后括注其与当事人的关系。

有委托代理人的,应列项写明姓名、性别、职业或工作单位和职务、住所,如果委托人是律师,只写其姓名、工作单位。

2. 案由

这部分应写明申诉人因何案不服何人民法院何时哪一个民事、刑事、行政判决或裁定而提出申请的。常用固定格式"因……(案由)一案,不服××人民法院××××年×月×日(年度)×字第×号民事、刑事、行政判决(或裁定),现提出申诉。申诉的理由和请求如下:"。

3. 申诉请求和理由

这部分是申诉状的核心部分,申诉人应简明扼要地把要求人民法院解决的问题,自己所要达到的目的,明白清楚地写出来,应明确提出要求撤销、变更原裁定或要求重新审理。从位置上看,申诉请求可以放在申诉理由的前面,也可以放在后面写。

申诉理由主要写不服原裁判的理由。根据不同的案情,主要从以下几个方面来考虑:

(1)摆清事实。在申诉状中,事实应做到全面真实、准确。主要事实的情节要全,对原裁判有影响的次要事实也应列明,使受理的法院对案情的事实有全面的了解。如果原裁判不是依据全面事实裁判的,经过对照也可以帮助有权提起审判监督程序的机关和工作人员提起审判监督程序。申诉的事实确属客观实际,不作虚伪的陈述。原裁判认定恰当之处,应承认其恰当而不应反驳,原裁判所认定的事实确实不当,应当用事实加以澄清;如果原裁判所认定的事实失实,经过对照,也容易比较出来。所申诉的事实,在内容和文字上应准确无误。如原裁判有不准确之处,也易对照,看出问题。

(2)列出证据。为了说明申诉事实的真实性,申诉人应将与请求目的相符的人证、物证、书证明确列出,具体说明。申诉人应当在申诉状中提供人证,即证明人或证人的证言,以使案情真相大白。同时,应提供足以说明申诉事实的物证或书证,以利于正确地查明案件的真实情况和正确地认定案件性质。

(3)法律的适用情况。在申诉状中,对法律的适用情况可作两方面说明:一是原裁判如果所适用的法律不当,应在申诉状中阐明正确适用的法律,援引法律条文时,要全面、具体;二是原裁判如果严重违反诉讼程序,申诉人应在申诉状中,具体说明正确执行诉讼程序的做法和法律规定。

申诉理由可以采用以下方法:一是证明的方法。也就是摆出恰当的事实,讲出充分的理由,通过论证来说明自己主张的正确性。证明的目的,是辨别是非,使真相大白,在申诉状中,所使用的证明有实践证明和逻辑证明。所谓实践证明,即摆出在实践中存在的,能说明原审裁判不正确的新的事实,并列出新的证据,以证明申诉有据。所谓逻辑证明,即在使用正确的事实和适用恰当法律的前提下,通过正确的论证,运用逻辑推理,证明申诉有理。使用证明的方法,要注意正确地、鲜明地建立论点,突出地运用人证、物证、书证,并加以正确的论证,切忌使用虚假的证据。虚假的证据不仅得不出正确的结论,而且还应负法律责任。二是反驳的方法,就是反驳原审裁判论题的虚假性。这是在申诉状中最常用、最有效的方法。具体写法是,首先抓住原审裁判中认定事实的错误或适用法律的不当,在反驳时,应注意做到有理有据,论证推理要合乎逻辑。

这两种方法,根据案情和诉讼请求,可以并用,也可以侧重一种。不论采取何种方法,都应做到:观点鲜明,关键突出,论据充分,论证有力。

(三)尾部

依次写明下列事项:

(1)写明致送的机关,分行写"此致""××人民法院"。

(2)申诉人签名盖章,注明具状时间。

(3)附项。

三、范文评析

[范例一]

刑事申诉状

申诉人:刘××(被害人刘×荣之兄),男,31岁,汉族,××区建筑公司第二工程队工人,住××区××路13巷1号。

申诉人因"伤害致死人命"一案,对××省高级人民法院(200×)×高刑终字第268号判决书不服,现提出申诉。申诉请求和理由分述如下:

原判定性不准确,认定事实有出入,适用法律条文不适当,要求重新审判,依法惩处杀人犯彭××。

申诉人是被害人刘×荣的哥哥,于200×年4月18日下午收到××省高级人民法院(200×)高刑终字268号判决书,我认为判决书对杀人犯彭××在定性量刑上均失公正,叙述事实有出入,我们无法接受。

一、判决书认定彭××行为为伤害致死罪是不恰当的。我认为彭××应定为故意杀人罪。因为刘×荣并未对彭××或他人造成任何人身威胁,彭××没有必要用三棱刮刀来主持"正义"。他如果真是出于主持"正义",不是出于故意杀人的动机目的,刘×荣在赤手空拳的情况下,完全可以采取劝阻和以理服人的方法,为什么要选择最要害的部位——心脏,并一刀刺死刘×荣呢?彭××在我弟刘×荣找母亲的路上行凶杀人是有预谋的,绝不是无意伤害。

二、判决书叙述事实有出入。判决书说:维修队书记要求到医院看病,刘×荣多次进行拦截和挑衅,这与事实不符。事实是:我母亲多次去找维修队要求解决工作问题,均受到维修队队长张××毒打。为此,我母亲找到县委和××法院,但都未作处理,仍叫我母亲去找维修队书记。10月19日我母亲找到书记杨××后,又遭到书记的谩骂。然后书记要坐车上医院,我母亲拦车不让走,是因他袒护队长,不解决问题。这时杨××叫其他几个人强行把我母亲拉开,把车开走了。我和母亲也走路去医院找书记理论。在这个过程中,我弟弟刘×荣根本不在场,他怎么会"拦截"和挑衅呢?到了中午12点,我弟弟刘×荣找我母亲回家吃饭,彭××用从仓库拿出来的三棱刮刀,一刀刺在刘×荣的心脏,然后穿过马路逃跑了。我弟弟只身一人,而彭××他们人多势众,我弟弟没带凶器,彭××他们却带着凶器,我弟弟怎么会跟他们"挑衅"?彭××刺死我弟弟并逃跑,为什么判决书对此只字不提呢?

三、××省高级人民法院终审判决书根据《中华人民共和国刑法》第二百三十四条第二款之规定,判处彭××有期徒刑七年,实属定性不当。由于定性不当,所以适用法律错误,判刑太轻。本案被告人的行为是故意杀人罪,应按《刑法》第二百三十二条治罪。

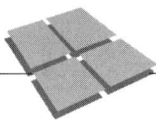

为此，我请求法院对此案重新复查审理，依法对杀人犯彭××从严惩处，替我死去的弟弟刘×荣申冤，以维护国家法律的尊严。

此致

××省高级人民法院

申诉人：刘××（签名）
二〇〇×年×月×日

附：1. 本申诉状副本2份

　　2. ××省高级人民法院判决书复印件2份

　　3. ××医院医生李××证明材料1份

[评析]

这份刑事申诉状格式规范，结构完整，案由简明扼要。在提出申诉理由时，先概括判决书在认定案件事实、定性量刑方面的错误，为后面申诉理由作出提示，加深印象，继而又分三个问题进行分析论证。首先提出审判定性不当，抓住"伤害致死"和"故意杀人"两个对立的性质，运用事实阐明杀人犯的作案动机、目的是属于"故意杀人"而不是"伤害致死"的定罪性质问题。其次指出认定事实有错误。申诉人详尽地叙述了案件发生的原因和结果、经过和情节，有力地驳斥了原判决书所认定的事实错误之点，为申诉理由提供了真实可靠的事实依据。最后，引述原判决的引述条文和判决结果，指出其由于认定事实和定性不当，致使适用法律条款不当，对被告判刑太轻的错误。三个论点前后联系紧密，理由充分，申诉人不服之点也就明白清楚，原判决的错误也不攻自破，要求依法重新审理，对杀人犯从严惩处的请求也就自然成立。

[范例二]

民事申诉状

申诉人：张××，男，41岁，汉族，湖北省××县人，无职业，在濯港镇租屋住。

被申诉人：杨××，女，42岁，汉族，湖北省××县人 ××县房地产综合开发公司职工，住××县职业高中。

申诉人因被申诉人杨××诉其房屋租赁返还转让费纠纷一案，不服××县人民法院作出和已生效的〔1997〕梅法城民初字第538号（民事判决书）之判决，认为其确实存有错误。曾向××县法院提出申诉，××县法院以〔1998〕梅法民字第5号（驳回申诉通知书）驳回申诉，现特向中级人民法院提出申诉，请求中级人民法院依法直接提审此案，终止本案执行，依照审判监督程序，直接对本案进行审理。具体请求如下：

一、驳回杨××诬告申诉人的起诉。

二、判令杨××赔偿因其诬告诉讼，执行申请造成申请人的损失费用3000元。

三、责令杨××公开向申诉人赔罪认错，消除不良影响。

四、判令杨××承担本案申诉人支出的诉讼费用1660元。

事实与理由

××县人民法院〔1997〕梅法城民初字第538号（民事判决书）存有下列错误：

一、错列被告。申诉人不是本案的被告人，因为杨××与申诉人从未发生门店租赁关系，双方根本不存在权利和义务的法律关系，申诉人曾多次在送达回证上明确表示与杨××无任何关系，而法庭置之不理，不知有何依据？

二、原审判决申诉人返还杨××门店转让费10000元，是没有事实根据的，纯属原告人杨××虚构事实，杨××与申诉人既然不存在房屋租赁关系，哪儿来的返还门店转让费呢？即使是杨××提供的货物清单，亦不能自圆其说，更不能证实杨××与申诉人之间有任何法律关系存在的事实，因此，[1998]梅法民字第 5 号（驳回申诉通知书）理由是不能成立的。虚构事实是非法的，不能作为法律依据，因而判定申诉人返还门店转让费是错判，应予撤销原判。

三、原审接受杨××申请执行，更是错上加错，查封申诉人的住房，非法拘留申诉人之妻，使申诉人全家老小六人无处居住，只能在外租屋栖身。租我家房屋的店主，也被封逐走，给申诉人造成重大经济损失，杨××应负责赔偿。同时原审两次搜查，将我家现金 350 元没收，既无扣押清单又无收款凭证，应予返还。

据上所述：杨××虚构事实致使原审判定事实确有错误，错列被告，申请执行查封，侵犯了申诉人及其他共有人的合法权益，使申诉人蒙受重大经济损失和精神创伤，杨××对此应承担全部赔偿责任。

为维护申诉人合法权益，依据《中华人民共和国民事诉讼法》第一百七十八条之规定，特向××市中级人民法院提起申诉，请求中级人民法院依法提审改判，依法准予所请。

此致
××市中级人民法院

申诉人：张××
××××年十月十日

[评析]

这份民事申诉状符合格式规范。在提出申诉理由时，先表明自己的观点，为后面申诉理由作出提示。然后针对判决书中的三个问题，逐一进行分析论证。然后进行概述：指出杨××虚构事实致使原审判定事实确有错误，错列被告，申请执行查封，侵犯了申诉人及其他共有人的合法权益，使申诉人蒙受重大经济损失和精神创伤，杨××对此应承担全部赔偿责任。全文条理清晰，有说服力。

四、写作要求与病例评析

（一）写作要求

1. 分清主次，安排好层次

申诉状指出原裁判的错误内容，进行批驳，必须注意分清主次，恰当地安排先后顺序。一般以先主后次为宜，因为主要问题澄清了，次要问题便迎刃而解。如果申辩的内容较多，也可以采取列"小标题"和"条文式"的方法；或者先分别提出论点进行批驳，然后予以总括；也可以先总括理由，然后分别具体申述。

2. 要有鲜明的针对性

申诉人认为原裁判错误或不当，对其"错因"是怎么分析的？是由于认定事实不准，还是由于适用法律不当？或者由于违背了诉讼程序规定？都需要针对具体原因，用相应的事实、证据、法律、法规及政策等加以辩驳。如果原裁判内容有多项，还应该说明是对全部裁判内容均不服，还是仅对其中某项不服，这些都应该写得非常明确。

3. 用事实、证据、法律进行驳辩

申诉理由应针对导致原裁判错误的具体原因，分别不同情况据理反驳，或者陈述事实真相，或者提出确凿有力的证据，或者引用相应的法律条款，或者综合运用法律、逻辑及其他专业知识，进行合理、合法、合情的分析。在充分论证的基础上，提出纠正原错误裁判的诉讼请求。

（二）病例评析

[病例]

刑事申诉状

申诉人：赵××，男，40 岁，汉族，××市××厂职工，住××市人民路××号，邮

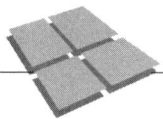

政编码：××××××。

申诉人因盗窃、窝赃一案，不服××市××区人民法院××××年×月×日（×××
×）法刑初字第×号刑事判决书，现提出申诉，申诉的请求和理由如下：

请求事项：撤销××区人民法院的原审判决。

事实和理由

××市××区人民法院××××年×月×日以盗窃罪、窝赃罪为由，判决赵××有期
徒刑三年。赵××表示不服。说赵××犯了盗窃罪和窝赃罪是不对的。赵××只是帮李×
×保管一个行李箱，行李箱里有什么，赵××根本不知道。而且赵××和李××是老乡，
帮他保管一下行李也是人之常情。因此根本谈不上什么窝赃。在李××行窃的时间里，赵
××在上班，也就是说赵××根本没有作案的时间，当然也就没有犯罪了。原判决书认定
的事实是不正确的。事实上赵××根本没有犯罪。请求法院再进行调查，重新审理，作出
公正的裁决。

此致
××区人民法院

申诉人：赵××
××××年×月×日

[评析]

本文存在的问题主要有：

1. 针对性不强，条理不清。申诉状是针对已生效的判决来写的，行文应当紧扣原判决
内容。该文应该针对两点展开，一是赵××没有犯盗窃罪；二是赵××没有犯窝赃罪。然
后举出证据证明，这样就条理清晰，针对性强了。

2. 事实证据论述不够。要证明赵××没有犯盗窃罪和窝赃罪，重点在于举证。例如赵
××没有参与盗窃，主要是他没有作案的条件，这就要从时间、地点上没有可能的有力的
证据来证明这一点。已生效的判决作出时通常就已经建立在一定的事实基础上，如果申诉
状没有强有力的证据是很难推翻原判决的。

[修改稿]

刑事申诉状

申诉人：赵××，男，40岁，汉族，现于××市××区看守所服刑。

申诉人因犯盗窃罪和窝赃罪一案，不服××市××区人民法院于××××年×月×日
（××××）法刑初字第×号刑事判决书，现特提起申诉。

申诉请求事项

（1）请求撤销××市××区人民法院于××××年×月×日法刑初字第×号刑事判
决书；

（2）宣告申诉人无罪。

申诉的事实和理由

××市××区人民法院（××××）法刑初字第×号刑事判决书，以盗窃罪和窝赃罪数
罪并罚判处申诉人有期徒刑三年。申诉人不服，理由如下：

一、申诉人没有犯盗窃罪，原审判决认定事实不清。

首先，申诉人没有作案的时间，也没有实施盗窃行为。申诉人的同乡犯盗窃罪的时间
是××××年10月23日上午10点左右，而此时申诉人正在上班，申诉人单位上班考勤的
记录显示，申诉人那天没有离开过工作单位，事实上申诉人从来没有到过案发现场，当然
也就更没有实施过任何的犯罪行为了；其次，申诉人没有作案的动机，申诉人有正当的工

作，有固定的收入，申诉人没有必要做这种自毁前途的行为。原审判决从申诉人家中搜出赃物这一情节出发，就认定申诉人知道这桩罪案的发生。事实上，申诉人只是帮同乡保存行李，而且更重要的是，本案的作案者李××在口供中也表示申诉人并没有参与盗窃活动。如果仅因此就断定申诉人与同乡李××有合谋盗窃的故意，其中既没有客观事实证明，又没有同案人的口供证明，这不是太主观了吗？所以原审判决的作出是轻率的，不是建立在客观事实的基础上的。

二、申诉人也没有犯窝赃罪。

窝赃罪的一个主要特征就是行为人明知是赃物而加以掩护。但是在本案中，申诉人根本就不知行李箱中的东西是赃物，甚至行李箱中所装物品也是在侦查人员打开后申诉人才知道的。因为箱子是同乡李××寄存在申诉人家中的，李××也没有对申诉人言明箱子中装有何物，李××的口供中也说明他寄存行李箱时没有告知申诉人实情。既然没有"明知"，又何来"故犯"呢？如果申诉人真的参与了作案的整个过程，为什么行李箱中是些什么他都不知道呢？如果真的是窝赃，他在知道同乡李××出事后，为何不转移赃物，而任由侦查人员上门"人赃并获"呢？事实上，如果申诉人要转移赃物，时间十分充裕，完全可以实现。但是申诉人没有这样做，因为他根本不知道这个箱子中的东西是赃物！如果李××自己不是向侦查人员坦白交代赃物的所在，侦查人员根本就不会也不可能找到申诉人。因此申诉人的行为根本就不是窝赃行为。原审判决的认定也是没有任何事实和法律依据的。

上述事实，请法院查明，作出公正的裁决。

此致

××市中级人民法院

申诉人：赵××

××××年×月×日

▶第四节　答辩状

[学习要求]
了解答辩状的性质、特点、种类、结构与写作要求，能写出合乎规范的答辩状。

一、答辩状概述

答辩状是案件审理过程中处于应诉地位的被告、被上诉人、被申诉人，针对起诉状、上诉状和申诉状的诉讼请求，根据事实和法律进行回答和辩驳的书状。

答辩状适用于三大诉讼的所有诉讼程序，根据案件的性质，可分为民事答辩状、刑事答辩状、行政答辩状。答辩是一种应诉行为，是法律赋予被告人或被上诉人的诉讼权利。答辩状是一种富有论辩性和实用性的应诉书状。通过答辩，可以全面披露案情真相，便于法院兼听当事人双方意见，作出公正裁判；通过答辩，有助于保护答辩人的合法权益。

二、结构和写法

(一)首部
即标题，写"民事答辩状""刑事答辩状"或"行政答辩状"或只写"答辩状"。

(二)正文

1. 答辩人的基本情况

答辩人为公民的，列写答辩人的姓名、性别、年龄、民族、籍贯、职业或职务、单位

或住所。凡有代理人的，另起一行列写代理人，并且标明是法定代理人、指定代理人，还是委托代理人，接着写明代理人姓名、性别、年龄、民族、籍贯、职业或职务，单位或住所。是法定代理人的，还应写明其与答辩人的关系。如果委托律师代理，只需写明其姓名、工作单位和职务。

2. 案由

主要写明对原告（或上诉人）为何案件起诉而进行答辩；对于何时收到起诉状副本（或上诉状副本），可写可不写。具体写法如："答辩人因原告（或上诉人）×××提起××（案由）诉讼一案，现答辩如下:"或者写："答辩人于××××年×月×日收到你院转来原告（或上诉人）×××提起××之诉一案的起诉状副本（或诉状副本），现提出如下答辩:"。

3. 答辩的理由

这是答辩状的主体部分或说是关键部分。大体包括如下几个方面。

（1）就事实部分进行答辩。对原告起诉状（或上诉人上诉状）中所写的事实是否符合实际情况表示意见。如果所诉事实全部不能成立，就全部予以否定；部分不能成立，就部分予以否定，并提出符合客观真实的事实来加以证明。但是，一定要实事求是，绝不能歪曲或隐瞒事实真相，否则，经不起人民法院的查证。

就事实部分进行论证，要着重列举出反面的证据来证明原告诉状中所述事实不能成立，并且要求反证确实、充分，不能凭空否认原告诉状中所叙述的事实。这里所说的反面证据，一种是直接与原告所提出的证据相对抗的证据，另一种是足以否定原告所述事实的证据。

（2）就适用法律方面进行答辩。

一是事实如果有出入，当然就会引起适用法律上的改变，论证理由可以从简。

二是事实没有出入，而原告对实体法条文理解错误，以致提不出合法要求的，则可据理反驳。

三是在程序方面，如果原告起诉（或上诉人上诉）违反诉讼法的规定，没有具备引起诉讼发生和进行的条件，则可就适用程序法进行反驳。

答辩时应注意以下问题：

（1）论述答辩理由应运用反驳的方法。反驳的写作方法，首先，应抓住对方在起诉状、上诉状中所陈述的错误事实，所引用法律上的错误，作为反驳的论点；其次，列举出客观真实的事实，恰当的证据，作为反驳的论据；再次是运用逻辑推理进行论证。

（2）阐明答辩意见，使用立论的方法。立论是指被告人、被上诉人根据可靠的事实和充分的理由，从正面提出对诉讼事实争执焦点的主张和看法。在论述答辩理由之后，答辩人应集中力量提出自己的答辩意见。

4. 提出答辩主张

在提出事实、法律方面的答辩之后，引出自己的答辩主张，即对原告起诉状或上诉状中的请求是完全不接受，还是部分不接受，对本案的处理依法提出自己的主张，请求法院裁判时予以考虑。

（三）尾部和附项

（1）致送机关，分两行写："此致"和"××人民法院"。

（2）答辩人签名盖章，注明递交日期。

（3）附项。

三、范文评析

[范例一]

民事答辩状

答辩人：唐××，男，×岁，汉族，××公司××队工人，现住××市×街××号。

因原告杨××所诉离婚一案，现提出答辩如下：

答辩人认为被答辩人所诉离婚之理由纯属捏造的不实之词。答辩人不能同意被答辩人离婚的要求。理由有三：

一、被答辩人诉称答辩人不务正业，对家务事不管不问，经常在外喝酒跳舞，致使被答辩人生活困难，连买油盐都无钱，儿子上学的学费都得向人借等情况，确系捏造。事实是：答辩人有正当职业，是××公司员工。在家时间少，是单位工作制度要三班倒，答辩人下班后还找零工干以补贴家用，根本没有喝酒跳舞的事（有公司和打零工的单位证明）。答辩人所挣来的钱除零用（主要用来抽烟）的都交给被答辩人支配，每月交给被答辩人1 400元左右，现被答辩人有15 000元储蓄，根本不存在买油盐都没钱的事实。至于儿子借钱交学费一事是6年前的事。当时由于公司效益差，答辩人个人工资也低，当时刚为被答辩人治病花去一笔钱，又恰逢小孩上学交学费，手头一时周转不过来需借款，而完全不是答辩人不顾家所致的问题。事实上，答辩人每月都将工资和打零工收入的90%交给被答辩人作为家庭开支，绝不是如被答辩人所言。

二、被答辩人诉称答辩人经常殴打她，逼得她服农药自杀，经抢救脱险等，更是不符合事实。结婚以来答辩人仅打过其一次。那是她因为小孩打斗与邻居吵架，答辩人见其无理，多次劝阻无效才动手打了她一巴掌，此后就再没打过她。至于被答辩人自杀一事，那是因为答辩人不同意离婚，被答辩人以自杀威胁，为创造离婚条件咎由自取，与答辩人毫无关系（岳母何××证言证明）。

三、被答辩人提出离婚是嫌贫爱富。自被答辩人认识××大排档的小老板张××后，关系暧昧，想离婚后嫁给他。这事答辩人知道后曾多次向被答辩人哀求，要求其不看答辩人的面也要看小孩的面，不要自毁这个家庭。被答辩人也表示悔改，愿意重归于好。但是一旦答辩人钱给少了，就大吵大闹，以离婚相威胁，其提出离婚完全是被答辩人迷恋富裕的生活，与张××藕断丝连所致。

上述事实证明，被答辩人提出离婚的理由是不充分的，故答辩人请求法院对合法婚姻予以保护，对被答辩人给予教育，对其无理要求给予驳回，作出公正判决。

此致

××市××区人民法院

答辩人（被起诉人）：唐××

二○○×年×月×日

附：

1. 本答辩状副本1份
2. ××公司证明1份
3. ××安装队证明1份
4. 何××证言1份

[评析]

这份民事答辩状，在答辩时，能先列出上诉人提出离婚的三点理由，然后抓住要害，有的放矢地逐一提出事实根据，将不同意离婚的理由说深说透加以反驳，使上诉人的论据

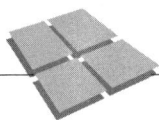

站不住脚，提出离婚的请求也就不攻自破。在反驳辩解中，做到一事一论，事事有据，字字在理，使人信服。这是一份内容充实、格式正确、结构严谨、语言简洁明了的答辩状。

[范例二]

行政答辩状

答辩人：××市林业多种经营管理局，××市××街×号。

法定代表人：李××，副局长。

因原告张××指控我局所作《(200×)×林罚字第×处罚决定》对其处罚不当一案，提出答辩如下：

××市北郊松山林区发生火灾的情况：

××市北郊松山林区为一国营林区。××市已有多次发布禁止游人在松山林区野炊、玩火等文告。特别在冬春干燥少雨季节，更是严格禁止游人组织各种活动。今年春季，由林业多种经营管理局会同公安局、教育局共同发布通知，禁止学生去松山组织春游，以防发生火灾。××市××中学也在学校广播中和教职员大会上将上述通知予以全文传达。但该校××班学员依然违反规定，利用假日私自组织学生去松山春游。作为班主任的张××，不但不加劝阻、制止，反而出资支持帮助，并亲自参加，这实际已成为此次违纪违法去松山林区春游的组织者；在春游中又公然与学生一起搞野炊、烤鱼煮饭，当学生李×肆意玩火时又不加管束制止，终造成此次火灾，致过火面达 0.667 公顷之多，烧死幼树 1000 多株；加上紧急动员附近工厂农村群众等参加救火人员 300 多人的半天的奋力扑救工作，使用汽车 8 辆，共为国家和集体造成直接经济损失达 3000 余元，并给××市造成了极为恶劣的影响。

事后，我局会同公安局、教育局对此次事件的责任人员分别作了处理。除直接肇事者××中学高二学生李×已被公安局拘留外，对××中学的张××作出了处以罚款 500 元的处罚决定，并责令其通过此次事件作出深刻检查，并建议学校给予应有的校纪处理。

但是××中学张××，不但不服处罚，还向人民法院对我局提起行政诉讼，要求撤销处罚决定，并歪曲事实地谎称，他并非此次春游活动的组织者，并积极地参加了救火活动，对他的处罚属于处罚不当，构成侵权。现就张××在诉讼中对我局的指控和狡辩作如下答辩。

一、张××称，他仅仅是此次活动的被邀请者，而非组织者。张××身为××中学高二(×)班的班主任，是对该班学生负有行政责任的教师，特别是对学生班集体的活动应成为负有指导责任的校方代表。学生组织该班参加政府明令禁止的活动，作为班主任本应明确表态制止，而现在张××不但不加以制止，还出钱资助，亲自参加，这实际已成为此项违纪、违法活动的组织者和支持者。因此张××对于这次发生火灾的恶果负有不容推卸的法律责任。

二、张××在诉状中自称，在火灾发生后曾"亲自率领学生积极扑火"。此点也与事实根本不符。火灾发生后，曾有三名同学积极参加扑救，但火势越烧越旺，难以遏制，张××见势不妙，急令学生收拾野炊现场，并让学生赶快脱离火场，逃离下山。只是在附近群众前来救火人群的裹挟下，才不得不重新跟着救火群众上山扑救，并非什么"亲自率领学生积极扑火"。张××之所以制造这种谎言，其目的无非是想推卸自身的责任。

三、张××身为中学教师，对于政府的禁令明知故犯，知法犯法，理应受到法律的制裁。而在其诉状中竟然把自己降低到一个不懂法、不明理的普通青少年的水准之下，为自己的行为狡辩开脱，说什么只顾"照顾学生的情绪"，"为了维护班集体的团结"才同意组织此次春游，这显然也是一种无理的辩解，是站不住脚的。

总之，张××的行为已明显地违犯了××市政府的政令，也触犯我国森林法的有关规定，构成了较严重的违法行为。我局对他的处罚并无不当。

此致

××市××区人民法院

答辩人：××市林业多种经营管理局

代表人：郭××

200×年×月×日

附：答辩状副本1份

[评析]

这份行政答辩状，在答辩时，先摆出松山林区火灾发生、救灾过程与结果，然后抓住上诉状提出的理由，有的放矢地逐一提出事实根据，加以反驳。答辩状分三个问题来驳斥上诉人的辩解，驳斥的事实与理由具体而有说服力。在反驳辩解中，事事有据，字字在理。格式正确、结构严谨。

四、写作要求与病文评析

(一)写作要求

1. 要熟悉对方当事人诉状内容

在写作之前，应全面熟悉对方当事人的诉状内容，列出可辩事项；要抓住要害，确定答辩重点，要按先主后次顺序设计答辩内容的层次，准备好过硬的证据。

2. 应有鲜明的针对性

应针对对方诉状的诉讼请求进行驳辩。在概括说明对其诉讼请求的基本看法后，可从事实、法律、逻辑等方面展开论辩。要想澄清是非，否定对方的诉讼请求，最为有效的方法是指明其所谓"事实"的虚假性；针对其举证错误进行反驳，用确凿的证据，反驳对方诉状举证的虚假、不当，是最有力、最简便的方法；针对对方理由论证的错误进行反驳，无理的诉讼请求，难免在说理过程中出现语言逻辑混乱，观点与材料相矛盾，违背常情事理等破绽，答辩状如果能够准确而尖锐地指出这些破绽，常常可以出奇制胜，使对方当事人陷入被动局面。

3. 要考虑有无提起反诉的条件

如具备反诉条件，可结合答辩状写，也可以分开另写反诉状。另外，答辩状副本份数，应按原告的人数提交。

(二)病例评析

[病例]

民事答辩状

答辩人：永耀灯饰有限公司，地址：××市人民路48号，邮政编码：××××××。

法定代表人：李×，职务：经理。

委托代理人：张×，天平律师事务所律师。

答辩人因与华天灯饰制造厂（以下简称华天）诉新颖灯饰有限公司（下简称新颖公司）还款一案，现提出如下答辩意见：

华天与新颖公司曾签订3万元灯饰的购销合同，由答辩人对有关的款项进行担保，答辩人也在合同上确认了这一点。但是，这种担保只是一般担保，而不是连带担保，按照我国担保法的规定，被告新颖公司有还款能力的，不应由答辩人承担担保责任。而且原、被告曾就还款事项修改过合同内容，又没有通知答辩人，因此答辩人不应承担担保责任。请

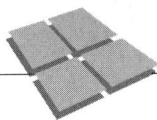

法院考虑上述原因，作出公正的判决。

此致

××区人民法院

答辩人：永耀灯饰有限公司

××××年×月×日

[评析]

病文的格式和内容存在的问题主要有：

1. 论述事实不清。答辩人在案件中的关系没有交代清楚，尤其是与本案的原告、被告的关系以及案件的由来都含混不清。在本答辩状中，应当先将当事三方的关系交代清楚，而关键问题是将答辩人在合同中的责任叙述清楚，病文就没有做到这一点。

2. 没有列明答辩要点。答辩状与起诉状一样，要鲜明提出答辩人的观点。为了观点鲜明，最好用小标题或概括性的句子来表示，病文中只用一段话来叙述，显得没条理，重点又不突出。

3. 答辩状没有针对原起诉状的内容进行反驳。答辩状应当表示对起诉状的态度，特别是要指出与答辩人的主张不同之处，并用事实加以证明。在病文中就没有做到这一点。

[修改稿]

民事答辩状

答辩人：永耀灯饰有限公司，地址：××市人民路48号法定代表人：李×，职务：经理，电话：×××××××

被答辩人：华天灯饰制造厂，地址：××市文明路35号，电话×××××××

法定代表人：陈×，职务：厂长

答辩人就被答辩人诉新颖灯饰有限公司（下称新颖公司）借贷纠纷、被答辩人要求答辩人承担连带担保责任一案，提出如下答辩意见：

一、答辩人承担的应当是一般担保责任，而不是连带担保责任。

被答辩人与新颖公司于2004年6月26日签订了借款合同，约定由被答辩人向新颖公司出借资金10万元，借期一年，利息按照同期银行贷款利率支付，答辩人同意对该借款合同提供一般担保。三方各自在合同上签字盖章。对于答辩人提供担保的条款在合同的第六条中约定："由永耀灯饰有限公司为新颖公司向华天灯饰制造厂借款提供普通保证。"从合同中的这一约定看，显然，答辩人提供的只是一般担保，虽然合同中没有使用"一般担保"这一明确用语，但是"普通担保"事实上与一般担保同义。因为根据我国担保法的规定，如果保证人提供的是连带担保，必须要明示。但是在本案中显然没有此约定。无论从一般人的理解上，还是从答辩人签订合同的本意，答辩人承担的都是一般的担保责任，而非被答辩人所指的连带担保责任。被答辩人要答辩人承担连带担保责任的要求不符合法律规定。

二、答辩人只对原合同约定的10万借款提供担保，至于后来被答辩人与新颖公司签订补充协议时追加的借款5万元，答辩人无须承担担保责任。

按照我国担保法的规定，保证人承担保证责任只应当在担保合同约定的范围内，超出部分保证人不承担。在答辩人与被答辩人和新颖公司签订合同3个月后，即2004年9月25日，被答辩人与新颖公司又签订了一份补充协议，追加了5万元借款，还款期限与原合同相同，该份补充协议没有告知答辩人。答辩人根本不知道该补充协议的存在，更没有在协议上签字盖章。因此，答辩人就无须对此笔借款承担担保责任。被答辩人提出由答辩人对该补充协议的借款承担担保责任是没有理由的。

上述答辩意见，请法院在查明事实的基础上，作出公正的裁决。

此致

××市××区人民法院

答辩人：永耀灯饰有限公司

法定代表人：李×

××××年×月×日

附：1. 本状副本一份

2. 借款合同一份

3. 何×证言一份

>>> 思考与练习

一、名词解释

诉讼　　　　　　起诉状　　　　　　刑事起诉状

民事起诉状　　　行政起诉状　　　　上诉状

刑事上诉状　　　民事上诉状　　　　行政上诉状

申诉状　　　　　答辩状

二、选择题

1.（　　）是公民、法人或其他组织认为行政机关及其工作人员的具体行政行为侵犯了其合法权益时，依据事实和法律，向人民法院提起诉讼的文书。

A. 刑事自诉状　　　　B. 民事起诉状　　　　C. 行政起诉状

2. 上诉请求是针对（　　）的判决和裁定而提出的。

A. 被上诉人　　　　B. 第一审人民法院　　　　C. 上诉人

3. 申诉状中的申诉理由，一般采用证明法和（　　）法。

A. 反驳　　　　B. 推理　　　　C. 说明

三、填空题

1. _____是发动整个诉讼程序的第一步。

2. 诉讼请求是诉状的眼睛和灵魂，要求_____、_____和_____。

3. 民事起诉状是人民法院对案件进行_____和_____的依据和基础。

4. 上诉状是对各级地方人民法院_____裁定或判决不服提起的。

5. 一般情况下，对_____的判决、裁定、调解协议不服，应向_____人民法院提出申诉。

6. 上诉_____时间限制，申诉_____时间限制。

7. 答辩状是与_____或_____相对应的一种诉讼文书。

四、简答题

1. 起诉状与上诉状有何区别？

2. 起诉状的首部和尾部写作有何规定？

3. 起诉状的核心是什么？起诉状的事实与理由如何写？

4. 上诉状的首部和尾部写作有何规定？

5. 上诉状的事实与理由应如何写？

6. 上诉请求一般可以从哪些方面提出？

7. 申诉状的首部和尾部写作有何规定？

8. 申诉状应从哪些方面来表明自己对原判的不服？

9. 答辩状的首部和尾部写作有何规定？

10. 答辩状的正文包括哪些内容？各部分应如何写？

五、判断题

1. 答辩状可以适用于一切诉讼阶段。 （　　）

2. 申诉状主要用于第二审。 （　　）

3. 起诉状主要针对对方当事人，上诉状主要针对法院的裁判。 （　　）

4. 答辩状是一种应诉行为，是法律赋予起诉人或上诉人的诉讼权利。 （　　）

5. 申诉状往往不受审级的限制。 （　　）

六、阅读与评析

阅读下面一份民事诉状，回答文后的问题。

民事诉讼状

原告：李××，女，32岁，汉族，住××市××路××号。

被告：××房地产开发公司，地址：××市××路××号。

法定代表人：秦××，总经理。

请示事项

一、判令被告向原告交付房屋及产权证。

二、判令被告向原告支付违约金190080元（大写：壹拾玖万零捌拾元整）。

事实和理由

原被告双方于一九九四年四月一日订立（合同书）一份，确定由原告向被告付款384000元（大写：叁拾捌万肆仟元整），购买被告所承建开发的住宅一套。双方对住宅地点、位置及面积、单价及付款方式、责任及费用、房屋标准、验收和工期及违约金等进行约定。原告依约向被告支付了定金及购房款共计288000元（大写：贰拾捌万捌仟元整），履行了约定义务。但被告却屡屡违约，其房屋未能依约竣工和交付使用，房屋质量也不符合合同规定。经原告多次交涉，被告仍不履行其办理产权证和交付房屋之义务，更拒绝承担违约金。至今，该房屋都未能通电和燃气；连水电等设施都未能保证。

原告为维护自身合法权益，在与被告多次交涉未果的情况下，被迫诉至贵院立案受理。请贵院明确责任，依法判决被告承担相应的民事责任，以维护消费者的正当权利，确保民事合同法律。此致

××市××区人民法院

具状人：李××
二○○×年五月十日

（1）本案的诉讼当事人有哪些？

（2）本民事诉状在写作基本格式上是否正确？为什么？

（3）本民事诉状的事实理由是否清楚？是否符合写作要求？

（4）如果本民事诉状有不尽完善的地方，请提出修改意见。

七、拟写题

根据下列案情，代李某拟写一份起诉状。

孙某欠李某20500元，有欠条载明。其后孙某还欠款给李某，并在原条上注明"还欠款18500元整"，同时，李某出具了收据一张给孙某。后李某继续向孙某索要欠款时，双方对原欠条上所注"还欠款18500元"中的"还"字读音发生争执，李某主张孙某尚欠18500元，"还"字应该读"hái"（音孩）。孙某则认为"还"字应该读"huán"（音环），以已还18500元为由拒绝付款，并称原告出具的收条被遗失。

第七章　生活文书

▶第一节　一般书信

[学习要求]

　　了解一般书信的含义与适用范围、一般书信与专用书信的区别，掌握一般书信的写作要求，懂得写给长辈、平辈、晚辈的称呼和祝颂语，写出合乎要求的书信。

一、一般书信概述

(一)概念

　　一般书信指给同志、朋友、亲戚、家人即私人间来往的书信。书信是个人与个人、个人与组织、组织与组织之间，借助文字传递信息、互通情报、交流思想的一种交际工具，是人们日常生活中使用的最为广泛的一种应用文。

(二)特点

　　1. 使用的普遍性。凡是应用文都是普遍使用的，但相对来说，书信的使用更为普遍。在种类繁多的应用文体中，无疑公文是主体，但毕竟只用于公务上，并非每个人都要使用，而书信则是人人都要使用的，是人们日常生活中不可缺少的交际工具。

　　2. 内容的广泛性。书信的内容无所不包，政治、经济、军事、文化，国际、国内的大事，天文地理、风土人情、学术讨论、倾吐情怀乃至点滴感受，都可以成为书信写作对象。

(三)专用书信和一般书信的区别

　　1. 专用书信常有标明性质的标题，有的还在标题前加上标题内容的修饰语。一般书信没有标题。

　　2. 专用书信的收信人的称谓可写在开头第一行，也有的写在正文之后另起一行顶格，还有的写在正文中。一般书信的收信人的称谓均写在开头第一行。

　　3. 不少专用书信，为表示慎重，要在具名处加盖公章。一般书信除单位写的外，一般不必用章。

二、结构和写法

　　一般书信由信封与笺文构成。

(一) 信封的结构和写法

　　信封封文内容分上、中、下三路横书，上路写收信人的地址，中路写收信人的姓名，下路写发信人的地址、姓名。贴邮票的位置，一般在右上角。信封左上角写收信地址的邮政编码，信封右下角写寄信地址的邮政编码。

　　寄往国外的书信封文写作除须用寄往国家的文字书写(有的也可用英文书写)外，还有格式的明显区别，国外一般的规则是：封文左上方依次写发信人的姓名、地址(包括邮政编码)、国名(这三项内容也可写在背面封口上)；右下方依次写收信人的姓名、地址(包括邮政编码)、国名；右上角贴邮票。

　　托人带交的书信，有两种情况：一是带信人知道收信人的地址和姓名，二是带信人不知道收信人的地址和姓名。第一种情况，封文中就只写"面交""呈交""烦交""送交"等字样。

第二种情况，则应详细写上收信人地址。信封中间写收信人姓名。信封的第三行在空半行的地方写"×××托"或"×××拜托"字样。

(二)笺文的结构和写法

笺文实际上是一种书面谈话，既然是谈话，就要先向谈话对象打招呼，打招呼要讲礼貌，接着要说两句向对方表示尊重或亲爱的话，接下来用几句应酬语自然地引出谈话的正题，再接下来才是正文，正文完了之后，还要说上几句结束谈话的应酬语，然后向受信人报自称并署名，最后写明谈话的时间。

1. 称谓

称谓，是寄信人对受信人的称呼，它表示双方的关系，在信笺第一行起首的位置顶格书写，称呼后面加冒号，表示下面有话要说。

2. 开头应酬语

开头应酬语是在述说正事之前，写几句问候、寒暄之类的话，以引出正事。开头应酬语属客套话，现在大多用"您好"，然后连接正文。

3. 正文

正文是笺文内容的主体，也即书信所要说的事，所要论的理，所要叙的情。正文的写作，除要求语言通顺、条理清晰之外，还须注意措辞得体。书信叙事论理与一般文章不一样，一般文章叙事论理只要事真理直即可，书信叙事论理则须根据受信人的特点及发信人与受信人的特殊关系来进行措辞，这方面的要求无定格、定式，都凭作者根据自己的理解、体会等全部交际经验去处理。

4. 结尾应酬语

写信对人叙事论理，说完正事就结束，收得太急，显得不太礼貌，因此要说上一两句客气话，就像平常到朋友家聊天，临告辞之前需要说几句过渡，完了再告辞。书信中如"临书翘企，敬候佳音""因故迟复，请谅""恕不详叙，望早日面谈"等。

结尾应酬语的写作原则与开头应酬语同，须从正文内容引出，要简洁自然，不落俗套。一般来讲，从书信中心内容自然引出的结尾应酬语就比较活泼和谐。

5. 结尾祝颂语

书信中说完正事之后，向对方表示问候与祝颂，皆属礼貌之举。常见的问候祝颂语有很多，现代的如"向您全家问好""祝身体健康""祝你进步""祝你成功"等。传统的如给长辈写信用"敬请×安"或"敬颂崇祺"；如果给平辈写信，一般则用"即请大安""顺颂时祺"；假如给晚辈写信，只用"即颂""顺问"即可。

6. 落款

笺文结尾，要写上发信人的名字和写信的时间。需要注意的是，应在名字之前加上相应的自称。自称，是对受信人的自称，如给祖父母写信时自称"孙"(或"孙女")，给老师写信时自称"学生"，给哥哥写信时自称"小弟"(或"小妹")等。

三、范文评析

[范例一]

陶行知给母亲的信

母亲：

家中从前寄来的信，如今都收到了，并未遗失，只是来得慢些。

儿从母亲寿辰立志，决定要在这一年当中，于中国教育上做一件不可磨灭的事业，为吾母庆祝并慰父亲在天之灵。儿起初只想创办一个乡村幼稚园，现在越想越多，把中国全国乡村教育运动一齐都要立它一个基础。儿现在全副的心力都用在乡村教育上，要叫祖宗及母亲传给儿的精神都在这件事上放出伟大的光来。儿自立此志以后，一年之中务求不虚度一日；一日之中务求不虚度一时。要叫这一年的生活，完全的献给国家，作为我父母送给国家的寿面，使国家与我父母都是一样的长生不老。

实验乡村师范开办费要一万五千元，经常费要一万二千元，朋友们都已答应捐助，只要款项领到，就可开办。阴历原想回家过年，无奈一切筹备事宜必须儿亲自支配，不能抽身。倘使款项早日领到，或可来京两星期。如果到了腊月廿七还没有领得完全，那年内就不能来了。好在家中大小平安，儿亦平安康健，彼此都可放心。

昨日会见冬弟，知道金弟在西安尚好，可以告慰。冬弟亦较前强壮。桃红、小桃、三桃、蜜桃给我的拜年片子都是很有意思很有价值，儿已经好好地保存了。

敬祝

健乐。

行知

一月廿日

[评析]

该信出自我国伟大的教育家陶行知之手，写于 1927 年 1 月 20 日。信文先禀告母亲，信全收到，并未遗失，体现了作者对母亲的心理细致的体察。而接下来作者则谈自己在这一年中的打算，那就是立志要办好乡村教育，并不辞辛劳地投入实践。作者"一年之中务求不虚度一日，一日之中务求不虚度一时"的话语淋漓尽致地展示了一个有追求和抱负的志士的人生观念。此句堪为人生的座右铭。接下来作者具体谈到阴历年前的工作安排，回不回家如何打算均在文中写出。中国有句古话：儿行千里母担忧。作者是怕家中的母亲牵念自己，所以要详尽地说出可能出现的情况。信尾的问候和祝愿的话，富有生活情趣。

[范例二]

毛泽东给毛岸英、毛岸青的信

岸英、岸青二儿：

很早以前，接到岸英的长信，岸青的信，岸英寄来的照片本，单张相片，并且是几次的信与照片，我都未复，很对你们不起，知你们悬念。

你们长进了，很欢喜的。岸英文理通顺，字也写的不坏，有进取的志气，是很好的。唯有一事向你们建议，趁着年纪尚轻，多向自然科学学习，少谈些政治。政治是要谈的，但目前以潜心学习自然科学为宜，社会科学辅之。将来可倒置过来，以社会科学为主，自然科学为辅。总之注意科学，只有科学是真学问，将来用处无穷。人家恭维你抬举你，这有一样好处，就是鼓励你上进；但有一样坏处，就是易长自满之气，得意忘形，有不知脚踏实地、实事求是的危险。你们有你们的前程，或好或坏，决定于你们自己及你们的直接环境，我不想来干涉你们，我的意见，只当作建议，由你们自己考虑决定。总之我欢喜你们，望你们更好。

岸英要我写诗，我一点诗兴也没有，因此写不出。关于寄书，前年我托西安林伯渠老同志寄了一大堆给你们少年集团，听说没有收到，真是可惜。现再酌捡一点寄上，大批的待后。

我的身体今年差些，自己不满意自己；读书也少，因为顾忙。你们情形如何？甚以为念。

毛泽东

一九四一年一月三十一日

[评析]

这是封伟人写给两个儿子的家信，谈日常琐事的少，谈学习科学文化知识的多。这该是毛泽东对儿子的最大希望吧。从一般书信写作的角度来看，正文之前寒暄一番，很有家庭人伦的情趣，我们看到了父亲对儿子慈爱关切的一面。正文谈及人生阶段学习的不同侧重点，体现了伟人的视野和气魄。最后两段因正文的谈学习而引出的"写诗""寄书""身体""读书"等，都是拉家常式的结尾应酬语，使整封信的内容自然和谐。

四、写作要求与病例评析

(一)写作要求

1. 必须合乎规范

书信写作规范突出地表现为两个方面，一是书写格式的规范；二是书信语言的礼仪规范，这两种规范都必须严格遵守，否则就会出乱子，闹笑话。

2. 言之有物，通情达理

"信"字本身含有信任之义，这要求书信不论写给谁看，所述之事都要实在，所表之情都要率真，所讲之理都要通达。

(二)病例评析

[病例]

亲爱的外婆：雨后天晴晚风轻，夜阑人静，万籁俱寂，那羞答答的月姑娘把她那皎洁的月光撒满大地，土地母亲呈现出一片美丽的景色。潺潺的溪水，就像一条银白彩带，在明月下静静地流着——那么美丽的风景，就是您创造的，我的外婆。

您是一位退休老教师，您教过的学生算得上是"桃李满天下"。如今，您成了我的知心老师。每天晚上，您都为我补习功课，语文、数学、英语……您都教我好多小窍门，让我学得轻松，记得准确。

……

您的外孙女　程译

[评析]

本信存在的错误是：一是没有问候语。二是正文的写作格式有误。应该在问候语下一行空两格写，一者可以使行文清晰，再是对受信人(尤其是尊长辈)表示尊敬。三是问候祝颂语"祝您"前面应空两格写，并且因为是给长辈的信，问候祝颂语应该加上"身体健康"之语。四是落款处没有时间。五是称呼之后那段对美景的描写缺少必要的交待，令人感到突然。

▶ 第二节　感谢信

[学习要求]

了解感谢信的性质、特点和作用等，掌握感谢信的写作结构和写作方法，结合实际，写一封合乎规范、情感真实的感谢信。

一、感谢信概述

(一)概念

感谢信是机关、团体、单位获得有关方面和人员的关心、支持、帮助、慰问、馈赠后，向对方表示感谢的公务书信。

（二）特点

1. 表彰性。感谢信要把感谢对方的事迹写出来，赞扬其好思想、好品德、好作风。

2. 感恩性。表达感谢之情是感谢信的主题，感情要真挚、诚恳，让人感受到真情实意，并回忆过去。

3. 宣传性。写感谢信不仅是为了赞扬被感谢者，而且应通过这种表彰，起到树新风、扬正气的作用，号召别人学习。

（三）作用

感谢信广泛用于公务活动及日常生活，只要是答谢另一方（位）的好意，以表达感激之情并赞扬对方的高尚风格及奉献精神的均可使用。它可用于感谢援助、探访、悼唁等。

二、结构和写作

（一）标题

可直接以文种"感谢信"为标题；也可由受文单位和文种组成，如《致四川师范大学培训部的感谢信》；还可由发文单位、受文单位及文种组成，如《中共中央致各民主党派中央、全国工商联的感谢信》。

（二）称谓

写被感谢的单位名称或个人姓名，后加冒号。

（三）正文

它是感谢信的主体部分。先交代感谢的原因，简述值得感谢的事项（写清楚事件发生的时间、地点、经过及结果）；赞扬对方的所作所为及由此产生的社会影响和效果；怀着感激的心情，对对方的好思想、好作风、好品德作出恰当的评价。结尾写致敬语，表示诚挚的谢意和良好祝愿。

（四）落款

文末右下方署明写感谢信的单位名称或个人姓名、时间。

三、范文评析

[范例]

××县人民政府致××部队全体指战员的感谢信

××部队全体指战员：

我县上月遇到了特大洪涝灾害，许多地方被淹，人民生命、国家财产受到严重的威胁。在这危难之际，你部全体干部、战士连夜赶到我县投入到紧张的抗洪抢险之中。十几个日日夜夜，你们发扬"不怕牺牲，排除万难"的献身精神，始终冒雨战斗在抗洪抢险的第一线，谱写了许多可歌可泣的动人事迹。你们的奋力救援使我县上万亩良田和几百座房屋免于洪水冲毁，使我县最后战胜了洪涝灾害，赢得了抗洪斗争的胜利。你们这种急他人所急、助人为乐、无私奉献的精神值得赞扬和学习。为此，特向你们表示衷心的感谢！

我们决心向你们学习，在党的领导下，积极恢复生产，重建家园，努力搞好工农业生产，以实际行动报答你们的关怀和帮助。

此致

敬礼！

××县人民政府

××××年×月

[评析]

这封感谢信正文开头就直入主题，概述了致谢的原因："我县上月遇到了特大洪涝灾

害……危难之际，××部队全体指战员奋力救援使我县上万亩良田和几百座房屋免于洪水冲毁，使我县最后战胜了洪涝灾害，赢得了抗洪斗争的胜利。"事件发生的时间、地点、经过及结果都清楚地作了交代。接着赞扬了对方高尚的精神(第二段实际上也是对对方更深一层的致谢与赞扬)。全信言简意赅，情真意切。

四、写作要求与病例评析

(一)写作要求

1. 事实要准确。感谢信要准确、清楚地叙述被感谢者的事迹，让对方接受感谢的缘由。

2. 情感要真实。感谢信正文的事项必须真实，字里行间流露出的感激之情应是由衷的、真挚的、诚恳的，反对一切虚伪、应付、假装和客套。

3. 语言要简洁。感谢信语言要求是精炼、简洁，遣词造句要把握好一个度，不可过分雕饰、华丽多彩，否则会给人一种虚伪、不实之感。

(二)病例评析

[病例]

感 谢 信

××公安派出所:

今年×月××日，我儿子与我母亲在倒车时失散，你们在离火车开车前几分钟终于找到了我的小儿子，并将她们祖孙二人送上火车。你们这种精神真值得我学习。在此，我代表我全家向贵所及全体同志表示衷心的感谢!

我是一名售货员，我一定要像你们那样兢兢业业，热情周到地做好我的服务工作。

此致

敬礼!

××市××商店　售货员×××

××××年×月×日

[评析]

本感谢信没有交代清楚感谢的原因。感谢信要简述值得感谢的事项(写清楚事件发生的时间、地点、经过及结果)。本感谢信只写了事件的结果，其儿子在具体什么时间地点走失的、派出所同志寻找的经过又是怎样的却没交代，导致感谢之情因缺乏依托而显得苍白。

▶ 第三节　慰问信

[学习要求]

了解慰问信的性质、特点和适用范围等，掌握慰问信的写作方法和写作要求，能写出合乎规范的慰问信。

一、慰问信概述

(一)概念

慰问信是机关、团体、单位向有关方面或有关个人表示安慰、问候、鼓励和致意的一种公务书信。它能体现组织的关怀、温暖，社会的爱心与支持，朋友、亲人的深厚友谊，给人以奋进的勇气、信心和力量。

(二)特点

1. 发文的公开性。慰问信可以直接寄给本人，但大多是以张贴、登报，在电台、电视上播放的形式出现的。公开性是慰问信的一个特点。

2. 情感的沟通性。无论是对有突出贡献者的慰问，还是对遭遇困难者的慰问，情感的沟通是支撑慰问信的一个深层基础。慰问正是通过这种或赞扬表达崇敬之情，或同情表达关切之意的方式来达成双方的情感交流和相互理解的。节日的慰问，尤其是为某一群体而设的节日的慰问，更是起着相互沟通情感的作用。如"三八妇女节""教师节"等的节日慰问。

（三）适用范围

慰问信使用范围很广，可以慰问在各条战线作出贡献的集体或个人，如在抗灾救灾、保家卫国、建设社会主义事业中作出巨大贡献的人民解放军、公安干警及有关人员；可以慰问在灾害、事故中蒙受巨大损失、面临巨大困难的集体或个人，对其表示同情和安抚，鼓励他们战胜困难，迅速改变现状；也可以在节日来临之际慰问有关人员，如"三八"节，向全国女同胞表示节日的问候和祝贺。

二、结构和写作

（一）标题

可直接以文种"慰问信"为标题，也可由发信单位或受文对象、文种组成标题，如《中共成都市委、成都市人民政府致全市职工的慰问信》。

（二）称谓

写被慰问的单位名称、群体称谓或个人姓名，后加冒号。

（三）正文

首先写明慰问的原因、背景及表示慰问、致意、祝贺的话语。其次，针对不同的慰问对象，或侧重赞扬对方的工作成绩，高尚品德，慰问对方的辛苦；或侧重对其不幸表示同情和安慰，对其克服困难的勇气、行为表示钦佩；或节日慰问。最后，提出希望和勉励，指出前途。结尾提行写祝颂语，表达良好的祝愿。

（四）落款

在正文右下方署上发文单位（或个人姓名）和成文时间。

三、范文评析

[范例]

××法院致干警家属的春节慰问信

尊敬的干警家属们：

中华民族的传统佳节春节即将来到，在这辞旧迎新的日子里，特向你们致以节日的亲切问候。

2005 年，我院紧紧围绕"公正与效率"这一主题，以审判为中心，以改革为动力，加强队伍建设，求真务实，艰苦奋斗，开拓创新，与时俱进，为我区的社会稳定、经济发展作出了应有的贡献。法院各项工作均取得了可喜的成绩。而这些成绩的取得，离不开你们的理解和支持。正是由于你们的默默奉献，才使干警们能全身心地投入紧张而有序的工作；正是由于你们舍小家为大家，才换来了法院的勃勃生机。在此，谨向你们表示衷心的感谢，向你们道一声——辛苦了！

2006 年，我们的任务更加艰巨。我们坚信，在你们的支持、理解和配合下，一定能够战胜各种困难。让我们携手团结，再创辉煌。

祝你们

春节愉快！合家欢乐！万事胜意！

××法院

2006 年×月×日

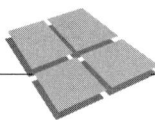

[评析]

正文开篇表明慰问的原因、道出背景。摆出本单位取得的成绩，意在肯定、赞扬对方的贡献及其意义。慰问对方的辛劳、对其克服困难的勇气、行为表示钦佩，由此突出慰问之重要。最后与慰问对象的共勉实质上是对其更进一步的赞许，起到慰藉与鼓励的作用。

四、写作要求与病例评析

（一）写作要求

（1）感情真挚，深切关怀。慰问信要向对方表示出无限亲切、关怀的感情，使对方有一种温暖如春的感觉。内容要较全面地概括对方的可贵精神，使被慰问者从中得到慰藉与鼓励，并提出希望，勉励他们继续努力，取得更大成绩。

（2）行文简洁，语气恳切。慰问信篇幅要短小，行文要简洁，要用富于感染力的语言，语气恳切，真正体现关心，切忌用概念化套语而流于形式。

（二）病例评析

[病例]

公司中秋佳节慰问信

全体职工同志们：

时值中秋佳节来临之际，公司领导向坚守在生产第一线的广大干部职工致以节日的问候！

目前，总公司改制工作正在进行中，清产核资、资产评估工作将要完成。与此同时，总公司也努力想办法为职工多办实事，解决历史遗留问题。广大干部职工此时对班子工作给予了极大的支持，做到了队伍稳定，思想稳定，有什么问题都能按程序反映解决，充分体现出广大职工对改制工作的拥护和支持。总公司班子也决心不辜负广大干部职工的期望，做好改制工作，维护好职工的利益，抓好生产经营。

国庆节马上就要到了，我们又将迎来收获的黄金季节，我们衷心希望全公司广大干部职工和衷共济、同心同德，共同创造更美好的未来。

××总公司

××××年×月×日

[评析]

本慰问信在正文阐明了慰问的原因、背景及表示慰问、致意、祝贺的话语后，却没能针对慰问对象的工作成绩、高尚品德给予赞扬与肯定。实际上，只有具备以上内容，才是对慰问对象的最大慰问。

▶ 第四节　请柬与邀请函

[学习要求]

了解什么是请柬与邀请函，掌握它们的特点和写作要求，了解请柬与邀请函的区别，能熟练地写出合乎规格的请柬和邀请函。

一、请柬

（一）请柬概述

1. 概念

请柬，也称请帖，是为请客而发出的礼节性的通知书，是信件、名片、帖子等的总称。

它是人们在社会交际和社会活动中经常使用的文书。

2．特点

(1)艺术性。请柬一般要做艺术加工，如图案装饰，文字用美术体、手写体，有条件还可以烫金等。

(2)亲递性。请柬一般不采用邮寄的方式，尤其是重大的喜庆社交活动，邀请的对象又是比较重要的人物，应派专人或主人亲自递送请柬，以示诚意。

3．作用

请柬作为书信的一种是为请客而发出的礼节性的通知书，也可作入场或报到的一种凭证。

(二)结构和写作

请柬一般分成封面、封里两部分。

1．封面。封面有横式和竖式两种。不论哪一种形式，封面都应写明喜庆活动或社交活动的内容和"请柬"两字。如果要横写，就在第二行中间写"请柬"二字。字要大些，要工整、美观。如果要竖写，就写在红纸的右方，上下写上"请柬"二字。有的把"请柬"二字单独成一页，以示庄重。这样，"请柬"二字要写在第一页中间稍靠上一点。

2．封里。封里由称呼、内容、结尾、署名和日期组成。称呼：在顶格写上被邀请者的姓名。在姓名后应加上"先生""女士""同志"等尊称，或加上被邀请者的职务，如"主席""总经理""董事长""书记"等。内容：用简洁的一句话说明活动的内容、举行活动的时间和地点。结尾：这是请柬的敬语，一般可紧接内容后写上"敬请光临指导""敬请届时出席""恭候您的光临"等。署名：在请柬的右下角署上发送单位的全称。日期：另起一行，在署名下写上年月日。

如果封面是横式的，则封里的文字从左到右横写；如果封面是竖式的，则封里的文字从右到左竖写。

结婚请柬有较固定的格式，事先印好，在文具商店、各宾馆、酒家都有出售。如请全家人出席的，只写上户主姓名，后加"阖府统请"即可。如请夫妻二人出席的，写上一名主要姓名后加"伉俪"即可。如只请个人出席的，在姓名后面加上"先生""小姐""女士"即可。

(三)范文评析

[范例]

1963～2002

纪念×××中学建校四十周年

请柬

(封面)

×××校友：

　　本校定于×月×日×时至×时，在本校礼堂举行校庆活动。敬请莅临指导。

　　此致

敬礼！

　　　　　　×××中学校庆活动组委会

　　　　　　××××年×月×日

(封里)

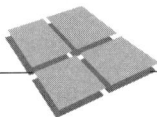

[评析]

本请柬的封面简朴庄重。封里在内容方面，时间、地点具体明确，在语言上文雅通顺、大方、热情，符合邀请者的身份。

(四)写作要求与病例评析

1. 写作要求

(1)内容准确无误。请柬要清楚交代活动的内容、时间、地点等要素，保证时间、地点、人名及称谓等内容准确无误，发出前还要认真核对，以免因错失礼。

(2)措辞简洁得体。请柬措辞要简洁，文雅，可适当借鉴使用文言体式的词语，以求庄重文雅，但切忌一味追求典雅而堆砌辞藻、不伦不类。

(3)制作精美大方。请柬的制作要注意色彩匹配、图案美观和书写工整，讲究款式设计的艺术性，为客人传递热情、亲切和快乐。

(4)发送适合时机。发送请柬要充分把握时机，发送时间不宜过早或过迟，太早易遗忘，太迟难免贻误时间，一般提前3～5天为宜。

2. 病例评析

[评析]

请　柬

×××同学：

兹定于2006年3月6日上午9时到医院看望病重的××老师，届时请准时到医院指导。

××班委
2006年3月3日

[评析]

本请柬有以下几个方面的问题：一是参加人不为客人，不用发请柬；二是到医院看病人非隆重喜庆之事，不可发请柬；三是看医问药治疗事宜乃医生之事，"请准时到医院指导"，措辞不妥，违背常理；四是地点不详。

二、邀请函

(一)邀请函概述

1. 概念

邀请函是为了请别人到自己的地方来或到约定的地方去而发出的礼节性书信。邀请函是比请柬更为复杂的请帖，它是党政军和各学术团体在召开重大会议时，经常使用的应用文样式。它除了有请帖的作用外，还向被邀请者交代有关需要做的事情。

2. 特点

(1)礼仪性。邀请函包含表达尊重、联络情感的意味，具有很强的礼仪色彩，虽没有请柬庄重、严肃，但必须礼仪周到，以示郑重。

(2)明达性。邀请函对活动的内容、时间、地点等的基本要素要交代清楚，语言通顺明白，不要含糊其辞。

(3)书面性。邀请函采用书面形式，即使近在咫尺，也要发送邀请函，以示对邀请者的尊重，也可保证被邀请者不忘却或弄错会议或活动时间、地点。

3. 邀请函与请柬的区别

请柬与邀请函相比，都具有"邀请"的作用，同样具有庄重性和礼仪性的特点，但也存在以下几点区别：

(1)邀请函的使用范围比请柬广泛。邀请函涉及国家元首互访、大小会议、庆典、报告等社会生活的各个方面，而请柬多用于喜庆之事，而多为个人使用。

（2）邀请函的内容比请柬复杂，信息容量更大。邀请函除了要像请柬一样写明活动时间、地点外，还包括介绍活动举行的背景、意义，活动的具体安排等，有更详细的邀约内容，因而一般采用书信体格式。

（3）邀请函的措辞及制作比请柬更朴实。邀请函的语言较之请柬更为平实晓畅，较少使用文言词语；邀请函可以有艺术的装饰，也可以是一张礼仪信函，一般没有请柬制作得精美。

（二）结构和写作

邀请函的写作结构由标题、称呼、正文、署名和日期四部分组成。

1. 标题

在稿纸的第一行中间写"邀请函"三个字，有的邀请函在"邀请函"三个字前面加上单位名称。

2. 称呼

在标题下第二行，顶格写上被邀请人的姓名和称谓，如："×××同志""×××先生""×××教授""×××经理"，以示尊重。对一些不便直接指明请某某人参加的会议，称呼可写单位名称。

3. 正文

包括前言和事项两部分内容，前言要简明扼要，只说明在什么时间，什么地点召开什么会议，邀请对方参加就可以了。事项部分，则要分项列出，大项可分小项，每项交代一件事情。

4. 署名和日期

邀请单位的名称写在正文最后一行的右下方，单位名称下一行写上邀请时间（年、月、日），然后盖章。

（三）范文评析

［范例］

邀　请　函

×××同志：

定于2002年8月13日至18日在××市举行第×届马克思主义研究学术年会。敬请您届时光临，现将有关事项通知如下：

一、会议以《邓小平文选》第一、二、三卷为指导，研究如何将马克思列宁主义与中国实际相结合的问题。内容有：

1. 宣读学术论文；

2. 交流研究心得体会；

3. 研讨明年学术研究重点和规划。

二、出席会议的代表应向大会提交1篇学术论文（打印150份）。

三、会议的住宿费、伙食补助费由大会负责，往返交通费用由代表所在单位负担。

四、接通知后，请即向大会秘书组寄回代表登记表。如在五天之内不见寄回登记表，即视为不出席会议，不再安排食宿。

五、报到时间：2002年8月12日。

六、报到地点：××市友谊大街友谊宾馆一楼大厅。

七、代表登记表请寄××市中山三路15号××市马列学会××同志收。（邮政编码：××××××）

××市马列学会(印章)

二〇〇二年七月十日

[评析]

邀请函就是要让被邀请的人明确地知道他们在什么时间、什么地点、需要做些什么。为此，执笔人除了要掌握邀请函的写法之外，还必须将活动的程序了然于心，才能把邀请函写得完备。古人说"功夫在诗外"讲的就是这个道理。

(四)写作要求与病例评析

1.写作要求

(1)内容要清楚。邀请函的时间、地点、参加者、事项、缘由等要素要清楚、具体。在写邀请函之前，执笔人对有关的情况要作详尽的了解。

(2)语气要恳切。邀请函要注意措辞，语气须热情有礼，让人感受到邀请人的诚意。

(3)发送要提前。邀请函要提前发出，保证被邀请者能提前若干日收到，以便被邀请者安排、准备。

2.病例评析

[病例]

邀 请 函

××大学：

我厅将举办"五月的鲜花——纪念'五四'运动八十周年大型歌咏会"。因演出活动的需要，经编导与贵单位领导初步协商落实，今正式向贵单位发出参加活动邀请函。请将回执单填好传真给××教育电视台节目编导组。因本次演出纪念活动为全省电视直播，恳请贵单位认真抓好节目的整体质量。节目审查时间为 4 月 20 日左右。联系电话(传真)8077××××。

另外，请贵单位领队及节目指导教师于本月 23 日(星期二)下午 2：00 到××教育电视台四楼会议室参加节目协调会。

此致

敬礼！

××广播电视厅(印章)

××××年三月十九日

[评析]

本邀请函存在的问题是：一是没有详细交代这次大型活动的举办背景，节目审查的具体事宜及联系人也没有落实；二是活动时间地点没有交代清楚。这些对于一个大型活动的组织筹备来说是很致命的，从邀请函写作的角度来说也不合乎要求。

▶第五节　聘　　书

[学习要求]

了解聘书的性质、特点、作用、写聘书时应注意的事项，掌握聘书的写作方法和格式，掌握聘书的基本写作技能和要求。

一、聘书概述

(一)概念

聘书是"聘请书"或"聘任书"的简称。它一般指机关、团体、企事业单位聘请某些有专业特长或有威望的人完成某项任务或担任某项职务时所发的邀请性质的专用书信。聘书在这些年来使用得很多，聘任制作为现今用人制度的主要形式为聘请书的使用提供了广阔的市场。

（二）特点

1. 聘任性。聘书是用人单位聘任人员时所使用的文书，是确定聘用关系的真实凭据。

2. 合约性。聘书是用人单位和受聘者意愿的真实表达，一旦签聘，双方要信守聘约，其内容受法律保护。

（三）作用

聘书的使用固定了用人单位与受聘者之间的关系，表示双方约定而具有"凭据"作用，确定了双方的责任、权限、利益，双方都应为此而守约；同时聘书可增加受聘者的责任心和荣誉感，起到促进交流、加强协作的作用。

二、结构和写法

聘书的结构一般由以下几部分构成：

（一）标题

聘书往往在正中写上"聘书"或"聘请书"字样，有的聘书也可以不写标题。已印制好的聘书标题常由烫金或大写的"聘书"或"聘请书"字样组成。

（二）编号、聘字号

有的聘书为严格管理，统计有序，查有考据，一般在"聘书"字样下有编号、聘字〔　〕×号，〔　〕号内写年份，如〔2006〕。

（三）称谓

聘请书上被聘者的姓名称呼可以在开头顶格写，然后再加冒号；也可以在正文中写明受聘人的姓名称呼。常见的印制好的聘书则大都在第一行空两格写"兹聘请××……"。

（四）正文

聘书的正文一般要求包括以下一些内容：

(1)交待聘请的原因和聘请担任的工作及所担任的职务。

(2)写明聘任期限。

(3)说明聘任待遇。

此外，聘书还可写上对被聘者的希望。这部分也可以不写，而通过其他方式使受聘者明确责任。

（五）结尾

聘书的结尾一般写上表示敬意和祝颂的结束用语。

（六）落款

落款要署上发文单位名称或单位领导的姓名、职务，并署上发文日期，同时要加盖公章。

聘书一般已按照书信格式印制好，中心内容由发文者填写即可。

三、范文评析

[范例一]

聘　请　书

编号：××聘字〔200×〕××号

为了提高教学质量，本校总部成立了刊授教学研究会，特聘请刘×老师为指导教师，

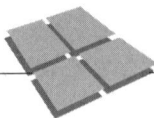

参加教学研究，并指导本校的教学工作。

　　此致

敬礼！

××××刊授大学（印章）

二○○×年×月×日

[范例二]

聘　书

编号：××号

　　兹聘请赵××同志为××家电集团维修部总工程师、主任，聘期自××××年×月×日至××××年×月×日，聘任期间享受集团高级工程师全额工资待遇。

　　此聘

××家电集团（印章）

二○○×年×月×日

[评析]

　　上面列举的聘书可以分为两类：一类是由学校团体为扩大影响力及知名度，聘请有名望的人作顾问、作指导的聘书。如范文一。另一类是公司企业聘用专业人才以利于公司企业的发展的聘书。如范文二。在此，我们以范文二为例作评析。这则聘书是由常见的印制好的聘书格式填写中心内容而形成的。首先正中"聘书"字样为标题，正文是聘书的核心内容，交代受聘者担任的职务；其次写明了聘任期限，如"聘期自××××年×月×日至××××年×月×日"；最后写上聘任待遇，如"聘任期间享受集团高级工程师全额工资待遇"。落款署上发文单位名称及加盖公章，落款日期，到此这张有效聘书便完成了。其文短小精悍，语言简洁明了、准确流畅，同时体现出发文者郑重严肃、谦虚诚恳的态度。范文一直接开门见山地交代了聘请原因，并在聘书结尾写上表示敬意和祝颂的结束用语以表诚恳之意。这两则聘书发文者都比较郑重严肃、诚恳完整地交代清楚了招聘内容，使人一目了然。

四、写作要求与病例评析

（一）写作要求

　　1. 聘书要郑重严肃，对有关招聘的内容要交待清楚，同时聘书的书写要整洁、大方、美观。

　　2. 聘书一般要短小精悍，不可篇幅太长，语言要简洁明了、准确流畅，态度要谦虚诚恳。

　　3. 聘书是以单位名义发出的，所以一定得加盖公章，方视为有效。

（二）病例评析

[病例]

聘　书

　　兹聘请陈××先生任洪州卫生制品厂办公室秘书，月薪500元。

××地区洪州卫生制品厂

2006年×月×日

[评析]

　　本聘书存在的问题是：聘书正文应清楚聘任的职位、待遇及期限等，但本聘书缺失聘任期限。

▶ 第六节　建议书与倡议书

[学习要求]

了解建议书和倡议书的性质、特点和使用范围，明确这两种文书的异同，掌握这两种文书的写作格式，能写出符合要求的建议书和倡议书。

一、建议书

(一)概述

1. 概念

建议书是个人或团体向领导或有关部门提出开展某项工作或活动的建议的一种专用文书。它有时也称意见书。按法律章程规定的机构或个人提请国家代表机关或有关会议讨论的意见，称提案。

2. 特点

(1)建议性。建议书是对有关部门或上级领导提建议时使用的一种书信，它没有公开倡导具体实施的特点，而只是作为一种想法被提出来，具有较强的文本性特点，作为一种假想的条条而存在。

(2)可塑性。建议书是必须被有关部门、领导批准认可后才能被实施的，所以建议书具有较强的可塑性。它不是最终的定文形式，它可以被修改，被增删，甚至被弃之不用，这要由具体的情况来定。

3. 作用

建议书在政治生活和社会生活中有重要的作用。它是古代的奏、议、书、疏的发展。在古代，臣民对君主有所建议时，常用奏、议、书、疏等文体。如李斯的《谏逐客书》、魏征的《谏太宗十思疏》、归有光的《御倭议》等。在当代，建议书成为公众发表意见、提出建议的重要文字形式，是发扬民主、贯彻群众路线，加强政府、政党、团体与公众的联系的一种重要手段。

(二)结构和写法

建议书写作结构一般由以下五个部分组成：

1. 标题

在书页正中上首写"建议"或"建议书"。

2. 称谓

顶格书写建议的主送单位或个人。

3. 正文

正文包括：建议缘由，即提出建议的原因和出发点，说明建议的必要性和合理性；建议事项，即建议的内容和要求，分析建议的可行性；要求期望，即表示实现建议的愿望、方法和对受文单位的期望。

4. 结语

一般采用表示敬意或祝颂的语言作结。

5. 落款

署上建议机关或个人的名称和日期。

(三)范文评析

[范例]

建议书

×××委员会：

近年来我国从国外进口设备，对促进生产和提高技术起了一定作用，但也出现了不少问题：有些部门盲目引进设备，造成长期闲置不用；有些单位引进的设备计划不周，安装后不能使用，有些企业各自为政，致使设备进口重复……凡此种种，不但浪费了大量外汇，且冲击了我国自身的工业发展。为此，我们建议：

一、建立一个全国性的进口设备审批机构，对各地的进口设备进行综合平衡和最后审批。

二、申请进口设备的单位，应对将进口的设备进行可行性测试，然后才上报审批。

三、对已进口的设备进行一次普查，并将结果送计算机中心储存，供有关部门查调或审批时参考。

四、尽快制定、颁布"进口法"，不负责地盲目引进设备者要承担经济和法律责任。

以上意见，请考虑。

×××

××××年×月×日

[评析]

本建议书开门见山地提出近年来我国进口设备存在的各种问题，紧接着有针对性地提出解决问题的各项措施。全信言简意赅，没有空话套话，所用言辞也是很谦恭的。

(四)写作要求与病例评析

1. 写作要求

(1)态度要认真。写建议书是行使人民权利的一种形式，要以认真负责的态度，多方采集意见，认真调查核实，作出客观分析，慎重提出建议。

(2)内容要具体。要写清建议项目、要求、方法，目标明确，表述清晰，不说空话，便于实施。

(3)措施要可行。要做好可行性研究，分析主观和客观、投入和效益、利和弊等诸因素，预测整体效益和长远效果。

(4)语言要简明。以言简意赅的语言把建议完整准确地表达出来，重点要突出，不过多地叙述和议论。

2. 病例评析

[病例]

对某市场管理处的建议书

某市场管理处：

本市开放农副产品贸易市场以来，既方便了群众生活，又增加了农民收入，而且改变了某些国营商店的官商作风，深受广大群众欢迎。市场管理部门在稳定市场物价，打击投机倒把工作中取得了显著成效，保证了农村贸易市场的健康发展。市场繁荣、工农两利，这是一件大好事。然而随之带来了一些亟待解决的问题，这便是"挤""脏""乱"现象日益严重。夏季临近，为了进一步活跃市场，改善管理，做到既方便生活，又保证卫生，希望市场管理部门能尽快采取措施，切实解决"挤""脏""乱"的现象。

以上建议仅是个人一孔之见，难免偏颇、疏漏，现冒昧提出，仅供参考。

此致

敬礼！

××市××中学

王××

××××年×月×日

[评析]

本建议书存在的错误是，没有提出解决问题的措施。建议者应该针对市场存在"挤""脏""乱"的现象，分别列出具体可行的解决办法若干条。

二、倡议书

(一)倡议书概述

1. 概念

倡议书是首先公开提出某种建议，希望公众响应，共同完成某种任务或开展某项公益活动的专用文书。它有个人发起与集体发起的两种。"倡"在古代也叫"唱"，指歌唱时一人首先发声，"倡议书"是由"倡"字本义衍生而出的一种文体形式。

2. 特点

(1)对象的广泛性。倡议书不是对一个人或一个单位发出，而是对整个部门、行业、地区，甚至全国发出，能调动较大范围群众的积极性。

(2)内容的号召性。倡议书发动公众响应，把领导的意图变为群众的自觉行动，具有很强的感召力。

3. 作用

倡议书在社会生活中有重要的作用。它提倡公益事业、宣传新事物新思想，开展友好竞赛，有利于调动各方群众的积极性。

4. 倡议书与建议书的区别

倡议书和建议书，都是在日常工作和社会活动中有所建议，有所提倡，期望实现推广某种意见的专用文书。两者的共同点是提出建议倡议。两者的区别在于：

(1)主要对象不同。建议书主要面对领导和主管部门，倡议书虽对上有所建议，但主要面向群众；

(2)内容有区别。建议书仅向上提建议，而倡议书除提建议外，还有向群众号召之意。

(二)结构和写作

1. 标题

标题：页首写"倡议书"。

2. 称谓

称谓：写号召的对象。

3. 正文

正文包括两部分：一是倡议的根据、原因和目的，使人提高对该项活动的认识，自觉响应，实践倡议要求；二是倡议事项和要求，通常分条开列。

4. 结尾

结尾：表示倡议者的决心和期望。

5. 署名和日期

(三)范文评析

[范例]

倡议书

　　今年 5 月 31 日是第七个"世界无烟日",世界卫生组织确定的主题是"大众传播媒介宣传反对吸烟",希望各传播媒介将今年世界无烟日作为一个新开端,为我国早日控制烟害作出贡献。我们谨向全国各报社、杂志社、电台、电视台和大众传播媒介倡议:

　　一、根据各自的特点,坚持做好反对吸烟的宣传,以各种形式向大众传播吸烟有害的知识,介绍戒烟方法,报道国内外控烟信息及相关科学文章;

　　二、不与国内外烟草公司或其广告代理人签订任何为烟草做广告的刊播合同;

　　三、在制作、刊播的影视作品中,努力杜绝和减少吸烟的镜头,尤其是特写镜头,以及对青少年产生诱导的形象;

　　四、应采取积极控烟措施。新闻出版工作者、大众传播工作者应率先在工作场所和公共场合做到不吸烟,争取成为无吸烟先进单位。

　　让我们共同努力,为把我国建设成为文明的社会主义现代化强国,为实现 21 世纪全世界由控制吸烟到"无烟生活环境"的目标而奋斗!

发起单位:

中央电视台

中央人民广播电台

《光明日报》

《健康报》

《中国环境报》

××××年 5 月 18 日

[评析]

　　这封倡议书正文开头首先写明形势、背景以及发倡议的目的、原因;然后分条列出倡议的具体措施,写清楚希望大家做什么、怎么做,使响应者做到心中有数,以便采取行动;结语用鼓动性的语言,表示倡议者的决心和愿望。所倡议的行动深得民心,富有浓厚的时代感;提出的措施切实可行,具有很强的启示性、鼓动性和号召力。

　　(四)写作要求与病例评析

　　1. 写作要求

　　(1)倡议的内容要有时代感,是时代、公众关心的事情才能引起更多人积极响应。

　　(2)倡议的事项应切实可行,且必须清楚明白,使响应者的行动有一个明确的方向和依据。

　　(3)语言应有鼓动性和号召力,能激发公众的激情,从而使倡议能得到很好的开展,达到预期目的。

　　2. 病例评析

　　[病例]

倡议书

致全校师生员工:

　　水是人类赖以生存和社会向前发展不可缺少、不可替代的特殊资源。我国是一个水资源短缺的国家,水危机正向我们步步逼近. 我们特向全体师生员工发出如下倡议:

　　1. 宣传节约用水的重要性,树立全民节约用水的牢固意识,从我做起,惜水、爱水、节水。

2. 在日常用水时注意调节水龙头水量，并及时关水；尽量将水进行多次利用，如利用洗脸水冲厕所，洗菜水浇花等。

3. 发现供水设施发生损坏或跑漏时，及时告知有关部门；遇到浪费水资源的行为，及时制止并向有关部门反映。

4. 积极响应国家号召，使用节水型器具。

5. 不向江河、湖泊等水域中扔垃圾或其他污染物，防止水污染，保持水体清洁。

希望全体师生员工迅速行动起来，以保护水资源为己任，宣传节约用水，做到节约用水，努力为建设节水型校园，节水型城市，节水型社会作出自己应有的贡献。

物理系团总支

2006 年 11 月 1 日

［评析］

这份倡议书主要有以下不足：一是称谓处加"致"是画蛇添足；二是本倡议书的开头部分没有阐述清楚倡议的根据。应该把我国水资源短缺的状况以及相关数据和资料摆出来。如缺水的范围、因缺水所造成的损失与危害等，才会使倡议的内容更有意义、更有鼓动性和号召力。

第七节　申请书与求职信

［学习要求］

了解什么是申请书与求职信，各有什么特点与写作要求，能写出内容恰切、中心突出、合乎格式要求的申请书和求职信。

一、申请书

(一)申请书概述

1. 概念

申请书是个人或集体向组织表达意愿，向某社团组织、机关、学校、企业、单位领导提出请求时使用的一种文书。

2. 特点

(1)适用范围广泛。申请书适用于个人对党团组织或其他社团群众组织表达志愿、希望或下级在工作、生产、科研等方面对上级有所请求等。

(2)沟通联系性强。申请书是沟通个人与组织、下级与上级关系的一种重要手段。它不仅可以把个人或单位的愿望、要求向组织或领导表达出来，让组织和领导加深对自己或下级的了解，争取组织和领导的帮助与批准，而且可以密切个人与组织，下级与上级之间的联系。

3. 种类

申请书的种类很多，根据人们的不同意愿，有不同内容、不同种类的申请书。在日常生活和学习中，常用的申请书有：入党或入团申请书、入学申请书、出国留学申请书、加入某种社团组织申请书、求职申请书、开业申请书、留职留薪申请书、取消处分申请书等。

(二)结构和写作

申请书有较固定的格式，其内容包括五个部分：

1. 标题

在第一行中间写上申请书的名称，字体要稍大些。有的只写"申请书"字样，为明确起见，

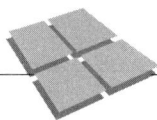

引起领导者、上级部门的注意，标题写明意愿比较好。例如："入党申请书""开业申请书"。

2. 称呼

在标题的下一行顶格处写称呼。一般申请书应写给接受申请书的组织、机关、团体，所以称呼一般不写领导人姓名，例如："××团支部""××学校××处党支部""××国领事馆"等。称呼后面加上冒号，表示下面有话要说。

3. 正文

这是申请书的主要部分。在称呼下一行，空两格写起。正文一般包括三部分内容。

第一部分：开门见山写明个人或单位的意愿。例如："我申请加入中国共产党""本人申请开办电器商店"等。

第二部分：写明申请的理由、申请的具体事项及要求。申请理由一般讲清楚实现意愿的条件。例如：写入党申请书，则应写明自己为什么要加入中国共产党，对党的认识、态度以及自己的优缺点，希望得到组织的培养和帮助。如果是开业理由，则应介绍自己具备了什么条件可以开业经营。如果是入学、留学的理由，则应介绍入学、留学的条件和能力等。

第三部分：表明意愿如果实现后的保证。申请书具有存档、考查的意义。所以，在正文部分除了提出个人意愿，写明申请理由之外，还需写上意愿实现后的保证。

4. 结尾

结尾方法有两种：第一种只写致敬语，如"此致敬礼"。它的格式是：正文结束后，另起一行低两格写"此致"两字，然后在下一行顶格写"敬礼"两字。第二种结尾，是在正文结束后，另起一行低两格，写上"请接受我的申请"或写上"请党支部帮助我，考验我，使我早日加入中国共产党组织"，然后才写上"此致敬礼"，有的没有结尾语，也是可以的。

5. 署名和日期

结尾结束后，在下一行靠右，写上"申请人"三个字，然后空一格写上申请人姓名。在署名下一行位置写上写申请书的年月日。

(三)范文评析

[范例]

开业申请书

市工商局：

我是待业青年，1999 年高中毕业后一直在家自学无线电维修知识。去年自费到夜校就读无线电修理技术，以优异成绩结业。现在，我已掌握了修理国产和进口电视机、收录机、录音机技术。为了减轻国家负担，给社会作点贡献，改变依靠父母养活的状况，我申请开办个体户无线电维修部。请考核我的技术，批准我的要求，发给营业执照。

开业后，我保证遵守国家的政策、法令，维护市场秩序；按章交纳税金，如实反映修理情况；服务热情周到，让顾客满意；价格公平合理，提供优质服务。

　　此致
敬礼

申请人：×××
二〇〇二年×月×日

[评析]

这个申请书在格式上很完备，最值得称道的是其内容把握的准确。工商局是否发给营业执照，主要是看申请人是否具备开业的能力与资格。申请人写到"高中毕业后一直在家自学无线电维修知识。去年自费到夜校就读无线电修理技术，以优异成绩结业。现在，我已掌握了修理……技术"，这是非常重要和关键的。写申请书要考虑是送给组织或领导看的，他们要求什么、要了解什么，写作时必须从这一特定对象出发来确定申请书的内容和文字，否则，罗列一大堆材料还是达不到申请的要求。

(四)写作要求与病例评析

1. 写作要求

(1) 缘由合理、事项清楚。申请书要准确交代申请的理由，并把申请项写清楚，使接受者能透彻地了解申请人或申请单位的意愿、要求和具体情况，以便研究处理。

(2) 要考虑特定对象。写申请书是送给组织或领导看的，所以必须从这一特定对象出发来确定申请书的内容和文字。接受申请书的人已经了解的事情，可以少写或不写；对方不太了解而又必须说明的，就要写清楚。

(3) 语言表达要准确。申请书是一种应用文体，用叙述的方法进行写作，语言要诚恳、准确、流畅；交代要简洁明了，字迹要工整，标点符号要正确。

2. 病例评析

[病例]

困难补助申请书

研究生处：

我叫×××，系法学院××级刑法学研究生。

最近听说研究生处要发放一笔困难补助金，我本不愿给学校添麻烦，但觉得若能拿到困难补助，也可以减轻些家里的负担，所以特此提出申请，望能批准。

此致

敬礼

学生：×××

××××年×月×日

[评析]

这则困难补助申请书的申请理由欠缺。应该将自己的生活情况、家庭负担用慎重亲切、实事求是的措辞一一陈述出来，作为自己困难补助申请的理据，最后再写出自己的希望。否则很难得到领导部门的批准。

二、求职信

(一)求职信概述

1. 概念

求职信也称自荐书(信)，是求职者向用人单位和评审人介绍本人有关情况、表明求职意图、希望对方予以任用的一种书信体文书。

在现代社会中，求职已成为一种普遍的社会现象。为更好地展示个人才华、表达个人意愿、谋求实现理想和抱负的机会，充分运用求职书这种必要的中介和工具来实现自己的目的已愈发显得重要和必要。

2. 特点

(1)自荐性。求职信是推荐自己，求职者要把自己的能力、条件和要求提交给对方考虑，既要展己之才，又要投其所好，以期达到被录用的目的。

(2)表现性。求职信必须向未来的雇主展示你的才能、价值，求职者可通过求职信介绍自己、表情达意，供用人单位进行比较、研究、选择和录用。

(二)结构和写法

1. 标题

首页上方居中写"求职书""自荐书"或"×××的自我推荐信"，字体略大。

2. 称谓

标题下空一行顶格写收信单位名称或领导人姓名，可加上"尊敬的"一类敬语，以示郑重与尊重。

3. 正文

一般写明以下内容：

(1)开头短语。向对方表示意愿、恳请或致谢，表明求职意图。

(2)本人基本情况简介。包括姓名、性别、年龄、政治面貌、学历、职称等。

(3)自荐的理由和求职目标。包括自己的有关经历、业务专长、所获成果、适合从事何种工作等。这部分可根据专长和对方要求做相应的发挥，扬长避短，展示自己的实力。

(4)表明态度与决心。可对今后工作作简要构想，表明干好工作的决心与信心，诚恳地表达盼望被录用的心情。

(5)附件。写证明、介绍的材料，如个人简历、专业课和成绩、发表作品、获奖证书、单位、学校、专家的推荐信等。这部分如果在正文写清楚了，此处可不写。

4. 落款

署求职者姓名、日期。

(三)范文评析

[范例]

求 职 信

××经理：

您好！

我写此信应聘贵公司招聘的经理助理职位。我很高兴在招聘网站得知你们的招聘广告，并一直期望能有机会加盟贵公司。

两年前我毕业于首都经济贸易大学国际贸易专业，在校期间学到了许多专业知识，如国际贸易、国际贸易实务、国际商务谈判、国际贸易法、外经贸英语等课程。毕业后，就职于一家外贸公司，从事市场助理工作，主要是协助经理制订工作计划、负责外联工作以及文件、档案的管理工作。本人具备一定的管理和策划能力，熟悉各种办公软件的操作，英语熟练，略懂日语。我深信可以胜任贵公司经理助理之职。

个人简历及相关材料一并附上，希望您能感到我是该职位的最佳人选，并希望能早日收到面试通知，我的联系电话：139×××××××××。

感谢您阅读此信并望能考虑我的应聘要求！

此致

敬礼

×××敬呈
××××年×月×月

[评析]

这篇求职信结构虽较为简略，但先准确交代了求职缘由，后有针对性地介绍自己所学专业、工作实践经验、工作能力，投其所好，结尾诚恳地提出了求职愿望，表达热情、有礼，态度谦虚，容易为人接受。

(四)写作要求与病例评析

1. 写作要求

(1)介绍情况既不夸大其词，也不妄自菲薄，要谦虚、自信地全面介绍自己的真实情况，必要时可附上有关证明材料。

（2）感情要诚恳真挚，恰当表达自己的愿望，对用人单位不可有过多溢美之辞，以免引起对方反感。

（3）一般不宜提过高的条件或报酬，要体现出勤奋、踏实、稳重的精神风貌，给对方良好的印象。

2. 病例评析

［病例］

求 职 信

尊敬的领导：

您好！

我是××××大学×××系的一名学生，即将面临毕业。

××××大学是我国××××人才的重点培养基地，具有悠久的历史和优良的传统，并且素以治学严谨、育人有方而著称；××××大学×××系则是全国××××学科基地之一。在这样的学习环境下，我无论是在知识能力，还是在个人素质修养方面，都是毋庸置疑的。

四年来，在师友的严格教益及个人的努力下，我具备了扎实的专业基础知识，系统地掌握了××××、××××等有关理论；熟悉涉外工作常用礼仪；具备较好的英语听、说、读、写、译等能力；能熟练操作计算机办公软件。同时，我利用课余时间广泛地涉猎了大量书籍，不但充实了自己，也培养了自己多方面的技能。更重要的是，严谨的学风和端正的学习态度塑造了我朴实、稳重、创新的性格特点。

此外，我还积极地参加各种社会活动，抓住每一个机会，锻炼自己。大学四年，我深深地感受到，与优秀学生共事，使我在竞争中获益；向实际困难挑战，让我在挫折中成长。祖辈们教我勤奋、尽责、善良、正直；××××大学培养了我实事求是、开拓进取的作风。我热爱贵单位所从事的事业，殷切地期望能够在您的领导下，为这一光荣的事业添砖加瓦；并且在实践中不断学习、进步。

收笔之际，郑重地提一个要求：无论您是否选择我，都给我一个明确的答复！

祝愿贵单位事业蒸蒸日上！

［评析］

本求职信存在以下问题：一是措辞欠妥。例如"在这样的学习环境下，我无论是在知识能力，还是在个人素质修养方面，都是毋庸置疑的"与"无论您是否选择我，都给我一个明确的答复"。前者倨傲，显得不知天高地厚；后者无礼，让人觉得无知幼稚。二是没有写明联系方式，如电话、通讯地址等，使这封求职信变得毫无意义。

第八节　决心书与保证书

［学习要求］

了解什么是决心书和保证书，各有什么特点和写作要求，能写出内容恰切、中心突出、合乎格式和要求的决心书和保证书。

一、决心书

（一）决心书概述

1. 概念

决心书是个人或单位集体为响应某一号召，完成某项任务，开展某一工作而向上级或

社会表示决心时所使用的一种专用书信。因做了错事，犯了错误而写的表示悔改或改正的文字材料也叫决心书。

2. 特点

(1)单方性。决心书都是个人对组织和领导、下级对上级表决心的，它不要求上级给予答复，所以是单方的。

(2)公开性。决心书可以公开张贴发表，由于它是向上级或组织表达的一种愿望，同时也希望组织、领导、上级、社会各界给予监督指导，所以它往往是公开的。

3. 适用范围

决心书的适用范围：为响应上级号召，由个人或集体向上级组织或社会表示决心时使用；为开展某项有一定难度的工作而向组织或社会表示决心时使用，同时也表示自己的信心；为完成某项艰巨的任务，让组织或领导放心而表示决心时使用；因某种原因犯了错误，为了让上级领导或群众更好地监督今后的工作，表达自己彻底改正的决心而使用。

(二)结构和写法

决心书的写作格式一般由标题、称呼、正文、结尾和落款五部分组成。

1. 标题

决心书标题有两种表达方式。一种是单独由文种名构成；另一种由文种名和决心的事由共同构成。如"争取夺得团体第一的决心书"。

2. 称呼

决心书的称呼应在标题下空两行顶格写清楚决心书送达的组织机关、团体单位的名称或个人的姓名称呼。然后加冒号。

3. 正文

正文是决心书的主要组成部分。正文通常要由事情的缘由、决心的内容两部分构成。

(1)事情的缘由：正文开头从称呼下一行空两格处写起，要阐明为什么要写决心书，其背景如何。该段一般要求结合当前的社会大背景和发文人或单位的具体情况来写，要符合实际。

(2)决心书的内容：决心书的内容一般分条列出，主要写决心做到的具体目标以及实现这些目标的具体措施。分条列出的决心内容要具体求实，既保证其自身的独立性又要同其他各项有其内在的联系。

4. 结尾

决心书的结尾可以再次表示决心，也可写些表示敬意的话，如"此致　　敬礼"。当然结尾也可根据情况不写，而正文写完后自行结束。

5. 落款

落款写在全文的右下方，要署上写决心书的单位或个人的称呼姓名。如果是集体或单位所写还可以视情况加盖公章。最后还要署上成文的日期。

(三)范文评析

[范例]

决　心　书

×××工程总指挥部党委：

　　×××工程是万里长江干流上第一座规模巨大的水利枢纽工程，大江截流是第一期工程的关键项目之一。我们×××的全体同志，要在这场战斗中贡献自己的力量，决心做到：

　　一、发扬艰苦奋斗的革命精神，哪里任务最艰巨，就到哪里去，要以河滩峡为家，让长江早日放出光和热！

二、团结一致，互相配合，挖掘潜力，多拉快跑，争取提前半个月超额完成运载、装卸石料的任务。

三、听从调度，服从指挥。严格遵守操作规程，安全行驶，全勤出车，保证不出重大事故。

我们说到做到，决不放空炮，请领导和同志们看我们的行动。

×××全体同志

××××年×月×日

[评析]

范文是由集体向组织发出的决心书。在行文中具体实在地表明了自己的决心。简洁明确的语言，透露出表决心人饱满的情绪及良好的精神风貌。分项分条依据一定的序列列出表决人的愿望，既便于组织给予监督和指导，同时也加强了表决人的责任感及对自己的约束力，便于自觉行事，圆满完成各项决定。在范文正文中我们可以发现它们首先交代了事情的缘由。其次依据具体实际分条列出决心书的内容，具体求实。最后再次表明自己的决心，以加强必胜信念，署上姓名及发文日期。范文格式规范，字里行间显示出表决人坚定的信念和激昂的情绪，语言实在具体，毫无哗众取宠之意。

(四)写作要求与病例评析

1. 写作要求

(1)内容切实可行。决心书要从个人或单位的实际出发，实事求是，使决心内容切实可行，取得成效，切忌说空话、假话。

(2)交代要具体、实在。决心做到什么事情、程度如何，一定要交代清楚，这才便于组织、领导指导、检查、督促，也便于自己执行、落实。

(3)措施要简明。决心书语言要简洁、明确，这有利于执行和检查。如果内容多，要分条列项。

2. 病例评析

[病例]

决 心 书

团总支：

新的学年，我们高一(3)班团支部的全体共青团员向自己提出了新的要求，我们要以雷锋同志为榜样，决心做到：

一、加强政治理论的学习，不断提高自己的思想觉悟；

二、树立舍己为人的共产主义风尚；

三、在学习上要有刻苦钻研的精神，遇到困难不退缩；

四、主动帮助在学习上有困难的同学；

五、热爱班集体，热爱学校。

希望团总支及各位老师、同学严格要求我们，时时督促我们。

××中学高一(3)班团支部

全体共青团员

××××年×月×日

[评析]

本决心书缺少事情的缘由，显得很突兀。应加上"为了响应学校发出的'向雷锋同志学习，做革命事业接班人的号召'"之类的内容。另外，本决心书只有目标而没有实现这些目标的具体措施。应该在一条至五条中相应增加"每周学习一篇马列原著或毛主席著作""提

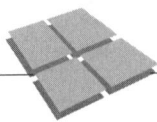

高自己的道德水平""学习成绩都要达到良好或优秀""不让班里一个同学掉队""积极参加维护、清洁校园的各项义务劳动"等内容。

二、保证书

(一)保证书概述

1. 概念

保证书是个人、集体、单位，为响应上级号召开展工作、完成任务或做错了事，犯了错误并决心改正而提出保证时使用的专用书信。

这里所说的保证书同法律文书类的保证书不同。它是某些团体或个人立誓完成某项工作或发誓不再犯某种错误而写的保证性的书信或文字材料。

2. 特点

(1)誓言性。保证书是以集体或个人名义以一种较为强烈的态度向上级组织、领导或个人表决心下保证时所使用的一种书信。它在一定程度上对立誓者形成一种制约和鞭策，所以具有誓言性的特征。

(2)单方性。保证书一般是个人或单位在有所保证时向上级组织或集体发出的一种文书。上级组织或集体在收到保证书后并不作什么答复，只是根据保证者所保证的内容实施监督和检查。所以从行文方式这一角度看，保证书具有单方性的特征。这同一般的书信来往是有根本不同的。

3. 作用

(1)约束限制保证人。保证书是立誓人所发出的完成工作或立志不犯错误的誓言，所以保证书必将对保证者起约束、限制作用，使其尽职尽责地工作或者尽一切努力去克服自己的弱点和不足。

(2)调动人们的积极性。任何事情的完成都需人们付出相应的努力和心血，写保证书往往可以充分调动人们的积极性，使群众智慧得以充分的发挥，提高人们的凝聚力，真正做到心往一处想，劲往一处使。

(二)结构和写法

通常保证书由标题、称呼、正文、结尾和落款等部分组成。

1. 标题

保证书标题有两种构成方式。其一，单独由文种名构成；其二，由保证内容和文种名构成。如:《卫生保证书》。

2. 称呼

保证书称呼在标题下空两行顶格写上送达方的机关组织、团体单位或个人的称呼或姓名，然后加冒号。

3. 正文

正文一般包括保证的缘由、保证的具体内容两部分。

(1)保证的缘由。要阐明为什么写保证书，要叙述清楚当时的条件和有关情况，使保证的具体内容建立在一定的前提之上。

(2)保证的内容。保证书的内容主要是指保证人作出保证的具体事项。如保证做到什么，在多长时间里，达到什么程度，采取什么具体措施来实现自己的保证等。保证书此部分一般以条款的形式列出。

4. 结尾

保证书的结尾可以再次表示实现目标的决心，如"上述各项保证做到";也可用"此致敬礼"等礼貌用语；还可以在正文结束后，什么也不再写，自然结束。

5. 落款

落款即在保证书右下方署上保证的单位或个人的名称或姓名，并署上发文的日期。

（三）范文评析

［范例］

保 证 书

××街道办事处党委：

为响应市委提出的组织城市待业青年，发展商业和服务业，方便群众，扩大就业的号召，我们十名待业青年在广大群众的热情支持下，成立了"×××街道青年综合服务部"。为了实现街道党委向我们提出的"巩固发展"服务部的殷切希望，我们保证做到以下几点：

一、安心服务工作，钻研业务，努力提高服务质量，根据群众需要增加服务项目。

二、端正经营作风，对顾客负责，替顾客着想，不偷工减料，不以次充好，收费合理，薄利多销。

三、讲文明礼貌，抵制歪风邪气。

四、民主管理，账目公开，分配合理，合法开支，不滥发奖金。

×××街道青年综合服务部全体职工

××××年×月×日

［评析］

这则保证书措辞简洁明确，语气庄重严肃，内容具体，条理清晰，没有过多的铺叙和不必要的解释。范文是以集体名义发出的保证书，在响应号召、开展工作、完成任务，向组织作出承诺的同时，在一定程度上对自己也形成了一种制约和鞭策，可以促进自己尽职尽责地工作，尽一切努力，充分发挥积极性，做好工作。它首先写出保证的缘由，然后又分条把所做的承诺写出来，态度诚恳。这是比较常见的保证书形式，非常实用。

（四）写作要求与病例评析

1. 写作要求

（1）内容具体，措施可行。保证书的内容要从实际出发，结合个人或单位的实际，作出实事求是的保证，提出的措施切实可行，不说空头话。

（2）语言简洁，结构简明。保证书语言要简洁明了，以便执行、检查，内容多，可采用分项的方式逐条列出的。

2. 病例评析

［病例］

保 证 书

我们"×××街道青年综合服务部"保证做到以下几点：

一、安心服务工作，钻研业务，努力提高服务质量，根据群众需要增加服务项目。

二、端正经营作风，对顾客负责，替顾客着想，不偷工减料，不以次充好，收费合理，薄利多销。

三、讲文明礼貌，抵制歪风邪气。

四、民主管理，账目公开，分配合理，合法开支，不滥发奖金。

×××街道青年综合服务部全体职工

××××年×月×日

［评析］

本保证书存在以下问题：首先，保证书的具体行文需依照一般书信的格式，本保证书

却没有受文对象的名称；其次，这是以集体的名义发出的保证书，它往往是响应上级的号召开展某项工作、完成某一任务时使用，而本保证书的正文开头部分却没有阐述为了什么作出有关保证，使内容显得很单薄。

第九节 启事与海报

[学习要求]

了解启事、海报的概念、特点和使用范围，明确各自的内容重点、公布方法，掌握其写作格式和方法，学会写作常用的启事和海报。

一、启事

(一)启事概述

1. 概念

启事是单位或个人公开向人们告知、声明某事，并请求公众予以协助而发的文书。"启"即叙说、陈述之意；"事"即事情。启事，即公开陈述之事。

2. 特点

(1)告启性。启事将事情向公众知照、公布，任何人可阅读、了解，无保密性。

(2)祈使性。启事期望得到公众的支持与协助，但不具有强制性和约束力。

(3)广泛性。启事包括工作与生活、公事与私事等广泛的内容，其公布范围也较广。

3. 种类

按不同标准，启事可分成不同种类。从内容划分，有单位的征文启事、招聘启事、招生启事、征订启事、开业启事、停业启事、迁址启事、招租启事、征购启事等；还有个人的寻物启事、征婚启事、寻求合作启事等。从公布的形式划分，有报刊启事、电视启事、广播启事、张贴启事等。

(二)结构和写作

启事通常由标题、正文、落款三部分构成。

1. 标题

一般写明内容和文种名称，如《征文启事》《招生启事》等，也可省略内容或文种，如《启事》《招生》等。个别启事标题还加上发文单位名称，如《××公司招聘启事》。

2. 正文

写启事的事项，包括原因、目的、要求等。不同内容的启事，详略和重点都应不同。如招聘启事要详细列出招聘职位、条件、期限和薪酬等，征文启事要列明征文原因、主题、要求、期限、奖励办法等。

3. 落款

要注明启事单位或个人姓名，以及日期。重要的启事要加盖公章，并注明联络地址、联络人。在报刊和电台播发的启事，以刊登或播放日期为准。

(三)范文评析

[范例]

××××公司高薪诚聘

本公司专营塑料包装袋多年，规模产值稳居全国同行前列，前景广阔。现正值高速发展阶段，迫切希望管理精英加盟，公司将提供优厚的薪金待遇，也可由应聘者提出薪金要求。经省人才交流中心批准，现诚聘以下职位：

一、生产现场经理：男，45岁以下，口才特好，作风刻苦务实，分析判断力极强，有现场管理数千员工的能力和资历。

二、生产厂长：男，40岁以下，刻苦耐劳，处事果断，能独当一面解决千人以上生产现场问题，当班全过程在车间，用多种办法强化劳动纪律和提高产品质量。

（略）。

以上各职位要求留公司住宿，不吸烟。除广州会计外，均在××省××市工作（不收抵押金）。

重点提示：本公司要求相当高，应聘者须认真衡量职位要求，勿贸然来厂，以免浪费双方时间。一经正式录用，由公司报销单程硬卧或汽车单程路费，此外本公司不负责任何费用。

欢迎应聘者直接面试：每周星期日10～13时，路线：××省××市北沿107国道18公里×× 县城入15公里铁西工贸区。或将近照、亲笔简历资料及联系电话寄××省××县铁西工贸区××××公司人事部，邮编：××××××，信封注明应聘职位，合则专约，资料恕不退回。

［评析］

这则招聘启事语言简练得体，严肃认真而又不失礼貌热情。分项列出所需职位后，在每项中提出具体要求，如性别、年龄、特长等要求（有的职位还有住宿及不得吸烟等限制）。"重点提示"显示出公司对招聘工作的重视。最后提出应聘者面试的具体时间，乘车路线及将须交验的材料寄往何处、邮编等。本启事内容翔实，体现了该公司邀请社会各界贤士加盟的诚意。

（四）写作要求与病例评析

1. 写作要求

（1）要视不同类型的启事选择不同的内容、不同的侧重点，写作要详略有别。

（2）语言要直截了当、简明扼要、恳切有礼。

（3）要根据内容和对象，选择最佳的公布方式，如张贴、登报或电视广播等。

2. 病例评析

［病例］

×××陶瓷集团
诚聘合资企业高级管理及技术人才

×××陶瓷集团为香港上市公司，市值五十亿港币。应国内合资企业的用人需求，经国家人事部门全国人才流动中心同意，特委托兆峰陶瓷技术工程有限公司在全国范围内代表集团在各瓷业产区兴建的合资企业聘请总经理、资深会计师、电气工程师、液压工程师各十名。

总经理及资深会计师：条件详见1994年2月19日和26日、3月4日和12日兆峰陶瓷集团刊登在《人民日报》上的招聘广告。

电气工程师：相关专业本科以上学历，在工业企业有五年以上本专业工作经验。

液压工程师：男性，液压机械类专业本科以上学历，在生产企业从事本专业工作五年以上，有压砖机维修经验者优先。

以上应聘人员需身体健康，年龄在45岁以下，可长期在陶瓷产区工作。具有中级以上英语水平者优先。

欢迎您加盟×××陶瓷集团。

地址：北京市朝阳区新源西里中街××号渔阳饭店×××房间

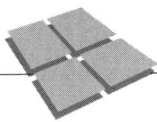

[评析]

该启事存在以下问题：一是没交代清楚受聘人员的工作地点。二是没有写明对应聘者在应聘过程中的有关要求。如：没有交代"怎样将个人简历、求职意向、身份证、学历及职称证书的复印件、近照及联系地址、电话等寄到该公司的某个部门"等内容，应在"欢迎您加盟×××陶瓷集团"之后补上。三是没有与联系地址相关的邮政编码，也没有联系人，给人很草率的感觉。

二、海报

(一)海报概述

1. 概念

海报，是向公众报道文化娱乐和体育消息等与群众生活密切相关消息的一种招贴。如球讯、晚会、电影、演出、展览等活动的动态消息。随着社会生活的发展，海报的使用日益广泛。它能及时、直观地向公众报道与群众生活密切相关的文化娱乐和体育消息。

2. 特点

(1)内容真实

海报内容必须是真实的，切忌夸大其词、哗众取宠、欺骗公众。比如，明明是稍有成就的学者，不要吹嘘什么"名闻世界""海内外享誉"等。

(2)传递信息快

海报主要对新近即将发生的文娱、体育活动等消息进行报道，迅速快捷是它的一大特点。

(3)吸引力强

为激发公众参与的热情，海报除了鼓动性的文字外，还常加以美术加工，配置精致的艺术图案、艺术字等，图文并茂，易引起公众的注意。

(4)制作方便

海报内容简单，制作简易，发布方式可张贴，也可刊登，容易操作。

3. 海报与启事的区别

海报和启事都具有告启性，都不具有约束力，都可以在公共场所张贴。但两者亦有明显的区别。主要是：使用范围不同，海报以报道文化、娱乐、体育消息为主；启事可以反映政治、经济和生活等多方面的内容。在制作形式上，启事可以文字说明为主；海报除文字说明外可作美术加工，配备图片、图画、图案，运用美术装饰材料及手段。公布方式不同，启事除张贴外，可登报刊，用广播、电视传播；海报只在公共场所张贴或悬挂。

(二)格式和写作

1. 标题

海报上方写上醒目的"海报""舞会""晚会""球讯"等字样。

2. 正文

写明活动的内容，如晚会内容(节目)、表演团体、时间、票价、地点等，报告会写明报告题目、报告人、地点、时间等。

3. 落款

写明主办单位或演出单位，还可注明时间、询问电话、联系人等。

(三)范文评析

[范例]

海 报

××京剧团将于本周应邀来我校做精彩表演,演出主要节目有《三岔口》《白蛇传》等。

演出时间:本周星期六、星期日晚上 7:30～10:30

地点:本校大礼堂

票价:甲级票××元,乙级票××元

售票地点、时间:在学生会发售,自即日起每日上午 10:00 至下午 5:00

售完即止!勿失良机!

×××大学学生会

××××年×月×日

[评析]

海报由于是以报道文化、娱乐、体育消息等方面内容为主的,所以需要用活泼的形式来配合,如配备图片、图画、图案,运用美术装饰材料及手段,所用的语言也要更具有鼓励性、更富有吸引力,以此激发公众的兴趣。这篇海报除了详细地写明演出的内容(节目)、表演团体、时间、票价、地点之外,最后还用"售完即止!勿失良机!"的鼓励性语言以激发公众对演出的兴趣。

(四)写作要求与病例评析

1. 写作要求

(1)求真。海报是对即将发生的文体活动消息进行报道,它的前提在于真实,即使可用一些生动、活泼的鼓动性语言,也不能胡编滥造,虚情假意,欺骗公众。

(2)求简。任何人都想通过阅读海报,知道所言之事,因而内容既要交代清楚,文字又得简练,这是在制作海报时必须要注意的。

(3)求活。为渲染气氛,激发公众参与的热情,在保持真实性的前提下,海报语言讲求生动、活泼,适当配上设计精致的画面、图案,甚至结构布置也讲求艺术性,以增强其感染力和生动性。

2. 病例评析

[病例]

海 报

××市委宣传部长将于本周应邀来我学院做《关于环保与城市经济可持续发展关系的研究》的报告

时间:本周星期四 2:30～4:30

地点:本学院大礼堂

报告精彩!勿失良机!

××××大学学生会

××××年×月×日

[评析]

海报是以报道文化、娱乐、体育消息等方面内容为主的,市委宣传部长来学院做《关于环保与城市经济可持续发展关系的研究》的报告显然不属于这个范畴,因而不适宜用海报作为告知的形式。

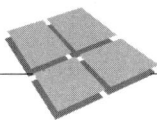

>>> 思考与练习

一、填空题

1. 书信是人们日常生活中使用得最为广泛的一种_____。书信的特点是_____与_____。

2. 一般书信与专用书信的区别是：（一）_____；（二）_____；（三）_____；（四）_____。

3. 一般书信的基本要求：（一）_____；（二）_____。

4. 横式信封封文内容分上中下三路横书，上路_____、中路_____、下路_____。

5. 专用书信一般由_____、_____、_____、_____四部分组成。

6. 启事和海报都是社会上公开张贴的_____，启事的内容较_____，海报的内容较_____，两者的内容重点、制作方法都有所不同。

7. 求职信的写作要求要谦虚_____、自信地全面介绍自己的真实情况，必要时可_____。

8. 邀请的_____，用请柬；邀请的_____或需要向被邀请者说明有关问题时，用邀请函。

9. 建议书在政治生活和社会生活中有重要的作用。它是古代的_____、_____、_____、_____的发展。

10. 海报以报道_____、_____、_____消息为主。

二、选择题（在括号里填写代表正确答案的字母）

1. 下列材料不适合写感谢信的是（   ）。
   A. 王×生病，团支书代表全体团员去看望
   B. ××教授去世，有关部门代表去悼念，并安慰家属
   C. 青工刘×上班途中被摩托车撞伤，肇事者将其送去医院
   D. ××希望小学获得××大学学生会赠送的图书

2. 拜托辞主要依尊卑长幼关系变化，如果带信人为长辈，应用（   ）。
   A. 敬托   B. 拜托   C. 托

3. 传统称谓敬语中对平辈女性的常用敬语（   ）。
   A. 尊鉴   B. 帐下   C. 妆次   D. 尊前

4. 传统寒暄用语中"不亲讲席，瞬已经年。疏奉教言，寒暄几易"的对象是（   ）。
   A. 父母   B. 尊长   C. 师长   D. 同学

5. 传统请安用语"敬请勋安 祗请钧安"的对象是（   ）。
   A. 父母   B. 尊长   C. 老师   D. 上级
   E. 商人

三、判断题

1. 在受信人的名字之后加上私人关系称谓，如"某某某 父亲收""某某某 爱妻收"，这是正确的用法。（   ）

2. 如果受信人有过两种以上的职务（或职衔），甚至同时身兼数职，这就需要选择一个适当称呼。选择的原则是选择受信人职位高的职衔作称呼。（   ）

　　3. 称他人时加贤、爱等词，自称时加愚。　　　　　　　　　　　　　　（　　）

　　4. 传统的如给长辈写信用"敬请×安"或"敬颂崇祺"；如果给平辈写信，一般则用"即请大安""顺颂时祺"，假如给晚辈写信，只用"即颂""顺问"即可。　　　　（　　）

　　5. 祝颂语一般分两截写。前半截另起一行顶格写，后半截另起一行空两格写。（　　）

　　6. 专用书信在内容上具有多样性，一种专用书信可以写多个内容。　　　（　　）

　　7. 表扬信、感谢信、慰问信都有表扬的成分。　　　　　　　　　　　　（　　）

四、改错题（指出以下文中错误之处，说明正确的写法）

（一）修改求职信。

求　职　信

　　我是××大学中文系即将毕业的大学生，看到贵刊在《××晚报》上的招聘广告，禁不住激动的心情，提笔向总编先生自我推荐，你知道有我来这里应聘，势必大喜过望。

　　我学的是新闻专业，所读的大学是全国非常闻名的。到目前为止，全部学业都已圆满完成，成绩优秀。我是学校通讯社的主要成员，有非常丰富的社会实践工作经验。大学四年，奠定了我从事新闻工作的理论基础，即将毕业之际，我渴望得到实践锻炼的岗位。贵刊是一个有广大读者的读物，这职位对我来说简直是无法抵挡的引诱，我相信我会在这里得到锻炼的舞台、学到更多的知识。我非常希望能加盟成为其中一员，我等着你的答复喔。

××大学中文系　×××
1995.5.10

（二）修改请柬。

请　柬

××先生：

　　定于 11 月 6 日 8 时 30 分在风雨操场举行毕业晚会。

请准时入场。

×××学生会
2006.6.12

五、问答题

　　1. 写聘书时应注意些什么？

　　2. 倡议书与建议书各有什么特点？请比较两者的异同。

　　3. 什么是邀请函？它与请柬有什么不同？

　　4. 启事、海报各自的内容重点、公布方法是什么？

六、写作题

　　1. 请给你的家人写一封信。

　　2. 教师节来临之际，请给你的老师写一封感谢信。

　　3. 请以一个大学毕业生的身份向用人单位写一份求职信。

　　4. 请以班的名义向全校同学写一封关于节约的倡议书。

第八章　传播文书

这一章的内容主要包括信息、消息、通讯、新闻评论、广播新闻、新闻发布稿等。这类文书在收集信息和宣传推广方面，起着非常重要的作用。尤其是在信息密集的今天，一天不注意收集信息就有可能跟不上形势发展。机关单位、企事业和社会团体，为了沟通信息或宣传、公关的需要，也常常需要用到消息、通讯、新闻评论、广播新闻和新闻发布稿，因此，本章对这些常用文书进行介绍。

▶第一节　信　　息

[学习要求]

了解信息的概念、特点、作用与种类，掌握信息收集、筛选、储存的方法，能运用信息为现实服务。

一、信息概述

信息是被有秩序地排列起来的符号的集合体，它能够显示事物的性质、状态以及事物之间的关系。信息是抽象的东西，不能孤立地存在，必须附着一定的物质形式，即信息载体，例如语言文字、符号、图形、图表、实物、声音等。人们只有通过信息载体才能接收到信息。我们这里说的信息，即是以语言文字为载体的信息。它是宣传工作不可缺少的一种形式。

信息有综合性、复杂性、共享性、长效性的特性。信息是不同时间、不同空间的自然现象和社会生活的综合反映，形成其信息系统，具有综合性。自然界和人类社会的复杂性决定了信息的复杂性。同一信息对不同的人可能发挥不同的作用，不同的人从同一信息可以获得不同的收益。这就是信息的复杂性。有价值的信息一经产生，常常通过各种渠道，迅速扩散，用很短时间波及全社会。信息是为社会服务，给社会共享的。现代科技高度发达并进入信息社会的国家，利用以电子计算机为核心的技术，建立了数据库、信息网，为社会提供良好的信息服务，充分发挥信息的共享性。用户可以在信息网各自的终端查找和利用存放在数据库中的有关信息，包括查找文献、报刊资料，询问商品价格，订购货物，收看电影、电视、录像，玩电子游戏等。

信息同情报、知识、消息等术语较接近，彼此关系很密切。广义的情报就等于信息。但情报是针对特定对象的要求而传递的特殊的新情况，有一定的机密性，例如军事情报、科技情报、商业情报等。在某些情况下，信息可以包括情报，但不能代替情报。知识是人类社会实践经验的结晶，是一个更加广泛的概念。信息同知识不属于同一范畴，二者从不同的角度反映客观世界，各有自己的特殊职能。不能用知识代替信息。消息是新近发生事实的简短报道。它是信息中最新、最活跃、最引人注意的部分，但信息所包括的范围要比消息宽广得多。

信息的种类繁多，从信息产生的来源和范围分，有自然信息和社会信息；从信息的形态分，有物质信息和精神信息；从信息的可感性分，有形象信息和理性信息；从信息的性质和范畴分，有消息性信息、感情性信息；从信息与人工的关系分，有原始信息和加工信息；从信息的动态分，有经常变动的信息和相对稳定的信息；从信息的时态分，有关于过去的信息、关于现在的信息、关于未来的信息。

二、结构和写法

信息的结构包括标题、主题语、主题阐释、背景说明和结尾几个部分。

(一)标题

标示信息的主题或观点，是全文的"眼睛"，是信息内容的概括。如范例一的标题，就标示了这则信息的主要内容。

(二)主题语

相当于消息的导语，用极其精练的语言揭示信息的主题或主要事实。范例一中的开头一句："福寿螺：广州管圆线虫幼虫载体"，就揭示了这则信息的主要事实。

(三)主题阐释

主题阐释是对信息的具体情况作说明，回答主题语提出的问题。它是信息价值的主要体现。

(四)背景说明

具体说明信息发生的原因与环境。它是为烘托和突出主题服务的。它不是必不可少的部分，也没有固定的位置。

(五)结尾

一般是指信息最后的一句话。范例一中的最后一句："北京食品安全监控中心专家呼吁，近期有生食史的人，如果出现头痛等症，应尽快到医院检查。"就是这则信息的结尾。如果前面把该说的话说完了，可不必加上一条"尾巴"。

三、范文评析

[范例一]

福寿螺：广州管圆线虫幼虫载体

北京部分消费者近日因食用福寿螺而引发广州管圆线虫病。广州管圆线虫病是一种人畜共患病，常寄生于鼠类肺部血管，偶尔寄生于人体，可引起嗜酸性粒细胞增多性脑膜炎，但不会造成人与人之间的传染。研究证明，福寿螺的带虫率高，有些福寿螺体内寄生的广州管圆线虫的幼虫多达3000条至6000条。北京食品安全监控中心专家呼吁，近期有生食史的人，如果出现头痛等症，应尽快到医院检查。

(摘自《南方都市报》2006.8.20)

[范例二]

广州五项被评为优秀参展项目

近日，广州市快速艾滋病HIV—1/2抗体金标检测试剂盒、华南简易大棚设施无公害蔬菜标准化生产技术开发、南亚热带名优水果产业化、良田鸽王、新型切花品种引种试验研究五项目被评为第二届中国——东盟博览会先进适用技术专题展优秀参展项目。

(选自《穗府信息》2005.11.14)

[评析]

这两则信息都传达了重要的情况，前一则属于自然的信息，介绍了检测福寿螺隐藏管圆线虫的最新信息，提醒人们注意饮食卫生；后一则属于社会的信息，告诉人们广州市在第二届中国——东盟博览会先进适用技术专题展中被评为优秀参展项目。它们都把最新的信息传达给人们，供人们研究或参考。

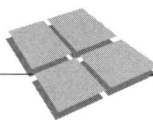

[范例三]

2006 年我市共办理法律援助案件近 3000 宗

2006 年，我市法律援助机构共承办法律援助案件 2931 宗，其中刑事案件 2515 宗，民事案件 406 宗，行政案件 10 宗，提供义务法律咨询 21307 人次，发放法律援助证 510 个。全年法律援助工作取得四大成效：（一）成功办理了"3·16"泥头车交通肇事案、"7·14"重大拐卖强迫妇女卖淫案、齐二药等一批社会影响重大的法律援助案件，有力维护了社会的公平正义。（二）全年积极预防青少年犯罪，与市关工委联合筹建了广州青少年法律咨询中心，为青少年提供义务的法律咨询和法律帮助。（三）加大对外来工的救助力度，对全市农民工讨薪、工伤索赔的法律援助申请一律免予经济审查。（四）大力提高法律援助办案质量，将案件"指派式"改进为"点援制"，建立了 483 名点援律师的数据库，完善了质量跟踪监督等系列制度。（市司法局　罗伟娴）

（摘自《穗府信息》2007.2.9）

[范例四]

"零就业家庭"就业援助服务热线正式启用

按照建立和完善广州市再就业援助长效机制的要求，从 2007 年 2 月起，市劳动保障局正式启用咨询热线电话"12333"作为"零就业家庭"就业援助服务热线。本市"零就业家庭"失业人员可通过拨打"12333"，反映就业困难情况、申请就业援助。各级就业服务机构在接到申请就业援助信息后，在 10 个工作日内上门了解情况，依据"零就业家庭"人员的实际困难，为其制订就业援助计划，并承诺只要"零就业家庭"中劳动力不挑拣工作岗位，在一个月内帮助其实现再就业。

（摘自《穗府信息》2007.2.9）

[评析]

范例三、范例四，是社会生活信息，有较强的现实性与思想性，虽然也属于信息这一类，但跟经济建设关系密切，因而可作为新闻来报道。

[范例五]

"赖床"也是睡眠障碍

除了闷头大睡外，一天"赖床"十几个小时，早上醒来发发呆，如果没什么事就继续睡"回笼觉"——如此"赖床"，也成了不少人在节假日里热衷的休息方式。专家提醒，"赖床"成习惯，也是一种"病态"。在最近公布的睡眠障碍国际分类标准中，除了人们熟知的失眠、打呼噜外，"赖床"也第一次被纳入了睡眠障碍的范畴。睡眠障碍作为一种常见病，会影响消化、血压、呼吸等各个脏器功能，而脏器功能不好又会影响睡眠质量，形成恶性循环。

（摘自《广州日报》2007.2.25 B9 版）

[范例六]

进餐每顿半小时为宜

武汉一女士因长期用餐"狼吞虎咽"，平均每次用餐仅 5 分钟左右，导致食管已失去正常蠕动功能，无法推动食物下咽。北京朝阳医院京西院区消化内科主任张川告诉记者，进餐太快会使食物不能进行充分的咀嚼，颗粒粗糙、温度较高的饭菜，很容易损伤本身就很脆弱的食管黏膜上皮，使其破溃，引发急性炎症。

如果炎症在食管的上皮形成瘢痕，显然会影响其正常的运动功能，出现吞咽困难的情况就不足为怪了。

如果觉得吞咽困难、食管炎只是"小毛病"，那么吃饭速度快、食物温度高容易诱发食管癌就是大问题了。河南林州是食管癌的高发地区，和林州人吃饭速度快、食物过热有一定的关系。

(摘自《广州日报》2007.2.25 B9 版)

[评析]

范例五、范例六,是关于人们起居饮食的信息,是生活小事,是属于知识性的东西,没有什么大的新闻价值,不作为新闻来报道。但跟人们的生活息息相关,对人们的健康有益,因而这些又是有现实意义的信息。

四、信息的收集和筛选

(一)信息收集的途径

信息收集的途径很多,除了细致地观察和深入地调查之外,还可以查阅图书资料;查阅各种杂志;查阅各种报纸;查找各种工具书;查找各种类型的书;利用视听资料等。

(二)信息筛选的要求

信息筛选的目的是达到"求真"。信息筛选的要求是:

1. 要适应工作需要。不同部门、不同单位、不同时期的工作需要不同内容的信息。一般要选择那些对现实工作具有指导意义的,与当前各单位的中心工作有密切关系的信息。

2. 要讲究时效。注意选择改革开放和经济建设中的新事件、新情况、新经验、新问题、新看法、新建议和鲜为人知的新信息。

3. 要选具有典型意义的信息。典型是能深刻揭示事物本质的具有广泛的代表性的事物。选择有典型意义的信息和适应不同层次需要的带全局性、苗头性和突发性的信息,能通过个别反映一般,窥一斑而知全豹。

五、信息编写的方法

1. 汇集法。即按一定的标准,围绕一个主题和中心,把众多原始信息的资料有机地汇集在一起,以便全面地反映某一社会现象的基本状况。

2. 归纳法。将反映某一共同主题的原始信息资料集中、系统地综合归纳,以便完整地、明晰地说明某一方面的工作动态。

3. 纵深法。按原始信息资料反映的某一主题和脉络,从纵的方面层层推进,或按某一活动的时间顺序,或按某一事件的历史进程发展,弄清问题的来龙去脉,以揭示某一事物的发展变化的规律。

4. 连横法。按照事物和问题的相同性质与同一主题,把不同来源的若干原始信息资料从横的方面连接起来,作出比较分析,形成一个新的信息资料。

5. 浓缩法。即通过压缩信息资料的篇幅,以达到凝炼主题、简洁行文的目的。首先要使主题集中,删削枝蔓,理清头绪。其次要使结构严谨,减少层次段落,删去多余的"鞋帽"和过渡照应。再次要凝练语言,当然也要防止削足适履。

6. 转换法。即把一个人们比较生疏的数字转换成一个为人们所熟知的数字,或者把某一事物本身的数字不写出来,而用其他数量关系的事物去表示。

7. 对比法。也叫比较法,即把信息数据拿来进行横的比较和纵的比较,以强烈地反映出数量变化的特征。

8. 图表法。有些原始信息资料中的数据有一定的规律性,可以将这些数据绘制成图表,使人一目了然,既便于传递,也便于利用。

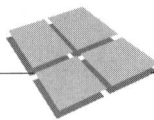

六、写作要求与病例评析

(一)写作要求

1. 培养意识,提高能力

这一点是说,要撰写信息就要培养敏锐的信息意识,不断提高收集、筛选、储存和运用信息的能力。有了敏锐的信息意识,才能对重要的信息特别敏感,从蛛丝马迹中搜寻到影响全局的重要信息和有效信息。剔除失效和无效的信息,辨别真假、有效和无效的信息,必须要有较高的筛选能力,而筛选并储存信息的目的是为了运用信息和创造信息。

2. 要加强调查研究

这是产生高层次、高价值信息的基础。对一些内容极为重要,对领导决策能够产生较大影响的信息,要下工夫进行重点调查研究。

3. 注意信息的综合处理

对浩如烟海的信息要加以分析、综合研究,判断它的价值,提出比较系统、深刻的意见或建议,形成专题材料。写专题材料时,一要确切知道领导工作的需求;二要准确掂量信息的分量、价值、可用性。

(二)病例评析

[病例]

青少年体质20年来持续下降

在昨天(2006年8月19日)举行的"首届中国少年体质健康论坛"上,杨贵仁出示了一组数据:最近一次全国青少年健康调查报告表明,学生肥胖率迅速增加,四分之一的城市男生是"胖墩"。眼睛近视的比例,初中生接近六成,高中生为七成六,大学生高达八成三。

以北京市为例,学生的身高、体重、胸围等形态发育指标持续增长,但肺活量、速度、力量等体能素质持续下降。杨贵仁分析说,造成青少年体质下降主要有两个原因:一是现代化生活方式,上楼乘电梯,出门坐汽车,体力劳动减少;二是目前的应试教育过分注重升学率,导致学生学业负担过重,学习时间过长,缺少体育锻炼时间。

(摘自《××××报》2006.8.20)

[评析]

这则信息对于提高未成年人的身体素质很有价值。信息写得具体,而且有适当的分析,可为有关研究者采用。但有几个毛病需要指出:

1. 中国青少年的体质持续下降,是从什么时候开始的?是近年,近五年,近十年,还是近二十年?本文没有交代清楚,使读者不清楚从什么时候开始。据有关资料表明,从1985年开始中国进行了多次全国青少年体质健康调查,调查显示,最近20多年,中国青少年的体质在持续下降。

2. 杨贵仁是什么人?也没有交代清楚,影响了说服力。有关资料表明,杨贵仁时任教育部体育卫生与艺术教育司司长,如果交代清楚杨贵仁的身份,那么所提供的信息就显得更权威。

▶ 第二节 消 息

[学习要求]

了解消息的特点、种类和作用,掌握消息结构的形式和写作要求,能写出短小精悍而又迅速及时的各类消息。

一、消息概述

消息是新近发生或发现的事实的简短报道。消息也叫新闻，即狭义的新闻。它是报纸、广播、电视最基本、最常用的一种新闻形式。

(一)特点

1. 内容真实

它报道的人物应确有其人，所述的事件须确有其事；细节材料真实可信，援引的数字准确无误。它的内容完全真实，有案可查，有证可对。

2. 讲究时效

新闻贵在"新"，讲究时效。新闻的价值在很大程度上取决于它的时效性。消息报道的速度要快，内容要新，才能发挥新闻的战斗作用。

3. 短小精悍

消息是一种反映现实生活最简短明快、精悍有力的文体。它往往是三言两语就说清情况，寥寥数笔就显出精神，概括而不流于抽象，简短而不失于疏漏。

4. 寓理于事

即"用事实说话"，通过对事实的选择、组织和叙述，体现出作者的思想和观点。新闻的特殊价值和独特作用，就在于用确实而生动的事实来感染和影响读者，寓理于事。

(二)种类

1. 动态消息

这是迅速、及时、直接、简洁地报道国内外重大事件和社会生活中的新情况、新变化、新成就、新动向的消息。

2. 简明新闻

又称简讯、短讯、短波、东西南北、新闻集锦、国际要闻等。这些也属动态新闻，只是文字更简短，一般不交代事情发生的过程和背景。

3. 综合消息

它是就全国、全省、全市或一个部门、一条战线带全局性的情况、动向、成就、经验、问题进行综合报道的消息。

4. 典型消息

它又称经验消息，是对某个部门、单位或个人的做法、典型经验、先进事迹进行报道的消息。

5. 述评消息

它针对国内外重大事件、事态或问题进行报道和评述，既要报道事实，又要进行必要的分析和解释。

二、结构和写法

消息由标题、消息头、导语、主体、背景、结尾等部分组成。内容丰富，写法灵活多样，下面具体作分析。

(一)标题

消息的标题是全文的"眼睛"，是消息内容的概括，它起着揭示主题或主要事实的作用。

标题有正题、引题、副题之分：正题也叫大标题、主标题、主标、主题、母标、母题，是用来揭示主题或主要事实的，处于主位的标题；引题也叫眉标、眉题、肩题，是用来引发、烘托、提挈、说明原因、交代背景、烘托气氛、揭示意义、指出时间的，横排时其位

置在正题之上，竖排时其位置一般在正题左上方，也可以在正题右上方；副题也叫子题、副标、辅题，是用来补充和解释主题、说明情况、指出其内容范围、作内容提要或说明主题来源、依据的，横排时其位置一般在正题下方。

标题组合的形式，常见以下几种：

1. 单行标题，也叫一行题或主题式，即只有一个主题。如范例二《羊城今日挥别瑞典"老哥"》，就采用这种标题形式。

2. 双行标题，也叫二行题，它有两种形式，一是由引题和主题组成的引主式；一是由正题和副题组成的正副式。如：

引主式：

人民盼望安居乐业　社会呼唤见义勇为——（引题）

陕西评选出"见义勇为十勇士"——（主题）

正副式：

广东招募未就业大学生支农——（正题）

大学毕业生下乡支教、支农、支医、扶贫每月可获补贴 600 元——（副题）

3. 多行标题，以引题、正题、副题构成的三行题为代表。如：

"哥德堡号"昨日启程离开广州　船长彼得·卡林形容——（引题）

广州之行美好得就像一个童话——（正题）

朱小丹出席欢送仪式 称赞"哥德堡号"是希望之船、和平之船、友谊之船　——（副题）

多行标题还有四行、五行题以至更多行的，有时在引题、主题、副题之外，还有提要题，就组成为四行题。或在主题、引题、副题之外增加一两行副题、引题或主题。这种情况一般在报道全国性重要会议和重大节日活动时采用。

标题还有虚实之分。实题是报告事实；虚题是摆观点，或点明主题思想，或扼要地表现精神。一般单行题多用实题，两行以上的题有实有虚，虚实结合。主题、引题可虚可实，副题都是实题。

制作标题的基本要求是：准确、鲜明、生动、简洁。

(二)消息头

报纸登载的消息正文之前要注明消息的来源，用以突出其报道的根据和真实性及权威性，并提高报道该消息的新闻机构和记者的声誉。消息来源一般用黑体字印刷，有时还外加黑体方括号。消息来源中的"电"字，表示该消息是用电报传递的，有时写"讯"或"消息"。所以消息的来源又称为"电头""讯头""消息头"，即消息的源头。在源头之后有时还注明"记者×××"，外加圆括号，以表明该消息是他采写的。

消息来源一般有两种途径：

一是选用或根据别的新闻机构发的消息，注明其机构名称、发出的地点和时间。如：新华社北京×月×日电(记者×××)或(××社贝尔格莱德×月×日消息)、据××社东京×月×日讯(记者×××)。

二是本报记者采写的消息。这又有两种情况：

(1)在本地采写和发出的消息，一般写：本报讯、本报消息或(本报讯)(记者×××)，不需注明时间(时间即当天报纸发表的日期)。

(2)本报记者在外地采写和编发的消息，要注明"本报"于何地、何时发的电讯、消息。如：本报北京×月×日电或(本报华盛顿×月×日消息)(记者×××)。

(三)导语

它是紧接消息源的第一句话或第一自然段，即消息的开头部分，是新闻里最有价值、最精华部分的概述，揭示消息的主题和主要事实。导语具有开门见山、揭示主题、提纲挈领、统帅全篇的特点和作用。范例一的第一段，就属导语。

导语按不同的分类，有多种不同的写法：

1. 按导语叙述要素分，有"六要素"导语和"部分要素"导语两类写法。

"六要素导语"是完全交代清楚叙述的六要素——时间、地点、人物、事件、原因和结果的导语。但是，随着时代的发展，社会生活节奏的加快，"六要素"导语逐渐向"部分要素"导语演变。

2. 按导语的表达方式分，有叙述式、描写式、评论式、提问式、引语式、混合式等写法。

(1)叙述式导语。即用叙述的方式将最新鲜、最主要的事实报道出来的导语。如范例一的导语。

(2)描写式导语。这是对消息中的主要事实或其某一侧面、现场情景进行简要的形象描写的导语。如《太阳镜差点要人命》的导语："炎炎夏日，骄阳似火，时髦的太阳镜备受青睐，然而市民胡小姐买的一副太阳镜非但没有为她挡住骄阳，还差点儿因焦距不准要了她的命。"

(3)评论式导语。这是对事情发表评论，或把事情的评价或结论写出来的导语。例如："英国《独立报》今天在一篇题为《地球面临着最大威胁》的文章中指出，生态环境遭受破坏带来的灾难，将取代核战争的恐怖，而成为21世纪人类面临的最大危险。"

(4)提问式导语。这是把报道的主要事实用提问的方式设置悬疑以引起读者的关注和深思的导语。例如："上学要交钱，哪些该交？哪些不该交？究竟交多少？就群众对今年有些中小学收取费用过多、过乱而提出的问题，国家教委发言人于23日发表了谈话。"

(5)引语式导语。即引用新闻人物的语言或名言、谚语等来揭示或烘托主题的导语。例如："文化这种精神产品需要以商品的形式进行传播，但是绝不能商品化，不能把经济效益放在第一位。"3月30日下午，在人大四川代表团驻地，著名作家马识途对记者发表了这一见解。

(6)混合式导语。就是将两种或两种以上的写法混合使用的导语。如："当官不为民做主，不如回家卖红薯。"豫剧《唐知县审诰命》中知县唐成的这一题款，现在变成了许多人的口头话。担任领导工作的干部，把它作为勉励自己的格言；人民群众把它作为向干部提出的要求。这一导语混合使用了引语式和叙述式。

导语的写作，要求叙事具体精当，有实质性的内容；生动活泼，能引起读者的兴趣；简洁明了，文约事丰。

(四)主体

主体是消息的主干部分，它承接导语，用确凿、典型的事实，表现导语所揭示的主题，或者回答导语提出的问题。主体是体现新闻价值的关键部分。

主体结构的顺序和写法一般有三种：

1. 时间顺序

即按事物发展的过程、时间的先后顺序安排层次。按时间顺序又有两种写法：

一是由远到近，用顺叙方法。即从事物的开头写起，再写它的发展，最后写到它的结果。一是由近及远，用倒叙法。即先写出事物的现状、结果，再倒过去写事物的过去。

2. 逻辑顺序

即按事物的内在联系或问题的逻辑关系来安排层次。逻辑顺序一般按五种逻辑关系来表现，即主次关系、因果关系、总分关系、并列关系、点面关系。

3. 时间顺序和逻辑顺序相结合

事实上，很多消息，很难说它是单一的时间顺序或单一的逻辑顺序。常常是二者紧密交织在一起的。

主体的写作，要求观点明确，紧扣主题；内容充实，材料具体；层次清楚，逻辑严密；生动活泼，通俗易懂。

（五）背景

背景是新闻事件发生的历史、原因和环境。它说明新闻事件发生的具体条件、性质和意义。它是为充实新闻内容、烘托和突出主题服务的，同时增加新闻的知识性和趣味性。新闻背景不是消息中的独立部分，也不是消息结构中必不可少的成分。材料放在什么地方没有定格，是否自成一段也没有固定的要求，完全由新闻的内容决定。但它往往穿插在主体中间，有时也放在导语或结尾里。

背景材料可分为以下三类：

一是对比性背景材料。

二是说明性背景材料。

三是注释性背景材料。

运用背景材料要掌握分寸，防止片面性。尤其在运用对比性材料时要特别注意这点。不要一谈成绩，就把过去贬得一无是处；也不要不适当地拿甲的优点去比乙的缺点；更不要在宣传典型人物时有意无意地降低或抹杀了领导和群众的作用。运用背景材料还要看对象，恰到好处。材料不宜过多，文字要简明扼要，以免喧宾夺主。

（六）结尾

结尾是消息的最后一段话或最后一句话。它能总结全文，加深读者的感受，引起人们的联想，起画龙点睛的作用。许多消息只要将事实交代清楚便可自然停止，不必再单独加一个结尾。该不该写结尾，写什么样的结尾，都要根据主题和内容的需要而定。

结尾常见的形式和写法：

1. 小结式。即对消息的内容加以小结，使读者更加明确报道这一内容的目的。

2. 评论式。在结尾中，对所报道的事实进行评论，说明实质，更进一步深化主题。

3. 启发式。结尾提出问题，启发读者去回味、思考。

4. 号召式。在报道事实的基础上，发出号召，唤起读者的响应和共鸣。

5. 展望式。根据新闻事实，指出事情发展的必然趋势或揭示事件的必然结果，给读者以激励和鼓舞。

三、范文评析

[范例一]

一篇《11岁养女撑起苦难的家》的报道引发一场越洋爱心大行动
本报传递爱心　孝女彩金喜住新房

本报兴宁讯（记者叶仕欣、翁晓鹏、胡亚平、骆昌威摄影报道）：昨日，因为本报报道而获得海内外热心人士关注的兴宁孝女小彩金，终于搬进由爱心捐款修建的新家！兴宁市市政府与本报共同举办"广州日报见证人间真情，爱心使者恭贺彩金乔迁"活动，与17名来自香港的爱心人士和当地父老乡亲近百人一起庆祝小彩金喜迁新居。本报职工自发捐赠的衣物、书籍和玩具昨天也交到了小彩金的手中。

澳大利亚华人读本报献爱心

2005年9月5日，本报以《11岁养女撑起苦难的家》为题报道小彩金的孝心故事后，不但感动了中国内地和港澳地区的众多读者，而且，当这篇报道漂洋过海在《广州日报·澳洲专版》转载后，也感动了众多澳大利亚读者。许多当地华人被小彩金的孝心故事深深感动，希望帮助小彩金的电话，从澳大利亚，从四川、香港、深圳、广州以及珠三角其他城市不断拨向本报。这些素不相识的人都表达了一个共同的心愿，就是为这个不幸的家庭做一些事情，献一分爱心，不少澳大利亚华人还从海外为小彩金寄钱送物，帮她渡过难关。

香港爱心人士筹款盖新房

今年 4 月 3 日，来自香港的众多爱心人士前后筹集善款 8 万元，由罗岗镇地方政府出面解决了建设用地问题，一同为小彩金盖起了新房。今年 8 月，爱心使者再次捐款 1 万元为小彩金的新家购置家具、电器，帮她解决生活难题。此外，来自香港各界人士筹集的爱心捐款仍有富余，将以每月 500 元生活费的方式交给小彩金，直到她 21 岁。兴宁本地一家企业也承诺将负担小彩金所有教育费用，直到她完成学业。

昨日，这场历时近一年的爱心行动终于有了一个圆满结局，小彩金在海内外热心人士的共同帮助下，不但解决了生计问题，还住进了新房。本报报道不仅让人们看到了一颗孝女的赤子之心，也架起了内地、港澳地区以及澳大利亚等地的爱心虹桥，海内外热心人士一同用爱心托起了小彩金的孝心，在兴宁大地上谱写了一曲"爱心之歌"！

（原载《广州日报》2006.8.20）

[评析]

这是一篇动态消息，采用了双行标题，眉题交代背景，正题揭示主要事实，虚实结合，充分显示了标题的功能。下面是消息源、导语、主体、背景和结尾，结构完整，符合消息结构的要求，材料的组织安排合理，背景材料使用得当。采用评论式结尾，对所报道的事实进行评论，使主题得到了升华。

[范例二]

"哥德堡号"到访期间交流不断
羊城今日挥别瑞典"老哥"

本报今天上午消息（记者夏杨、李小佳，通讯员何睿、丘秉春报道）：今天上午 11 时30 分许，黄埔客运码头彩炮喷射，"哥德堡号"缓缓起航。码头上的人们手中挥舞着中瑞两国国旗，"哥德堡号"也鸣炮致谢。省委常委、广州市委书记朱小丹等领导向"哥德堡号"挥手，目送"老哥"渐渐远去。

今天，是送别的一天，也是值得纪念的一天。两棵纪念树，记下"哥德堡号"访问广州这段难忘的时光！今早 9 时许，朱小丹和瑞典驻穗总领事司马武、哥德堡市市长林德等，在南海神庙东广场挥铲种下"哥德堡号重访广州纪念树"。本来源远流长的中瑞友谊，因为"哥德堡号"的重访又掀开新的一页。

随后，"哥德堡号"船长皮特·卡林按照中国文化传统，在南海神庙拜亭前烧香祈福。9时 30 分，广州市领导在"海不扬波"牌坊前致欢送词，祝"哥德堡号一路顺风"。

9 时 40 分，盛大的仿古祭海仪式隆重举行，来自黄埔 15 乡的 400 多名乡亲，以独具岭南特色的民间拜祭仪式，祈求国泰民安、海不扬波。这隆重的拜祭仪式，表达着广州人对"哥德堡号"的欢送和祝福——"哥德堡号"的背后，是中瑞几百年的贸易往来，这隆重的拜祭仪式，饱含广州人的激情和梦想——"哥德堡号"的到来，让人们再次回望广州千年商贸文明，拥抱海洋、拥抱世界的豪迈情怀，如熊熊火焰般燃烧得更加旺盛……

紧接着，在南海神庙广场上，瑞典著名女歌手 ELIN LANTO 一曲《I Won't Cry》，唱出了水手坚强的呐喊和呼唤。而广州人一段象征太平吉祥的麒麟舞，再次用传统方式表达出殷切的祝福。即将告别中的"哥德堡号"全体船员，也热情地加入进来，600 人一起"扒龙

舟"。1200双手欢快地舞动,传达着信任、友谊、快乐和祝福!这一刻,现场气氛达到了高潮!

10时30分,萨克斯风响起,中瑞双方的少年合唱团唱起了《友谊地久天长》。歌声中,"哥德堡号"船长和船员依依不舍地登上"南海神号",少年们向船员赠送了特殊礼物——中国结。随着汽笛一声长鸣,"南海神号"开向黄埔客运站码头——在那里"哥德堡号"正等待着起航的那一刻。

黄埔客运站码头上锣鼓齐鸣,醒狮起舞。"哥德堡号"船长、船员在舷梯边向送别人群一一握手告别。少年合唱团唱起了《哥德堡号,你并没有走远》,送别再次掀起高潮。

11时30分,在人们欢送的目光中,"哥德堡号"在领航船的引导下缓缓起航……

(原载《羊城晚报》2006.8.19)

[评析]

瑞典"哥德堡号"2006年8月19日上午11时30分许离开广州时,广州黄埔客运码头举行了隆重的欢送仪式,当天的《羊城晚报》就登出了这篇消息,可谓迅速及时,做到了效果与时机的统一。这篇消息结构完整,对时间、地点、人物、事件、起因、结果等要素交代清楚。内容十分丰富,写作方法灵活多样,富有立体感与现场感,语言简洁明快,富有感情色彩。

四、写作要求与病例评析

(一)写作要求

1. 要具备必要的新闻要素

在一般情况下,消息要具备新闻五要素,必要时虽可省略一些要素,但必须把时间地点和事情人物的来龙去脉交代清楚。

2. 内容要真实、典型

真实是新闻的生命,典型是新闻的力量。我们应当说真话,这是社会主义新闻的一条基本原则。一切虚假的东西都是对新闻的最大损害。报道虚假消息不但会损害作者和新闻机构的声誉,而且会产生坏的影响。

3. 宣传真理,不去炒作

新闻事业是有党性的。社会主义的新闻事业是为社会主义服务,为现代化建设服务的,应发挥其宣传群众、教育群众、鼓舞群众的作用。不要追踪报道名人的私隐,热衷搞花边新闻,不要炒作那些没有价值的东西,把群众视线引到不正确的方向。

4. 要讲究时效

消息报道要迅速及时,才能发挥其效用。要做到效果和时机的统一,但不要为了抢新闻,提前报道未然的事,也不该报道暂时还不宜报道的事实。

(二)病例评析

[病例]

××市××区突出"四抓" 着力打击贩毒制毒活动

本报讯:为了市民的健康,也为了建设和谐温馨的城市,××市××区调动了警力,突出"四抓",着力打击贩毒活动,取得成效。他们的经验是:

(一)抓打击:严惩现行毒品犯罪。以打击制贩海洛因、冰毒、摇头丸犯罪为重点,组织破案会战,努力摧毁地下贩毒网络;加强对重点场所、重点部位涉毒问题的专项整治。

(二)抓源头:防范毒品犯罪。着力抓好"堵进口、截出口、断通道"三个关键环节,加强对各交通出入口、火车东站等重点部位的布控和各类重点车载货物、邮政包裹、旅客行李的检查；加强对出租屋、歌舞娱乐场所等重点行业的日常管理。

（三）抓教育：提高群众认识。重点抓好对青少年、无业人员等易吸毒、涉毒高危人群的宣传教育；大力推进"无毒社区""无毒村"的创建活动，确保2年内"无毒社区（村）"创建率达到80％以上，达标率达到50％以上。

（四）抓管理：落实领导责任制。落实党政领导禁毒工作目标管理责任制，完善禁毒委员会成员单位责任制、责任制考核和倒查追究制。

（原载《×××报》2006.5.6）

［评析］

这篇消息属经验消息。经验消息是对某个部门、单位或个人的做法、典型经验、先进事迹进行报道的消息。这则消息及时报道了抓禁毒的经验，很有现实意义。但毛病也不少。首先是对新闻要素交待不清，如开头对时间、地点、活动背景缺乏必要的交待；其次是消息的结构不完整，"本报讯"之后应写上"记者×××报道"，不能没有消息源；第三是见事不见人，看不到人物的活动。

▶第三节　通　　讯

［学习要求］

了解通讯的含义、特点、作用、结构、种类以及写作的要求和方法，能写出符合体式要求的人物通讯、事件通讯、工作通讯、风貌通讯、新闻故事等。

一、通讯概述

（一）概念

通讯是一种以记叙和描写为主，具体形象地报道具有新闻意义的典型人物、事件和经验及社会风貌的新闻体裁。

（二）特性和作用

通讯是在消息的基础上发展起来的。因为消息比较简短，人们读了一条消息之后，还感到不满足，还想知道更多更详尽更具体的情况。通讯就应运而生了。

通讯就是消息的丰富和延伸。它带有与消息相同的特征，但作为一种独立的新体裁，也有自己的特性。

1. 真实性。在报道内容的真实性上，通讯与消息完全一致。通讯中所写的人要真有其人，所记的事要确有其事，就连细节的描写也必须是真实的。这是它区别于虚构的文学作品如小说的主要一点。通讯不能违背真实，为了追求故事性而添枝加叶、无中生有、移花接木和"虚构幻想"。

2. 时效性。消息和通讯都要迅速及时地报道新闻事实。但消息的时效性更强，耽误时机就失去了新闻价值。而通讯则不像消息那样迅速及时，同一素材的消息和通讯，有时先发消息，续发通讯；有时同时见报，各有所长，互为补充。但过迟的通讯，同样会丧失新闻的时效性，成为"明日黄花"，引不起读者的兴趣。

3. 形象性。通讯不仅要用事实说话，而且还要用形象说话，在写人叙事过程中一般都要求展开情节，描绘人物活动和生活画面，讲究故事性，要有生动流畅的文笔。这是它与消息、调查报告、新闻评论等新闻体裁的主要区别。通讯报道的人物和事件还必须是典型的。这样，其教育意义和启发性更大。

4. 评论性。通讯可以运用夹叙夹议的方法，直接揭示事件的思想意义，表明作者强烈

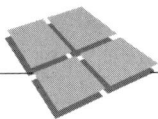

的思想倾向，流露鲜明的爱憎感情。这是通讯区别于消息的特点之一。消息主要靠事实说话，作者不宜多发议论。通讯则不同，通讯的作者可以直接站出来发议论，表达自己的见解。当然，通讯的议论不是采用逻辑论证的方式，而是夹叙夹议，画龙点睛式的评论，"点到为止"，理在情味之中。

(三)通讯同消息的区别

通讯同消息比较，有三个方面的区别：

一是在内容上，通讯比消息的容量大。消息报道要求快，来不及去采写更深入更详细的情况，一般也不要求那样做。通讯则可以进行深入细致的采写，告诉读者更具体和详尽的东西，因此它的篇幅、容量，一般都比消息长和大。

二是在适应范围上，通讯比消息宽广。有些事情，确实值得报道，但又不太适合发消息，于是就往往以通讯的形式来报道，通讯的适应范围相当广。有些事情发生较久了，写消息不合适，但仍可以写成很好的通讯。通讯的时效性要求不像消息那么严格和迅速。

三是在写作方法上，通讯比消息灵活多样。消息以叙述为主，写法有相对稳定的格式，重在准确和概括。通讯的写法灵活多样，几乎没有统一固定的格式。通讯要用形象说话，常常要综合运用叙述、描写、说明、议论、抒情等多种表达方式和表现手法。

通讯题材广泛，形式多样，写法灵活，它可以写重大的社会问题，重大事件，也可以写人民群众生活中的日常小事；可以侧重写人，也可以侧重记事；可以报道、歌颂先进人物、动人事件，也可以揭露、抨击社会上的不良现象；它有广泛的宣传教育作用，能产生普遍的社会影响。

(四)通讯的种类

1. 按报道内容分，有以下几种：

(1)人物通讯。记写各条战线涌现出来的代表人物的通讯，表现人物不畏困难、艰苦创业的事迹，揭示他们的成长过程和精神境界。例如《我愿意为乡亲们服务一辈子——记河南通许县刘庄村"爱心诊所"所长马文芳》。

(2)事件通讯。记叙现实生活中典型事件的通讯，深刻发掘其思想意义，体现我们伟大时代的精神风貌。例如《为了抗击非典》《煤炭业"盛世"危言》。

(3)工作通讯，也叫经验通讯。介绍工作经验或研究工作中的问题的通讯，它要求通过典型剖析，概括出具有普遍性、规律性的东西，以指导面上的工作。如《一个高薪"节俭族"的理财个案》。

(4)概貌通讯，也叫综合通讯或风貌通讯。它是反映一个地区或一个单位的新面貌、新气象的通讯。常用点面结合、前后对比的方法来写，能给人以完整的印象。例如《中关村的灯火》《新风吹暖佳木斯》。

(5)旅游通讯。这是写旅游观光的所见所闻、自然风光、风土人情、文史轶事、社会状况等的通讯。例如《访美掠影》《拉萨的夜市》。

2. 按报道形式分，有以下几种：

(1)专访，又称访问记。是对新闻人物或单位、部门进行专题访问的通讯报道。通常分为人物专访、事件专访和问题专访。例如《请你理解我的爱——访特等伤残军人安忠文的妻子邓阳昆》。

(2)集纳。把几个人物的事迹片断或几个独立的小故事，统一于一个主题一个标题之下，分段或分小标题加以编写，成为一篇完整的通讯。一般写同时同地之事居多，有时也可将异时异地之事组合。例如《一厘钱精神》。

(3)特写。它是对某一新闻事件的过程、片断或某一镜头，用简洁的笔墨，集中突出、绘声绘色地进行描写的通讯。它是从电影中的"特写镜头"演变而来的，选材类似于"特写镜头"的拍摄。例如《喜从天降的时刻》。

（4）采访札记，也称记者来信。是记者把采访中的见闻，以第一人称，用札记的形式写成的通讯。例如《治理经济环境必须为企业除"三害"——关于企业深受"官倒""关卡""摊派"危害的采访札记》。

（5）新闻故事，又称小故事、小通讯。通常是反映一人一事，现实生活中的一个片断，篇幅短小，而又有一定的情节。它能"以小见大"，寓意深刻。

二、结构和写法

通讯的结构包括标题、开头、主体、结尾四个部分。其写法如下：

（一）标题

通讯的标题一般要具体、准确、鲜明地揭示其主题或主要内容。写人物的通讯，要揭示人物的先进思想、优秀品质，如范例一，就揭示了人物成长的道路和先进的事迹；写事件的通讯，标题要突出其思想意义，如《英雄登上地球之巅》就突出了其思想意义。

（二）开头

通讯的开头要有吸引力。常见的写法有：

1. 开篇点题，突出中心。例如《海南老干部局积极推动健康事业》的开头一段："近几年来，海南省委老干部局在工作实践中勇于探索，打开了老干部健康事业的新局面。"

2. 造成悬念，引人入胜。例如《一位东北农民的泪》的开头："俗话说，男儿有泪不轻弹。而他，一位黑龙江省东宁县万鹿沟村来北京治病的农民，丢失了身上携带的 275 元钱，伤心流泪了。"

3. 引用诗歌、民谣、警句等开头，渲染气氛，揭示主题。例如《鱼水新篇，沂蒙山纪事》用民歌的句子"河里的鱼儿呵，没有水就没有家"开头。它渲染了气氛，起到点题的作用。

4. 比喻和联想，引出主题。例如《手执金钥匙的人们》，开头把知识比喻为"传说中的大宝库"，而把小学教师比作"智慧老人"和"用金钥匙打开心灵的人"，从而引出主题。

（三）主体

主体是通讯的主干部分，也是充分表现主题的重要部分。主体的结构和写法，常见的有三种：

1. 纵式结构。即按照事件发生和发展的时间顺序来安排层次。许多故事性强的事件通讯、人物通讯和一些风貌通讯，都采用这种结构形式和写法。

2. 横式结构。即按事物的内部联系、事物的不同性质来组织安排层次。工作通讯和许多人物通讯适于用这种结构形式和写法。

3. 纵横交叉式结构。它把纵式和横式结合起来，把时间的顺序和空间的变换交叉起来安排层次。这种结构方式适用于事件较多而涉及的空间又较广的通讯。

（四）结尾

结尾是通讯的最后部分。结尾一般要总结全文，深化主题，留有余味，发人深思。结尾常见的写法有：

1. 照应前文，首尾圆合。例如《浩浩长江，何日百舸争航》的开头，引用了杜甫的诗句："蜀麻吴盐自古通，万斛之舟行若风。"结尾写："人们拭目以待，希望浩浩长江，不久将迎来一个千帆竞发、百舸争航的繁荣局面。"照应了前文，首尾圆合，结构严谨，主题突出。

2. 画龙点睛，篇末点题。例如《觉醒了的大地》，写作者重返凤阳看到的变化情景等新

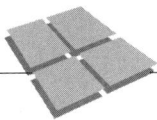

气象。结尾画龙点睛，揭示主题："当然我想得更多的还是觉醒了的人民。因为无数事实告诉我们一个真理：首先有了觉醒的人民，才会有觉醒的大地。"

3. 意在言外，深化主题。例如《王老师的小屋》，写王老师身居陋室，却胸怀宽广，小屋里充满着师生情谊与欢乐。结尾处宕开一笔："我们歌颂王老师的小屋，却并非歌颂他屋子小。我们希望那些肩负教书育人重任的老师们，能够不再住这样的小屋。"其言外之意是要改善老师的居住条件，深化了主题。

4. 总结全文，展望未来。例如《抢"财神"——河南农村见闻》的结尾："看样子，农村几千年来保留的传统耕作经验，正在被新的科学技术所代替。我国农村继实行责任制之后，又开始了一个新的技术改革的进程。广大农民在辽阔田野上发起的科学进军，必将对我国现代化建设带来强大的推动力。"总结了全文，又展望了未来。

三、范文评析

[范例一]

一 路 走 来
——记全国优秀律师唐国华
米　静

一

看上去一脸书生气的唐国华，不惑之年已在鲜花、荆棘并存的律师执业道路上走过了二十个春秋，可谓是年轻的"老"律师了。二十年里，在快乐、痛苦、自豪、追寻的交织中，他用心血和汗水浇灌出了绚丽之花。

1985 年，告别学生时代，步入社会，他先当起了大学老师，将知识传授给学生。1988年他开始兼职从事律师职业，也许是律师职业的挑战性吸引了他，他辞去公职走上了职业律师生涯。从 1995 年发起设立浙江君安律师事务所到现在担任浙江省内规模最大、所内律师过百人的律师事务所主任，其中的酸甜苦辣都已成为过去。对唐国华来说，第一次成功是难忘的，但在他的律师生涯中，印象最深的并不是第一次成功，而是一场跨越八个年头的无罪辩护。

董文柳于 1994 年 12 月 14 日因涉嫌贩毒被刑事拘留，同年 12 月 14 日被收容审查，在关押了两年后的 1996 年 10 月 4 日被逮捕。根据新《刑事诉讼法》关于律师提前介入的规定，唐国华受董文柳家属的委托，自 1996 年底起担任董文柳的辩护人。董文柳对自己没犯罪的陈述使唐国华感到案件的棘手：走私贩毒 18.9 千克是死罪，若如当事人的陈述他则是无罪的。面对困难，他没有退缩。他准确抓住本案的关键问题和疑点，据理力争，指出已有的证据自相矛盾、不能互相印证：如犯罪时间、参与人数、如何走私毒品及数量、如何运输和结算等都是各有说法，版本不一。

虽然作了无罪辩护，一审董文柳还是被判处了死刑。唐国华积极为董文柳上诉抗争。在当事人家徒四壁，所提供的差旅费用还不足以支付成本的情况下，他多次自费前往云南、广西、温州等地调查取证，掌握了大量的第一手资料。根据他提供的证据，浙江省高级人民法院裁定发回重审，温州中院改判董文柳无期徒刑。再上诉，这次在辩护词中他直指本案证据严重不足、已有的证据自相矛盾、而且存在刑讯逼供及伪造口供等严重问题。他指出，通过他的调查了解，他发现董文柳在逼供下自称将毒品卖给了"住陆丰市站前街 118号"的"张玉雄"，在"新新旅社"交易并分赃。起诉书也认定卖给陆丰张玉雄，可他在陆丰市查实并无"张玉雄"其人，无"站前街"，更谈不上 118 号，也无"新新旅社"，而这些子虚乌有的供词竟成了定罪依据。唐国华在辩护词的最后满含悲愤地大声呐喊：这样一个毒品怎么来的不清楚，怎么卖的不清楚，什么证据也没有的案件，被告人却被关押了五年之久，先被判死刑，后被判无期徒刑。如此下去，则还有什么案件不能定人之罪的！

浙江省高级人民法院最终采纳了他的辩护意见，认为该案证据不足（全部证据均被否定），裁定撤销原判，发回重审。2003 年 1 月 25 日，在本案的第五次审判中，董文柳终于被宣告无罪，从死囚重新获得自由。

八年的无罪辩护，更坚定了唐国华敢于依据法律用事实说话，积极履行辩护人的职责，维护被告人的合法权益和社会正义、公正的信心。

二

律师不仅是一种社会职业和谋生的手段，更重要的是一项事业，负有维护社会正义、促进司法公正的社会责任。虽然名气不断提高，业务量迅速增加，但唐国华在办理疑难、复杂案件的同时，时刻不忘律师肩上担负的社会责任，扶危救难，热心、真诚地为贫弱者提供法律帮助。

2002 年，唐国华积极发起、参与并促成农工党与浙江省法律援助中心合作，成立浙江省法律援助中心前进工作站，并担任副站长职务，积极推进社会法律援助工作，在全国范围内，开民主党派参与法律援助之先河。作为工作站的援助律师，唐国华在一次公益活动中遇到一位伤心的母亲縻某，她为非婚生的女儿得不到父亲的抚养而苦恼。唐国华认为，非婚生子女的权利同样不容忽视，决定为小女孩提供法律援助，必要时通过诉讼向生父争取抚养费。之后，以他为督导成立了具体承办的法律援助小组，优先安排并集中精力办理该案，经过紧张周密的工作，法院开庭后双方达成调解协议：女孩由母亲抚养，父亲徐某从 2003 年 1 月起承担抚养费、教育费和部分医疗费，徐某当庭付了 1000 多元抚养费。但是，调解那天徐某没有带身份证无法办理手续。根据对徐某的接触了解，唐律师担心徐某会反悔，那么调解书将成一纸空文。他的担心很快成为事实，2 月份的一个月里，律师数次联系徐某都没有结果。如果调解失败，以判决结案，女孩得到的抚养费会低得多。为了给女孩争取更多的利益，唐律师决定尽最大努力让徐某签收调解书，晓之以理，动之以情，2003 年 4 月，徐某终于签收了调解书，唐律师悬着的心才落了地。

唐国华坦诚地说，法律援助让弱势群体看到正义，律师事务所虽然是个市场主体，也要承担社会义务。提供义务咨询，提供法律援助，为弱者争取应有的保障和权利，进而推动更多的法律界人士加入法律援助工作，推动权利保障制度的健全，唐国华一直孜孜不倦地履行自己作为一名法律人的职责。

三

唐国华一直非常注重律师的业务水平和执业素质。多年风风雨雨，在新旧体制、新旧观念的冲撞中，他带领全所律师秉承"合作、创新、有序、高效"的管理理念和"诚信、专业、尽责、勤勉"的服务理念，努力改革传统律师事务所的组织架构，倾力培育薪金制律师，促进事务所朝专业化方向发展。他注重团队运作，营造协作、互补的作业空间，整合内部优势资源，努力提升事务所的综合服务水准和服务能力。

在律师事务所的正常发展下，唐国华还积极关注社会事务和社会的安定团结，为促进律师参与信访工作，他主动与省委、省政府信访局接触与沟通，提出了律师参与信访工作的建议。省信访局经调查研究后对此作出了积极回应，并与省司法厅共同确定了律师参与领导下访及日常信访的决定。不久，浙江省委、省政府作出决定：凡省领导下访，须聘请职业律师作随行顾问。2004 年 9 月唐国华作为第一批随省领导出行的律师之一，随行参与了浙江省委书记习近平与浙江省委副书记、省长吕祖善的下访工作。省领导下访并形成制度，受到全国媒体高度评价，在彰显省委省政府依法执政的理念的同时，也体现了唐律师

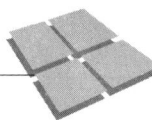

那份对律师职业不断探索的精神。

"海不辞水，故能成其大；山不辞土，故能成其高。"在唐国华律师赤热的情怀里，始终编织着一个为之值得去奋斗终生的理想，那就是目标明确，信心百倍，意志坚定，步履铿锵，在自己选定的匡扶正义之路上矢志前行。

（载《前进论坛》2005 年第 7 期）

[评析]

这篇通讯报道了律师战线涌现出来的先进人物，表现人物不畏困难、艰苦创业和扶危救难的事迹，揭示了唐国华律师的成长过程和精神境界。通讯报道的人物和事件典型，富有教育意义和启发性。

这篇通讯不仅用事实说话，而且还用形象说话，在写人叙事过程中展开了一定的情节，描绘了人物活动的某些画面。这是它与消息的主要区别。

消息主要靠事实说话，作者不宜多发议论。这则通讯作者运用夹叙夹议的方法，对叙述的事实进行议论，直接揭示事件的思想意义，表明作者强烈的思想倾向，流露鲜明的爱憎感情。这也是通讯区别于消息的特点之一。

[范例二]

<h3 align="center">传承铁人精神</h3>
——记大庆石油管理局钻探集团钻井二公司 1205 钻井队党支部
本报记者　汪　波

6 月中旬，记者来到大庆石油管理局钻探集团钻井二公司 1205 钻井队。这支当年铁人王进喜带过的队伍，是铁人精神的发源地。1953 年建队至今，1205 钻井队已经走过了半个多世纪的历程。

<h3 align="center">坚持传承铁人精神</h3>

铁人精神是 1205 钻井队的精神支柱。几十年来，无论条件发生什么变化，钻井队党支部都坚持传承铁人精神不断线、不走形、不失真。每当有新人入队，党支部给新同志上的第一课就是到荣誉室进行传统教育，树立"队史使我更光荣、我为队史添光彩"的责任感和使命感。

几年前，1205 钻井队到喇嘛甸区块参加会战。此处极易出现气涌、井涌等工程事故，被称为"气老虎"。面对建队以来首口气井施工任务，支部成员立下誓言：不高标准"拿"下这口井决不回家！施工中，大家吃住在井上，支部成员还专门组成技术攻关小组，研究新的泥浆体系。

经过 3 天 3 夜反复试验，终于重新摸索出一套体系，使泥浆 6 项性能均达到最佳状态。会战结束后，公司领导评价 1205 钻井队班子说："铁人队的班子就是钢班子，没有攻不下来的难题。"

党支部成员始终牢记着王进喜说过的话——"当了干部，还是钻工""要当一辈子老黄牛"。一次紧张施工中，拉石粉的车陷进距井场 300 米处的泥水中，井上只有 8 名钻工，如果不及时提高泥浆比重，就无法继续施工。时任队长的李新民当机立断：把石粉扛到井场！当时，他的关节炎复发，刚打完封闭针，可他硬是咬着牙，带领钻工把 26 吨重晶石粉一袋袋地背进了井场。钻工们都说："李队长干工作就像铁人一样，真有股拼劲。"

<h3 align="center">党员们的铁规</h3>

没有特殊情况不离井队，节假日不离井场，复杂情况不离现场，关键环节不离岗位；带头执行制度，带头学习技术，带头遵章守纪，带头吃苦奉献——这是铁人队伍中党员们的铁规。

在采油五厂打井时，发现沉沙池里的沉沙有1米多深，党员李艳辉二话没说，跳进池中一点一点儿地清理。沉沙池内闷热得让人喘不过气来，泥浆中的药品也浸得皮肤火燎燎的疼，他全然不顾，平时五六个小时才能完成的工作量，他仅用3个小时就干完了。

有一次，由于连日降雨，井场周围积满了近两尺深的水，固井急需的100多根套管只能卸在距离井场600米远的公路上，如果不及时运进来，就会影响固井。在这种情况下，两个班组的党员纷纷跳入泥水中，人拉肩扛搬运套管。在党员的带动下，正在驻地休息的职工也都赶回井场，一直奋战到次日凌晨，保证了正常的生产运行。

钻井队现任队长胡志强曾在一次井口施工中身受重伤，下颌开放性骨折，4颗门牙被削掉。根据伤情，大队安排他休息半年，可刚出院他就直接来到工地。队友们拦着不让他动手，他就站在边上看。"只要不离开井场，哪怕是站着看，也是学习，也会有收获！"胡志强说。

实现钻井技术新跨越

1205钻井队是一支以打调整井为主的井队。随着油田开发难度的加大，各种特殊工艺井技术应用日益广泛，对钻井队伍的要求也越来越高。钻井队党支部创建了"青工岗位技校"，广泛开展"岗位交叉、技能升级"达标竞赛和岗位"传、帮、带"活动，帮助青年工人尽快掌握专业技术技能。

2000年，1205队承担了建队以来首口定向井施工任务，实现了由单一井型向多井型施工的历史性转变。2003年6月，1205队又首创用ZJl5/900DB钻机打出井底水平位移532米的丛式定向井的新纪录。

短短几年时间，1205队成功实现钻井核心技术新跨越，成为一支集定向井、水平井和侧钻水平井等多种井型施工能力于一身的多功能钻井队。经过不懈努力，1205队还先后通过了HSE和ISO9002国际认证，获得了中国石油天然气集团公司甲级钻井队资格，拿到了进军国内外钻井市场的"通行证"。今年2月，1205钻井队项目部正式开赴苏丹。

（载《人民日报》2006年7月4日）

[评析]

这是一篇报道先进单位的通讯。标题分正、副：正题鲜明地揭示了主题，副题指出其内容范围。通讯首段"开篇点题，突出中心"。接着分三个小标题来写，层次鲜明，步步推进。主体的三个部分，采用了横式结构，即按照事物的内部联系、事物的不同性质来组织安排层次，主题鲜明突出，富有感染力。结尾一段：总结全文，展望未来，令人感受到该集体奋发向前的脚步声，给读者情思不断、余味无穷的感受。

四、写作要求与病例评析

(一)写作要求

要写好富有时代精神和现实意义的通讯，首先要做到下列四条：

第一条，深入采访，全面掌握第一手真实、典型的材料。这是通讯写作的重要前提，也是许多成功的通讯写作的宝贵经验。

第二条，反复提炼和深入开掘主题。作者要从掌握到的实际情况出发，站在时代的高度去分析人物的言行、事迹，认识其思想品质，分析事件的意义，从中提炼出具有时代精神和现实意义的深刻主题。这是通讯写作成败的关键。

第三条，精心选择生动的事例和典型的细节材料，使通讯内容丰富，人物生动形象，事件具体，增强其可读性。

第四条，以叙述和描写为主，兼用议论和抒情等表达方式，采用灵活多样的表现手法。

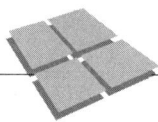

语言要简洁朴实，生动形象。

但是由于通讯种类多样，各有不同的特点，除了掌握上述要领外，不同种类的通讯又有一些特殊的要求，现分述如下：

1. 人物通讯

人物通讯报道的对象，大多是先进人物或先进集体，有时也报道一些转变中的人物或有争议的人物。人物通讯的写作应掌握好以下几个环节：

（1）要在矛盾冲突中写先进人物。先进人物是在现实生活中涌现出来的，是在同各种落后腐朽事物的斗争中成长起来的，是在同各种错误思想的矛盾斗争中考验出来的。所以写先进人物要把人物置身于矛盾的旋涡中去刻画，通过人物的语言行动等展示人物的闪光性格与思想。

（2）要在特定环境中表现人物。任何新闻人物，总是生活在一定的社会环境中，他的言论行动往往受社会环境的影响。因此，我们要表现一个人，一定要与人物的环境联系起来。否则，新闻人物的许多行为会显得不可理解，人物的言谈会失去感染力。

（3）要写好情节与细节。人物的思想与性格，不是空喊出来的，而是通过情节与细节表现出来的，所以我们要特别注意关键性情节与典型细节的描写，使人物"立"得起来。

（4）要突出人物思想与个性。要写好人物的经历和事迹，更要突出人物的思想感情和内心世界。不能"有人无魂""有魂无人"，也不能"千人一面""褒一贬百"。

2. 事件通讯

（1）善于取材，以小见大。事件通讯一般要再现事件全貌，但不能事事俱现。这就要抓住关键性场面与情节来写。以少胜多，以小见大。

（2）典型性与新闻性结合起来。社会上每天都发生成千上万的事件，不是每件事都可成为新闻。因此，必须选择典型的而又有新闻价值的事件进行报道。

（3）既要见事又要见人。事件通讯虽以写事件为主，但事件离不开人，所以写事件不离写人。要采写人在事件中的命运，他与事件的关系等。

（4）在记事的基础上，要恰到好处地点出事件的意义，使事件通讯做到"寓情""寓理"。

3. 工作通讯

（1）要有现实针对性。现实针对性如何，是判断工作通讯优劣的关键，所以要认真了解社会前进过程中新出现的问题，实际工作中积累起来而未引起注意的问题，长期存在但悬而未决的问题，人民日常生活中经常要注意的问题等，抓住了症结所在，就能切中时弊，引起强烈反响。

（2）写出思想深度。写工作通讯要从全局出发，对材料进行科学的分析、综合、提炼、加工，挖掘出其蕴涵的思想意义，得出带有普遍指导意义的结论。

（3）夹叙夹议，有理有据。写作时要运用具体的事实材料，善于用议论作点睛之笔，点出问题之所在，或运用背景材料同事实对比，进行有说服力的分析，或是作者直接发表意见。做到叙议结合，观点鲜明。

4. 风貌通讯

（1）抓住特征，着力写"变"。风貌通讯要写出事物的新貌，就要抓住"变"字做文章，写出风貌的新变化，写出人们思想感情的新变化，写出生产、生活的新变化。当然，在写的过程中，不是面面俱到，而是要找出富有代表性、特征性的变化来写。

（2）善于运用对比衬托。风貌通讯常常运用背景材料，选择事实和数字，作今昔的对比，以突出事物的变化和当今面貌的"新"。

（3）缘物寄情，增添情趣。风貌通讯要真正地、深深地打动读者，还应做到缘物寄情，做到物我相融，寓真挚情感于知识性、趣味性之中，于对实物的叙述描写中。

（二）病文评析

［病例一］

让学生得到人文关怀
——人文学院党委先进事迹纪实
学生记者　蔡××

2006年，对于我校人文学院来说，是一个收获的大年。人文学院党委被评为广东省高校固本强基先进党组织，李×同志被评为广州市优秀党务工作者和全省高校优秀党务工作者。

记者于近日走进人文学院党委书记办公室，采访了学院党委书记徐××和党委副书记李×。

对于获得省高校固本强基先进党组织的荣誉，徐书记坦言，"这是全体同志共同努力的结果"，"是人文学院党委坚持求真务实，脚踏实地工作的结果。"

作为我校固本强基工程示范点之一，几年来人文学院党委在"三个代表"重要思想的指导下，按照"班子建设好、工作业绩好、群众评议好"的"三好"为目标，真抓实干、务求实效，围绕学校的评估、申博、教学科研等中心工作，团结合力，努力发挥学院党委的政治核心和战斗堡垒作用，在具体的实践中表现出共产党员的先锋模范作用。

最近几年，学院的收获可谓硕果累累：2005年中文系党总支部获得广州市教育系统优秀基层党组织，学院团委连续4年被评为"红旗团委"，这是很难得的。

李×副书记告诉记者，"人文学院是大学院，也是学校贫困生最多的学院，有300多名贫困生，但我们都要把他们的生活安顿好"，使他们"人人得到资助，人人得到应有的人文关怀"。

学院利用一切机会，向贫困生提供解决困难的途径。如介绍贫困生的家长到企业当清洁工，使其家庭增加收入，缓解一些困难；又如经常组织贫困生到大型企业参观学习，与企业挂钩，为其毕业后就业提供一定的机会。

在保持共产党员先进性教育的千名党员帮助千名贫困生的活动中，该学院的党员努力践行党员的道德规范，热心、耐心、真心地对贫困生从思想、生活、学习上进行了无微不至的关怀。罗维明教授家庭经济并不富裕，但他每月从工资中拿出100元资助一名家庭贫困的学生；青年教师王凤霞收入不高，但当有学生患病时，她拿出了1000元给该学生住院治疗。学院的辅导员们在这方面更是做到无微不至，学生有急病，他们通宵陪护在学生的身边。

作为党委副书记，李×更多地对学生倾注了自己的心血。她坚持每个星期三个晚上到大学城值班。学院的一名姓王的同学得了精神病，她费尽心思，发动学校教职工捐钱资助其治疗，使这个同学尽早脱离精神苦海；中文系的张同学家庭贫困，长期生病，李×副书记带头捐款，为张同学筹款将近万元，解决了治病的燃眉之急。

学院党委还十分重视对学生实践能力的培养。近年来，人文学院已经与黄埔区的一些学校及国旅假期、《广州文艺》等单位建立实习基地，每年组织大批的学生到实践基地实习。学院每学期都开展义工活动，组织学生到孤儿院、福利院做义工，到一些小学、中学义教，学院已经与黄埔军校建立爱心实践基地，在南源街社区服务已经坚持了10年。今年，学院为了毕业生的就业，先后召开了12场招聘会，给学生的就业提供了不少有利途径。

（原载《××大学报》2006.7.8）

［评析］

这则工作通讯又叫经验通讯。它通过一个单位工作的剖析，概括出具有普遍意义的东

西来，以指导面上的工作。但有不足之处：一是作为工作通讯，还缺少对工作规律的概括，应把规律性的东西找出来。二是在通讯中作者以记者的身份出现，但又不是采访札记，没有活动的现场描写。因此，不一定要以记者身份出现，以第三人称来写就可以了。

[病例二]

除暴英雄谢二亮

　　2004年2月22日，武警8674部队二连班长谢二亮回家探亲，晚上路过宁夏回族自治区石嘴山市大武口区全兴市场时，发现几名歹徒持械殴打一名男青年。他毫不犹豫地上前劝阻，歹徒不但不听劝阻，反而举刀向他砍来，他临危不惧，奋力反击，将两名歹徒打倒在地。歹徒见状起身逃跑，谢二亮在身体被多处砍伤的情况下，忍着剧烈疼痛全力追赶，终因伤势过重倒在地上。经出租车司机送往医院连夜抢救，他才脱离了生命危险。身体被砍15刀，共缝合54针，左手3根筋骨被砍断。他勇斗歹徒，血洒百米长街的英雄事迹，驻地多家新闻媒体进行了报道，在社会上引起了强烈反响。

　　在担负海关监管执勤任务中，他面对诱惑不动心，铁心打私不留情。一天中午，带班关员去吃午饭，这时有一票5箱的货物通过闸口，过地磅时，其中3箱超过了正常重量。谢二亮果断按规定扣留了货物，报关员赶紧过来说情，把一个5000元的存折往他手里塞，他坚决予以拒绝，随即把情况报告给带班关员。值勤期间，他先后拒贿拒礼12人次，查获走私案件6起，案值20余万元。

　　他在工作生活中对战友倾注一片真情，对群众奉献一片爱心，先后为4名因家人患病、家庭受灾而生活困难的战友捐款1000余元，帮助3名失学儿童重返校园，长年照顾一名孤寡老人，受到官兵和驻地群众的高度赞扬。

（选自第九届"中国武警十大忠诚卫士"风采录，

载《人民日报》2006年7月4日）

[评析]

　　这是一则新闻故事，篇幅短小，有一定故事情节，能起"以小见大"的作用。但作为新闻小故事，还存在一些毛病。首先是缺乏人物行动背景的交代，令读者对人物行动感到有些突然；其次是通讯写了两件事，如果集中笔墨把第一件事写得更具体细致一些，就会给读者留下更深的印象。

▶ 第四节　新闻评论

[学习要求]

　　了解新闻评论的含义、特点、分类和结构，掌握新闻评论的写作要求和写作方法，能写出观点鲜明、论述充分、结构完整的评论。

一、新闻评论概述

（一）含义

　　所谓新闻评论，简单地说，就是针对新近发生的事实报道加以评论。从专业的角度看，新闻评论通常是指报纸以及通讯社、电台、电视台就新闻事实，尤其是针对当前发生的重大事件或重要问题直接表明其观点、态度，发表议论、以说理为主的成篇文字材料。它是社论、评论员文章、述评、短评、编者按、编后话、专栏评论等的总称，是报刊发表意见、主张的常用文体之一。由于它阐述真理，批判谬误，歌颂新事物，抨击陈腐旧习，振聋发聩，催人奋进，因此，它又常常被人们喻为报刊的灵魂、旗帜与声音。

（二）特点

新闻评论有如下五个主要特点：

1. 议论性

这是由新闻评论自身的文体类属决定的。新闻评论是议论义的一种，因而它具有议论文的一般特点，即论点、论据和论证方式。与新闻（或称消息）作比较，更加显现新闻评论的这一特点：新闻是记叙文，以叙事为主，用事实说话，寓观点于事实之中，是报刊"无形的意见"；新闻评论则是以议论为主，针对新闻事实发议论、讲道理，直接地表达评论者的立场、观点，是报刊"有形的意见"。

2. 新闻性

新闻评论的新闻性，也就是时效性，其原则是这种新闻评论要快，要及时，甚至是与新闻同一天同一版发表，其同步之快之及时，可见一斑！唯其如此，才是新闻评论。反之，如果不及时，时过境迁，新闻成了旧闻才发评论，就不是新闻评论了。

3. 依附性

写作新闻评论首先要有个大前提，就是评论的对象。"对象"可以是见诸报端的一条新闻，可以是人、事、物，可以是一种论调、一种行为、一种思潮、一种倾向、一种时尚、一则文艺体育动态、一种社会现象等。换句话说，就是先有对象而后才有评论。"对象"是第一性的，评论是第二性的。

4. 主观性

新闻评论的这一特点，来自它自身的功能，来自于评论的目的。无论评论的对象是什么，它都是一种客观存在，怎样认识它，看待它，评什么，怎样评，都取决于评论者的主观意识。它不为"对象"所摆布左右，恰恰相反，是"评论"驾驭"对象"：选择什么加以评论，怎样评论，都服从于评论的目的、服从于评论者的主观意识。

5. 多层次

就是说对于同一个"对象"的评论，可以一论再论，作多次或连续的系列评论。

（三）种类

新闻评论的分类，从不同的角度出发，可以有各种各样的分类。

从新闻评论的样式来分，常见的新闻评论有：社论、评论员文章、述评、短评、按语、宣言等。

从内容上分，可以有政治评论、思想评论、时事评论、经济评论、教育评论、科技评论、文学评论、艺术评论、体育评论、军事评论、司法评论等。

从提倡什么、反对什么的角度分，又可以有表彰性、弘扬性和批评性、揭露性评论，即褒贬评论。

从议论文的写作角度分，又有立论式评论、反驳式评论以及既有立论又有反驳，二者糅合或交错在一起的评论。

从地域上分，又有国际评论、国内评论。

从篇幅的长短、规模和涉及范围的大小分，又有长篇评论、中篇评论、短篇评论或大型、中型、小型乃至三言两语式的微型评论等。

二、结构和写法

新闻评论的写作方法，其实大体上也就是议论文的写作方法，即如何立论，如何寻找和选择事实论据、理论论据，又如何运用或演绎论证、或归纳论证、或直接论证、或间接论证等证明或者反驳的论证方式，把论据和论点有机地联系起来，从而证明自己论点的正

确或者反驳对方论点的谬误。下面着重介绍新闻评论结构各个组成部分的写作。新闻评论的结构，包括标题、引论、本论、结论四个部分组成。

（一）标题

新闻评论的标题，属非公文类标题，与公文类标题截然相反：公文标题要求规范化、格式化，评论文章的标题则切忌千篇一律，要求多样化。新闻评论标题常见的有如下若干情形：以论点作标题，如范例一《坚定不移走自己的路》；以评论对象作标题，如范例二《惊闻博士论文答辩费超万元》；以直言其事作标题，如《多为群众办实事》；以问题作标题，如《一百个市长够用吗？》；以反诘方式作标题，如《广州人的耳膜"厚"一些么》；以比喻作标题，如《泪水也是甜的》；以正话反说作标题，如《多余的话》；借用诗句作标题，如《不尽长江滚滚来》。

新闻评论标题的样式远远不止这些，新闻评论标题的多样化是客观需要。例如，年年都有国庆节，年年国庆节的评论都是老面孔的标题，谁还愿意看你的评论？标题不管如何多样化，其基本要求是：鲜明新颖、简短有力、富于文采。

（二）引论

这是新闻评论的开头部分，其内容主要是交代背景和写作的缘由，提出问题，引起读者思考，以引出本论的分析和论证。开头的写法很多，有评论式开头，有叙述式开头，有背景式开头等。范例二就采用叙述式开头。因为事实令人震惊，所以这样开头能引起人们阅读的兴趣。

（三）本论

本论是评论的主体和中心。这一部分写好了，上可承接开头，下可引连结尾，使全文结构紧凑，浑然一体。

这部分可分为若干层次，可安排一段至数段的文字。如何安排才能做到合理自然、合乎逻辑又显得紧凑？最常见的方法有三种：一种是递进法（或称纵式结构），即其评论层层深入，直达核心，如《惊闻》一文的本论，就采用了这种方法。另一种方法是并列法（或称横式结构）。此外，还有交叉式，即并列式与递进式结合在一起的结合式。

（四）结论

这是新闻评论的结尾，其内容主要是总结全文，解决问题，归纳中心论点，得出全文的结论。如《惊闻》一文的结尾，就起概括点题的作用。结尾的方法很多，也有发出号召的，又如《坚定不移走自己的路》一文，其结尾是："让我们聚精会神，团结奋斗，以优异的成绩迎接'十一五'计划的第一年。"这是号召式结尾。再有结尾提出措施或展望前景的。如《更加辉煌》一文，结尾写道："相信有志气的中国健儿，一定会发扬艰苦奋斗精神，战胜一切困难，创造出更多的人间奇迹！"这就是展望式的结尾。结尾也可有抒情的，如《黎舜应三叩首》结尾："我不兴喊口号，但我还是要喊：良知万岁！法律万岁！人民万岁！"这是抒情式结尾。此外，结尾也有提出问题的，如《"台前""幕后"要一窝端》一文，结尾写道："台前的人物已经端出来了，幕后的人物，又该如何办呢？"这是问题式结尾。

新闻评论的结尾，应当力求避免一般化。弄得不好，就如同吃甘蔗从头吃至尾，最后不但淡之如水，而且还有酸味。新闻评论的结尾，更忌成为讨厌的尾巴，所以不少评论评完即止，没有另加一段"结尾"。如果有一个好的结尾，或鼓舞人心，或催人泪下，或使人联想、发人深思，那么将会给读者留下深刻的印象。

三、范文评析

[范例一]

节约是全社会的共同责任
本报评论员

在"十一五"规划的开局之年，我们看到一些可喜的现象：一些企业大力发展循环经济，开发和应用节约新技术；一些省市大力推进节约工程，建设节约型城市有了重大进展；许多市民自觉节约点滴资源，节约的意识不断增强。节约，正日渐成为全社会的共同行动。

我国是一个人口众多，资源相对不足，生态先天脆弱的发展中大国。尽管上世纪最后20年，我国每万元 GDP 能源消费量累计下降 66％，远大于同期世界 19％ 左右的平均降幅；我们以能源消费翻一番为支撑，实现了 GDP 翻两番的目标，但粗放型增长方式并没有从根本上得到转变。目前，钢铁、有色、电力、化工等 8 个高耗能行业单位产品能耗比世界先进水平平均高 40％ 以上。生产、建设、流通、消费领域浪费资源的现象还相当严重。这说明，建设节约型社会的任务还十分艰巨；也表明，节约资源的潜力很大，我们还有大量的工作要做。

建设节约型社会，从根本上说就是要着力构建节约型的增长方式和消费方式。我们应当深刻认识到，资源节约型社会的建设，贯穿于生产、建设、流通、消费等各个环节，节能、节水、节材、节地和资源综合利用是建设节约型社会的重点，科技进步是建设节约型社会的关键，体制创新是建设节约型社会的保障，全民动员是建设节约型社会的基础。只有综合运用经济、法律、行政、科技和教育等多种手段，采取更加有力的措施全面节约资源，加快经济发展模式转变，建立节约型的生产模式、消费模式和城市建设模式，我们才能真正把科学发展观的要求落到实处，走出一条科技含量高、经济效益好、资源消耗低、环境污染少、人力资源优势得到充分发挥的新型工业化路子。

建设节约型社会，关键是行动。节约，归根到底就是以尽可能少的资源消耗获得最大的经济效益和社会效益。在改革和建设的各项实践中，我们不仅要不断强化节约的意识，更要在社会生产、建设、流通、消费的各个领域，在经济和社会发展的各个方面，贯穿节约的理念，体现节约的要求。针对当前的具体实际，我们要综合运用各种手段特别是价格、税收等经济手段，促进节约使用和合理利用资源。要抓紧制定和完善各行业节能、节水、节地、节材标准，推进节能降耗重点项目建设。要大力推动以节能降耗为重点的设备更新和技术改造，加快淘汰高耗能、高耗水、高耗材的工艺、设备和产品。要大力发展循环经济，完善资源综合利用和再生资源回收的税收优惠政策。要把节能降耗纳入经济社会发展的统计、评价考核体系，在全社会广泛持久地开展资源节约活动，扎实推进节约型社会的建设。

"强本而节用，则天不能贫"。开源与节流并重，把节约放在首位，通过坚持不懈的努力，我们就一定能够为人民群众创造清洁、良好的生活和工作环境，为子孙后代留下蓝天绿地、碧水青山。

今天，本报推出《落实科学发展观 建设节约型社会》专栏，首篇刊发来自西山煤电集团公司的报道。山西得天独厚的煤炭资源，在带来财富的同时，也使山西付出了沉重的资源和环境代价。如何节约和利用资源，变废为宝，实现可持续利用？

今天推出的典型——西山煤电集团公司古交发电厂，为此提供了一个成功的样板。古交发电厂把废弃的中煤用来发电，回收利用矿井和生活废水用于生产过程，并依托先进创新技术，把节约理念贯穿在生产的各个环节。西山煤电集团公司的这种"原煤——洗精

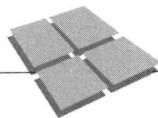

煤——洗煤副产品发电——发电副产品生产建材"的产业循环式组合，无疑是在资源的可持续利用方面的有益探索，他们的经验，值得借鉴。

《人民日报》2006年7月4日

[评析]

这是一篇评论员文章，为《人民日报》推出《落实科学发展观　建设节约型社会》专栏而写的。它针对目前经济建设的情况，从正面论述怎样去建设一个节约型的社会。评论运用了对比、例证、数字等论证方法，材料充实，观点鲜明，层次清晰，步步深入，富有说服力。

[范例二]

惊闻博士论文答辩费超万元

张培元

论文评阅费1000元、答辩费1000元、请外地老师交通费2500元、住宿费1500元、谢师宴4000元、送老师礼物花费5000元……刚进行完博士论文答辩的大连某高校博士研究生小林，在整理这次论文答辩的花费明细时愁容满面，这笔费用对像他这样一直求学没有工作的"穷学生"来说无疑是一笔大数目。论文答辩费用飞涨，让很多博士研究生不堪重负。

请外地老师来回"双飞"、住五星级宾馆、吃海参鲍鱼——面对如此不堪承受的消费，笔者禁不住也有些担心：那些来自贫困地区或低收入家庭的博士研究生们还能顺利通过论文答辩吗？会不会有人因囊中羞涩而毕不了业？

一场论文答辩就花掉了1.5万元，这是什么概念？去年全国农民人均收入是3255元，城镇居民的人均可支配收入是10493元，它相当于5个农民、一个半城市工薪族的全年收入。不难想象，有多少家庭会因为这篇博士论文而陷入更加穷困的尴尬境地，有多少"穷博士"会为这场论文答辩背上沉重的债务。

科学研究需要成本，尖端领域的研究尤其需要高投入，如果将钱花在科研方面，就是砸锅卖铁四处举债到银行贷款也好理解，但是认真研究一下论文成本的"结构"，我们怎么不心忧——1.5万元的费用，请客送礼的人情开支就有近万元，学术品质遭世风污染，已到了触目惊心的地步。吃海参鲍鱼、住五星级宾馆，高达4000元的交通费和住宿费，咋看也不像两袖清风的人类灵魂工程师所为，倒像富豪阔少的一次豪奢欢乐游！吃人家的嘴软、拿人家的手短，某些长期处在温柔富贵乡的"享受型教授""娱乐型博导"能否做到公平公正，让人在心中直打问号。

学术的庸俗和无效度增大，学术成本的高投入与学术效益的低产出，已成为时下学术圈的主要特点。我国早已跻身世界论文大国，每年发表的科学论文数量从1988年的4619篇增加至2003年的29186篇，增长6倍多，但中国科学技术国际竞争力始终在24～26位间徘徊，竞争力曲线基本没有多大变化，近年甚至呈下降趋势。全国在校博士生数量超过1.3万人，每年"产出"的博士毕业论文可谓汗牛充栋，却鲜有惊世之作。有人专门作过统计，像施里弗、德布罗意、克里克、布拉格父子，以及做博士生期间发现"穆斯保尔效应"的德国青年学者穆斯保尔，获得诺贝尔奖的依据就是博士论文。而反观我们这里——那些由专家学者吃着海参鲍鱼投票通过的博士论文，质量能高到哪里去？！

钞票堆成的论文答辩，在某些地方有愈演愈烈之势，其中暴露的学术浮躁病、学术富贵病，令人深思，发人深省。

《人民日报》2006年7月4日

[评析]

这是一篇针砭时弊的论文，以评论对象作标题，让读者一看标题就感到震惊！正文分引论、本论和结论三个层次进行论证，观点鲜明，结构完整，逐层深入地对学术浮躁病和学术富贵病做了深刻的揭示与剖析，有很强的逻辑性和说服力。

［范例三］

这 碗 水 好 咸

吴茂信

老家有句土话："咸水口渴人喝"。咸水是不能喝的，但饥不择食渴不择饮，当你渴得嗓子冒烟的时候，只想润一润喉咙，面前有水，哪怕咸得发苦，也只得闭着眼睛咽下去了。眼下，老百姓提到教育乱收费，用得最多的就是这句土话。

平心而论，这碗水着实太咸了。10年前，高校开始收费的时候，电视台作过专题报道，现场采访一位家长，问一个学年交5000元负担重不重。被采访的是一位干部模样的人，即使不是干部，也会是别的有固定收入阶层的人。他不假思索地回答记者说："这个标准是合适的，一般都能承受得起。"我当场就气得不行。因为我刚从老家乡下探亲回来，和叔伯兄弟详细地算过收入账。我们那里是产粮区，生产稻谷为主。一年下来，除了成本税费，一家子一年纯收入顶多靠5000斤稻谷。吃饭是不成问题了，但要花钱呢？1000斤谷子六七百元，就是不吃饭也只有三四千元呀，农民一年的收入还不够孩子的学费，真服了那位老兄，居然说收费合适，还说得那么轻松，实在有点"饱汉不知饿汉饥"啊！假如像旧时私塾用稻谷交学费的话，为大学生交一年的学费，那得用10辆牛车拉谷子了，能有那么轻松吗？难怪有那么一段笑话：一位老汉硬是要把一群牛赶进学校，守门的保安就是不让进，双方吵起来，惊动了校长，询问之后才知道老汉是来给孙子交学费的。诸君莫谓笑话荒唐，深入民间作些调研吧，就知道这是带着眼泪的笑了。那时，我就担心教育界决定政策的人们听信了那位先生的话，再把学校收费提高，所以赶紧给《羊城晚报》写了一篇稿子《切莫"按图索骥"》，发表在"夜谈"上。可惜人微言轻，有谁听你为民请命？现在这费那费，数目早已"今非昔比"了。与困难群体的收入的"涨幅"大相径庭。然而老百姓求知若渴，要跟上时代，要改变命运，别无选择，只能喝咸水。

乡下土话中的"咸"还有另外一层意思，就是贪婪、狠。比如说到衙门活动，当官的出价很高，人们就会说："那家伙吃得最咸！"现在的教育收费已经够咸了。不要光批评高校，其实从幼儿园开始就是那个样了。赞助费、择校费、分差费、服装费、建校费、设备费、补课费、卫生费……五花八门，不一而足。收得合不合理且不说它，先要评论一下到底该不该收。民办学校要收回投资，还要求有利润，可以理解。但公办学校用的是纳税人的钱，国家财政供养，赚钱给谁，要花到哪里去？那些由名校创办的民校，贵族式的收费就更是莫名其妙了。由此而造成公民受教育的不平等，于社会绝无和谐的益处，只能起破坏的作用。得益者按自己"吃得最咸"的胃口，逼着老百姓喝咸水，已引发怨声载道，该是悬崖勒马的时候了。新闻媒体报道，广东省教育厅表示，对于学校乱收费的现象，一旦发现，就坚决查处到底。"君莫舞！君不见，玉环飞燕皆尘土。"识时务者为俊杰，我相信这句老话。

（原载《共鸣》2005.10）

［评析］

这篇评论是针对教育乱收费的现象而写的，观点鲜明，针对性与现实性都很强。评论有叙述，有议论，但叙述为议论服务。说理时，着力找出问题症结，提出解决问题办法。评论采用了群众生动活泼的语言，感情色彩鲜明。善于运用对比手法，具有较强的说服力。

四、写作要求与病例评析

(一)写作要求

1. 紧跟形势，指导现实

新闻评论是为现实服务的，所以选题、立意，必须有明确的针对性与指导性。作者要站在时代的高度，及时发现那些对全局或某一局部有普遍影响的新事物、新问题，或者是与时代精神不相符的坏苗头，进行分析、归纳，揭示事物的本质，给人们指出方向。

2. 叙议结合，以议为主

新闻报道，以叙述为主，理、情辅之。而新闻评论，则以说理为主，事、情辅之。在叙述、说明、议论、描写、抒情等表述方式中，新闻评论用得最多、最基本的表述方式是叙述和议论。叙述与议论紧密相连，但叙述是为议论服务的。其表现形式往往是夹叙夹议，叙中有议，叙议结合，以议为主。至于是否先叙后议，还是先议后叙或边叙边议等，就要视具体的需要，加以灵活运用。说理时，要着力剖析问题的症结，解答群众的疑难，提出解决问题的办法。

3. 语言要鲜明生动

语言有口头语、书面语之分，有古语、今语之别，有所谓"学生腔"与群众语的不同，还有普通话与方言、本民族语与外来语的区别等。如何运用语言为写好新闻评论服务，其根本的办法还是毛泽东同志在《反对党八股》一文中指出的："学习语言，首先向生活学，向人民群众学，那里是取之不尽，用之不竭的宝库。"

新闻评论的语言，和一般文章的语言要求一样，都是要求鲜明、准确、生动。值得特别一提的是，新闻评论的语言应当十分精炼，即使是长篇、中篇的大、中型评论也不例外。

如果是短评、微型评论，更要求长话短说。而要做到这一点，没有精炼的语言是办不到的。评论中的叙述，要求简明、浓缩，不得冗长拖沓；评论中的议论，要求一针见血、画龙点睛，才能做到精炼。

4. 篇幅尽可能简短

除了有特定需要的、大容量的长篇、中篇评论之外，即使是社论、评论员文章，也要求篇幅尽可能简短。至于文字量多少，既没有也不可能作出硬性的规定，一般只是以概率统计取其平均值。如果说"微型评论"一般在百字左右，那么，"短评"当在500字左右，"述评"为千字左右，"评论员文章"可在2000字左右。但是，其原则是"宁短勿长"。

要做到这一点，除了要求语言精练之外，同时更要求结构更加紧凑一些、简单一些。当今的时代，已经不是"有话则长，无话则短"的时代，而是"有话则短，无话则止"的时代。"短些，短些，再短些"是众望所归，也是我们对于新闻评论篇幅的合理要求。

(二)病例评析

[病例]

整改首先从作风抓起

本报评论员

学校迎接教育部进校评估的整改工作近日全面启动，在纷繁复杂的整改工作中，首先要着力抓好什么？据笔者看来，首先应从作风抓起。

教育部专家进校后对本科教学水平的评估到底评什么？有什么标准？包含哪些方面？对此，著名评估专家李××教授在北京化工大学本科教学水平评估总结大会上讲话时指出："真正体现学校的办学水平，人才培养质量的主要不是硬指标，而是那些软指标。西南联大的硬指标根本达不到今天评估的最低标准，但西南联大由北大、清华、南开三校的名师和在抗战时期凝练的学校人文精神培养了大批优秀的人才。因此，专家组进校后，不仅要认真逐项核查指标，同时要通过考察、观察和感悟来评估学校软指标的建设。"

如果说，整改工作首先从作风开始，那么整顿作风首先要从各级领导做起。校长××多次强调，迎评工作是"一把手工程"，各单位主要领导要对迎评工作负总责，狠抓落实。可以说，主要领导的工作作风在一定程度上决定着一个单位的迎评工作水平。因此，在整改工作全面启动中，各级领导应该对照检查，从指挥方向、组织方式、发动方法等各方面不断改进工作作风，从而带动整个单位形成良好的精神状态。

其次，对于普通师生员工，作风整改应包括两方面：一是教风、学风的整改，我们要对在预评估中暴露出来的教风、学风问题进行整改，让师生的精神面貌呈现出师者敬业，学生勤奋的良好风貌；二是调整师生参与迎评工作的精神状态，要让他们真正认识到评估不但关系到学校的声誉，也关系到每位师生员工的利益，每个人都应该积极参与。陈××书记日前在学生学风整改工作动员会上提出，要树立"校荣我荣，校衰我耻"的观念。在迎评工作进入最关键的时刻，这句话应该成为全体师生员工自觉参与评估工作的强烈动力。

（《××大学报》2006.10.15）

[评析]

这篇评论对大学本科水平存在的问题进行评述，提出整改意见，针对性强。但也存在一些问题：

一是理由没有说清楚。文中只引用了评估专家的几句话，没有说充分。

二是作风包括哪些内容，人们未必全面了解，没有简明地点出来。如学校长期办学形成的办学思想、办学理念、校园文化、人文精神、教学管理机制以及校风、学风、教风等，还有迎接专家现场评估时的组织工作、师生精神状态、校园氛围等因素，都属作风范畴，要明确指出来，引起大家重视。

三是有些句子重复啰嗦，可以删去。如第二段提出"评估到底评什么？有什么标准？包含哪些方面？"连用三个设问就没有必要。

第五节 广播新闻

[学习要求]

了解广播新闻的含义、特点和种类，掌握广播新闻的写作要求，能写出符合要求的广播新闻稿。

一、广播新闻概述

广播新闻是通过无线电或导线向广大地区播送的口传新闻。广播新闻和报纸新闻有许多相同之处，比如报刊上采用的新闻也大量地用作广播新闻。但是广播新闻又具有不同于报纸新闻的特点：

1. 通俗化和口语化

报纸新闻是给人看的，广播新闻是给人听的。看起来顺眼的新闻，听起来不一定顺耳。看起来明白的新闻，听起来就不一定明白。同时，白纸黑字载着的新闻，不易误解，还容易记住。而听广播就不能那样，你上句没听懂，下句又播出来了，容不得你停留下来思考或查找工具书去弄懂它，听不懂就不懂，没法补救，而且还有误解和听错的情况发生。因此，广播新闻要扬长避短，就必须做到通俗化和口语化。这是广播新闻的突出特点。

2. 注重音响效果

报纸新闻的特点，反映在版面上；电视新闻的特点，反映在形象和图像上；广播新闻

的特点，则反映在其音响上。广播是以声音为唯一传媒的现代化宣传工具。声音是听觉的固有对象。听觉不但能听出声波中的音调、音响、音色，还可以"闻声见景""听声见形"。现代汉语音乐感很强，广播要充分发挥汉语音调、音节、音韵的特点，让听众获得听觉上的美感，因而就特别注重音响效果。这是广播新闻的又一特点。

3. 新、快、短

这是广播新闻与报纸新闻和电视新闻等共有的特点。它报道新情况、新问题，宣扬新人新事，传播新信息、新经验，给听众以新的精神、新的观点、新的启发。一切新闻报道和宣传都要快，而广播新闻比报纸新闻传播更快。"先声夺人"是广播新闻的优势和特点之一。广播新闻有时播发的是"刚刚收到"和"××事态正在进行中"的消息。有些突出性的事件，在事情发生后几分钟甚至一分钟内，广播新闻就可以将它播向全世界，其传播迅速是报纸无法相比的。一般新闻的篇幅都短小精悍，广播新闻尤其如此。因为广播时间有限，要在极短时间内广播更多的信息，篇幅一般要简短。短与广是密切联系的，篇幅短就能播得多，报道面广。

二、广播新闻的种类

1. 录音讲话。这是直接广播人民群众和各级负责人声音的一种重要广播报道形式。它或者是在一定会议上的讲话，经录音后播出；或者是由记者、通讯员邀请各条战线的先进人物、先进集体的代表讲话或开座谈会，经录音后播出。其优点是能直接表达出新闻人物和讲话人的思想感情，听起来真实、自然。

2. 录音报道。这是以新闻发生的现场音响和记者的叙述（或写成文字稿由播音员播讲）为手段的一种广播形式。根据其内容和宣传的需要，又可分为以下几种：

（1）录音新闻。这是一种简短的、时效性强的、利用现场音响进行报道的广播形式。音响和文字要有机地配合。它常用于报道事件性新闻。

（2）口头报道或现场报道。这是一种目击现场的报道，记者在新闻事件现场边看、边听、边说、边录音的一种报道形式。

（3）录音通讯。这是一种运用典型音响进行报道的广播，它比录音新闻要细致深刻，应用范围也广。它要求记者用自己的语言介绍事件的过程，描述具体场面和典型细节，而且还要用音响来表现某些细节。

（4）录音特写。这是运用音响和文字解说，集中突出地描绘某一重大场面，或新闻人物和事件的重要片断的广播形式。它像电影的特写镜头那样，使新闻人物和事件更加鲜明突出。

（5）录音访问。这是摘取被采访人物的谈话录音，穿插进记者对报道的人和事的背景或现状的介绍，有时还发表记者的感想或评论的报道形式。

（6）答记者问。这是由记者提问，被访问者回答的报道形式。

3. 配乐广播。这是根据新闻内容，配上适当的音乐或音响效果，与文字插播的一种广播形式。其报道形式是文字报道，但是所配的音乐或音响效果不一定是现场实况，而是另外配上去的，称配乐广播，以区别于录音报道。

4. 广播对话。这是通过对话讨论问题，讲述新闻事实的一种广播形式。在广播对话中，播音员可扮演成一定的人物进行交谈。

5. 广播评论。这是一种适应广播特点的新闻评论，它及时阐明对重要新闻事件的见解，分析评论人们普遍关心的问题，借以影响和引导舆论的动向。

6. 广播大会。这是由有关领导机关和广播电台联合举办的会议，用以对某项工作进行政治动员、交流经验等。

7. 重大集会的实况广播。这是一种由专业人员搞的广播形式。如群众集会游行、欢迎友好国家的使者或政府首脑的大会、重大节日、庆祝大会、联欢大会的实况广播等。

8. 重要文艺、体育活动的实况转播。对戏剧的实况广播，要对其剧情、人物作扼要的介绍。对体育比赛的实况转播，其主要情况要靠记者采访和解说员在现场进行解说。

广播新闻的结构和写法与消息的结构和写法基本相同，不另赘述。

三、范文评析

[范例]

录音访问：关于学校"人文教育"采访录音

节目主持人：广州市人大十二届二次会议召开期间，我台记者采访了教育界代表陈×× 老师，我们请他谈谈对当前中小学教育的看法，他热情地答应了。下面是我台记者采访的录音对话。

记者：陈老师，您在人大会议期间，对中小学当前的教育提出了许多意见，我们请您谈谈您主要的看法是什么，好吗？

陈老师：好的。人文精神失落，是我国教育工作存在的一个重要问题，也是一个世界性问题。改革开放以来，我们把精力放在经济建设上，这是对的，但放松了人文精神的教育，就使青少年出现了人文精神危机，不能不引起人们的极大关注。

记者：您认为青少年人文精神缺失的主要表现在什么地方？

陈老师：当前我国人文精神缺失的主要表现，是在部分青少年中有知识没文化；有智商缺人性；受教育没教养；只讲个性张扬，不管社会影响；专业知识烂熟，人间常理不晓；知识充足，精神空虚。这一切正预示着我们的社会潜伏着人文的危机。

记者：为什么会这样呢？

陈老师：造成这种现象的原因是多重的，尤其是"文化大革命"以斗争为纲，泯灭天良，疯狂破坏原本优秀的中华人文环境。但同时也因为人文教育远远不够，许多时候流于形式，以为只上几堂人文课，搞几个什么社团之类的就是人文教育。阅读面的狭窄，阅读层次的浅薄，也是人文精神匮乏的重要原因。

记者：您认为现在中小学的思想教育如何？

陈老师：如果说过去的缺点是以政治教育代替全面的人文教育，那么现在的问题是以实用的功利目的挤压了人文教育。过分看重眼前的功利目的，例如应试、追求升学率等，再好的教育也会被扭曲和变味。

记者：您认为应该怎样着手改变这种状况？

陈老师：中央已经不断采取措施了，如倡行素质教育，加强道德建设，弘扬民族精神等。学校固然是一个重要的场所，社会大环境更是实践的场地。人文教育建设任重道远，需要各界人士持之以恒地共同努力。

[评析]

这是一篇录音报道，及时报道了广州市人大十二届二次会议期间代表的发言，具有新闻价值。从广播新闻的角度看，它内容通俗易懂，语言口语化，听起来顺耳流畅，听觉效果佳，符合新闻广播稿的特点与要求。

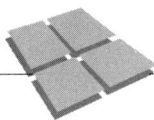

四、写作要求与病例评析

(一)写作要求

1. 语言要通俗易懂

广播新闻一说就了、稍纵即逝。这就要求语言要通俗和口语化,这样才能收到好的宣传效果。口语化要求写"话"而不是写"文",让听众易懂好记。要达到口语化,应注意几点:

(1)少用单音词,在可用单音词也可用双音词的地方,要用双音词。例如:"将",可改为"将要";"已"可改为"已经";"可"可改为"可以"。

(2)斟酌用词,音同意义不同的字和词要分清,避免同音不同义造成错听。例如"全部"容易错听为"全不",可改为"全都""全体";"羁押"容易误听为"鸡鸭",不如改为"关押"。

(3)书面语改用口头语,文言改为白话。例如将"日益"改为"一天比一天"或"越来越";"为宜"改为"比较合适";"故"改为"所以"。报刊稿用作广播稿时,为了达到口语化,有时还需进行改写。

(4)少用长句,多用短句。一般长句结构复杂,有较长的定语和状语,收听效果较差。而短句则结构单纯,简洁畅达,易懂好记。有的原文较长的句子,广播时可以把全句分割成几个短的分句。

2. 要言之有物,内容具体

广播新闻一定要言之有物,内容具体,要用事实说话,用具体、生动、典型的事例吸引听众,少用抽象空洞的词语和空发议论。

3. 叙事说理力求简洁明快

消息中对事实、情况的叙述,通讯中对情节发展过程的交代,评论中的分析和论证,都力求简洁明快,不能冗长拖沓。当然,对重点之处和典型细节,也应当该详则详,注意详略得当,而且有些关键性的内容,还要进行必要的重复,叙事还要顺乎人们听觉的习惯和思路,少用补叙和插叙。

4. 结构要严谨,层次要分明

标题要新颖、鲜明突出。开头部分要吸引听众,跟一般新闻的导语一样,报道最重要的事实,点明主题,引起听众的关注和兴趣。主体部分要围绕主题,运用具体、典型的材料,做到详略得当、层次分明、逻辑严密、脉络清晰。结尾部分要响亮有力,留有余味,不落俗套。

(二)病例评析

[病例]

录音新闻:锣鼓声声庆丰收

(实况:打锣敲鼓庆丰收的声音)

(压低混)各位听众,你已听到悦耳的锣鼓声了吧,你一定想知道党的十六届三中全会后农村的情况吧。春节前,记者走访了这个过去戴着"贫穷"帽子的石坑村,现将所见所闻向大家报道。这里的情况正如一位村民所说的:"石坑如今大变样啦!"

这里土地贫瘠,山路崎岖,没有公路,汽车进不了村。农民靠种玉米种水稻维持生活。青壮年为了生计,多数跑出村庄到城市打工找活,家里只留下小孩和老人。

党的十六届三中全会以后,政策向农村倾斜了,农民得到了许多实惠和好处,生产积极性大大提高了,特别免去了农业税,且还有农业补助,更激发了农民的劳动积极性,故使许多曾于城市打工的青壮年也回村搞农业生产了。这里土地贫瘠,过去亩产水稻每年300斤,现在亩产600斤,翻了一番。前段日子,公路又修到了村里,不仅方便了村民出城镇赶集，更重要的是使农副产品能及时送往各地。

记者找到了伍建大叔，下面是跟他谈话的实况：

问：伍建大叔今年贵庚了？

答：今年 70 了！

问：你现在还到田里干活吗？

答：干活，党的政策好，越干越有劲，生活有了奔头！

问：听说你儿子从城里打工回来了，是吗？

答：是的，他准备办一个果园场，这个娃可有理想呢……

[评析]

广播新闻是让人听的新闻，所以必须通俗化和口语化，注重音响效果。上文的问题主要就是这方面的毛病：

1. 有些单音词，容易听错，应改为双音词，让听众听得更清楚。如第 10 行的"且"应改为"而且"。

2. 有些文言应改为白话，更为通俗易懂。如第 11 行的"故"，应改为"所以"，第一个问句中的"贵庚"应改为"年纪有多大"，这样听起来才不至于听错。

▶ 第六节　新闻发布稿

[学习要求]

了解新闻发布稿的含义、特点、结构和作用，掌握新闻发布稿的写作要求，能写出符合要求的新闻发布稿。

一、新闻发布稿概述

新闻发布稿，是由机关团体或企事业单位发布新闻消息的材料。凡是具有新闻价值的人物事件，都可依据有关的规定，向新闻媒体记者或有关单位部门发布。

新闻发布稿具有两个重要特点：

一是信息性。当今社会是信息社会，政府需要与百姓沟通，企事业单位需要与消费者沟通，无论政府还是企事业单位，都不会忽略庞大的新闻媒体网络，不会低估信息传播的巨大影响力。利用媒介的资源达成一己之需，或公开某个重大的政治信息，或宣布某个重要的企事业单位运作动态，例如，联邦快递推出全新宣传计划：推广由亚洲前往欧洲的速递服务，就此向新闻界提供了新闻发布稿。这些无疑都是通过信息渠道实施的行为。又如，世界卫生组织解除赴中国四省区市的旅游警报，就是通过新闻公报传播开去的。二是公关性。为了密切政府机关与群众的关系，为了加强企事业单位与顾客、用户或服务对象的联系，都可利用这一形式开展公关活动，以扩大影响。例如，某一部群众关心的电影拍成，上映前剧组负责人和导演召开新闻发布会，并在会上向新闻界散发了新闻发布稿，介绍该电影拍摄的有关事宜和精彩花絮，吊起群众观看的胃口。这些，对扩大企业、产品的影响和知名度，无疑都产生了良好的作用。

新闻发布稿和新闻公报具有共同性，它们均用于公布重要信息，但两者又有区别。新闻发布稿主要借助新闻发布会散发给记者，请他们组织成消息稿件予以发表，也可以印送给有关新闻媒介，供摘编刊登。新闻发布稿可以大大节省记者的采访时间，减轻企业接待记者的工作量，并使重大信息能及时通过新闻渠道传播出去。由于发布稿是未定型的文章，是供媒体、记者参考的通稿，故有些地方如会议活动报道中的时间、出席人员等可以留空。

而新闻公报虽然可以像新闻发布稿那样通过新闻发布会散发给记者或印送给有关部门媒介，但它是一篇完完整整的文书，可以作为文件或广告在新闻媒介上直接发表。

二、新闻发布稿的结构和写法

新闻发布稿的结构，一般包括标题、主体、背景、结尾、落款几个部分。

（一）标题

多采用消息式的标题，如范例："2005 广东社会科学普及周"新闻发布稿。

（二）主体

新闻发布稿的主体，近似新闻信息，即须写清楚新闻事件，发生的具体的时间、地点，有关的人物、事迹与内容。如范例的主体，就交代了活动目的、主办单位；活动的时间、地点、内容；出席开幕式的领导与专家；活动的内容与意义。这些，都是稿件必须交代清楚的。

（三）背景

提供给记者用于切合其所属媒体需要而选用的一切围绕所发布信息的材料。如企业推出新产品的新闻发布稿，要提供产品的相关材料，如产品的特色、产品的型号、推出市场的时间、产品名称的含义、产品开发的来龙去脉、参加开发的人员、业界的相关评论、品牌的历史渊源等，都属这一范围。提供的资料越多，被媒体采用的可能性就越大。

（四）结尾

新闻发布稿的结尾，可对媒体记者或顾客提出希望，也可提供联系人姓名、电话、传真及其地址等，方便记者进一步采访。

（五）落款

以单位名称署名，写上日期，盖上公章。

三、范文评析

[范例]

"2005 广东社会科学普及周"新闻发布稿

"2005 广东社会科学普及周（广州）"即将于 10 月 16 日上午在天河体育中心举行开幕式暨大型广场咨询活动，拉开了今年广东省社科普及周活动的帷幕。

一、"2005 广东社会科学普及周（广州）"活动的目的

举办社会科学普及周活动，目的就是要通过大力宣传哲学社会科学研究的最新成果，大力普及哲学社会科学知识，大力传播社会主义先进文化，大力弘扬积极健康向上的现代人文精神，进一步提高广大人民群众的思想道德素质和科学文化素质，推动在全社会形成与构建和谐广东相适应的共同思想基础、积极价值追求、良好社会风尚、健全社会心理与和谐人际关系。

二、主办"2005 广东社会科学普及周（广州）"活动的单位

活动由广东省委宣传部、省社科联、广州市委宣传部、广州市社科联等单位共同举办。

三、"2005 广东社会科学普及周"的主题与内容

"2005 广东社会科学普及周"是广东省第一次全省联动的社科普及活动，活动的主题是"弘扬人文精神，构建和谐广东"，内容包括社科讲座、专家咨询、图书展销、成果展览、知识竞赛、送书下乡等。第一天活动在天河体育中心将有 160 多位社科专家参加，为市民提供经济、法律、劳动保护、家庭教育、房地产、社会保险等各方面的免费咨询服务，同时广州地区各大出版社将组织大批优秀社科图书在广场展销。

四、参加"2005 广东社会科学普及周(广州)"活动开幕式的领导与人员

参加今年社会科学活动周开幕式的领导,有省委常委、宣传部部长朱小丹,省人大常委会副主任李兰芳,副省长雷于蓝,广州市委副书记方旋,广州市政协副主席李勤德,以及广东省、广州市有关单位负责人。参加开幕式的还有专家学者约 800 多人。

在开幕式上,省委常委、宣传部部长朱小丹,副省长雷于蓝,广州市委副书记方旋等将作重要讲话。

五、相关的工作与活动安排

为加强对"科普周"活动的领导,成立"广东省哲学社会科学普及周"活动组委会,组委会办公室设在省社科联社科普及办公室。在省委宣传部的关心指导下,经过数月的精心筹备,"2005 广东社会科学普及周"于 10 月 16 日开幕并在全省范围内全面铺开,一直延续到 10 月底。

"2005 广东社会科学普及周"共推出各种形式的活动 281 项,其中社科知识普及讲座 135 场,大型广场咨询活动 27 场,开放式研讨会、座谈会、讨论会等 22 场,专家笔谈 7 次共 30 余篇,与媒体合作举行的社科知识竞赛 12 场,社科普及电影 4 场,社会科学图书展销 15 场,法律等专题宣传 20 余场,社会科学普及征文活动 4 项,社会科学知识图片巡回展 14 场,社会科学普及送书下乡活动 6 项,共送出社科图书近 3 万册,价值 30 多万元。整个活动印发各类社科知识宣传资料 100 多万份,参与人员 1 万多人次,直接受众 60 多万人次。

新闻媒体对这次活动进行了全方位的报道,据不完全统计,全省共有 80 多家媒体对活动进行了 100 多次宣传报道。南方日报、羊城晚报、广州日报、信息时报、南方都市报、广东电视台、广州电视台、南方网等 15 家主要媒体对活动进行了 30 多次采访报道以及活动预告。

附:1."2005 广东社会科学普及周"活动项目一览表(略)
2."2005 广东社会科学普及周"百场系列讲座一览表(略)

"2005 广东社会科学普及周"活动组委会
二○○六年十月十五日

[评析]

这是一篇结构完整的新闻发布稿,采用了消息式的标题。主体交代了活动目的、主办单位;活动的时期、地点、内容;出席开幕式的领导与专家;活动的内容与意义。特别附上活动项目一览表和百场系列讲座一览表,使社会科学普及周的内容、形式具体化,有利于群众的参与和新闻记者的采访。发布稿还对相关的背景作了介绍,让媒体对这次活动有更全面的了解。全文以叙述、介绍为主,文风严肃、庄重,符合新闻发布稿语言的要求。

四、写作要求与病例评析

(一)写作要求

1. 语言要庄重

由于新闻发布稿是以政府部门或企事业单位的名义向大众传媒发布的,通常是在正式的记者招待会或新闻发布会上公开的重要信息、重大事项,并且成文的目的就是为各种媒体的正式报道提供第一手素材,所以语体风格宜严肃、庄重,以叙述、介绍为主。

2. 内容要丰富

由于新闻发布稿主要是面向记者的,而记者来自不同宗旨的媒体,不同宗旨媒体又有不同的读者对象,不同读者又有不同的需要,所以发布的内容应尽可能广泛一些,丰富一

些，让记者有较多的选择。

3. 方便记者改写

参加新闻发布会的记者们将根据各自所在媒体的特点和需要来对新闻发布稿进行改写，所以在草拟文稿的时候要尽量考虑到记者的这种需要。例如，导语尽量涵盖事件的时间、地点、人物、前因后果等要素，以便于取舍；正文可以把重要事实摆在前面写，使用"倒金字塔"的结构便于删节；配发详细的背景材料，便于采摘、补充；出席者姓名和身份等，如果难以确定，可留下空格，以便到时让记者补上。

(二)病例评析

[病例]

2005"华夏杯"国际旗袍设计大赛新闻发布稿

2005"华夏杯"国际旗袍设计大赛是我国服装设计界唯一的旗袍设计赛事。于 2005 年 6 月 10 日晚，在××市××广场多功能厅举行。比赛经过激烈角逐，评出金奖一名，银奖二名，铜奖三名，单项奖四名，即最佳工艺奖、最佳服饰配套奖、最佳面料奖和最佳效果图奖。

本届旗袍设计大赛作为 2005××市国际服装文化节的重要内容，××市电视台生活时尚频道、××市东方电视台文艺频道、中国服饰报社、中国纺织报社将对本次大赛作报道。

本届大赛自 2002 年 5 月，向海内外发出征稿通知以来，各地选手报名参赛十分踊跃，大赛组委会收到 28 个省市送来的系列参赛作品难计其数，体现了广大服装设计者的积极参与。

本次大赛，不仅成为展示服装设计师才华的舞台，评委团更是国际服装权威专家、知名人士云集。评审团主席是(北京)香港国际服装设计学院院长、高级服装设计师李×女士；评审团执行主席是上海服装行业协会秘书长、高级服装设计师徐×女士；评审团成员还包括：法国女装协会主席让·皮埃尔先生；日本著名服装设计师宫下惠子女士；国际时尚集团主席玛丽·海斯女士；《中国服饰报》常务副总编俞××先生；《中国纺织报》总编辑周×先生。

赞助商上海华夏服饰企业有限公司作为一家台资企业，是集男、女、童休闲服装的研发、设计、生产、销售为一体的集团化服饰企业，产品远销东南亚、欧、日、美等国，至今有二十几年历史。公司先后获得 ISO 9002 和 ISO 14000 体系认证，其著名品牌"伊人"在国内外拥有较高的知名度。

这次"华夏杯"大赛特别荣幸地得到了中国的东华大学——拉萨尔国际设计学院的支持，该校将为获奖的优秀选手提供进一步深造的奖学金。同时，韩国的"哈林"集团也给予了获奖者优厚的进修和展览机会。

2005"华夏杯"旗袍设计大赛组委会

××市服装行业协会

2005 年 6 月 10 日

[评析]

这则新闻发布稿传达了一些新闻内容，但也存在一些毛病：

1. 今年旗袍设计大赛谁主办，谁协办，没有交代清楚，影响了新闻效果。因为主办单位与协办单位的大小，跟大赛的规格有关。

3. 文稿中说到"各地选手报名参赛踊跃"较为空洞，到底自启动报名参展以来收到了多少个系列的参赛作品，共有多少件，经过评委筛选，最后有多少个系列的多少作品入围决赛，没有交代清楚，使人对本次赛事的进行感觉到含糊不清。

>>> 思考与练习

一、解释概念

1. 信息　　　　　　　　2. 消息

3. 通讯　　　　　　　　4. 专访

5. 集纳　　　　　　　　6. 特写

7. 新闻故事　　　　　　8. 新闻评论

9. 广播新闻稿　　　　　10. 新闻发布稿

二、填充题

1. 信息有＿＿＿＿＿＿＿＿＿＿＿的特征。

2. 从信息的形态来分，有＿＿＿＿＿＿信息和＿＿＿＿＿＿信息。

3. 消息的标题有＿＿＿＿＿＿之分。

4. 按消息的写作特点和体裁分，有下列四种：＿＿＿＿＿＿。

5. 报纸登载的消息正文之前要注明＿＿＿＿＿＿＿＿。

6. 把几个人物的事迹片断或几个独立的小故事，统一于一个主题一个标题下，写成一篇完整通讯，这种形式的通讯叫做＿＿＿＿＿通讯。

7. 通讯的标题要求做到＿＿＿＿＿＿＿＿＿＿。

8. 广播新闻一说就了，稍纵即逝，所以语言要做到＿＿＿＿＿＿，才能收到好的宣传效果。

9. ＿＿＿＿＿＿＿是一种运用典型音响进行报道的广播，它比录音新闻要细致深刻，应用范围也广。它要求记者用自己的语言介绍事件的过程，描述具体场面和典型细节。

三、判断题

1. 真实准确是信息的生命。　　　　　　　　　　　　　　　　（　　）

2. 广义的情报就等于信息。　　　　　　　　　　　　　　　　（　　）

3. 背景材料是消息的独立组成部分，不能缺少。　　　　　　　（　　）

4. 采访札记是记者把采访中的见闻，以第三人称写成的。　　　（　　）

5. 通讯的结尾，可以照应开头、画龙点睛、展望未来、深化主题，但不能拐弯抹角，意在言外。　　　　　　　　　　　　　　　　　　　　　　　　　（　　）

6. 录音报道是以现场音响和记者的叙述为手段的一种广播形式。（　　）

7. "先声夺人"是广播新闻的优势和特点之一。　　　　　　　　（　　）

8. 新闻发布稿和消息一样，可直接发到报社刊登。　　　　　　（　　）

9. 新闻发布稿和消息一样采用倒金字塔的结构便于删节。　　　（　　）

四、问答题

1. 信息筛选有什么要求？

2. 消息有什么特性？

3. "新闻六要素"是指什么？

4. 简述消息的结构和写法。

5. 通讯有什么特点？它同消息比较，有何区别？

6. 按照报道的形式分，通讯有哪几种？

7. 简述新闻评论的结构和写法。

8. 广播新闻有什么特点？写作广播新闻应注意哪些问题？

9. 新闻发布稿有什么特点和作用？

五、分析题

认真阅读下文，找出其中背景材料，并说明各自的种类及其在消息中的作用。

本报讯（记者彭毅报道）：30多年前靠松明子照亮的威虎山区，如今办起小型水电站，用上了电灯。威虎山区，在黑龙江省海林县境内。这里就是著名长篇小说《林海雪原》中人民解放军小分队歼灭匪首坐山雕的地方。去年，当地农民集资在皮夹沟附近的头道河上建成了一座1400千瓦的小水电站，把光明送到附近的林场和山村。当年的松明子以及后来的油灯、蜡烛已经普遍被"夜明珠"取代了。山区有了电，部分原木便可以加工成木材运下山。农民碾米磨面也用上了电动机。

六、改错题

1. 广播新闻是给人听的，所以必须通俗化，口语化。下文是广播新闻中的一段，请指出其中的问题并加以改正。

英国《独立报》3月1日在一篇文章：《地球面临着最大威胁》中指出，给人类提供丰厚物质的地球和适应人类生存的广袤宇宙空间受到破坏带来的灾难，将取代核战争的恐怖，而成为21世纪人类面临的最大危险。

2. 指出下列标题不当之处，并作修改。

××市评出见义勇为十勇士（引题）

人民盼望安居乐业　社会呼唤见义勇为（正题）

国家卫检总局规定，各类进口食品需加贴卫检标签方能上市（引题）

进口食品问题多多（正题）

过期13年的香糖，过期2年的油浸鱼（副题）

七、写作题

1. 就本单位的体育运动会（或某项体育竞赛、演讲比赛、书画比赛、征文比赛等）写一则动态消息。

要求使用多行标题；使用倒金字塔结构形式；用上两个背景材料。全文不超过600字。

2. 为本单位的一位先进人物写一份1000字的事迹。

第九章　礼仪文书

礼仪是礼节和仪式的总称，我国是文明古国，是世界上有名的礼仪之邦，人们的社交活动和思想情感的交流，有许多都是通过一定的礼仪形式和文化活动方式来进行的。

礼仪文书是指人们处理公共关系和进行社交活动所使用的一种用以表达礼节、交流思想和处理事务的文体。

礼仪文书的种类很多，常用的是机关团体、人民群众在节日和红白喜事中用的各种请柬、欢迎词、祝词、题词、欢送词、悼词、祭文、贺信、贺电、讣告、唁电、碑文、对联等。

本章将概述礼仪文书的特点、作用，并具体介绍贺信、贺电、欢迎词、欢送词、答谢词、开幕词、闭幕词、讣告、唁电、题词与对联等常用文体的格式、规范用语、写作要求和写作方法。

本章教学在讲述有关上述知识点理论的基础上，注重系统的写作训练，要求学生通过写作的同步训练，基本掌握上述几种常用的礼仪文书的写作方法和技巧。

▶第一节　礼仪文书的性质、特点、种类及作用

[学习要求]

了解礼仪文书的性质、特点、种类和作用，对礼仪文书作总体把握，为礼仪文书具体文种的学习打下基础。

一、礼仪文书的性质、特点

礼仪文书是指人们在处理公共关系和进行社会交往活动时所使用的用来表达礼节、交流思想和处理事务的文书。

礼仪文书具有如下三个显著特点：

（一）针对性

礼仪文书要针对不同的文种使用各自不同的一套专门用语。公共关系非常强调人与人交往中的文明礼貌、礼仪礼节，在开头、结尾、称谓以及行文中，要注意用词的分量，力求符合当事人的身份。像书信、贺词、悼词等，有的已经形成了一套专门的格式和用语，写作时要特别注意根据不同的对象选用恰当的词语和称谓，否则就会出错误或闹笑话。

（二）鲜明性

礼仪文书表情达意的态度非常鲜明。公共关系和社会交往活动最大的特点是以情感人，礼仪文书要鲜明地表达人们的喜怒哀乐，表达人们对某一事物的态度，包括爱憎、好恶、同情、真诚、热情等。如祝词、贺信、私信、悼词等的感情色彩都是非常鲜明的。

（三）频繁性

礼仪文书是使用频率非常高的应用文体。礼仪文书不仅可以字斟句酌，反复推敲，而且可以跨时间地传播，跨空间地交流，因此，无论是使用的人数，还是使用的次数，人们表达礼节、交流思想和处理事务使用得最多的文字材料，就是公关礼仪文书。

二、礼仪文书的种类

按照性质和作用的不同，礼仪文书可以分为以下几类：书信类、聘邀类、致词类、庆

祝类、哀祭类，以及其他专用书信、慰问类文书等。其中书信类礼仪文书是用来交流情感、互通信息、商讨事情、研究问题的书面形式，包括申请书、私信、公开信、慰问信、感谢信、介绍信、证明信、求职信等。此外，礼仪文书还包括致词类、慰问类、哀祭类文书及其他专用书信等。

三、礼仪文书的作用

(一)表达礼节

公关关系和社会交往活动离不开礼节，而礼仪文书是表达礼节的书面形式，在日常生活中起着联络致礼等重要作用。逢年过节、婚丧嫁娶、寿诞吉日、迎宾送客等，通过使用祝贺信、贺电、对联、悼词等，可以达到祝贺、慰问、哀悼等目的，起到其他种类的文书所起不到的公关作用。

(二)交流思想

礼仪文书在表达礼节时，也起到了交流思想的作用。礼仪文书用于人际交往，不可避免地体现出一定的思想内容和感情色彩，可以交流思想、沟通感情、表情达意。出门在外，与亲戚朋友交流，除了电话联系以外，书信有时候也是必不可少的工具。只有体现出作者真实的思想、诚挚的感情，才能达到礼仪文书应有的目的和效果。

(三)处理事务

礼仪文书不仅表达礼节、交流思想，也担负着处理日常事务的作用。处理事务也是礼仪文书的重要目的。表达礼节也好，联络感情也好，如果不能解决实际问题，礼仪文书的价值就会大大降低。如书信类，除了问候、感谢以外，还会谈到一些具体事情。条据类更是日常事务的记录和反映。

▶第二节 贺信、贺电、贺词

[学习要求]

了解贺信、贺电、贺词的特点和适用范围，熟悉其文体格式和写作要求，掌握相关的写作方法，能独立撰写符合写作规范的贺信、贺电和贺词。

一、贺信

(一)贺信概述

1. 概念

贺信是机关、团体、单位向取得重大成就、有突出成绩或喜庆之事的有关单位或人员表示祝贺或庆贺的一种礼仪文书。

现在，贺信已成为表彰、赞扬、庆贺对方在某个方面所作贡献的形式，有的还用来表示慰问和赞扬。在当前的经济建设中，如某个单位或某个人在事业上作出了巨大贡献、某单位召开了重要会议、某工程竣工、某科研项目成功、某项重大任务保质保量地提前完成、某重要人物的寿辰等，都可以使用贺信的形式表示祝贺。重要的贺信往往对人们有很大的激励和教育作用。

2. 特点与作用

因为贺信的写作目的在于向对方表示祝贺，因此篇幅不宜太长，它具有短小精悍、语言明快流畅、感情热烈真挚等特点。贺信的内容十分广泛，可以喜贺家庭、喜庆个人婚嫁以及祝寿一类的喜事，可以贺重大的会议或重要的纪念活动，可以贺对方取得的优异成绩，可以贺国家领导人任职等。重要的贺信往往对广大群众有很大的鼓舞和教育作用，团体、组织、国家之间的贺信更有促进友谊、合作等公关效应。

(二)结构和写法

贺信的结构一般由标题、称谓、正文和落款组成。

1. 标题

贺信的标题多用"贺信"或"祝贺信"标出。标题多用花边装饰，以示祝贺。标题的字要大一些，要工整、大方。

2. 称谓

写在标题下，空两行，顶格写。要写全称，要亲切。称呼之后加冒号，表示有话向对方说。

3. 正文

另起一行，空两格写贺信的内容。

(1)简略叙述当前的形势，说明对方所取得成绩的社会背景，或重要会议召开的历史条件。

(2)简要说明对方在哪些方面取得了成绩，并要分析对方所取得成绩的主观原因和客观原因。如果是寿辰贺信，应概括地说明对方的贡献和品德。如果是重要会议的贺信，应说明会议的内容及其重要性。

(3)表示热烈的祝贺、称赞，还要写出祝贺者的决心。

(4)结尾。写上表示祝愿的话，如"祝大会圆满成功""祝你健康长寿"等。

4. 落款

另起一行，在右下方写发信单位或个人姓名。署名下边写年、月、日。

(三)范文评析

[范例一]

胡锦涛为中国航天事业创建50周年致贺信

中国航天事业创建50周年纪念大会：

值此中国航天事业创建50周年之际，我代表党中央、国务院和中央军委，向奋斗在航天战线上的广大科技工作者、干部职工和解放军指战员，向所有为我国航天事业作出贡献的同志们，表示热烈的祝贺和诚挚的问候！

航天事业是一个国家综合国力的重要标志。50年来，我国一代又一代航天工作者，肩负党和人民的重托，满怀为国争光的雄心壮志，团结一心，顽强拼搏，勇于创新，无私奉献，建成了独立自主的完整的航天科技工业体系，取得了以"两弹一星"和载人航天为代表的辉煌成就，极大地增强了我国的经济实力、科技实力、国防实力和民族凝聚力。我国航天工作者创造的非凡业绩，已经载入了中华民族的光辉史册。

当前，全党全国各族人民正在新的历史起点上奋力推进中国特色社会主义伟大事业。在新的形势下，我国航天事业发展具有广阔的前景。希望航天战线的同志们坚持以邓小平理论和"三个代表"重要思想为指导，认真贯彻落实科学发展观，按照建设创新型国家的要求，继续弘扬"两弹一星"精神和载人航天精神，集中力量实施好国家重大航天工程，不断谱写我国航天事业发展的新篇章，为祖国、为人民作出新的更大的贡献。

胡锦涛

2006年10月13日

[评析]

上文是格式规范的贺信。正文包含三层意思，第一部分，表示对我国航天战线的广大

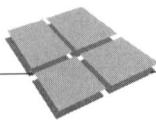

科技工作者及相关工作人员的热情祝贺和诚挚问候；第二部分，充分肯定我国几代航天工作者为我国航天事业努力奋斗的精神和取得的辉煌成就以及深远的历史意义，从而给予广大航天工作者极大的鼓舞；第三部分，表达了党中央对广大航天工作者寄予的热切期望。贺信行文简洁，措辞精当，结构严密。

[范例二]

祝 贺 信

××会计学会：

获悉你会经过充分筹备，现已正式成立了。这是我市会计界的一件大喜事。我们谨向你会致以衷心的祝贺！

××会计学会的成立，标志着我市财会战线在社会主义市场经济中起到了推动作用。敬祝你会在今后对提高我市会计科学研究水平，促进与西方会计接轨诸项工作作出更多的贡献。

此致

敬礼

××市教育学会

××××年×月×日

[评析]

这是一封祝贺会计学会成立的贺信，正文结构虽简单，但叙述简洁明快，情感真挚，鼓舞人心，格式完全符合写作要求。

(四)写作要求与病例评析

1. 写作要求

(1)感情真挚、浓烈，给人以鼓舞。

(2)评价要适当而有新意，避免陈词滥调。

(3)行文规范，称谓合体。

(4)文字简练，语言朴素。不堆砌华丽辞藻，不言过其实，不空喊口号。

2. 病例评析

[病例]

贺 信

××大学全体教职员工、

尊敬的×××先生：

值此贵校建校六十六周年×××堂落成剪彩之际，××市委、××市人民政府谨向你们致以热烈的祝贺和诚挚的问候！

××大学是一所具有光荣历史的高等学府，在六十多年的峥嵘岁月中，不断开拓进取，奋发向上，培养和造就了千百万各行各业的优秀人才，为振兴祖国的教育事业，扩大国际文化交流，为社会主义物质文明和社会主义精神文明建设作出了杰出的贡献，为世人所瞩目，蜚声海内外。在此喜庆的日子里，我们衷心祝愿贵校继往开来，年年桃李，岁岁芳菲。

×××先生一贯爱国爱乡，鼎立支持家乡的文化教育、体育等各项公益事业，兴学育材，造福桑梓。××大学×××堂的落成，是先生拳拳赤子心、殷殷故乡情的又一生动体现。它的建成不仅为贵校增辉添彩，也将进一步改善学校的办学条件，促进教学质量的提高，激励广大师生为振兴中华而发奋学习，努力拼搏，争取更大的荣誉。

祝盛会圆满成功！

中共××市委

××市人民政府

××××年×月×日

［评析］

上文贺信虽然格式规范，但在表述上还存在不少问题。正文前有问候，后有祝颂。正文表达了祝贺的目的，其中有两层意思，第一层是祝贺××大学六十六周年校庆；第二层是祝贺××大学×××堂的落成。祝贺的内容清楚，感情充沛，行文流畅，读来朗朗上口。然仔细斟酌，行文与用语亦有不妥之处：贺信称呼为两方，内文也有两层意思，故行文和用语都应注意两者兼顾。"贵校"虽为敬词，但非仅对一方行文，故仍应直称"××大学"；开头状语，联合结构的两件事，严格说来，应在其间加顿号或"暨"字，免生含混不清之嫌。"在六十多年的峥嵘岁月中"，"峥嵘"用得不妥，如找不到适当的词，就说"六十多年来"即可。造就了"千百万"人才，太过夸大，应改为"万千"。

二、贺电

(一)贺电概述

1. 概念

贺电是致贺的电报，是表示祝贺、赞颂的专用电报。当个人或集体取得巨大成绩或作出突出贡献时可以发贺电表示祝贺，当个人或集体有喜事时也可以发贺电，如电贺寿诞、结婚、毕业、乔迁、任职等喜庆之事。

2. 特点与作用

贺电虽然也具有语言明快流畅、感情热烈真挚等特点，但它与贺信相比，还具有篇幅更为短小、文字更为精炼和信息传递速度更快等特点。贺电在公关效应的发挥上往往比贺信更具时效、更具力度。

(二)结构和写法

贺电的结构一般由标题、称谓、正文、结尾和落款组成。

1. 标题

正中写"贺电"两个字或"×××致×××贺电"。

2. 称谓

写明收电单位或个人的称呼。如果收电者是个人，应在姓名之后加"先生""同志"或职务等相应的称呼。称呼顶格写，后加冒号。

3. 正文

直接叙述祝贺内容、成就、意义。

4. 结尾

一般用表示热烈的祝贺和希望的祝语作结。

5. 落款

发电单位或个人姓名，写在右下方；署名下边写年、月、日。

(三)范文评析

［范例］

国务院给中国女排的贺电

中国女子排球队：

你们在第九届世界女子排球锦标赛中夺得了冠军，为祖国、为人民争得了荣誉，谨向你们表示热烈的祝贺！

去年你们夺得世界杯冠军，鼓舞了全国人民奋发图强、振兴中华的爱国热忱。这次比赛，你们在党的十二大精神鼓舞下，表现了遇强不惧、百折不挠、团结一致、顽强拼搏的精神，对全国人民又是一个很大的鼓舞。希望全国人民向你们学习，都能以这种精神来为

全面开创社会主义现代化建设新局面而努力奋斗。

中华人民共和国国务院

××××年×月×日

[评析]

本文是在中国女排获得第九届世界女子排球锦标赛冠军后，国务院拍发的贺电，它表达了中央对中国女排取得世界冠军这一辉煌成绩的无比欣慰和热烈祝贺，对中国女排之顽强拼搏精神给予充分肯定和高度评价，并表达了全国人民应学习和发扬中国女排精神这一热切期望。

（四）写作要求与病例评析

1. 写作要求

（1）文字精简明白。电报是按字数计收费用的，所以电文越简短越好。但精简应以表达清楚、明白为前提。贺电太长，就与贺信无甚分别了。

（2）严格按格填写。电报的按字计费是按电报纸上的格子计费，所以要严格认真写，手写字体要端正。

（3）数字的写法。数字用阿拉伯数字填写，一个数字可以填在一个格子里，并用括号表示。

（4）贺电在用语上要细细斟酌，贺颂要恰如其分；提出的要求和希望要合乎情理；贺电拍发要及时、迅速。

（5）关于附项。附项是电文以外的内容，不拍发、不计费。但因具有在电报无法投递或其他意外情况下供电讯部门与发报人联系的作用，所以应如实详细填写。

2. 病例评析

[病例]

××市委、市政府对某校的贺电

××大学：

欣悉贵校举办第十一届"挑战杯"大学生科技节，我谨代表××市委、××市政府并以我个人的名义，向科技节表示诚挚的祝贺！

多年来，××大学是世界一流大学，坚持党的教育方针，大力推进教育改革，发挥自身优势，教、科、研并举，培养输送了无数符合现代化建设要求的合格人才，为全省特别是××市的经济社会发展作出了重要的贡献，赢得了社会各界的广泛赞誉。

世纪之交，继往开来。当今世界竞争日趋激烈。科技和人才的竞争已成为经济腾飞的关键因素。大学是培养和造就高素质、创造性人才的摇篮。举办大学生科技节活动，对于引导大学生树立崇尚科学、锐意创新的精神，促进教科研结合具有积极的推动作用。相信贵校一定能够在跨世纪发展的历史进程中，坚持教育改革发展的正确方向，继续发挥科技兴豫、科技兴郑的生力军作用，不断开创人才培养、知识创新的新局面，为我省、我市改革开放和现代化建设提供更多的人才支持和知识贡献。

中共××省委常委、××市委书记×××

二〇〇六年九月十日

[评析]

本贺电语言精当，但在表述上还有不足。如"第十一届""二〇〇六年九月十日"等数字用阿拉伯数字填写，一个数字可以填在一个格子里，并用括号表示。贺电在用语上还要细细斟酌，贺颂要恰如其分，"××大学是世界一流大学，坚持党的教育方针，大力推进教育改革，发挥自身优势，教、科、研并举，培养输送了无数符合现代化建设要求的合格人才"

可改为"××大学坚持党的教育方针，大力推进教育改革，发挥自身优势，教、科、研并举，培养输送了大批符合现代化建设要求的合格人才"。最后应加"预祝科技节圆满成功!"等祝语。

三、贺词

(一)贺词概述

1. 概念

在现代化建设中，某一单位、团体要举行重大的会议，发请柬邀请兄弟单位前来参加会议，应邀单位派出的代表，在这喜庆的重大的会议上所说的表示祝贺的话，就称为贺词。

2. 特点

(1)直陈性。贺词是在一定社交场合当众宣读发表、直接陈述祝贺的感情和希望，具有现场感。

(2)鼓舞性。贺词语言热情、明朗，能活跃交际气氛，鼓舞人们的斗志，激发人们的感情，增强相互之间的了解与情谊，激励人们进一步加强团结与合作。

(二)结构和写法

贺词一般包括标题、署名、称呼、正文和落款等。

1. 标题

在正中写上"贺词"或"×××致×××贺词"。也有的由正副标题组成，正标题是揭示主题内容，副标题说明在某场合的贺词，这种形式较少使用。

2. 署名

在标题下署上致贺词者的单位名称、职务和姓名，或将致贺单位名称列在祝语之后，也可在落款处署名。

3. 称呼

一般写"各位代表、各位同志:";有的写"同志们:";也有的只写"各位代表:"，这是祝贺人对到会者的称呼。

4. 正文

这是贺词的主要部分。一般在1000字以内把话写完，表示几层意思，每层意思为一个段落。

第一层，写在什么形势下，什么会议胜利召开了，致贺词者代表什么单位向大会表示热烈祝贺。

第二层，结合当时与会议有关的政治、经济形势，概括地分析会议召开的重大意义。

第三层，联系本系统的实际需要，对会议提出殷切的希望。

第四层，预祝大会圆满成功，祝代表身体健康，祝愿贵厂更加兴旺发达等。

5. 落款

在正文右下方写上成文日期。若题注中没有署名，还应署上致词者姓名。

(三)范文评析

[范例一]

贺　词

××纺织厂:

首先，请允许我代表××进出口公司全体员工，并以我个人的名义，向贵厂成立10周年表示热烈的祝贺!

贵厂技术力量雄厚，已建成年产×万米的×××生产线，现生产30个品种的适销对路

产品，××××年被晋升为国家二级企业。贵厂成绩卓越，经济效益迅速提高，与建厂初期相比，××××年工业总产值增长3倍，销售收入增长4.2倍；××牌砂洗真丝获××××年全国消费者信得过产品金奖，××牌麦尔登呢获××××年国家银质奖，××牌精纺华达呢获××年国家金质奖。贵厂建厂10年，取得了巨大的成就，为繁荣我国经济作出了贡献，可喜可贺。

最后祝愿贵厂更加兴旺发达！

××进出口公司总经理×××

率全体员工同贺

××××年×月×日

[评析]

本贺词正文首段为第一层，表达了作者向对方致以热烈的祝贺，开门见山，行文简洁；第二段为第二层，行文中用精确的数据进行对比，突出对方建厂10年来所取得的成绩，文风朴实，又以"可喜可贺"将其致贺的诚挚表达得十分精当；贺词最后致以良好祝愿，朴实感人。

[范例二]

共同谱写和平、发展、合作的新篇章

——2007年新年贺词

中华人民共和国主席　胡锦涛

新年的钟声即将敲响。值此世界各国人民共迎2007年到来的美好时刻，我很高兴通过中国国际广播电台、中央人民广播电台和中央电视台，向全国各族人民，向香港特别行政区同胞和澳门特别行政区同胞，向台湾同胞，向世界各国的朋友们，致以新年的祝福！

2006年，是中国实施"十一五"规划的开局之年。中国各族人民团结一心、奋发努力，全面推进社会主义经济建设、政治建设、文化建设、社会建设，国民经济和社会发展取得新成就，人民生活水平进一步提高。中国又向全面建设小康社会的目标迈出了坚实的一步。与此同时，我们全方位开展对外交流合作，广泛参与国际双边和多边事务，积极推动国际热点、难点问题解决进程，为维护世界和平、促进共同发展作出了贡献。前不久，中国共产党召开十六届六中全会，就构建社会主义和谐社会作出了全面部署。中国各族人民正以勤劳和智慧创造着自己的幸福生活和美好未来。

2007年，是中国人民全面落实科学发展观、加快构建社会主义和谐社会的重要一年。我们将按照经济社会又好又快发展的要求，着力调整经济结构和转变增长方式，着力加强资源节约和环境保护，着力推进改革开放和自主创新，着力促进社会发展和解决民生问题，推动经济社会发展切实转入科学发展的轨道。我们将坚持"一国两制"、"港人治港"、"澳人治澳"、高度自治的方针，支持香港、澳门特别行政区政府和行政长官依法施政，扩大内地同香港、澳门的交流合作，共同维护香港、澳门长期繁荣稳定。我们将坚持"和平统一、一国两制"的基本方针，围绕两岸关系和平发展的主题，加强两岸人员往来和经济文化交流合作，维护台海和平稳定，推进中国和平统一大业。

当前，国际形势继续发生深刻而复杂的变化。世界多极化继续演进，世界经济保持增长，各国相互依存和合作日益加深，维护世界和平、促进共同发展面临着新的机遇。同时，局部战争和冲突时起时伏，南北差距进一步拉大，恐怖主义、跨国犯罪、环境污染、自然灾害、严重传染性疾病等面临着新的挑战。面对机遇和挑战并存的国际形势，中国人民真诚希望同世界各国人民互利合作、和谐相处，共同奏响和平、发展、合作的时代主旋律。

借此机会，我愿重申，中国外交政策的宗旨是维护世界和平、促进共同发展。中国人

民将坚定不移地走和平发展道路，坚定不移地实施互利共赢的开放战略，同世界各国加强经济文化交流合作，共同推进多边主义和国际关系民主化，维护世界多样性和发展模式多样化，促进经济全球化朝着有利于实现共同繁荣的方向发展，为推动建设持久和平、共同繁荣的和谐世界贡献力量。

当今世界，不少国家和地区的民众仍在忍受着战火、贫困、疾病等磨难。中国人民对他们怀着深切同情，愿意为他们提供力所能及的帮助。我们衷心祝愿一切处于磨难中的人们早日走出困境，衷心祝愿世界各国人民共享和平发展的成果。

最后，我从北京祝大家在新的一年里幸福安康！

［评析］

本贺词以"新年祝福"为开端，营造了喜庆祥和的节日气氛；贺词的第二段回顾了我国在过去一年中国内各方面建设中所取得的成就和在国际事务中所作出的贡献；三、四、五段分别就我国在国内发展、和平统一大业以及国际合作、世界和平等重大问题上的方针政策作了精确的阐述和简明的重申，表达了我国构建和谐社会和和谐世界的真诚愿望；第六段，表达了我国对世界苦难大众的深切同情和真诚祝福；本贺词最后以"祝大家在新的一年里幸福安康！"作结。贺词中心突出、层次清晰、措辞精当，内涵丰富而不至冗长乏味，诚挚、祥和溢于言表，具有感染力。

（四）写作要求与病例评析

1. 写作要求

（1）语言要求热情洋溢，充满喜庆，满怀诚意地表达自己的良好祝愿。不应使用辩论、谴责批评等词句和语气。

（2）贺词要求多用褒扬、赞美、激励之词，但又千万不可滥用美词，过分的赞美之词会使对方感到不安，以免给人阿谀奉承之嫌。

2. 病例评析

［病例］

在创新电脑公司开业庆典上的贺词

改革开放带来累累硕果，十五大春风又吹开朵朵新花。在这万象更新的金秋季节，天津创新电脑公司隆重开业了。在此，我代表各位来宾和广大用户，向你们表示衷心祝贺。

你们公司的名字是"创新"，今天我的贺词也要来一个创新。在这里，我不想谈"门盈喜气，店满春风"的老话，也不想说"生意兴隆通四海，财源茂盛达三江"的俗愿，我只想从"创新"的"新"字谈起，那就是——新事、新风、新辉煌。

众所周知，科学技术是第一生产力，正当电脑这一崭新的生产力以惊人的速度进入人类一切领域的时候，你们站在时代的前列，以股份制的新形式成立了公司，并打出了"为时代文明铺路，让电脑走进千家万户"的旗帜，正所谓"胸怀四化业，志在绘宏图"。你们公司开业可喜可贺，而你们所从事的新事业更可喜可贺。

自古以来，没有哪个商家不贪利，没有哪个商家不爱财。不过我在这里奉劝商家不要唯利是图，多给顾客让利。

创新，创新，只有创新才会出新；创新，创新，只有开拓才能前进。如今，党的政策已经为你们铺平了道路，朋友们，扬鞭起程吧，此时风光正好，天下太阳正红。

各位来宾，让我们举杯祝愿，祝创新公司的事业蓬勃发展，一步一层天！

［评析］

这篇贺词首先向对象致意，祝贺对象并展望未来美好的前景。本文的语言热情洋溢，充满喜庆，满怀诚意地表达自己的良好祝愿。但不应使用辩论、谴责批评等词句和语气。

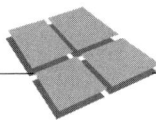

如"不过我在这里奉劝商家不要唯利是图，多给顾客让利。"应改为"然而你们却说：'我们从事的是文明事业，我们就要有别人没有的新风尚，生财有道，以德为先，以信为本。'并推出了人无我有、人有我新的宗旨：'有价的电脑，无价的服务'，'全心全意为用户，献出兄弟姐妹情'。朋友们，你们说，有这样的商家，有这样的新风，你们还愁买不到称心的电脑吗？他们还愁财源不像长江一样滚滚而来吗？"

▶ 第三节　欢迎词、欢送词、答谢词

[学习要求]

了解欢迎词、欢送词、答谢词的文体格式和适用范围，明确其写作要求，掌握写作方法，能撰写符合格式和写作要求的欢迎词、欢送词和答谢词。

一、欢迎词

(一) 欢迎词概述

1. 概念

欢迎词，是领导人在欢迎仪式上或宴会上向来宾发表的表示欢迎的演讲稿。它包括欢迎对象、欢迎事由、欢迎单位等内容。

2. 特点

(1)短小精练。简洁明了地把欢迎的内容集中表达出来。

(2)亲切平易。既然是表示欢迎，那就要表现出亲切和平易。尽量缩短与来访者的距离，尽量拉近与来访者的关系。

(3)轻松活泼。幽默、灵活、生动形象又富于个性特点的话语最受欢迎。这样的话语能给人以轻松感。

(4)坚持原则。若与欢迎对象在某些方面有分歧，一方面要坚持原则，一方面话语要委婉得体。不可因话语失当而伤害对方的感情。

(二)结构和写法

1. 标题

欢迎词的标题一般由致词人、致词场合和文种三要素构成，如"××在××会上的欢迎词"或"在××招待会上的讲话"；还可以由单独文种命名，如"欢迎词"。在首行正中写标题。

2. 称谓

称谓要有敬词并写全称，如"尊敬的×××总理阁下""亲爱的×××先生"等。如果来宾来自不同的方面，称谓也要照顾到。这样既表示了对主要来宾的尊重，也表示了对其他来宾的热忱欢迎。这样会使所有来宾都感受到欢迎仪式的庄重、亲切和热烈。

3. 正文

欢迎词的写法根据具体情况而定，一般由形头、主体、结尾三部分构成。

(1)开头。包括"欢迎"和"问候"。一般先概括说明来访的背景，致词者表达欢迎的意愿。

(2)主体。包括"回顾"和"介绍"。一般要阐述和回顾宾主双方在共同的领域所持的共同的立场、观点、目标、原则等内容，较具体地介绍来宾在各方面的成就及在某些方面做出的突出贡献，同时要指出来宾本次到访或光临对增加宾主友谊及合作交流所具有的现实意义和历史意义。

(3)结尾。包括"展望"和"期待"。通常在结尾处两次向来宾表示欢迎，并表达自己对今后合作的良好祝愿。如"祝各位精神愉快、身体健康""预祝访问圆满成功！""为我们友好合作干杯！"等。

4. 祝语

表达良好的祝愿，如"祝各位精神愉快、身体健康"或祝酒时的祝酒词——"为我们友好合作干杯！"等。

5. 落款

要署上致词单位名称，致词者身份、姓名，并署上成文日期。

(三)范文评析

[范例]

市长欢迎词

尊敬的亚奥理事会评估团成员：

欢迎你们来广州。我们十分高兴地迎接你们的到来，广州市人民期待着你们的到来。在此，请允许我以广州市市长的身份，代表广州市政府和全体市民，向远道而来的评估团贵宾，表示热烈的欢迎和崇高的敬意！

广州是一座非常美丽和充满动感的城市，2200多年的历史文化、风光旖旎的城市景观、热情好客的民俗风情，构成了一幅幅美丽的图画，显示出无比的魅力。中国改革开放以来，广州的经济获得了巨大的发展，焕发出勃勃生机，人均GDP超过了5000美元。

广州自古以来就是一座开放的城市。早在一千多年前，广州作为"海上丝绸之路"的始发港与海外交往频繁，与亚洲和世界各国建立了密切友好的往来关系。自改革开放以来，广州与世界14个国际城市缔结成友好城市，目前已成为世界大都市协会正式会员城市。从1957年开始，一年两届的中国出口商品交易会在广州举行，近几年来，每年迎来了亚洲和世界各地的二十几万客商，成交额达300多亿美元。我们每天都接待数以百计来自世界各地的官员、客商和旅游者。成千上万来自不同国家和地区，有不同文化、不同宗教背景的人们在广州长期创业发展和生活居住，大家和睦共处。

广州的发展，除了全国的支持与我们自身的努力外，离不开世界各国，特别是亚洲各国、各地区的关心和支持。我们真诚地希望，通过承办2010年亚运会，与朋友们共同分享我们的成果，推动亚洲奥林匹克体育事业发展，增进亚洲各国人民的友谊和交流合作，促进亚洲经济繁荣和社会文明进步。

我们的市民向来热爱体育运动，崇尚奥林匹克精神。我们曾成功地举办过中华人民共和国第六届、第九届全国运动会，举办过世界杯女足锦标赛，汤姆斯杯、尤伯杯世界羽毛球团体锦标赛等几十项高水平的国际单项赛事，拥有承办各类大型体育赛事的丰富经验。承办亚运会，是广州人民的夙愿。在此，我郑重重申：广州市政府将坚决遵守《亚奥理事会章程和规则》及其关于亚运会的所有原则和规定，全面履行《主办城市合同》所确定的各项义务，以及广州亚申委所作出的各项承诺。

尊敬的亚奥理事会评估团全体成员，请你们相信，广州有足够的信心和能力把2010年亚运会办成祥和、绿色、文明的体育盛会！因为我们除了有美丽的城市环境、良好的基础设施和全市人民的支持，更重要的是，广州申亚还有国家和省的支持。因而我相信，你们对广州的神圣选择，将书写亚运会历史上最辉煌、最具特色的一页。

祝各位身体好、工作好、事业好，一切都好！

[评析]

上文是2004年4月15日广州市市长张广宁为广州申办2010亚运会致评估团的欢迎词。

这篇欢迎词主要优点：一是有的放矢，对象明确。广州代表中国申办 2010 年亚运会，这篇欢迎词是欢迎前来广州进行考察的亚奥理事会评估团成员的，所以开头即用热情洋溢的语言欢迎"尊敬的亚奥理事会评估团成员"，欢迎对象明确。二是主题鲜明，中心突出。集中展示广州亚运的美丽蓝图，给评估团留下最初最美的印象，为成功获得 2010 亚运会申办权"开好头、起好步"是这篇欢迎词的主旨。因此，欢迎词在主体部分浓墨重彩地述说了广州悠久的历史、繁荣的经济、崇尚奥林匹克的精神及拥有承办各类大型体育赛事的丰富经验。事实胜于雄辩，这篇欢迎词十分注意用具体数据和事实说话，如"2200 多年的历史文化""改革开放以来与世界 14 个国际城市缔结成友好城市""人均 GDP 超过 5000 美元""曾成功地举办过中华人民共和国第六届、第九届全国运动会，举办过世界杯女足锦标赛，汤姆斯杯、尤伯杯世界羽毛球团体锦标赛等几十项高水平的国际单项赛事"等。而且字里行间充分体现了"动感亚洲、感动世界"的申亚口号、"合作、竞赛与发展"的承办理念和"祥和亚运、绿色亚运、文明亚运"的办会标准，令听者信服地感到 2010 亚运举办权非广州莫属。三是感情真挚，格调高雅。这篇欢迎词自始至终充满了真诚感人、热情好客的浓情蜜意，充分体现了欢迎词语言亲切、感情真挚的特点，给人一种宾至如归、如沐春风之感。如"欢迎你们来广州。我们十分高兴地迎接你们的到来，广州市人民期待着你们的到来""我们每天都接待数以百计来自世界各地的官员、客商和旅游者。成千上万来自不同国家和地区，有不同文化、不同宗教背景的人们在广州长期创业发展和生活居住，大家和睦共处"。四是言简意赅，结构严谨。欢迎词要短小精悍，因此必须做到语言简洁、言约意丰。如"广州是一座非常美丽和充满动感的城市，2200 多年的历史文化、风光旖旎的城市景观、热情好客的民俗风情，构成了一幅幅美丽的图画，显示出无比的魅力"，虽寥寥数语，却意境幽远、美不胜收。同时，本文结构工整、逻辑严密，开篇热情洋溢，主体部分丰满充实，结尾表达良好的祝愿，简短而有力。全文一气呵成，恰如行云流水。这篇欢迎词较好地体现了礼仪文书热情礼貌、感情真挚、表达委婉、篇幅简短的特点，的确是一篇难得的上乘之作。（广州市已于 2004 年 6 月获得 2010 年亚运会举办权）

（四）写作要求与病例评析

1. 写作要求

（1）要了解欢迎对象的情况，如其民族习俗、宗教信仰以及主要客人的兴趣爱好等，致词须因人而异，符合礼节。

（2）在来宾刚刚到达机场、车站、码头时所致的欢迎词，由于环境和宾客心理的缘故，篇幅最短，言语最简。切忌像某些冗长的报告那样乏味。

（3）在欢迎仪式上所致的欢迎词篇幅可略微长一些，内容也可略微丰富些。

（4）在欢迎宴会上所致的欢迎词，由于时间较宽裕，篇幅可较长，内容可以较多，且可增加祝酒的内容。

2. 病例评析

[病例]

欢迎词

在牛年即将过去，虎年就要到来之际，全国普通高考招生改革研讨会在我市隆重举行。我向大家表示热烈的欢迎。

各位领导，各位同志：这次全国普通高考招生改革研讨会在我市召开，是对我市教育和改革发展的一个很大的鞭策。我们要借这次会议的东风，认真学习兄弟单位的先进经验。我们也热忱地希望各位领导和同志们，对我市教育工作多加指导和帮助。

最后，预祝会议圆满成功。

[评析]

这篇欢迎词语言简明扼要，但在表述上还存在许多不足：一是没有称呼，应在开头加称呼"教育部的领导，与会代表"；二是发言者代表什么人，向哪些来宾表示欢迎，应改为"我谨代表中共××市委和××人民政府，向教育部领导和与会代表表示热烈的欢迎"；三是缺落款，致词者单位名称、致词者姓名以及成文日期。

二、欢送词

(一)欢送词概述

1. 概念

欢送词，是在送别来宾的仪式上或在会议结束时，主人对客人或会议代表的离去表示欢送的讲话文稿。

2. 特点

(1)惜别性。欢送词表达的是亲朋远行时的感受，因此依依惜别之情要溢于言表。格调不可过于低沉，尤其是公共事务的交往更应该把握好分寸。

(2)口语性。遣词造句应注意使用生活化的语言，使送别既富有情趣又自然得体。

(3)简短性。欢送词是一种礼节性的外交或公关辞令，写作时重在表述惜别之情，篇幅宜短小精悍，切忌漫无边际，长篇大论。

(二) 结构和写法

欢送词一般包括标题、称谓和正文三个部分。

(1)标题

① 完全式标题。即由致词人＋事由＋文种构成，如《×××在新兵入伍仪式上的欢送词》。

②略式标题。即由事由＋文种构成，如《在新兵入伍仪式上的欢送词》。

③单式标题。只写文种《欢送词》。

(2)称谓。写对欢送对象的称呼。国内一般用"同志们""朋友们""代表们""各位来宾"，国外一般用"女士们""先生们"，有时前面还要加"尊敬的""敬爱的"等，要把所有来宾都包括进去。

(3)正文

①开头。交代致词人以什么身份、代表谁向来宾表示欢送，同时表达依依惜别之情。

②主体。叙述在来宾访问或召开会议期间双方之间的友谊、友好关系的新进展，并且满怀信心地预见今后的发展，表示真诚合作的态度等。

③结尾。对来宾表示惜别之情，发出再次来访的邀请，并祝愿来宾一路平安。

(三)范文评析

[范例一]

后勤集团××学院大学生公寓管理中心致毕业生的欢送词

毕业生同学们：

你们好！

在你们完成学业，即将离开这所美丽校园的前夕，我们向你们表示热烈的祝贺和美好的祝愿，衷心感谢你们几年来对公寓工作的理解和支持！

还有几天你们就要离开母校，将要踏上人生旅途的又一新起点。为了使你们能够平安、顺利、愉快地走向新的生活，我们向你们提出几点殷切的希望：

一、珍惜感情、友谊长存。几年来，同学之间朝夕相处，同窗共读，情同手足，此情

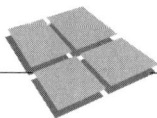

难忘，无比珍贵。回首往事，同学之间也难免磕磕碰碰，甚至发生过一些不愉快的事情，在这即将分手的时刻，切切不可因为一点小纠葛而表现出半点有损于自己形象的言行，更不能借毕业之机，激化矛盾，给自己和他人造成不必要的痛苦和难以挽回的损失。

二、自立自强、爱心永存。恩师、母校是培养你们成材的园丁和摇篮，应该倍加尊重和爱惜，在即将离开的时刻，应该用自己的实际行动，爱护学校的一花一草，一砖一木，使财产无损，环境整洁，给母校留下一个美好的印象，留下一份永存的爱心。

三、自尊自爱、一路平安。在毕业前夕，希望你们能够遵纪守法，注意安全，过好在校的最后一关，为大学生活画上一个圆满句号。切不可因一事不慎，而使自己美好前程毁于一旦，给自己留下终身的遗憾。在防控"非典"的特殊时期，还希望你们做好个人路途的"非典"防护准备工作，在你们即将整装待发的时刻，我们衷心地祝福你们：

一路顺风，前程似锦！

[评析]

这是某学校的后勤管理部门对即将离校的毕业生所发出的欢送词。与其他的欢送词不同，这份欢送词是紧紧围绕后勤管理中心这一特定职责而言的，但是借鉴了欢送词的形式。

文中先是对毕业生的问候，然后是表示欢送的背景、欢送的祝愿和陈述毕业生在校期间对后勤管理中心工作的支持；第三段是再次说明毕业的特殊意义，并用目的句引出所要提出的几点希望。以下的三点是对毕业生提出的希望，这三点，既着眼于对同学之间的感情和友谊的呼唤，又有对爱心的要求，这与管理中心的职责和工作是密切相关的，针对性很强；还有对自尊自爱的要求，这一点从内容上看，也包含着希望大家支持管理中心的工作，并特别指出在"非典"时期的希望，最后是衷心的祝福语。

这篇欢送词由于特殊的关系，所以是以几点希望来代替祝福的，是符合欢送单位的身份的。

[范例二]

欢送词

尊敬的××博士，尊敬的朋友们、同志们：

××博士结束了在我校为期三年的执教生活，近日就要回国了。今天我们备此薄餐，为××博士送行。

三年来，××博士以出众的才智和辛勤的工作，赢得了全校师生的信赖与尊敬，他所作的几次学术报告，开阔了我们的视野，推动了学校的教学改革，对此，请允许我代表全体师生对××博士再次表示感谢！

在三年的教学工作和日常交往中，××博士与学校师生诚挚交流，以友相待，结下了深厚的友谊，我们为此而感到高兴。

中国有句古话叫"海内存知己，天涯若比邻"，千山万水无阻于我们友谊的发展，隔不断彼此之间的联系，我们期望××博士在适当的时候回来做客、讲学。

在××博士即将踏上归途的时候，请带上我们全体师生的深情厚谊，也请给我们留下宝贵的意见和建议。

×××

2004 年×月×日

[评析]

本欢送词语言朴实，感情真挚，表达了诚挚的感谢与惜别之情。正文首段就表明了欢送的背景，第二段对博士三年来的辛勤工作与贡献表示感谢；三、四段回顾三年来师生相处结下的深厚友谊，表达欢迎博士回来做客的热切期待，最后恳切地希望博士留下建言。

(四)写作要求与病例评析

1. 写作要求

(1)要注重礼仪，热情而有礼貌，力争通过得体的语言表述，营造出一种与当时气氛相符合的氛围，既让来宾感到亲切、热情，又不矫情做作，要体现出真情实感。

(2)措辞要讲究分寸，要善于巧妙地表达自己的原则立场，对彼此间原则性、观点上的分歧能够作出委婉的处理或暂时避而不谈。

(3)了解来宾的情况，尊重对方的风俗习惯、宗教信仰等，不讲对方忌讳的内容，以免引起不快。

(4)欢迎词要紧扣"迎"字，欢送词要紧扣"送"字，虽然二者内容不同，但语言都要精练、明快，语气要热情、友好，篇幅要简短适当。

2. 病例评析

[病例]

欢送词

首先，我代表×××，对你们访问的圆满成功表示热烈的祝贺！

明天，你们就要离开××了，在即将分别的时刻，我们的心情依依不舍。大家相处的时间是短暂的，但我们之间的友好情谊是长久的。我国有句古语："来日方长，后会有期。"我们欢迎各位女士、先生在方便的时候再次来××做客，相信我们的友好合作会日益加强。

[评析]

这则欢送词中心明确，语言简练，行文紧紧抓住一个"送"字，表情达意，使人感受到了依依惜别的真情实意。但本则欢送词开头缺少称呼，应加"尊敬的女士们、先生们："；结尾缺少祝语，可加"祝大家一路顺风，万事如意！"等。

三、答谢词

(一)答谢词概述

答谢词，是指在特定的公关礼仪场合，主人致欢迎词或欢送词后，客人所发表的对主人的热情接待和多方关照表示谢意的讲话。答谢词也指客人在举行必要的答谢活动中所发表的感谢主人的盛情款待的讲话。

由于答谢词是在主人致词后的应答，其内容和格调要与欢迎词相照应。

(二)结构和写法

答谢词一般包括标题、称谓和正文三个部分。

1. 标题

(1)完全式标题。即由"致词人＋事由＋文种"构成，如《×××在××研讨会上的答谢词》。

(2)省略式标题。即由"事由＋文种"构成。如《在××研讨会上的答谢词》。

(3)文种式标题。只写文种《答谢词》。

2. 称谓

写对答谢对象的称呼，国内一般用"同志们""朋友们"，国外一般用"女士们、先生们"。有时前面还要加"尊敬的""敬爱的"等，要把所有答谢对象都包括进去。

3. 正文

(1)开头。表示对对方的感谢，同时倾吐自己的心声。

(2)主体。叙述双方之间的交往和友谊，主要强调对方所给予的支持和帮助，并且表明自己对巩固和发展友谊的打算和愿望等。

(3)结尾。再次表示感谢，并且表示良好的祝愿。

(三) 范文评析

[范例一]

答 谢 词

亲爱的朋友们：

我们对贵公司的访问即将结束。首先，请允许我代表我们考察团一行20人对贵市政府对我们的盛情款待表示由衷的感谢。

访问期间，我们十分有幸结识了许多知名人士，参观了贵公司及所属分公司的生产线，与有关人员进行了饶有兴趣的谈话，这些都给我们留下了很深的印象。

我相信，我们这次参观访问将有利于促进两市人民之间的友谊。我们用文字和照片记录下了这次访问中一幕幕的动人景象。回去后，我们将让我市人民得知这一切，我深信，这将给他们以巨大的鼓舞。

借此机会，再次衷心地感谢大家！

祝兄弟市的人民幸福！

祝两市人民之间的友谊万古长青！

再见了，亲爱的朋友们！

[评析]

这是日本北海道考察团到我国某公司参观考察，在行将结束的欢送宴会上所致的一篇答谢词。正文分三部分，首先交代了答谢背景、原因，接着表达了对主人的热情接待的感谢；其次概写访问的内容、留下的美好印象、成果和愿望；最后写再次感谢词和祝颂词。全文感情真挚，用语简练活泼，富有感染力。

[范例二]

答 谢 词

尊敬的×××先生，

尊敬的×××集团公司的朋友们：

首先，请允许我代表×××代表团全体成员对×××先生及×××集团公司对我们的盛情接待表示衷心的感谢。

我们一行5人代表××公司首次来贵地访问，此次来访时间虽短，但收获颇大。仅3天时间，我们对贵地的电子业有了比较全面的了解，与贵公司建立了友好的技术合作关系，并成功地洽谈了×××电子技术合作事宜。这一切，都得益于主人的真诚合作和大力支持。对此，我们表示衷心的感谢。

电子业是新兴的产业，蒸蒸日上，有着广阔的发展前景。贵公司拥有一支由网络专家组成的庞大队伍，技术力量相当雄厚，在网络工作站技术市场中一枝独秀。我们有幸与贵公司建立友好的技术合作关系，为我地电子业的发展提供了新的契机，这必将推动我地的电子业迈上一个新台阶。

最后，我代表××公司再次向×××集团公司表示感谢，并祝贵公司迅猛发展，再创奇迹。更希望彼此继续加强合作，共创美好明天。

最后，我提议：

为我们之间正式建立友好合作关系，

为今后我们之间的密切合作，

干杯！

[评析]

这则范文是来访者对主人的热情款待表示衷心感谢而致的答谢词。从称谓上看，致词人突出了答谢的主要对象；从内容上看，主体部分具体而不空泛，感情深沉而真挚；从表达上看，语言精练、明快，语气热情、友好，篇幅简短适当。总之，这是一份值得模拟学习的范文。

[范例三]

答 谢 词

佩里先生：

我们对美国的访问即将结束，并将很快返回中国，在临别前夕，我谨代表我的同事并以我个人的名义，对您在我们访问期间所给予的热情款待表示感谢。我相信我们这次访问将有利于进一步加强我们在农业机械方面的合作，我和我的同事盼望在不久的将来能有幸在中国欢迎您，从而使我们之间的关系继续向前推进。

谨致美好的祝愿

顺祝身体健康

中国农业部访美代表团×××

2004 年×月×日

[评析]

本答谢词言简意赅，诚挚热情。我国访美代表团对佩里先生所给予的热情款待致以深切的感谢，并表达了期待进一步加强中美合作的良好的愿望，以及向对方发出了回访的邀请。最后，以热情的祝语表达了良好的祝愿。

(四)写作要求与病例评析

1. 写作要求

(1)要感情饱满，富有感染力。撰写答谢词，因是对主人的热情接待表示谢意，因而要求其必须做到情感真挚、热烈，做到情真意切，动人心魄，从而使宾主双方的友谊得到进一步升华。

(2)要恰切适度。撰写答谢词，其内容的表达必须恰切适度，要针对不同情况，根据不同的场合表达相应的谢意，切不可信马由缰，随意挥洒，诸如过多写答谢方的工作业绩等，是不合时宜的。

(3) 要简洁明了。由于答谢是一种礼节性的社交活动，在这种场合的讲话，时间都不宜太长。因此，在撰写答谢词时必须注意内容要实实在在，篇幅要简短，语言力求精练扼要。

2. 病例评析

[病例一]

追悼会答谢词

尊敬的各位领导、各位亲朋、各位好友：

"树欲静而风不止，子欲孝而亲不待。"××××年×月×日×时×分，我的爸爸——××同志走完了他坎坷而又绚丽的一生，永远离开了我们。今天，我们怀着万分悲痛的心情，在这里举行告别仪式，寄托我们的哀思。

爸爸的离世，带给我们深深的怀念。爸爸原系……作为儿子，我无法用简单的言语去总结爸爸的一生，因为他不仅是我慈爱的爸爸，也是×××系统的元老，他曾用自己辛勤的耕耘，改变了许多人一生的命运。爸爸的人生准则简单得只有十二个字——"清清白白做人、勤勤恳恳做事"，而这恰恰是他一生的写照。在他长达 42 年的教师生涯中，为国家培育了一批又一批的优秀学子，真是桃李满天下！可以说，爸爸的一生，是勤恳踏实、严谨治学的一生；爸爸的一生，是稳健坦诚、无私奉献的一生；爸爸的一生，同时也是他独特

的人格魅力和高尚的师德修养光彩四射的一生。无论对于事业还是对于家庭，爸爸总是把自己看得很轻。他不仅是学生们的好老师，同时也是妻子最尽责的好丈夫，儿孙们最慈爱的好长辈。他不但抚养我们成长，而且秉承了良好的家风，言传身教，培养我们成人，我们为有这样一位爸爸而感到骄傲，同时为失去这样一位爸爸而感到万分悲痛。

现在，敬爱的爸爸永远地走了，我们再也无法亲耳聆听他的谆谆教诲，再也无法亲眼面对他的音容笑貌，只能在心中深深地缅怀敬爱的爸爸，怎能不感到极度的哀痛和绵绵的思念？！爸爸，您就放心的走吧，我们自当化悲痛为力量，竭尽全力孝顺好健在的母亲，让她老人家的晚年更加幸福、身体更加安康；我们自当牢记爸爸的遗训，清清白白做人、勤勤恳恳做事，扎扎实实工作，像他那样，最大限度地实现人生价值；我们自当继承爸爸留下的良好家风和优良品德，一定会善待和教育好自己的子女，把他们培养成出色的人才，像你所希望的那样，一定不让您失望。因为，我们知道，这是对您在天之灵的最大告慰！并以此来回报爸爸的养育之恩，回报社会，回报各位领导、各位尊长和各位亲朋。

敬爱的爸爸，今天，您最疼爱的儿孙们来送你了，您的生前好友们都来送你了。你知道吗？此时此刻，我们想以泰戈尔的一句诗为您送行：生如夏花之绚烂，逝如秋叶之静美。亲爱的爸爸，您安息吧！

最后，我代表我的母亲和家人，再次向出席告别仪式的各位领导、同事、同学、学生以及所有的亲朋好友，表示衷心的感谢！

谢谢大家！

［评析］

本答谢词措辞恰当，情真感人，但在答谢表述中仍存在不足。正文的第二段应加上感谢语，如"首先，谨让我代表我的母亲，代表我的兄弟姐妹，代表我们全家，向今天参加追悼会的各位领导、各位来宾、各位亲朋好友表示诚挚的谢意！感谢你们在百忙之中来到这里，和我们一起，向我的父亲作最后的告别。在父亲生病住院期间，承蒙各位领导和亲朋好友的关怀，多次探望、慰问，给了父亲莫大的安慰！作为家属，我们也心存感激。在这里，我们还要感谢×××单位，近年来，父亲身体一直欠佳，我们又忙于工作，是×××单位，给了父亲和我们全家悉心的帮助。在此，我们对这些汇聚着社会各界的关心和慰问，再一次表示由衷的感谢！"最后应加上"女泣上"等词语。文中"爸爸"的称呼，许多地方可改为"父亲"，更显庄严。

［病例二］

新郎新娘致答谢词

各位亲朋好友、各位领导、各位女士、各位先生：

人生能有几次最难忘、最幸福的时刻，今天我才真正从内心里感到无比激动，无比幸福，更无比难忘。今天我和心上人×××小姐结婚，有我们的父母、长辈、亲戚、知心朋友和领导在百忙当中远道而来而参加我俩婚礼庆典，给今天的婚礼带来了欢乐，带来了喜悦，带来了真诚的祝福。

请相信我，我会永远深深爱着我的妻子，并通过我们勤劳智慧的双手，一定会创造美满的幸福家庭。

最后，请大家与我们一起分享这幸福快乐的夜晚。

［评析］

这是一篇婚宴答谢词，言简意赅，诚挚热情。但还应在第二段加上答谢语"借此机会，让我俩再一次地特别真诚地感谢父母把我们养育成人，感谢领导的关心，感谢朋友们的祝福。"最后应加上祝语"祝大家万事如意、心想事成！"。

▶ 第四节　开幕词、闭幕词

[写作要求]

了解开幕词、闭幕词的文体格式和适用范围，明确写作要求，掌握相关的写作方法，能撰写符合文体格式和写作要求的开幕词、闭幕词。

一、开幕词

（一）开幕词概述

1. 概念

开幕词是重要会议、重大庆典或有关文体、公益、商业等各类大型社会活动召开时由有关党政部门首脑（代表）、社会名流或主办方负责人当即发表的"致词"。其中心内容是有关会议或活动的背景、性质、目的、任务、重要意义以及必要的会议议程安排说明等。故开幕词被视为会议或活动的序曲。

2. 特点

（1）宣告性。开幕词是会议正式开始的标志，此后，会议的各项议程陆续展开。因此，开幕词起到了宣告会议开始的作用。

（2）指导性。开幕词一般要阐明会议的宗旨、任务、目的、意义等，这些对于整个会议的召开起到了明确的指导作用，因此，开幕词具有明显的指导性。

3. 作用

开幕词是"开场白"，在会议或活动进程中居首要位置，它对会议或活动背景、性质和具体安排的介绍让与会者对会议或活动有了感性认识。其重要作用主要体现在以下几个方面：

（1）以正式的形式郑重宣布会议或活动开幕，营造出隆重、热烈的开场气氛。

（2）阐明举行会议或活动的主旨及意义，统一参与者的认识，推动会议或活动达到预期效果。

（3）为主办方提供了展示业绩和精神风貌的途径，具有沟通感情的公关效应和较好的宣传效应。

（二）结构和写法

开幕词一般由标题、署名、日期、称呼语、正文等几部分组成。

1. 标题

开幕词的标题一般由会议名称加文种构成，如《中国共产党第十五次全国代表大会开幕词》；有时也可以加上致词人姓名，如《××同志在××大会上的开幕词》。开幕词也可另拟主标题，以会议名称加文种作为副标题，如巴金的《我们的文学应该站在世界的前列——中国作家协会第四次代表大会开幕词》，也有的只写文种《开幕词》。

2. 署名

署上致开幕词的领导人的姓名，放在标题下面居中位置。

3. 日期

开幕词的时间一般写在标题下面的正中位置，加括号。

4. 称呼语

根据会议性质的不同，采用不同称呼语。常见的有"同志们""各位代表""各位嘉宾""女士们、先生们"等。称呼语后要加冒号。

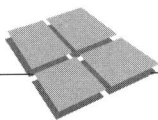

5. 正文

开幕词的正文一般包括以下内容：

(1)宣布大会的开幕，交代会议的名称和内容，介绍出席会议的有关单位和领导人员等；

(2)指出召开会议的背景和意义；

(3)说明会议的中心任务、主要议题、会议的目的以及会议的议程安排；

(4)向与会者提出希望和要求；

(5)表达对会议的期望和良好祝愿。

(三)范文评析

[范例一]

在"博鳌亚洲论坛"成立大会上的致词

江泽民

（二○○一年二月二十七日，博鳌）

各位代表，

女士们、先生们、朋友们：

今天，"博鳌亚洲论坛"正式成立，亚洲和关心亚洲事务的许多国家的政界知名人士、企业界、学术界的精英聚集一堂，围绕亚洲发展问题交换意见，这是一次盛会。我代表中国政府和人民，向成立大会致以衷心的祝贺！向与会各界人士表示热烈的欢迎！

人类已经迈入新的世纪和新的千年。当今世界，经济全球化和区域经济合作正在向纵深发展。亚洲各国国情虽然不同，但抓住机遇、迎接挑战、不断推进经济和社会发展，是我们共同面临的课题。

"博鳌亚洲论坛"作为一个非官方的国际性会议组织，以亚洲国家和地区为主，又向其他地区开放，为各方人士提供一个共商亚洲地区经济发展、人口和环境等问题的高层次对话场所，反映了在经济全球化背景下亚洲各国希望加强对话、寻求合作、实现共同发展的时代要求。

我完全支持这个构想。中国政府主张建立公正合理的国际政治经济秩序，一贯重视和支持多层次、多领域的对话与合作。作为东道国，中国政府将继续为论坛的健康发展提供支持，同时，也希望与会各国人士予以支持。

让我们携起手来，为实现亚洲各国的共同发展，为增进亚洲与世界其他地区的交流与合作，为开创亚洲繁荣、富强、美好的明天而积极努力。

最后，祝大会取得圆满成功！

[评析]

这是江泽民同志在"博鳌亚洲论坛"成立大会上的开幕词。由标题、署名、日期、称呼语、正文构成。文章首先指出召开会议的背景及意义，说明会议的中心任务、主要议题及会议目的；然后向与会者提出了希望和要求，并表达了对会议的期望和良好祝愿。内容简洁明了，语言通俗易懂，具有宣告性和指导性。

[范例二]

山西旅游宣传周活动开幕词

山西省旅游局局长　×××

（2004 年×月×日）

尊敬的各位领导、各位来宾，同志们、朋友们：

晚上好！

首先，我代表山西旅游宣传周活动组委会真诚感谢诸位领导在这个美好的夜晚出席我们的开幕式，真诚感谢诸位新闻记者和旅游业同仁对山西旅游业的关注，真诚感谢北京市民对山西旅游的一向青睐。

值此金秋季节，山西省人民政府在首都北京举办山西旅游宣传周活动，其意有二：一为向诸位领导汇报和展示山西旅游业的新举措、新面貌、新产品、新形象；二为给北京市民带来山西旅游的新特产，那就是安全山西、健康山西、绿色山西、文明山西。

京、晋两地的人民向来是同呼吸、共命运、心连心，在刚刚过去的那些抗击"非典"的日子里尤其如此。特别是两地旅游界的同志们，互相鼓励、互相支持、互相关心、互通信息，为现在两地旅游业的共同迅速恢复打下了良好的基础。现在，去山西的路修好了，景区、景点的环境清洁了，各种旅游设施更加完善了，各项服务更加规范了，山西人民将以一如既往的朴实和热情盛迎北京和全国各地乃至海外的旅游者。作为北京周边最近旅游目的地的山西正以古代文明和名山秀水组成的全新旅游产品恭候您的光临。

再次谢谢诸位。

[评析]

这是一篇生动明快的开幕词，全文紧紧围绕"推广山西旅游"这一主题，为大家勾画出了一幅山西美景，并让听者深深感受到了山西人民欢迎来客的暖暖温情。开头对光临的各层次代表按级别从高到低表示了欢迎和感谢。主体部分直接表明活动的用意，并阐述了山西旅游值得推广的原因，如优越的环境、完善的设施和规范的服务等。在完全表达完主题思想后，结尾部分没有画蛇添足，而是简单地再次表示感谢，使文章一气呵成，主题非常突出。

值得一提的是，作者利用了"非典"这个曾经让人恐慌的词语，一方面能够凸显两地人民在非常时期的互助之情，拉近了双方的心理距离；另一方面，则针对"非典"过后人们对外出旅游的担忧和对健康更多的关注的心理特征，有意识地推广这个"健康、绿色、安全、文明"的山西旅游路线，投其所好，必然能使推广效果事半功倍。

（四）写作要求与病例评析

1. 写作要求

（1）要全面了解会议情况。开幕词要提出本次大会的任务或主要议题，如果不了解会议的内容，就有可能"跑题"，或表述不准确。

（2）主题明确，条理清晰。开幕词要围绕会议主题，阐明会议的指导思想和主要议题；结构安排牢牢把握"繁则分项，简则综合"的原则，层次分明，条理清晰。

（3）措辞得体，语言简洁。开幕词注意措辞要得当，大方有礼，做到善辞令而不做作，讲礼貌而非应付，切忌言不由衷，虚情假意；语言要简洁明了，篇幅短小精悍。

2. 病例评析

[病例]

团代会开幕词

尊敬的各位领导、各位代表、同志们：

大家好！

在全县上下高举邓小平理论和"三个代表"重要思想伟大旗帜，深入贯彻落实党的十六大和十六届三中、四中全会以及县委十四届四次全会精神，紧紧围绕"工业强县、旅游兴县、文化名县、生态立县"的发展思路，满怀豪情地投身到全面建设小康社会伟大实践的重要时刻，全县团员青年热切期盼的共青团××县第二十次代表大会，今天隆重开幕了！

这次大会得到了县委、团市委的高度重视和亲切关怀。今天，县委、县人大、县政府、县政协和团市委领导以及有关方面的负责同志亲临大会，充分体现了党和政府及社会各界对青年一代的亲切关怀和对共青团工作的高度重视。在此，请允许我以大会的名义，向长

期以来重视和关心共青团工作的各位领导，向关心和支持共青团工作的各界人士表示衷心地感谢！向在全县各条战线奋勇拼搏、无私奉献的广大团员青年、各级团干部和青少年工作者表示亲切的问候！这次大会对于全县各级团组织高举邓小平理论和"三个代表"重要思想伟大旗帜，全面贯彻党的十六届三中、四中全会及县委十四届四中全会精神，与时俱进、求真务实、开拓进取，团结带领团员青年为全面建设小康社会，推动我县县域经济发展和构建"和谐××"宏伟目标而努力奋斗，具有深远的历史意义。

出席本次大会的代表共161名。他们来自全县各条战线，有在××县域经济社会发展中作出突出贡献的先进青年代表，有在共青团岗位上辛勤工作、取得优异成绩的团干部和团员代表，有刻苦学习、勇攀高峰的青年知识分子和学生代表，有维护社会稳定的公安干警代表，有优秀的少先队工作者代表。本次团代会代表都是在广泛征求团内外意见，经过严格的民主程序选举产生的，具有广泛的先进性和代表性。

各位代表、同志们，全面建设小康社会、构建"和谐××"的宏伟目标，为我们绘出了新时期的宏伟蓝图，呼唤着全县各级共青团组织和广大团员青年勇于创新、不懈奋斗。我们要以这次大会为新的起点，在县委和团市委的正确领导下，与时俱进，求真务实，开拓创新，团结带领广大团员青年在我县改革开放和现代化建设的伟大实践中创造出辉煌的青春业绩。

谢谢大家。

[评析]

本开幕词是团代会开幕词，首先指出了召开会议的背景和意义，但没有说明会议的中心任务、主要议题，应在背景和意义后加上"会议期间，将听取和审议团第十九届委员会工作报告；选举产生共青团××县第二十届委员会"。其次应在倒数第二段后面加上向与会者提出的希望和要求，如"我们相信，肩负着全县团员青年重托的全体代表一定会不负众望，以饱满的政治热情和认真负责的态度，充分发扬民主，切实履行职责，圆满完成大会预定的各项任务，把这次大会开成一个团结奋进、求真务实、开拓创新的大会，开成一个团结带领团员青年为××全面建设小康社会、构建'和谐××'宏伟目标奉献青春的动员大会"。最后开幕词用祝颂语结束全文，如"最后，预祝大会圆满成功！"。

二、闭幕词

(一)闭幕词概述

1. 概念

闭幕词对应于开幕词，是在重大会议或大型活动即将结束时，由主办方的领导人对会议或活动所作的评价和总结性讲话。它具有总结性、评估性和号召性的特点，是该次会议或活动圆满结束的标志。

2. 特点

(1)总结性。闭幕词要对会议的主要内容和基本精神进行简要总结，包括会议的进程情况、解决了哪些问题、与会者提出了哪些意见和合理化的建议、今后努力的方向等，因此，具有很强的总结性。

(2)评价性。在会议的闭幕词中，不仅要对会议的主要内容和基本精神作简要概括，更要对整个会议作总体评价。如会议的收获与作用、意义与重大影响等。这对于激励与会人员为贯彻会议精神而努力奋斗有重要的作用。

3. 作用

(1)宣布会议或活动闭幕，与开幕词首尾相照，显示出会议或活动组织的严密和有序性。

(2)对会议或活动进行评价和总结，使参与者更深刻地了解主题。

(3)提出今后的工作任务，激励参加者认真贯彻执行会议精神。

(4)表达主办方良好的祝愿与谢意，含欢送之意。

(二)结构和写法

闭幕词一般由标题、署名、日期、称呼语、正文几部分内容组成。

1. 标题

闭幕词的标题与开幕词的标题相似，有两种写法：一是由会议名称加文种组成，如《××大会闭幕词》；二是由致词人姓名、会议名称加文种构成，如《××同志在××大会上的闭幕词》。

2. 署名

即署上致闭幕词的领导人的姓名，置于正文之下居中位置。

3. 日期

写明致闭幕词的时间，放在标题之下居中位置。需要说明的是，日期有时放在署名之上，有时放在署名之下，两种都可以。

4. 称呼语

与开幕词的写法基本相同。

5. 正文

闭幕词的正文一般包括以下几个方面内容：

(1)用简洁的语言说明大会在什么情况下圆满完成了各项预定任务；

(2)要回顾会议议程进行的情况，对会议取得的成果、作用、意义等进行简要评价，对与会者的努力给予充分的肯定；

(3)对会议通过的重要决议、完成的主要任务和会议的基本精神进行概括和总结；

(4)向与会者提出贯彻落实会议精神、做好会后工作的要求和希望；

(5)郑重宣布，大会胜利闭幕。

(三)范文评析

[范例一]

第二届中国实战营销高峰论坛闭幕词

各位营销精英，企业界的朋友们，各位来宾：

大家好！首先代表这次营销高峰论坛的主办方《××报》，感谢诸位对此次盛会的热情支持和积极参与。

第二届中国实战营销高峰论坛旨在对营销市场变化对话，把握营销趋势，相信通过这两天的智力激荡和碰撞，已经给诸位留下了很深的印象，而且也为制定2004年的营销策略带来了思考。随着专题演讲的结束，第二届中国实战营销高峰论坛已经取得了圆满的成功。

热闹非凡的市场舞台，每年都会上演一出出主角不同但是同样精彩的好戏，2003年我们经历了SARS的考验和飞天圆梦，但是事实上竞争是市场经济中不同的主题，营销的几大要素，无论是资本力量还是价格竞争、渠道建设、产品定位、品牌整合。在激烈的市场竞争中都各显神通。进入21世纪，加入WTO，向市场经济转轨，中国已经成为全球最具活力和潜力的市场，无论是对中国企业还是跨国企业，其中对于市场机会的判断和把握，对于竞争格局的分析和影响，对于整个的营销变革的研究和实践，都决定着他们的市场表现和市场地位。我们作为主流媒体《××报》在1999年的时候就已经开设了行业周刊，对整个行业的动态和企业的运作加以关注和点评。经济板块的权威性和影响力也得到了业内人士的肯定，我们期待在2004年，越来越多的企业能够用他们的魄力和智慧，在市场营销中

加以创新和变革。我们《××报》也愿意提供非常良好的宣传平台，与经济界和企业界的人士一起，推动整个营销变革、营销观念和理念的变革，与更多的企业一起迈向成功。

谢谢大家！

[评析]

这是一篇简短而朴实的讲话稿，文章不拘泥于形式，着重强调论坛所带来的思维上的启发。文章展望了营销市场未来的发展潜力，也借机说明了此类论坛常青的生命力以及其起到的重要作用。文章适时表明了主办方主动参与市场，推动营销观念变革的信心与态度，并借闭幕词成功地推销了自己。

[范例二]

××县第 25 届中小学生田径运动会闭幕词

各位裁判员、教练员、运动员，各位来宾，老师们，同学们：

××县第 25 届中小学生田径运动会经过 3 天紧张激烈的角逐，马上就要胜利闭幕了。借此机会，我谨代表大会组委会及县教育局党委、行政，对本届运动会的圆满成功和运动员取得的优异成绩表示热烈的祝贺！对为运动会辛勤劳动的裁判员、教练员、运动员及全体工作人员表示崇高的敬意！对出席运动会的各位来宾表示诚挚的谢意！

在县委、县政府的重视和关心下，在组委会的精心组织下，在全体裁判员、教练员、运动员和全体工作人员的共同努力下，在养正大学的大力支持下，本届运动会开得很成功、很圆满。整个运动会准备充分，组织周密，纪律严明，秩序井然，主题鲜明，充分体现了"团结、拼搏、创新、图强"的主题，赛出了风格，赛出了友谊，赛出了水平。这是一次团结的盛会，友谊的盛会，创新的盛会。

运动会期间，裁判员坚持原则，公正裁判；工作人员恪尽职守，认真负责；教练员精心策划，科学指导；运动员顽强拼搏，奋勇争先，取得了辉煌的战果。在比赛中，有×××人次打破了××项市田径纪录，有××人次达二级运动员标准。这些成绩的取得，是我县全面贯彻党的方针，落实《学校体育工作条例》，认真实施"科教兴县"战略的结果，是我县发扬优良传统，弘扬团结拼搏精神，加强社会主义精神文明建设的体现，是全体教练员、运动员辛勤汗水的结晶。这次运动会的圆满成功，为我县体育事业的发展谱写了新的篇章。

老师们，同学们，"雄关漫道真如铁，而今迈步从头越"。在今后的征途上，我们肩负的历史使命更光荣神圣，面临的任务更艰巨，让我们以这次运动会为新的起点，进一步发扬团结拼搏、奋力争先的精神，全面贯彻落实党的教育方针，培养更多德、智、体、美等方面全面发展的新型人才，昂首阔步迈向更加辉煌的明天！

最后，祝教练员、裁判员、运动员，回家一路顺风！

[评析]

这是一则热情洋溢的闭幕词。文中总结了此次运动会上取得的成绩，并对此进行了高度的评价，最后对与会人员提出了要求。全文语言热情，内容简洁，既有高度的概括性，又富于感染力，是一篇值得学习的佳作。

(四)写作要求与病例评析

1. 写作要求

(1)闭幕词和开幕词均有极强的针对性和时限性，闭幕词要与同一会议或活动的开幕词内容相呼应，互相吻合。如果开幕词中提出了相关议题，那么闭幕词中则要作出回顾，相应说明议题的完成情况。只有首尾衔接，才能显示会议或活动开得圆满、成功。

(2)要充满感情色彩。在实际运用中，开幕词常常含有欢迎词的要义，因此，要注意语言的感情色彩，让与会者充分感受到热情、真诚的氛围。

（3）不能将闭幕词写成会议（活动）总结。两者在内容上有交叉之处，但也有明显的区别。闭幕词注重概述情况，而总结则偏重围绕主题具体阐述；闭幕词融入情感，有口语化色彩，总结用书面语，具有逻辑性；篇幅上闭幕词更短小精炼些。

需要说明的是，文无定法，无论是开幕词还是闭幕词，出于表达的实际需要，可以不拘泥于格式，能配合主题成功表达即是成功的致词。

2. 病例评析

［病例］

职工代表大会闭幕词

各位代表、同志们：

××市儿童医院·妇幼保健院第七次职工代表大会经过全体代表的共同努力，已经顺利完成各项议程，今天就要闭幕了。

在这次代表大会上，代表们以高度的使命感和主人翁精神，认真审议并通过了×××院长所作的《医院工作报告》和《××××年医院工作计划》。代表们认为，×××院长所作的报告，客观全面地总结了××××年医院所取得的成绩，也实事求是地指出存在的问题。对××××年的工作计划，提出了五大工作任务，明确了医院效益再上新台阶的目标，适应形势，简明扼要，突出重点，富有远见和开创性，催人奋进。

本次大会收到并立案受理了16份代表提案，这些提案内容涉及医疗护理业务、医院管理、医院建设、生活福利、工会建设等范围。反映了职工代表关心科室、关心医院、关心职工的热情和责任感。各职能科室在收到这些提案后，都尽快地提出受理意见，这些提案的受理和实施将对我院今后的工作和业务建设起到积极的推动作用。各种提案的提出与实施再一次实践了我们职工参与医院的民主决策、民主管理和民主监督的权利。

经过大会主席团和全体代表的努力工作，本次大会充分酝酿和民主选举产生了新一届工会委员会和经费审查委员会，为我院工会工作的顺利开展提供了新的组织保证。借此机会，我提议让我们以热烈的掌声，对当选的新一届工会委员会的各位委员表示热烈的祝贺！对各位代表和为本次大会的胜利召开筹备而做了大量工作的同志表示衷心的谢意！尤其是对上届，以及历届工会委员会所付出的辛勤劳动表示崇高的敬意和诚挚的感谢！

各位代表，我们这次会议和前六次职代会一样，是一次民主团结、统一思想、继往开来的大会，希望各位代表会后要以这次大会为契机，认真学习贯彻中共十六大精神，弘扬抗非斗争中"万众一心、众志成城，团结互助、和衷共济，迎难而上、敢于胜利"的精神，团结全院职工，凝聚集体的力量，勇于面对新的挑战和竞争，脚踏实地地做好本职工作，为实现医院提出的××××年工作计划和目标而奋斗。

［评析］

这是一篇职工代表大会闭幕词，结构清晰明了，内容具有总结性和评价性，语言通俗易懂。首先用简明的语言说明大会在什么情况下圆满完成了各项预定任务，并回顾了会议的基本情况以及会议取得的成果和作用；然后对会议进行概括和总结，并向与会者提出贯彻落实会议精神、做好会后工作的要求和希望；最后部分，缺少郑重宣布，大会胜利闭幕。应加上"现在我宣布：××市儿童医院·妇幼保健院第七次职工代表大会胜利闭幕"。

▶ 第五节　讣告、唁电

［学习要求］

了解讣告、唁电的文体格式与适用范围，明确写作要求，掌握相关的写作方法，撰写符合文体格式和写作要求的讣告与唁电。

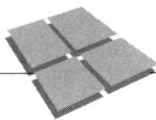

一、讣告

(一)讣告概述

1. 概念

讣告又称"讣闻""讣文"。"讣"原指报丧的意思，就是将人死了的消息报告给大家。讣告是机关、单位、个人把某人去世的不幸消息向死者的亲戚、朋友、家属发出的通告性文书。

2. 特点

(1)公开性。讣告用来宣布死者去世的消息，其内容是公开的。

(2)知照性。无论是哪类讣告，其目的都是为了知照社会各界及其亲友。

3. 种类

讣告常见的种类有一般式讣告、公告式讣告和消息式讣告三种。党和国家领导人去世，现在一般不用讣告而用公告或宣告，以表示隆重、庄严，是国内发生的大事。近几年来，有些领导人逝世，报纸上不登讣告，而采用发信息和登照片的形式，实际上也是一种讣告，不过规格较高，内容较翔实。

(二)结构和写法

1. 一般式讣告。一般式讣告是最常见的，它主要包括以下三方面内容：

(1)标题。用略大于正文的字体于首行居中写"讣告"二字。

(2)正文。另起一行空两格，应写明：

①什么人什么时候在什么地方去世。

②要写明死因。是因病，还是事故或其他原因死亡。如是病逝，要说明是什么病及治疗抢救情况，根据不同情况可详可略。

③写明殡葬时间与方式。一般人的殡葬时间与方式多与讣告写在一起，告诉人们在什么时候，在什么地方举行追悼会。

(3)落款和日期。写发出本讣告的团体或个人的姓名。下一行写年、月、日。

2. 公告式讣告。公告式讣告往往由党或国家发布，是最高规格的讣告。它一般由讣告本身、丧事安排的公告、治丧委员会或治丧办公室名单等部分共同组成。有时治丧办公室名单也可不对外公布。

3. 消息式讣告。消息式讣告一般是以消息报道的形式在报纸上公布，目的在于晓谕社会。这种讣告，内容形式都比较简单。机关、团体、单位等发此类讣告，要写上死者的原来职务；个人发的，则要写明与死者的关系。发讣告时，还可以附上死者的遗像。这种讣告的标题，一般写作"×××同志逝世""××××××(单位)×(职务)×××病逝"等。这种讣告的刊登，一般都按照有关的规定办，不是任意可以刊登的。

(三)范文评析

[范例一]

鲁迅先生讣告

鲁迅(周树人)先生于 1936 年 10 月 19 日上午 5 时 25 分病卒于上海寓所，享年 56 岁。即日移置万国殡仪馆，由 20 日上午 5 时为各界瞻仰遗容的时间。依先生的遗言："不得因为丧事收受任何人一文钱。"除祭奠和表示哀悼的挽词、花圈等以外，谢绝一切金钱上的赠送。谨此讣闻。

鲁迅先生治丧委员会

(因刊载于当日报纸，而未署名、日期)

[评析]

这属于一般式讣告。由标题、正文和落款组成。内容包括死者的姓名、死亡的原因、地点、时间和终年岁数，丧礼的地点、时间、方式以及死者的意愿、意向等。结构简单明了，语言准确、精炼、严肃、庄重。

[范例二]

公 告

中国共产党中央委员会、中华人民共和国全国人民代表大会常务委员会、中华人民共和国国务院以极其沉痛的心情宣告：我国爱国主义、民主主义、国际主义和共产主义的伟大战士，杰出的国际政治活动家、卓越的国家领导人、中华人民共和国名誉主席、中华人民共和国全国人民代表大会常务委员会副委员长宋庆龄同志因患慢性淋巴细胞白血病，于1981年5月29日20时18分在北京逝世，终年90岁。

宋庆龄同志的逝世，是我们国家和全国人民的巨大损失。决定为宋庆龄同志举行国葬，以表达我国各族人民的沉痛悼念。

宋庆龄同志治丧委员会已经成立。

我国爱国主义、民主主义、国际主义和共产主义的伟大战士，卓越的国家领导人宋庆龄同志永垂不朽！

一九八一年五月二十九日
（载 1981 年 5 月 29 日《人民日报》）

[评析]

本文属公告式讣告。它包括逝世公告、治丧委员会公告、治丧委员会名单三部分。在《公告》中，主要说明宋庆龄同志的职务、逝世时间、原因、地点及终年岁数，并作简要的评价和表示哀悼。在《治丧委员会公告》中，主要说明丧事的具体安排和要求。《治丧委员会名单》主要是公布参加治丧委员会成员的姓名。

（四）写作要求与病例评析

1. 写作要求

（1）语言要严肃、庄重。讣告语言与其他文体语言的最大不同就是它的庄严性，来不得丝毫的戏谑和幽默。因此，在写作讣告时，用语遣词要格外慎重，要充分表达出对死者的沉痛哀思和深切怀念，其语言和基调是低沉的。

（2）评语要恰如其分。不少讣告没有评语，但有评语的讣告，在写作时一定要把握分寸，做到评语恰如其分，这是对死者的尊敬，同时，也是对生者的告慰。无论是过分夸张、褒扬，还是脱离实际的故意贬低，都不会带来好的效果，这种失真的、近于歪曲的讣告算不上真正的讣告，同时它也失敬于生者和死者。

（3）内容要精炼、简明。一般的讣告往往没有评语，而是主要介绍一些有关死者的基本情况以及后事办理事宜，在写作时也要尽可能地简明扼要，突出重点。

2. 病例评析

[病例]

讣 告

夫张××（原××市××厂党委书记，离休）于19××年4月18日上午因病逝世，终年74岁。在此沉痛告知社会各界。

张××遗体告别仪式定于4月24日在××殡仪馆举行，欢迎各位届时光临。

妻：王××率

子：××　媳：××　孙：××

女：××　婿：××　外孙：××　　　泣告

[评析]

这则讣告，在内容、语言、格式上都有错误，"夫张××(原××市××厂党委书记，离休)"应改为"张××先生(原××市××厂党委书记，离休)"。"于19××年4月18日上午因病逝世"改为"因患××，于19××年4月18日×时×分在××逝世，终年××岁。""张××遗体告别仪式定于4月24日在××殡仪馆举行，欢迎各位届时光临"两句可改为"张××遗体告别仪式定于4月24日××时××分在××殡仪馆举行，欢迎张××先生生前各位亲朋好友届时瞻仰遗容。"正文的末尾下一行左起两格应加上"特此讣告"或"谨此讣告"。落款可以是个人名称也可以是"张××先生治丧委员会"名称，并应写明发出讣告的具体时间。

二、唁电

(一)唁电概述

1.概念

唁电是对在外地遭遇丧事者的亲属或组织表示慰问而发去的电报。

2.特点

唁电具有慰问性的特点。因彼此不在一个地方，不能亲自吊唁，要用唁电的方式来表示对死者的哀思，又向其家属问候和安慰。重要人物或有较大影响人物的唁电，除直接发给死者的组织和家属外，还要广播和登报，让人们知道死者逝世的信息，以便有关的人们参加悼念活动。

3.种类

唁电一般有以下两种类型：

(1)集体名义发的唁电。机关或团体向死者原在单位发的唁电。致哀对象一般都是原机关、团体的重要领导人或是机关、团体的上级领导人物，或是在革命和建设中曾经作出过杰出贡献的英雄、先进人物、教育家、科学家、艺术家等。

(2)个人名义发的唁电。发唁电者同死者生前往往是志同道合、有密切交往的朋友或受死者教诲、关怀、帮助过的人，在知悉噩耗后，无法或来不及前往悼念而以唁电表示哀悼。

(二)结构和写法

唁电的结构一般为以下内容：

1.标题

首行居中写"唁电"或"致×××唁电"等，字体稍大。

2.称呼

另起一行，顶格写接收唁电单位的名称或死者家属姓名、称谓，死者家属姓名后的称谓一般为"同志""先生""夫人""女士"等，后加冒号。

3.正文

另起一行，空两格。直言得悉噩耗后的悲痛心情，简述死者生前的品德、功绩；表示发电人对死者的缅怀、思念，表达继续死者遗志的决心和行动；最后向死者的家属致以亲切的慰问。

4.落款

注明发唁电的单位或个人姓名和日期。

(三)范文评析

[范例一]

唁 电

广西分社并嵇永强同志亲属：

惊悉嵇永强同志于5月17日在采访途中遭遇严重车祸，抢救无效，因公殉职，我们深为痛惜。

嵇永强同志进入新华社工作以来，时刻牢记新华社的神圣职责和历史使命，认真学习邓小平理论和党的新闻工作的一系列方针政策，牢固树立政治意识、大局意识、责任意识，工作刻苦，勤奋好学，爱岗敬业，勤于实践，为人正直，团结同志，富有强烈的事业心和责任感。他克服高原反应，多次赴边远地区采访，采写了一批多角度、多层次地反映改革开放以来西藏进步繁荣和民族团结的新闻作品；他的足迹遍布广西壮乡瑶寨，同各族农民群众打成一片，采写了大量反映广西农民群众呼声和壮乡各族农民艰苦奋斗精神的作品；他参加一系列战役性报道和重大调研，多次冒着生命危险采写了大量的突发性事件的报道，表现出了新华社记者应有的政治敏锐、新闻敏感和优良作风。嵇永强同志为新华社的宣传报道工作和党的新闻宣传事业作出了突出贡献。

谨对嵇永强同志的逝世表示沉痛哀悼，并请转达我们对嵇永强同志亲属的深切慰问。

新华通讯社

2001 年 5 月 18 日

〔评析〕

本唁电正文分三层表意：第一段表达了对嵇永强同志因公殉职，新华通讯社惊闻噩耗的深为痛惜之情与沉痛的哀悼慰问；第二段，对嵇永强同志进入新华社工作以来，时刻牢记新华社的神圣职责和历史使命，为新华社的宣传报道工作和党的新闻宣传事业作出了突出贡献，并对他为新闻事业生命不息、奋斗不止的光辉的一生给予高度的评价和赞美；唁电最后一段，表达新华社对嵇永强同志的逝世表示沉痛哀悼，并请转达对嵇永强同志亲属的深切慰问。唁电简短朴实，措辞贴切，感情真挚，结构严谨。

（四）写作要求与病例评析

1. 写作要求

（1）要以诚挚的情感来表示对死者的深切哀悼。用词要庄重、严肃，不可滥用修饰语。

（2）对死者的功绩、情操要给予恰当的评价，这是对死者家属最好的安慰，并劝慰其家属要节哀。

（3）语言要概括、简短、朴实，要准确反映发电人与逝世者的实际关系。

2. 病例评析

〔病例〕

唁　电

广西××同志：

十多年前，××同志从北京大学考入中国新闻学院攻读新闻学第二学士学位，当时作为中国新闻学院的一名教师，我有幸和××同志共同度过了两年时光。××聪明能干、勤奋好学、热情助人，是老师们公认的好学生，是同学们公认的好学友。他是北京人，毕业时完全可以留京，可他主动要求去广西分社。到分社后，经常要求到艰苦的地方去采访，时刻对自己高标准、严要求。已经做了近十年记者的他，一次到总社时还对我说，他还差得很远，还要好好学习，还要严格要求自己。可是今天，他已离开了我们。

××同志的不幸，使我失去了一位好学生、好同志，对此我表示深切的哀悼。我希望××能替我向××同志送一个花篮，以寄托我的哀思，并请转达××同志的家人节哀保重。

××同志永垂不朽！

新华社××

××××年×月×日于××

〔评析〕

唁电简短朴实，感情真挚，但在表述上还有不足。第一段应加上"惊悉××同志不幸因

公殉职，我深感万分悲痛"，最后对死者的功绩、情操要给予恰当的评价"××同志永垂不朽!"应改为"××同志永远活在我们心中!"。

第六节 题 词

[学习要求]

了解题词的不同种类及其不同的适用范围，熟悉其文体格式，明确其写作要求，掌握相关的写作方法，能撰写符合文体格式和写作要求的各类题词。

一、题词概述

(一)概念

题词，又称题辞。它原是指一般为留作纪念而题写的文字。现代的题词是从古代题辞发展演变而来的。

古代题辞有狭义的和广义的两种。狭义的专指在书籍前面题写的文辞，广义的还包括题跋与题名。题辞，在汉代就出现了。写"题辞"要注意从作品内容、成书经过上加以概括说明，并从形式上，特别是从语言运用上指出其特点。明朝徐师曾说："其词考古证今，释疑订谬，褒善贬恶，立法垂戒，各有所为，而专以简劲为主，故与序引不同。"

现代题词，是指一般为留作纪念而题写的文字。题词所包括的对象和内容，要比古代题辞广泛得多。它在新的社会关系中表达对人、事、物的积极肯定的态度，在精神文明建设中有其一定的作用。

题词不像别的文体具有较严整的格式要求。它是比较自由的，往往因人而异。从题词中，一般能看出个人观察事物的角度和艺术表现特色。前人提出叙事要简短而充实；语言要有力而严谨。这一要求对所有题词都适用。

(二)特点

1. 悠久性

题词，是一种很古老的文体。相传在先秦时就已经有了。后来，经过几朝几代的发展，人们已逐渐掌握了这种文体。但当时主要是为表示纪念而题的，亦是为抒情、铭志而题。到了现代社会，题词的范围日益广泛，这类文种逐渐被继承和发展下来。

2. 书面性

题词的文字表达性，即书面性，是题词的又一特征。无论是什么样的题词，都不是口头的(特殊情况下例外)，而是应该采用书面形式。

3. 公开性

无论是给别人的题词，给自己的题词，还是给事物题词等，都是公开的，具有非保密性，其他人可以看。

4. 正面性

古代的题辞有褒有贬，或积极，或消极均有；而现代社会的各种题词，大多是具有积极的鼓励性质的，能够增进彼此的沟通，催人奋进。

(三)种类

按范围和对象划分，题词可分为以下三类：

1. 给人题词

(1)领导同志给英雄模范人物题词。题词的对象有时是一个人，有时是一个集体。给这些人题词，其内容除带有表扬勉励的意思之外，还有表示纪念和号召人们向他(她)或他

(她)们学习的作用。写这种题词前，要对被题词的对象的英雄事迹有较全面和深刻的认识。这样写出的题词才有意义，体现出对象的特点。

(2)长辈给晚辈题词。在晚辈生活中的某一个关键时刻，如升学、赴任之前，长辈可以给晚辈写段题词，表示对晚辈的关怀、勉励或奖励。

(3)同辈给同辈题词。如：同窗好友在分别之际互赠题词，亲密战友在转业告别前夕，彼此在赠品上题词，借以共勉互励。一位同学在高中毕业时给他的一位同学的题词是："路漫漫其修远兮，吾将上下而求索！"

2. 给事题词

此类题词主要是指国家领导人、上级首长、知名学者等给某个单位或某项事业所写的题词。如给学校题词："春风化雨，培育英才"，为开业的企业题词："富国利民，宏图大展"等。

3. 给物题词

此类题词主要是指自然物、建筑物、生活用品和书籍等的题词，如毛泽东在人民英雄纪念碑上的题词"人民英雄永垂不朽！"就是范例。

二、结构和写法

(一)题词样式

第一种，开头写明为谁而题，如"赠×××"，然后是题词正文，最后是落款，包括作者的姓名、题写的时间。

第二种，前面是题词正文，后面点出为谁而题，最后落款，包括作者姓名、题写的时间。

第三种，只有题词正文、落款，不点明为谁而题。

第四种，引用他人诗词、名言作题词，注明他人姓名和诗词、名言出处。

(二)题词的正文

题词和一般文体不同，要言简意赅，有些题词文字稍多，但也只有几句话，甚至几个字。因此，题词的叙事应简明而充实，语言要有力而严谨，起画龙点睛的作用，使人看了既一目了然，又余味无穷。

题词可用散句，也可以用诗、词；可以自编，也可以摘录前人或别人的诗词、名言、警句。

三、范文评析

[范例一]

下面的一组题词是中央领导同志于 1983 年 7 月(发表时间)给武汉空军后勤部副部长，"学习雷锋的光荣标兵"朱伯儒同志的题词。

中央领导同志题词

号召全国军民向朱伯儒同志学习

新华社北京 7 月 27 日电 叶剑英、邓小平、李先念、陈云、彭真、徐向前、聂荣臻、杨尚昆等中央领导同志最近分别题词，号召全国军民向"学习雷锋的光荣标兵"朱伯儒学习。

叶剑英的题词是："人民公仆，模范党员。"

邓小平的题词是："学习朱伯儒同志，做一个名副其实的共产党员，全心全意为人民服务。"

李先念的题词是："像朱伯儒同志那样，热爱祖国，热爱人民，团结一心，建设四化。"

陈云的题词是："向朱伯儒同志学习，为争取党风和社会风气的进一步好转而努力。"

彭真的题词是："学习朱伯儒同志热心为人民服务的共产主义精神。"

邓颖超的题词是："学习朱伯儒崇高的共产党员品质。"

徐向前的题词是："学习朱伯儒同志，做雷锋式的共产主义战士。"

聂荣臻的题词是："向朱伯儒同志学习。"

杨尚昆的题词是："学习朱伯儒同志，做共产主义思想的坚定实践者。"

[范例二]

常用题词一览：

1. 结婚

美满姻缘　　有情眷属

相敬如宾　　百年好合

2. 寿诞

长乐永康　　南山同寿（男寿）

3. 开业

（1）工厂

富国利民　　宏图大展

（2）医院

华佗再世　　仁心仁术

（3）旅社、大饭店

贵客迎门　　宾至如归

4. 哀挽

（1）道范长存　　音容宛在（男丧）

（2）母仪千古　　巾帼称贤（女丧）

（3）师表千古　　永念师恩（师长）

（4）万古流芳　　重于泰山（烈士）

四、写作要求与病例评析

1. 写作要求

（1）从题词的内容来看，有的自己随时酌情自编，有的选录前人或今人的名言警句。从形式上来看，可用散文，也可用诗句，灵活多样，原则是不能太长。

（2）题词要有一定纪念意义，能产生一定的影响，写作时要注意题词的纪念意义和社会效果，能给人以启发、激励和教育。

（3）题词的内容要清楚，力求具有艺术性，使人不但可以受到启发和激励，而且可以得到美的享受。

2. 病例评析

[病例]

有一位年轻知识分子被提拔为某县副县长，其退休的爷爷，在他赴任之前，给他送一本老人珍藏多年的日记本。老人在本子上的第二页上给孙子题词是："光宗耀祖，升官发财！好好干，争取三五年当上国家总理！"

[评析]

这是长辈给晚辈的题词。题词的内容应表示对晚辈的关怀、勉励或奖励。这则题词的内容不妥，没有积极的纪念意义和社会效果，不能给人以启发、激励和教育。宜改为"先天下之忧而忧，后天下之乐而乐！"“当好人民的公仆，为人民服务！”或“当官不为民做主，不如回家卖红薯！"等。

▶ 第七节 对 联

[写作要求]

了解对仗的基本章法和写作要求、掌握基本写作方法，能写出适用不同范围、符合写作要求的对联。

一、对联概述

(一)概念

对联是一组对仗的语句，又称“对子”“楹联”“楹帖”。从古至今，无论是个人家庭或机关单位，每逢喜庆日子或重大节日，都有写对联的习惯。祠堂庙宇、名山大川、旅游胜地，都张贴不少对联。对联的历史悠久，是传统的使用文体。

(二)分类

对联的分类与撰写很有关系，不同用处和不同形式的对联，有不同的内容，不能混用。按照使用的时间和场合分，对联可分春联、装饰联、专用联、交际联。

1. 春联。即专用于庆祝春节的对联。它或用于街门，或用于屋门，或用于磨、车等劳动工具；或用于机关厂矿学校，或用于商店、工地、会场。虽然都是庆春节，内容却千差万别，所以撰写春联也要注意针对性。

例：

浓墨重彩画不尽九州春色；

千歌万曲唱不完四化凯歌。

——歌舞团春联

东风万里送春色；

红日普照暖人心。

——通用春联

春联名目繁多，有辕联、磨联、门联、院联……即使以联例代列目，也不胜枚举。

2. 装饰联。主要用于美化环境的对联，或装饰亭、台、楼、阁，或装饰名胜古迹，或装饰书房卧室，或装饰名画宝砚，用途极为广泛。春联仅用于春节前后一个月内，不能失时。装饰联用的时间较长，所以不能过于趋时，要有概括性，要有点哲理。

例：

声驱千骑疾；

气卷万山来。

——钱塘观潮亭联

兴废总关情，看落霞孤鹜，秋水长天，幸此地湖山无恙；

古今才一瞬，问江上才人，阁中帝子，比当年风景如何？

——南昌滕王阁联

四面湖山归眼底；

万家忧乐到心头。

——岳阳楼联

装饰联名目更多，光是一个建筑群，就有台联、榭联、厅联、阁联、楼联、宫联、殿

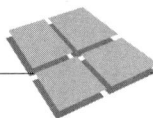

联、亭联、坛联、桥联……

3. 专用联。即专为某一事项而写的对联，与写春联有时限上的不同，它的使用时间很短，又没有固定的使用时间，要随事而变。它不像装饰联那样长久使用，时过境迁，也就不需要长贴长挂了，它包括挽联、寿联、婚联、喜联、座右铭联、小说回目联等。每一项的分类也很复杂，喜联或贺参军，贺立功，贺生子，贺乔迁，有喜事都可以贺，也都免不了用对联。写这类对联，还要求感情真挚，切合双方的友谊和地位。

例：

灰撒江河，看不尽波涛，涓滴都是人民泪；
志华日月，信无际光焰，浩气长贯神州天。

——人民群众挽周恩来总理

江户矢丹诚，感君首赞同盟会；
轩亭洒碧血，愧我今招侠女魂。

——孙中山挽秋瑾

桃李增华坐帐无鹤；
琴书作伴支床有龟。

——周恩来祝马寅初六十大寿联，时马先生被国民党
监禁于贵州息烽集中营。

碧沼红莲开并蒂，
芸窗学友结同心。

——同学婚联

4. 交际联。即用于人们交往的对联。人与人的关系或敌或友，非常复杂；互相之间或赞或贬，或颂或讽，也是常情。亲去赠别，友来接风，试才斗智，都可用对联。它不贴不挂，实际上是用于交际的两句短诗。

例：

铁肩担道义；
妙手著文章。

——李大钊赠杨子蕙

深山隐高士；
盛世期新民。

——刘少奇赠盛多贤

有关国家书常读；
无益身心事莫为。

——徐特立题赠青年

交际联的用处极广，联语变化万状，不胜例列，细细琢磨上列联语，也许可以掌握一些撰书交际联的要领。

二、对联的结构和写法

完整的对联包括上下联和横批。

（一）上下联

对联分为上下两联，对联的写作要做到：

1. 上下联字数等同。上联几字，下联也要几字。对联字数可多可少，常见的有四字、六字、七字、十几字、几十字乃至百字不等。

2. 词性、结构相同。如：

雨	润		三	春		千	野	绿
旗	开		四	化		九	洲	红
（名）	（动）		（数）	（名）		（数）	（名）	（形）

再如：

山川含泪	同志	难见	老战友
风云变色	祖国	又少	一栋梁
（主谓词组）	（名词）	（偏正词组）	（偏正词组）

3. 上下联平仄相对。即上下联同一位置上，上联是仄声，下联则是平声；上联是平声，下联则是仄声。但须注意的是，上联最后一字一定是仄声字，而下联最后一字一定是平声字。如：

山重水复疑无路（平平仄仄平平仄）

柳暗花明又一村（仄仄平平仄仄平）

对联还有"一三五不论，二四六分明"的平仄要求，处于单数位置（非节奏点上）的字，其平仄可放宽。

4. 上下联要有逻辑联系。即意味着上下联的意思必须是有关联的。意思有关联包括三种情况：一是正对，二是反对，三是串对。

（1）正对。即上下联意义相近。如：

新年纳余庆

佳节号长春

——我国最早的对联，作者相传为后蜀主孟昶

（2）反对。即上下联意义相反。如：

横眉冷对千夫指

俯首甘为孺子牛

山重水复疑无路

柳暗花明又一村

正对或反对，上下两联的结构关系如果是平列的话，都称为平对。如：

长征大军迎旭日

四化飞舟乘东风

勤俭持家幸福

劳动致富光荣

自主婚姻情爱重

计划生育好处多

此三联均是正对，上下两联都是并列关系。

（3）串对。即上下联有明显的递进关系或因果关系，也称为流水对。如：

独有英雄驱虎豹

更无豪杰怕熊罴

（此联是递进关系）

千山叠翠春意浓

万水溢彩气象新

（此联是因果关系）

（二）横批

对联要竖写，上联贴在右边，下联贴在左边。配合对联张贴的有横额，也叫"横批"。它贴在两联之间的横切眉上，对全联的意思起到概括、点睛的作用，或进行提示或补充。字数多为四个字，也有五个字、三个字甚至两个字的，但一般不宜太多。横批用字避免与对联相同。如：

洒下园丁千滴汗

赢来花卉万般娇

横批：桃李芬芳

一元复始　创立中兴大业

万象更新　建设精神文明

横批：春满人间

山川添秀　美酒千盅辞旧岁

大地回春　梅花万树颂新春

横批：万象更新

三、对联范例

常用对联一览：

（一）通用对联

雪压梅花白　迎新春百花齐放

青归柳色青　送寒冬万象更新

春风传捷报　天增岁月人增寿

爆竹贺新春　春满乾坤福满门

春满长征路　一天春雨梅花笑

花繁民主枝　万里东风斗志高

山河增秀色　万家畅饮新春酒

大地插春辉　百族齐歌胜利年

（二）祝寿用联

松龄长岁月　蟠桃捧日三千岁

鹤语寄春秋　古柏参天四十围

燕桂谢兰年经半甲　上寿期颐庄椿不老

桑弧蓬矢志在四方　君子福履洪范斯陈

萱寿八千旬伊始

范福九五九畴乃全

(三)婚聚对联

欣结儿婚娱母志　柳暗花明春正半

欢迎客驾耀蓬门　珠联璧合影成双

立新破旧婚从俭　看两个革命伴侣

设茗陈烟礼久周　成一对恩爱夫妻

(四)装饰联

有容德乃大　一生勤为本

无欺心自安　万代诚作基

劳动致富喜临门

政策落实春似锦

满园春色催桃李

一片丹心育新苗

四、写作要求与病例评析

(一)写作要求

(1)对联的思想内容要健康，符合社会公德、人伦道德、国家法律标准，反映人民群众的愿望和要求。

(2)严格遵守上述有关对联写作的"四条"规则，还要注意"上下联避免同字"(上下联同一位置不能出现相同字，除非词格叠用等特殊情况外)。

(3)对联要切情、切景、切人，不能生搬硬套、对牛弹琴、弄巧成拙。

(4)对联还要善于运用修辞手法。对联就是运用修辞的手法进行写作，包括：比喻、借代、引用、夸张、警句、层递、对照、衬托、对偶、排比、设问、反问、反复、双关、反语、倒装、蝉联等。

(二)病例评析

[病例]

人面如花朵朵笑

秋叶如霜片片落

[评析]

对联中上、下联的意义要有关联，句式要对偶、字数要相等，要讲究意义相关、句式对称、韵律平仄协调，下联应改为"春风似酒阵阵香"。

>>> **思考与练习**

一、填空题

1. 开幕词是在一些大型会议开始时由会议主持人或主要领导人所作的开宗明义的"_____"，它具有_____、指导性的特点。

2. 欢迎词要紧扣"_____"字，欢送词要紧扣"_____"字，虽然二者内容不同，但语言都要精练、_____，语气要热情、友好，篇幅要_____。

3. 欢送词具有惜别性、_____、_____的特点。

4. 答谢词，也称_____，是指在特定的公共礼仪场合，客人或受赠人所发表的对主人的热情接待和关照表示_____的讲话。

5. _____也叫贺词，是用于各种集会或聚会场合的讲话，_____是在宴会开宴前，所发表的表示诚挚敬祝的讲话。

6. 社交礼仪应用文的写作要尊重对方的_____、_____等，不讲对方忌讳的内容。

7. 闭幕词的称谓与开幕词的称谓一样，要根据会议性质和_____来确定。

8. 对联是一组对仗的语句，又称"_____""楹联""楹帖"。对联按照使用的时间和场合分，对联可分_____、装饰联、_____、交际联。

9. 答谢词使用的范围非常广泛：在隆重的_____，来访者对主人的盛情款待和周到安排表示谢意时，致答谢词；在重大的_____的仪式上，接受荣誉者向授赠者致谢词；各种赠予、捐赠仪式上，受赠人表示感谢，致答谢词。

10. 讣告又称"_____""讣文"。"讣"原指报丧的意思，就是将人死了的消息报告给大家。讣告是机关、单位、个人把某人去世的不幸消息向死者的亲戚、朋友、家属发出的_____文书。

二、不定项选择题

1. 礼仪致词的应用范围非常广泛，种类繁多，大致可以分为（　　　），常用的礼仪致词有祝贺词和祝酒词。

　　A. 致词类　　　　B. 慰问类　　　　C. 哀祭类　　　　D. 聚会类

2. 开幕词的标题，常见的有（　　　）种写法。

　　A. 由大会名称加文种组成

　　B. 由致词人姓名、大会名称、文种组成

　　C. 另拟主标题，以会议名称加文种作为副标题

　　D. 只写文种"开幕词"

3. 礼仪致词的写作要求是（　　　）。

　　A. 言词生动　　　B. 热情亲切　　　C. 把握分寸　　　D. 用词得体

4. 闭幕词是一些大型会议结束时由（　　　）向会议所作的讲话。

　　A. 有关领导人　　B. 德高望重者　　C. 会议主席　　　D. 主持人

5. 事实上，答谢词的写作要求与（　　　）是基本相同的。

　　A. 答词　　　　　B. 欢迎词　　　　C. 礼仪致词　　　D. 祝酒词

三、写作与评析

1. 请你为大一新生入学的开学典礼和大三（大四）学生的毕业典礼各拟写一份欢迎词和欢送词。

2. 请根据以下内容要求为孙老师写一份祝寿词。

孙××，今年60岁，1970年参加教师工作，近40年来潜心科研，兢兢业业，曾多次被评为市级优秀知识分子，著作颇丰，有《文字语言学》《实用应用文写作》等，共计280万字，完成了多项国家级科研项目。

3. 评析下面这则欢送词。

欢　送　词

同志们、朋友们：

　　刚好在两个星期以前，我们愉快地在这里欢聚一堂，热烈欢迎×××教授。今天，在×××博士访问了我国的许多地方之后，我们再次欢聚一起，感到特别亲切、高兴，×××博士将于明天回国。

　　×××教授的访问虽然短暂，然而是极其成功的。在北京期间，他会晤了有关方面的领导同志，参观了工厂、农村、学校，与各界人士进行了谈话，并认真研究了我国的政治、经济、文化和教育。

　　在向×××教授告别之际，我们真诚地希望×××教授给我们提出批评、指导的宝贵意见，以便我们改进工作。同时，我们想借此机会请他转达我们对×国人民的深厚友谊，请他转达我们对他们的亲切问候和敬意。

　　祝×××教授回国途中一路平安，身体健康！

　　4.××师范学院举行50周年校庆，请代写一副贺联。

附录一 党政机关公文处理工作条例

中办发〔2012〕14 号

第一章 总 则

第一条 为了适应中国共产党机关和国家行政机关（以下简称党政机关）工作需要，推进党政机关公文处理工作科学化、制度化、规范化，制定本条例。

第二条 本条例适用于各级党政机关公文处理工作。

第三条 党政机关公文是党政机关实施领导、履行职能、处理公务的具有特定效力和规范体式的文书，是传达贯彻党和国家方针政策，公布法规和规章，指导、布置和商洽工作，请示和答复问题，报告、通报和交流情况等的重要工具。

第四条 公文处理工作是指公文拟制、办理、管理等一系列相互关联、衔接有序的工作。

第五条 公文处理工作应当坚持实事求是、准确规范、精简高效、安全保密的原则。

第六条 各级党政机关应当高度重视公文处理工作，加强组织领导，强化队伍建设，设立文秘部门或者由专人负责公文处理工作。

第七条 各级党政机关办公厅（室）主管本机关的公文处理工作，并对下级机关的公文处理工作进行业务指导和督促检查。

第二章 公文种类

第八条 公文种类主要有：

（一）决议。适用于会议讨论通过的重大决策事项。

（二）决定。适用于对重要事项作出决策和部署、奖惩有关单位和人员、变更或者撤销下级机关不适当的决定事项。

（三）命令（令）。适用于公布行政法规和规章、宣布施行重大强制性措施、批准授予和晋升衔级、嘉奖有关单位和人员。

（四）公报。适用于公布重要决定或者重大事项。

（五）公告。适用于向国内外宣布重要事项或者法定事项。

（六）通告。适用于在一定范围内公布应当遵守或者周知的事项。

（七）意见。适用于对重要问题提出见解和处理办法。

（八）通知。适用于发布、传达要求下级机关执行和有关单位周知或者执行的事项，批转、转发公文。

（九）通报。适用于表彰先进、批评错误、传达重要精神和告知重要情况。

（十）报告。适用于向上级机关汇报工作、反映情况，回复上级机关的询问。

（十一）请示。适用于向上级机关请求指示、批准。

（十二）批复。适用于答复下级机关请示事项。

（十三）议案。适用于各级人民政府按照法律程序向同级人民代表大会或者人民代表大会常务委员会提请审议事项。

（十四）函。适用于不相隶属机关之间商洽工作、询问和答复问题、请求批准和答复审批事项。

(十五)纪要。适用于记载会议主要情况和议定事项。

第三章　公文格式

第九条　公文一般由份号、密级和保密期限、紧急程度、发文机关标志、发文字号、签发人、标题、主送机关、正文、附件说明、发文机关署名、成文日期、印章、附注、附件、抄送机关印发机关和印发日期、页码等组成。

(一)份号。公文印制份数的顺序号。涉密公文应当标注份号。

(二)密级和保密期限。公文的秘密等级和保密的期限。涉密公文应当根据涉密程度分别标注"绝密""机密""秘密"和保密期限。

(三)紧急程度。公文送达和办理的时限要求。根据紧急程度,紧急公文应当分别标注"特急""加急",电报应当分别标注"特提""特急""加急""平急"。

(四)发文机关标志。由发文机关全称或者规范化简称加"文件"二字组成,也可以使用发文机关全称或者规范化简称。联合行文时,发文机关标志可以并用联合发文机关名称,也可以单独用主办机关名称。

(五)发文字号。由发文机关代字、年份、发文顺序号组成。联合行文时,使用主办机关的发文字号。

(六)签发人。上行文应当标注签发人姓名。

(七)标题。由发文机关名称、事由和文种组成。

(八)主送机关。公文的主要受理机关,应当使用机关全称、规范化简称或者同类型机关统称。

(九)正文。公文的主体,用来表述公文的内容。

(十)附件说明。公文附件的顺序号和名称。

(十一)发文机关署名。署发文机关全称或者规范化简称。

(十二)成文日期。署会议通过或者发文机关负责人签发的日期。联合行文时,署最后签发机关负责人签发的日期。

(十三)印章。公文中有发文机关署名的,应当加盖发文机关印章,并与署名机关相符。有特定发文机关标志的普发性公文和电报可以不加盖印章。

(十四)附注。公文印发传达范围等需要说明的事项。

(十五)附件。公文正文的说明、补充或者参考资料。

(十六)抄送机关。除主送机关外需要执行或者知晓公文内容的其他机关,应当使用机关全称、规范化简称或者同类型机关统称。

(十七)印发机关和印发日期。公文的送印机关和送印日期。

第十条　公文的版式按照《党政机关公文格式》国家标准执行。

第十一条　公文使用的汉字、数字、外文字符、计量单位和标点符号等,按照有关国家标准和规定执行。民族自治地方的公文,可以并用汉字和当地通用的少数民族文字。

第十二条　公文用纸幅面采用国际标准 A4 型。特殊形式的公文用纸幅面,根据实际需要确定。

第四章　行文规则

第十三条　行文应当确有必要,讲求实效,注重针对性和可操作性。

第十四条　行文关系根据隶属关系和职权范围确定。一般不得越级行文,特殊情况需要越级行文的,应当同时抄送被越过的机关。

第十五条　向上级机关行文，应当遵循以下规则：

（一）原则上主送一个上级机关，根据需要同时抄送相关上级机关和同级机关，不抄送下级机关。

（二）党委、政府的部门向上级主管部门请示、报告重大事项，应当经本级党委、政府同意或者授权；属于部门职权范围内的事项应当直接报送上级主管部门。

（三）下级机关的请示事项，如需以本机关名义向上级机关请示，应当提出倾向性意见后上报，不得原文转报上级机关。

（四）请示应当一文一事。不得在报告等非请示性公文中夹带请示事项。

（五）除上级机关负责人直接交办事项外，不得以本机关名义向上级机关负责人报送公文，不得以本机关负责人名义向上级机关报送公文。

（六）受双重领导的机关向一个上级机关行文，必要时抄送另一个上级机关。

第十六条　向下级机关行文，应当遵循以下规则：

（一）主送受理机关，根据需要抄送相关机关。重要行文应当同时抄送发文机关的直接上级机关。

（二）党委、政府的办公厅（室）根据本级党委、政府授权，可以向下级党委、政府行文，其他部门和单位不得向下级党委、政府发布指令性公文或者在公文中向下级党委、政府提出指令性要求。需经政府审批的具体事项，经政府同意后可以由政府职能部门行文，文中须注明已经政府同意。

（三）党委、政府的部门在各自职权范围内可以向下级党委、政府的相关部门行文。

（四）涉及多个部门职权范围内的事务，部门之间未协商一致的，不得向下行文；擅自行文的，上级机关应当责令其纠正或者撤销。

（五）上级机关向受双重领导的下级机关行文，必要时抄送该下级机关的另一个上级机关。

第十七条　同级党政机关、党政机关与其他同级机关必要时可以联合行文。属于党委、政府各自职权范围内的工作，不得联合行文。党委、政府的部门依据职权可以相互行文。部门内设机构除办公厅（室）外不得对外正式行文。

第五章　公文拟制

第十八条　公文拟制包括公文的起草、审核、签发等程序。

第十九条　公文起草应当做到：

（一）符合国家法律法规和党的路线方针政策，完整准确体现发文机关意图，并同现行有关公文相衔接。

（二）一切从实际出发，分析问题实事求是，所提政策措施和办法切实可行。

（三）内容简洁，主题突出，观点鲜明，结构严谨，表述准确，文字精炼。

（四）文种正确，格式规范。

（五）深入调查研究，充分进行论证，广泛听取意见。

（六）公文涉及其他地区或者部门职权范围内的事项，起草单位必须征求相关地区或者部门意见，力求达成一致。

（七）机关负责人应当主持、指导重要公文起草工作。

第二十条　公文文稿签发前，应当由发文机关办公厅（室）进行审核。审核的重点是：

（一）行文理由是否充分，行文依据是否准确。

（二）内容是否符合国家法律法规和党的路线方针政策；是否完整准确体现发文机关意图；是否同现行有关公文相衔接；所提政策措施和办法是否切实可行。

（三）涉及有关地区或者部门职权范围内的事项是否经过充分协商并达成一致意见。

（四）文种是否正确，格式是否规范；人名、地名、时间、数字、段落顺序、引文等是否准确；文字、数字、计量单位和标点符号等用法是否规范。

（五）其他内容是否符合公文起草的有关要求。需要发文机关审议的重要公文文稿，审议前由发文机关办公厅（室）进行初核。

第二十一条　经审核不宜发文的公文文稿，应当退回起草单位并说明理由；符合发文条件但内容需作进一步研究和修改的，由起草单位修改后重新报送。

第二十二条　公文应当经本机关负责人审批签发。重要公文和上行文由机关主要负责人签发。党委、政府的办公厅（室）根据党委、政府授权制发的公文，由受权机关主要负责人签发或者按照有关规定签发。签发人签发公文，应当签署意见、姓名和完整日期；圈阅或者签名的，视为同意。联合发文由所有联署机关的负责人会签。

第六章　公文办理

第二十三条　公文办理包括收文办理、发文办理和整理归档。

第二十四条　收文办理主要程序是：

（一）签收。对收到的公文应当逐件清点，核对无误后签字或者盖章，并注明签收时间。

（二）登记。对公文的主要信息和办理情况应当详细记载。

（三）初审。对收到的公文应当进行初审。初审的重点是：是否应当由本机关办理，是否符合行文规则，文种、格式是否符合要求，涉及其他地区或者部门职权范围内的事项是否已经协商、会签，是否符合公文起草的其他要求。经初审不符合规定的公文，应当及时退回来文单位并说明理由。

（四）承办。阅知性公文应当根据公文内容、要求和工作需要确定范围后分送。批办性公文应当提出拟办意见报本机关负责人批示或者转有关部门办理；需要两个以上部门办理的，应当明确主办部门。紧急公文应当明确办理时限。承办部门对交办的公文应当及时办理，有明确办理时限要求的应当在规定时限内办理完毕。

（五）传阅。根据领导批示和工作需要将公文及时送传阅对象阅知或者批示。办理公文传阅应当随时掌握公文去向，不得漏传、误传、延误。

（六）催办。及时了解掌握公文的办理进展情况，督促承办部门按期办结。紧急公文或者重要公文应当由专人负责催办。

（七）答复。公文的办理结果应当及时答复来文单位，并根据需要告知相关单位。

第二十五条　发文办理主要程序是：

（一）复核。已经发文机关负责人签批的公文，印发前应当对公文的审批手续、内容、文种、格式等进行复核；需作实质性修改的，应当报原签批人复审。

（二）登记。对复核后的公文，应当确定发文字号、分送范围和印制份数并详细记载。

（三）印制。公文印制必须确保质量和时效。涉密公文应当在符合保密要求的场所印制。

（四）核发。公文印制完毕，应当对公文的文字、格式和印刷质量进行检查后分发。

第二十六条　涉密公文应当通过机要交通、邮政机要通信、城市机要文件交换站或者收发件机关机要收发人员进行传递，通过密码电报或者符合国家保密规定的计算机信息系统进行传输。

第二十七条　需要归档的公文及有关材料，应当根据有关档案法律法规以及机关档案管理规定，及时收集齐全、整理归档。两个以上机关联合办理的公文，原件由主办机关归档，相关机关保存复制件。机关负责人兼任其他机关职务的，在履行所兼职务过程中形成的公文，由其兼职机关归档。

第七章 公文管理

第二十八条 各级党政机关应当建立健全本机关公文管理制度，确保管理严格规范，充分发挥公文效用。

第二十九条 党政机关公文由文秘部门或者专人统一管理。设立党委（党组）的县级以上单位应当建立机要保密室和机要阅文室，并按照有关保密规定配备工作人员和必要的安全保密设施设备。

第三十条 公文确定密级前，应当按照拟定的密级先行采取保密措施。确定密级后，应当按照所定密级严格管理。绝密级公文应当由专人管理。公文的密级需要变更或者解除的，由原确定密级的机关或者其上级机关决定。

第三十一条 公文的印发传达范围应当按照发文机关的要求执行；需要变更的，应当经发文机关批准。涉密公文公开发布前应当履行解密程序。公开发布的时间、形式和渠道，由发文机关确定。经批准公开发布的公文，同发文机关正式印发的公文具有同等效力。

第三十二条 复制、汇编机密级、秘密级公文，应当符合有关规定并经本机关负责人批准。绝密级公文一般不得复制、汇编，确有工作需要的，应当经发文机关或者其上级机关批准。复制、汇编的公文视同原件管理。复制件应当加盖复制机关戳记。翻印件应当注明翻印的机关名称、日期。汇编本的密级按照编入公文的最高密级标注。汇编，确有工作需要的，应当经发文机关或者其上级机关批准。复制、汇编的公文视同原件管理。复制件应当加盖复制机关戳记。翻印件应当注明翻印的机关名称、日期。汇编本的密级按照编入公文的最高密级标注。

第三十三条 公文的撤销和废止，由发文机关、上级机关或者权力机关根据职权范围和有关法律法规决定。公文被撤销的，视为自始无效；公文被废止的，视为自废止之日起失效。

第三十四条 涉密公文应当按照发文机关的要求和有关规定进行清退或者销毁。

第三十五条 不具备归档和保存价值的公文，经批准后可以销毁。销毁涉密公文必须严格按照有关规定履行审批登记手续，确保不丢失、不漏销。个人不得私自销毁、留存涉密公文。

第三十六条 机关合并时，全部公文应当随之合并管理；机关撤销时，需要归档的公文经整理后按照有关规定移交档案管理部门。工作人员离岗离职时，所在机关应当督促其将暂存、借用的公文按照有关规定移交、清退。

第三十七条 新设立的机关应当向本级党委、政府的办公厅（室）提出发文立户申请。经审查符合条件的，列为发文单位，机关合并或者撤销时，相应进行调整。

第八章 附 则

第三十八条 党政机关公文含电子公文。电子公文处理工作的具体办法另行制定。

第三十九条 法规、规章方面的公文，依照有关规定处理。外事方面的公文，依照外事主管部门的有关规定处理。

第四十条 其他机关和单位的公文处理工作，可以参照本条例执行。

第四十一条 本条例由中共中央办公厅、国务院办公厅负责解释。

第四十二条 本条例自 2012 年 7 月 1 日起施行。1996 年 5 月 3 日中共中央办公厅发布的《中国共产党机关公文处理条例》和 2000 年 8 月 24 日国务院发布的《国家行政机关公文处理办法》停止执行。

2012 年 4 月 12 日

附录二　党政机关公文格式

（GB/T 9704—2012）（节选）

1　范围

本标准规定了党政机关公文通用的纸张要求、排版和印制装订要求、公文格式各要素的编排规则，并给出了公文的式样。

本标准适用于各级党政机关制发的公文。其他机关和单位的公文可以参照执行。

（略）

2　规范性引用文件（略）

3　术语和定义（略）

4　公文用纸主要技术指标

公文用纸一般使用纸张定量为 $60 \ g/m^2 \sim 80 \ g/m^2$ 的胶版印刷纸或复印纸。纸张白度 $80\% \sim 90\%$ ，横向耐折度 ≥ 15 次，不透明度 $\geq 85\%$ ，pH 值为 $7.5 \sim 9.5$ 。

5　公文用纸幅面尺寸及版面要求

5.1　幅面尺寸

公文用纸采用 GB/T 148 中规定的 A4 型纸，其成品幅面尺寸为：210 mm×297 mm。

5.2　版面

5.2.1　页边与版心尺寸

公文用纸天头（上白边）为 37 mm±1 mm，公文用纸订口（左白边）为 28mm±1mm，版心尺寸为 156 mm×225 mm。

5.2.2　字体和字号

如无特殊说明，公文格式各要素一般用 3 号仿宋体字。特定情况可以作适当调整。

5.2.3　行数和字数

一般每面排 22 行，每行排 28 个字，并撑满版心。特定情况可以作适当调整。

5.2.4　文字的颜色

如无特殊说明，公文中文字的颜色均为黑色。

6　印制装订要求

6.1　制版要求

版面干净无底灰，字迹清楚无断划，尺寸标准，版心不斜，误差不超过 1 mm。

6.2　印刷要求

双面印刷；页码套正，两面误差不超过 2 mm。黑色油墨应当达到色谱所标 BL100%，红色油墨应当达到色谱所标 Y80%、M80%。印品着墨实、均匀；字面不花、不白、无断划。

6.3　装订要求

公文应当左侧装订，不掉页，两页页码之间误差不超过 4 mm，裁切后的成品尺寸允许误差±2mm，四角成 90?，无毛茬或缺损。

骑马订或平订的公文应当：

a）订位为两钉外订眼距版面上下边缘各 70 mm 处，允许误差±4mm；

b）无坏钉、漏钉、重钉，钉脚平伏牢固；

c）骑马订钉锯均订在折缝线上，平订钉锯与书脊间的距离为 3mm～5mm。

包本装订公文的封皮（封面、书脊、封底）与书芯应吻合、包紧、包平、不脱落。

7 公文格式各要素编排规则

7.1 公文格式各要素的划分

本标准将版心内的公文格式各要素划分为版头、主体、版记三部分。公文首页红色分隔线以上的部分称为版头；公文首页红色分隔线（不含）以下、公文末页首条分隔线（不含）以上的部分称为主体；公文末页首条分隔线以下、末条分隔线以上的部分称为版记。

页码位于版心外。

7.2 版头

7.2.1 份号

如需标注份号，一般用6位3号阿拉伯数字，顶格编排在版心左上角第一行。

7.2.2 密级和保密期限

如需标注密级和保密期限，一般用3号黑体字，顶格编排在版心左上角第二行；保密期限中的数字用阿拉伯数字标注。

7.2.3 紧急程度

如需标注紧急程度，一般用3号黑体字，顶格编排在版心左上角；如需同时标注份号、密级和保密期限、紧急程度，按照份号、密级和保密期限、紧急程度的顺序自上而下分行排列。

7.2.4 发文机关标志

由发文机关全称或者规范化简称加"文件"二字组成，也可以使用发文机关全称或者规范化简称。

发文机关标志居中排布，上边缘至版心上边缘为35mm，推荐使用小标宋体字，颜色为红色，以醒目、美观、庄重为原则。

联合行文时，如需同时标注联署发文机关名称，一般应当将主办机关名称排列在前；如有"文件"二字，应当置于发文机关名称右侧，以联署发文机关名称为准上下居中排布。

7.2.5 发文字号

编排在发文机关标志下空二行位置，居中排布。年份、发文顺序号用阿拉伯数字标注；年份应标全称，用六角括号"〔〕"括入；发文顺序号不加"第"字，不编虚位（即1不编为01），在阿拉伯数字后加"号"字。

上行文的发文字号居左空一字编排，与最后一个签发人姓名处在同一行。

7.2.6 签发人

由"签发人"三字加全角冒号和签发人姓名组成，居右空一字，编排在发文机关标志下空二行位置。"签发人"三字用3号仿宋体字，签发人姓名用3号楷体字。

如有多个签发人，签发人姓名按照发文机关的排列顺序从左到右、自上而下依次均匀编排，一般每行排两个姓名，回行时与上一行第一个签发人姓名对齐。

7.2.7 版头中的分隔线

发文字号之下4 mm处居中印一条与版心等宽的红色分隔线。

7.3 主体

7.3.1 标题

一般用2号小标宋体字，编排于红色分隔线下空二行位置，分一行或多行居中排布；回行时，要做到词意完整，排列对称，长短适宜，间距恰当，标题排列应当使用梯形或菱形。

7.3.2 主送机关

编排于标题下空一行位置，居左顶格，回行时仍顶格，最后一个机关名称后标全角冒号。如主送机关名称过多导致公文首页不能显示正文时，应当将主送机关名称移至版记，标注方法见 7.4.2。

7.3.3　正文

公文首页必须显示正文。一般用 3 号仿宋体字，编排于主送机关名称下一行，每个自然段左空二字，回行顶格。文中结构层次序数依次可以用"一、""（一）""1.""（1）"标注；一般第一层用黑体字、第二层用楷体字、第三层和第四层用仿宋体字标注。

7.3.4　附件说明

如有附件，在正文下空一行左空二字编排"附件"二字，后标全角冒号和附件名称。如有多个附件，使用阿拉伯数字标注附件顺序号（如"附件：1.××××××"）；附件名称后不加标点符号。附件名称较长需回行时，应当与上一行附件名称的首字对齐。

7.3.5　发文机关署名、成文日期和印章

7.3.5.1　加盖印章的公文

成文日期一般右空四字编排，印章用红色，不得出现空白印章。

单一机关行文时，一般在成文日期之上、以成文日期为准居中编排发文机关署名，印章端正、居中下压发文机关署名和成文日期，使发文机关署名和成文日期居印章中心偏下位置，印章顶端应当上距正文（或附件说明）一行之内。

联合行文时，一般将各发文机关署名按照发文机关顺序整齐排列在相应位置，并将印章一一对应、端正、居中下压发文机关署名，最后一个印章端正、居中下压发文机关署名和成文日期，印章之间排列整齐、互不相交或相切，每排印章两端不得超出版心，首排印章顶端应当上距正文（或附件说明）一行之内。

7.3.5.2　不加盖印章的公文

单一机关行文时，在正文（或附件说明）下空一行右空二字编排发文机关署名，在发文机关署名下一行编排成文日期，首字比发文机关署名首字右移二字，如成文日期长于发文机关署名，应当使成文日期右空二字编排，并相应增加发文机关署名右空字数。

联合行文时，应当先编排主办机关署名，其余发文机关署名依次向下编排。

7.3.5.3　加盖签发人签名章的公文

单一机关制发的公文加盖签发人签名章时，在正文（或附件说明）下空二行右空四字加盖签发人签名章，签名章左空二字标注签发人职务，以签名章为准上下居中排布。在签发人签名章下空一行右空四字编排成文日期。

联合行文时，应当先编排主办机关签发人职务、签名章，其余机关签发人职务、签名章依次向下编排，与主办机关签发人职务、签名章上下对齐；每行只编排一个机关的签发人职务、签名章；签发人职务应当标注全称。

签名章一般用红色。

7.3.5.4　成文日期中的数字

用阿拉伯数字将年、月、日标全，年份应标全称，月、日不编虚位（即 1 不编为 01）。

7.3.5.5　特殊情况说明

当公文排版后所剩空白处不能容下印章或签发人签名章、成文日期时，可以采取调整行距、字距的措施解决。

7.3.6　附注

如有附注，居左空二字加圆括号编排在成文日期下一行。

7.3.7　附件

附件应当另面编排，并在版记之前，与公文正文一起装订。"附件"二字及附件顺序号用 3 号黑体字顶格编排在版心左上角第一行。附件标题居中编排在版心第三行。附件顺序号和附件标题应当与附件说明的表述一致。附件格式要求同正文。

如附件与正文不能一起装订，应当在附件左上角第一行顶格编排公文的发文字号并在其后标注"附件"二字及附件顺序号。

7.4 版记

7.4.1 版记中的分隔线

版记中的分隔线与版心等宽，首条分隔线和末条分隔线用粗线（推荐高度为 0.35 mm），中间的分隔线用细线（推荐高度为 0.25 mm）。首条分隔线位于版记中第一个要素之上，末条分隔线与公文最后一面的版心下边缘重合。

7.4.2 抄送机关

如有抄送机关，一般用 4 号仿宋体字，在印发机关和印发日期之上一行、左右各空一字编排。"抄送"二字后加全角冒号和抄送机关名称，回行时与冒号后的首字对齐，最后一个抄送机关名称后标句号。

如需把主送机关移至版记，除将"抄送"二字改为"主送"外，编排方法同抄送机关。既有主送机关又有抄送机关时，应当将主送机关置于抄送机关之上一行，之间不加分隔线。

7.4.3 印发机关和印发日期

印发机关和印发日期一般用 4 号仿宋体字，编排在末条分隔线之上，印发机关左空一字，印发日期右空一字，用阿拉伯数字将年、月、日标全，年份应标全称，月、日不编虚位（即 1 不编为 01），后加"印发"二字。

版记中如有其他要素，应当将其与印发机关和印发日期用一条细分隔线隔开。

7.5 页码

一般用 4 号半角宋体阿拉伯数字，编排在公文版心下边缘之下，数字左右各放一条一字线；一字线上距版心下边缘 7 mm。单页码居右空一字，双页码居左空一字。公文的版记页前有空白页的，空白页和版记页均不编排页码。公文的附件与正文一起装订时，页码应当连续编排。

8 公文中的横排表格

A4 纸型的表格横排时，页码位置与公文其他页码保持一致，单页码表头在订口一边，双页码表头在切口一边。

9 公文中计量单位、标点符号和数字的用法（略）

10 公文的特定格式

10.1 信函格式

发文机关标志使用发文机关全称或者规范化简称，居中排布，上边缘至上页边为 30 mm，推荐使用红色小标宋体字。联合行文时，使用主办机关标志。

发文机关标志下 4 mm 处印一条红色双线（上粗下细），距下页边 20 mm 处印一条红色双线（上细下粗），线长均为 170 mm，居中排布。

如需标注份号、密级和保密期限、紧急程度，应当顶格居版心左边缘编排在第一条红色双线下，按照份号、密级和保密期限、紧急程度的顺序自上而下分行排列，第一个要素与该线的距离为 3 号汉字高度的 7/8。

发文字号顶格居版心右边缘编排在第一条红色双线下，与该线的距离为 3 号汉字高度的 7/8。

标题居中编排，与其上最后一个要素相距二行。

第二条红色双线上一行如有文字，与该线的距离为 3 号汉字高度的 7/8。

首页不显示页码。

版记不加印发机关和印发日期、分隔线，位于公文最后一面版心内最下方。

10.2 命令（令）格式（略）

10.3 纪要格式

纪要标志由"×××××纪要"组成，居中排布，上边缘至版心上边缘为 35 mm，推荐使用红色小标宋体字。

标注出席人员名单，一般用 3 号黑体字，在正文或附件说明下空一行左空二字编排"出席"二字，后标全角冒号，冒号后用 3 号仿宋体字标注出席人单位、姓名，回行时与冒号后的首字对齐。

标注请假和列席人员名单，除依次另起一行并将"出席"二字改为"请假"或"列席"外，编排方法同出席人员名单。

纪要格式可以根据实际制定。

11 式样

A4 型公文用纸页边及版心尺寸见图 1；公文首页版式见图 2；联合行文公文首页版式 1 见图 3；联合行文公文首页版式 2 见图 4；公文末页版式 1 见图 5；公文末页版式 2 见图 6；联合行文公文末页版式 1 见图 7；联合行文公文末页版式 2 见图 8；附件说明页版式见图 9；带附件公文末页版式见图 10；信函格式首页版式见图 11；命令(令)格式首页版式见图 12。

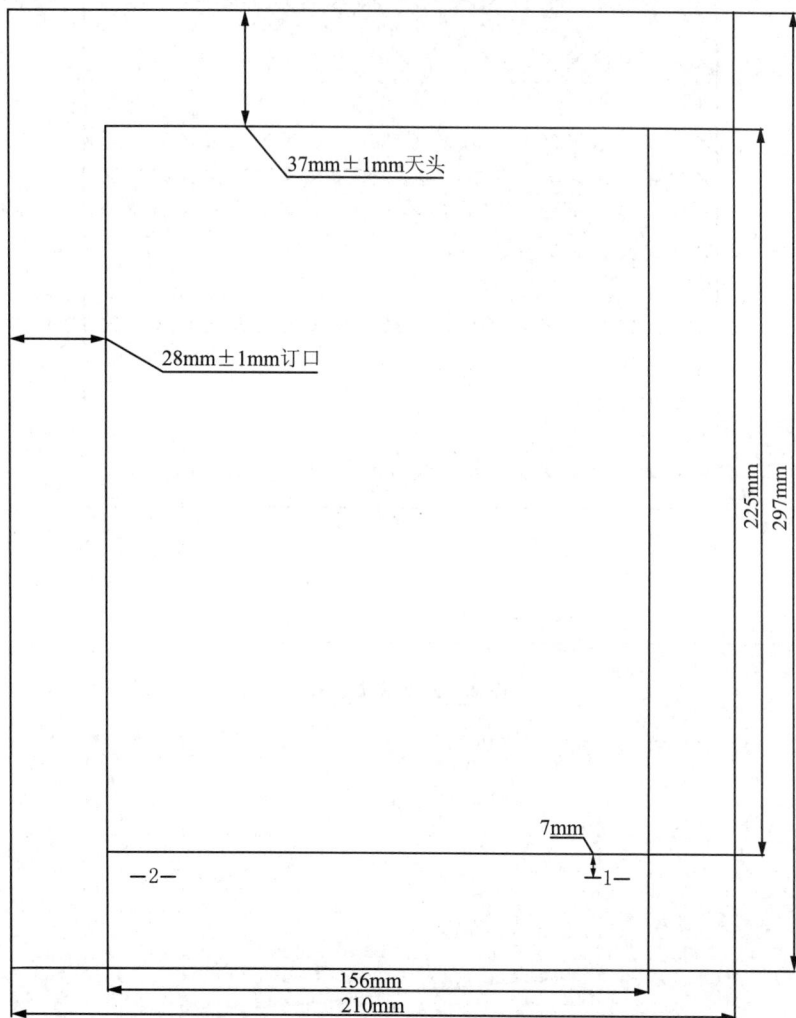

37mm±1mm天头

28mm±1mm订口

225mm

297mm

7mm

—2—

—1—

156mm

210mm

图 1 A4 型公文用纸页边及版心尺寸

0000001

机　密★一年
特　急

×　×　×　×　×文件

×××〔2012〕10号

关于×××××××通知

×××××××:

×××××××××××××××××××××
×××××××××××××××××××××
×××××××××××××××××××××
×××××××××。

×××××××××××××××××××
×××××××××。
　　××××××××××。

×××××××××××××××××××

— —

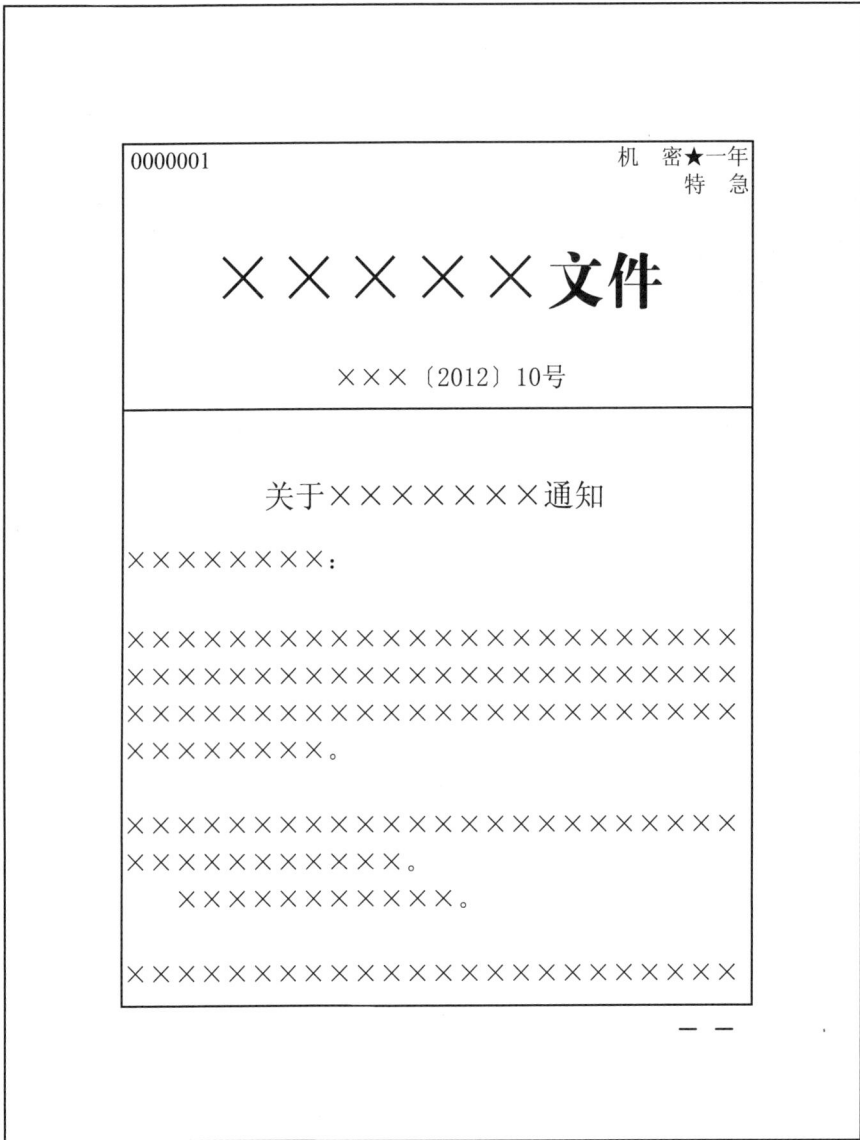

图 2　公文首页版式

注：版心实线框仅为示意，在印刷公文时并不印出。

0000001
机密★1年
特急

××××××
× × ×文件
××××××

×××〔2012〕10号

×××××关于×××××××通知

×××××××：

　　×××××××××××××××××××××××。
　　×××××××××××××××××××××××××
×××××××××××××××××××××××××××
××××××××××××××××××××××××××
×××××××。
　　××××××××××××××××××××××××

— — —

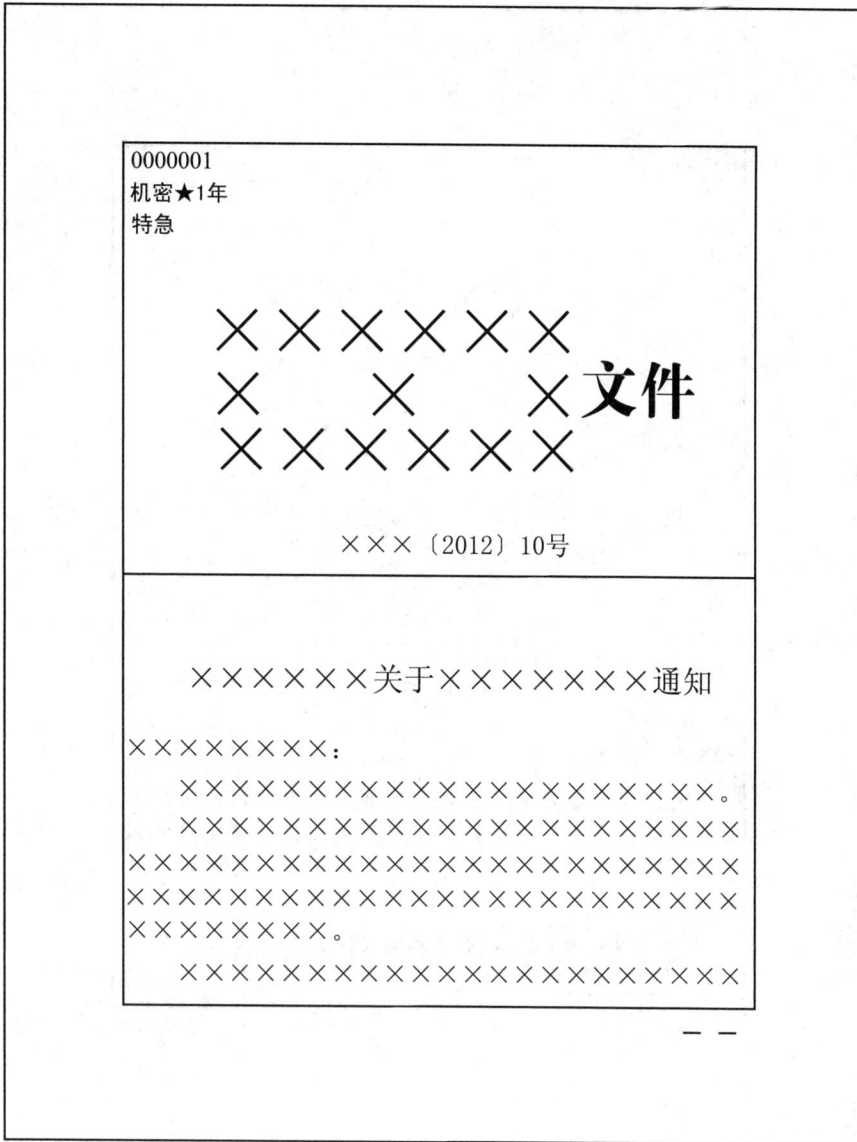

图3　联合行文公文首页版式1

注：版心实线框仅为示意，在印刷公文时并不印出。

0000001
机密
特急

×××××

× × ×

×××××

签发人：×××　×××
×××

×××〔2012〕10号

×××××关于×××××××请示

×××××××××：

　　×××××××××××××××××××
×××××××××××××××××××××
×××××××××××××××××××××
×××××××。

　　×××××××××××××××××××

－ －

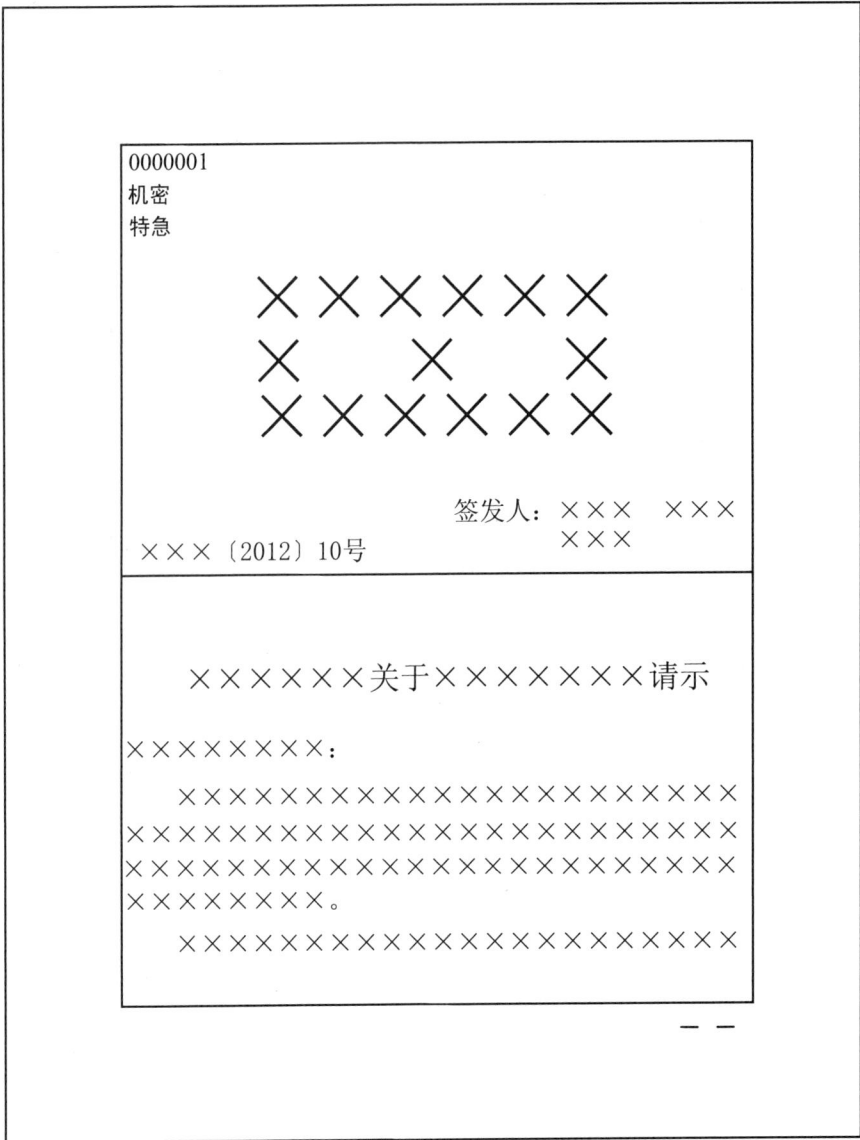

图 4　联合行文公文首页版式 2

注：版心实线框仅为示意，在印刷公文时并不印出。

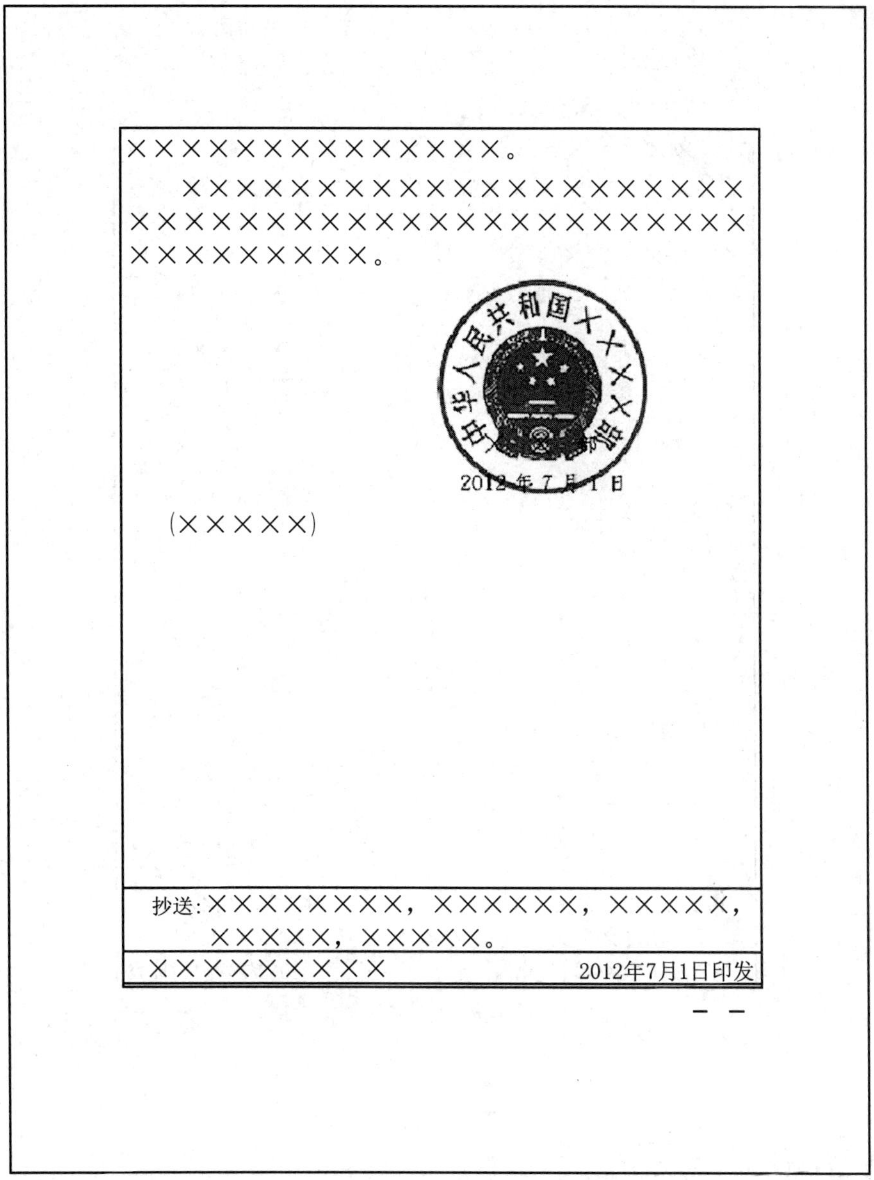

×××××××××××××××。
　　×××××××××××××××××××××
×××××××××××××××××××××××××
××××××××。

（××××）

2012年7月1日

抄送:×××××××，××××××，×××××，
×××××，×××××。

×××××××× 　　　　2012年7月1日印发

— —

图5　公文末页格式1

注：版心实线框仅为示意，在印制公文时并不印出。

××××××××××××××××。
　　××××××××××××××××××
××××××××××××××××××××
×××××××。

　　　　　　　　　××××××××××
　　　　　　　　　2012年7月1日

　(××××)

抄送:××××××××，××××××，×××××，
　　　×××××，×××××。

××××××××× 　　　　　　　　　2012年7月1日印发

— —

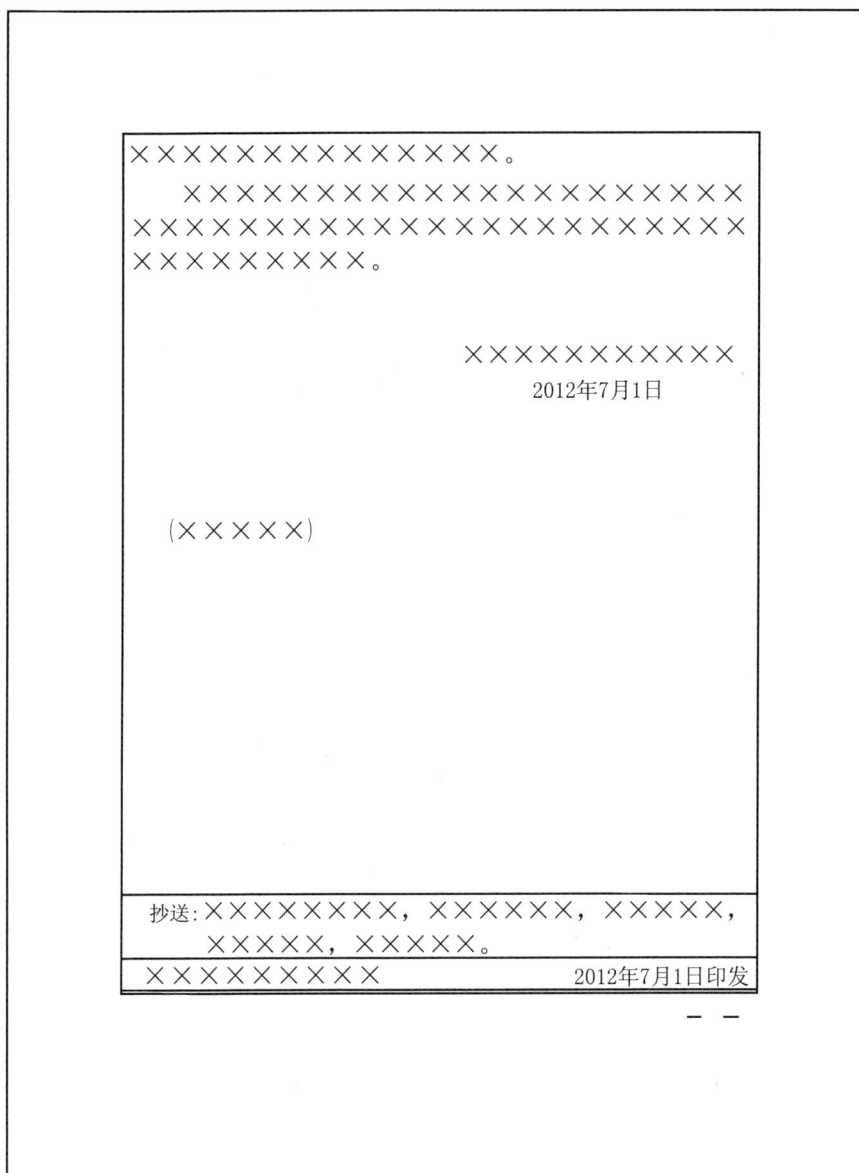

图6　公文末页格式2

注：版心实线框仅为示意，在印制公文时并不印出。

××××××××××××××。
　　××××××××××××××××××
×××××××××××××××××××××
××××××××。

(×××××)

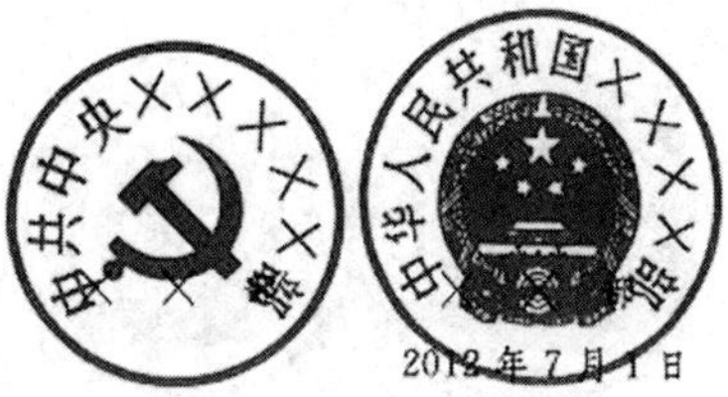

抄送：×××××××，××××××，×××××，
　　　×××××，×××××。

×××××××× 　　　　　　　　2012年7月1日印发
　　　　　　　　　　　　　　　　　　　— — —

图7　联合行文公文末页版式1

注：版心实线框仅为示意，在印制公文时并不印出。

××××××××××××。
　　××××××××××××××××
××××××××××××××××××
××××××××。

（×××××）

抄送：×××××××，××××××，×××××，
×××××，×××××。

×××××××× 　　　　　　　2012年7月1日印发

— —

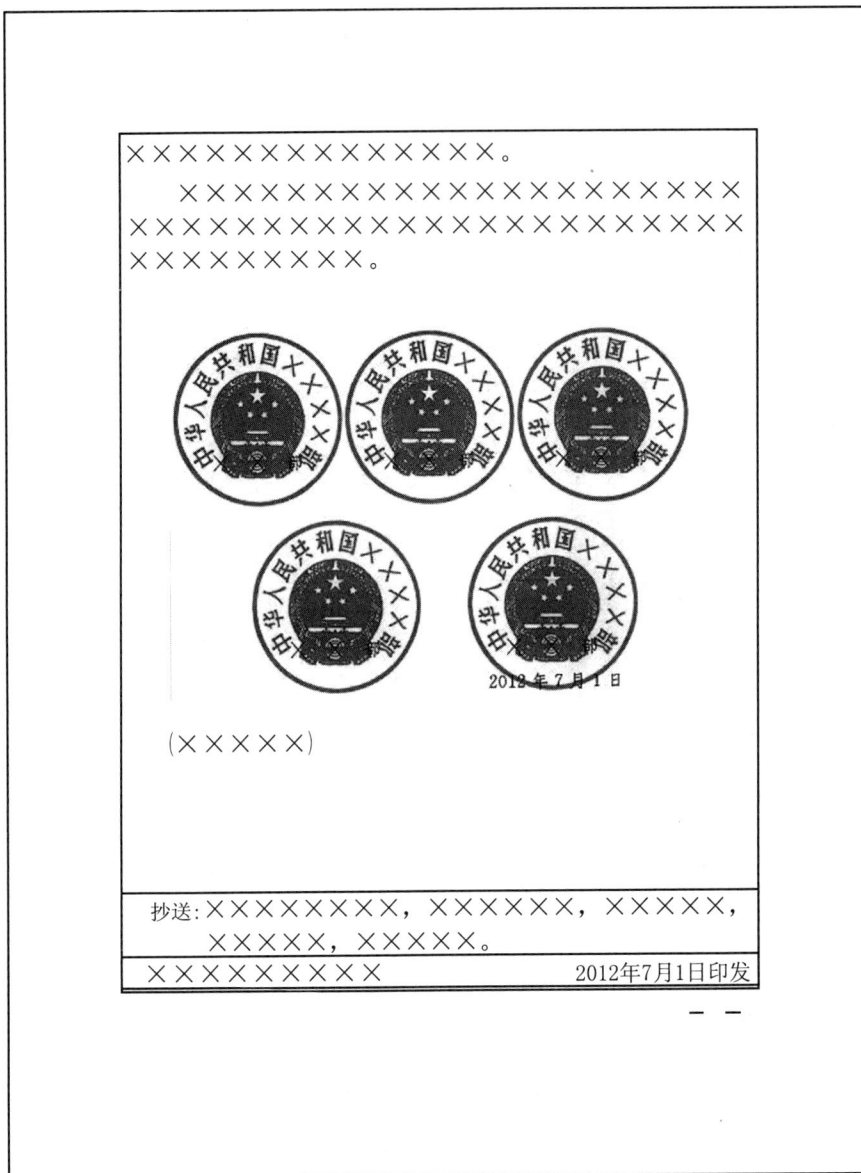

图8　联合行文公文末页版式2

注：版心实线框仅为示意，在印制公文时并不印出。

××××××××××××××。
　××××××××××××××××××××
××××××××××××××××××××××
××××××××。

　附件：1. ××××××××××××××××
　　　　　×××××
　　　　2. ×××××××××××

　　　　　　　　　　××××××
　　　　　　　　　　×　×　×　×
　　　　　　　　　　　　2012年7月1日

（××××）

－2－

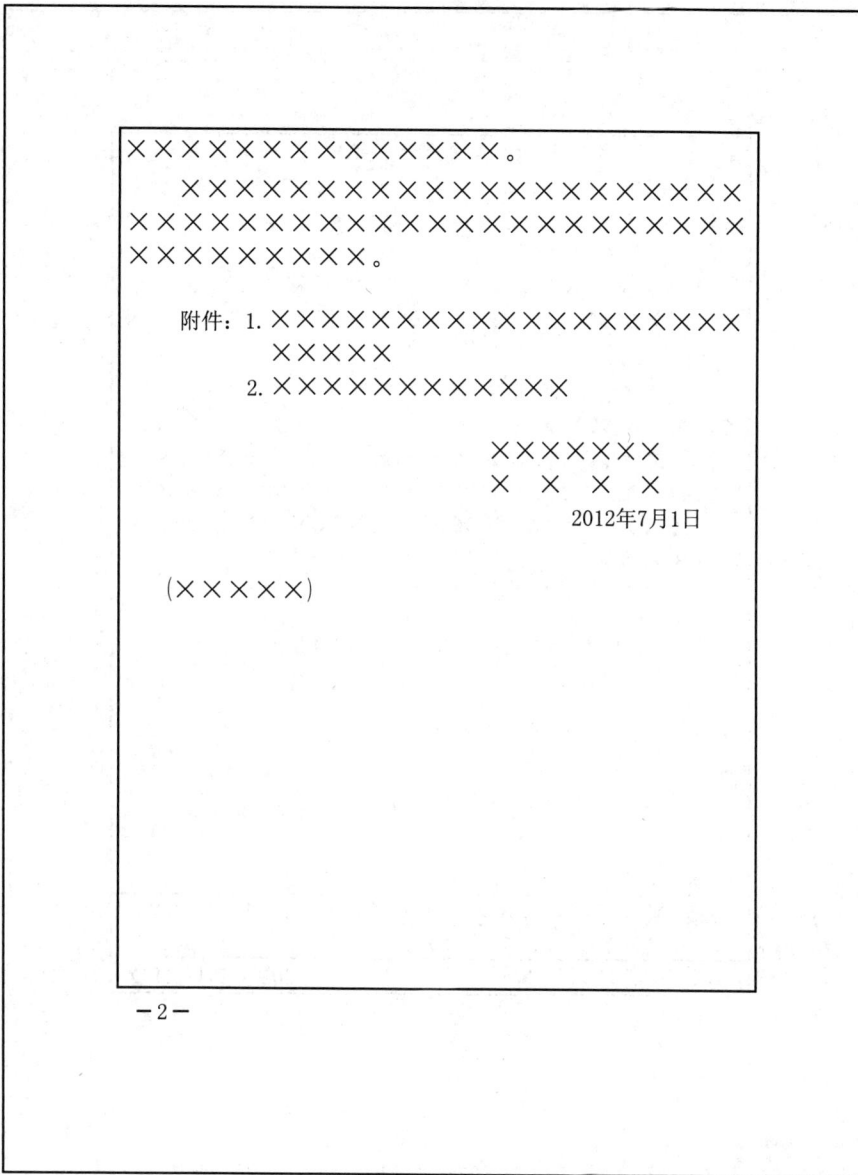

图 9　附件说明页版式

附件2

×××××××××××

　　×××××××××××××××××
××××××××××××××××××××
×××。
　　×××××××××××××××××××
×××××××××××××××××××
×××××××××××××××××××
×××××××××××××××××××
×××××××××××××××××××
××××××××××××。

抄送：×××××××，××××××，×××××，
　　　×××××，×××××。

×××××××× 2012年7月1日印发

— 4 —

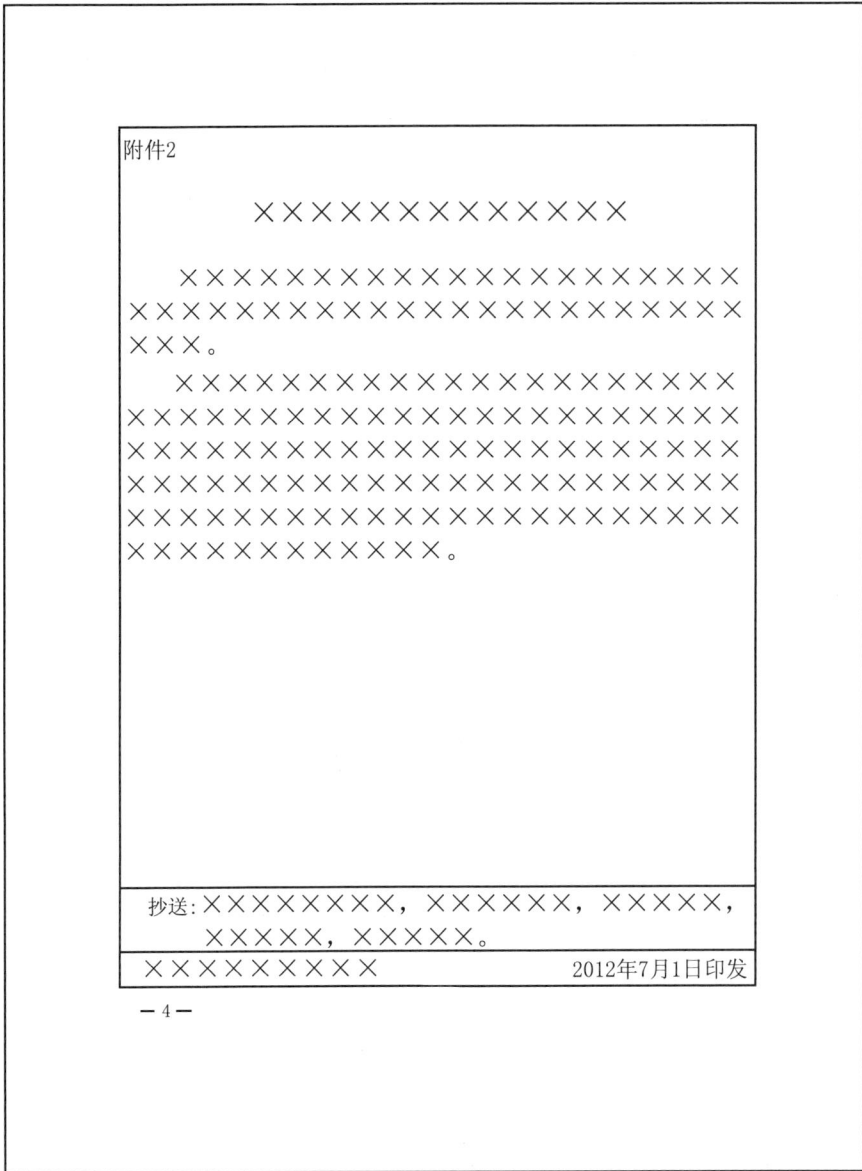

图 10　带附件公文末页版式

注：版心实线框仅为示意，在印制公文时并不印出。

中华人民共和国×××××部

000001 ×××〔2012〕10号

机　密

特　急

×××××关于×××××××的通知

×××××××：

×××。

×××。

×××。

图 11　信函格式首页版式

注：版心实线框仅为示意，在印制公文时并不印出。

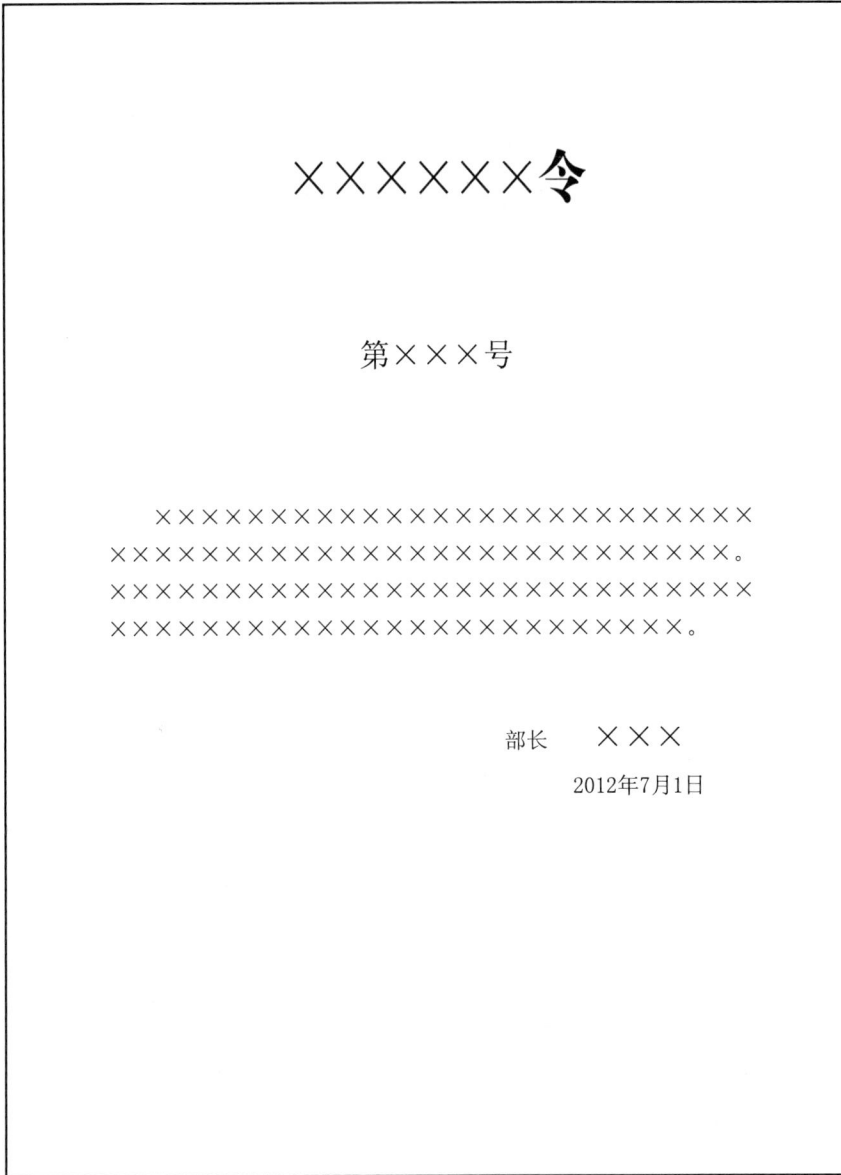

××××××令

第×××号

　　××××××××××××××××××××××××
××××××××××××××××××××××××××。
××××××××××××××××××××××××××
××××××××××××××××××××××××。

部长　×××

2012年7月1日

图12　命令(令)格式首页版式

注：版心实线框仅为示意，在印制公文时并不印出。

后　记

　　感谢北京师范大学出版社对我们的大力支持，感谢责任编辑为本书付出了不少心血，也感谢同行专家、学者的著作给我们提供了宝贵的参考，使本书以现在的面貌跟读者见面。

　　在编写过程中，我们引用了一些应用写作教材或论著的观点与材料，这些教材或著作，开列在"参考文献"之中。由于篇幅所限未能在行文中一一注明，敬请原谅！

　　本书撰写的分工如下：陈子典负责绪论、第六章司法文书、第八章传播文书的撰写；胡欣育负责第一章公文概述、第二章行政公文、第三章事务文书第三～九节的撰写；杨健敏负责第四章规章文书的撰写；林培明负责第五章经济文书的撰写；郑露、邓志华负责第七章生活文书的撰写；杨定明、汤浪负责第九章礼仪文书的撰写；吴小敏负责第三章事务文书第一～二节的撰写。由陈子典、胡欣育负责撰写的协调和全书的修改、统稿、定稿工作。全书由陈子典、胡欣育担任主编。

　　本书课件文稿由以上相应章节作者负责撰写，郑虹、林盛禹参加了第四章的课件文稿撰写，全书PPT制作由张袖斌、方楚鑫负责完成。

　　由于时间的仓促和水平的局限，书中不当之处在所难免，期待同行专家、教师和广大读者的批评指正。

编　者

二〇一四年六月

参考文献

1. 张志义. 财经应用写作. 北京：高等教育出版社，2001

2. 薄克礼. 应用写作教程. 天津：天津人民出版社，2000

3. 张耀辉. 大学应用写作. 上海：上海交通大学出版社，2001

4. 孙玲，秦万山. 财经应用文. 北京：对外经济贸易大学出版社，2001

5. 邱宣煌. 财经应用文写作. 长春：东北财经大学出版社，2001

6. 刘葆金. 财经应用文写作. 上海：东南大学出版社，2003

7. 尹伊. 新编财经写作. 北京：中国商业出版社，2000

8. 朱悦雄. 新应用写作. 广州：广东高等教育出版社，2001

9. 杨文丰. 现代应用文书写作. 北京：中国人民大学出版社，2001

10. 程学兰. 大学实用写作. 武汉：武汉大学出版社，2002

11. 柳新华. 实用行政公文写作与处理. 北京：中国人事出版社，2002

12. 陈子典，李硕豪. 应用写作大要(修订版). 广州：广东高等教育出版社，2003

13. 陈子典. 应用文书写作. 广州：暨南大学出版社，2003

14. 郭兵，康万福. 司法文书案例写作. 北京：中国宇航出版社，2003

15. 朱悦雄. 病文评析与修改. 广州：广东高等教育出版社，2004

16. 张保忠. 公文写作评改与答疑. 广州：广东经济出版社，2004

17. 张德实. 应用写作. 北京：高等教育出版社，2004

18. 张云占. 新世纪中国实用文体全书. 北京：书海出版社，2004

19. 高雅杰，郝春生. 应用文写作. 北京：清华大学出版社，2005

20. 刘艳，王粤钦. 新编应用写作. 大连：大连理工大学出版社，2005

21. 尹世玮. 财经应用写作. 天津：南开大学出版社，2005

22. 张浩. 公文写作必备全书. 北京：蓝天出版社，2005

23. 陈佩玲，许国英. 应用文写作. 北京：化学工业出版社，2005

24. 宋俊华. 应用写作学教程. 广州：广东人民出版社，2005

25. 中国公文写作研究会. 公文写作规范与要领. 北京：中央文献出版社，2005

26. 张连举. 当代法律文书写作. 广州：暨南大学出版社，2006

27. 陈子典. 秘书应用文书写作. 广州：暨南大学出版社，2006

28. 中国公文写作研究会. 最新公文格式与写作规范. 北京：中国言实出版社，2006

29. 刘洪英. 实用应用文写作. 北京：清华大学出版社，2006